U0632395

中国方术考

典藏本

李零 著

中華書局

图书在版编目(CIP)数据

中国方术考：典藏本/李零著. —北京：中华书局，2019. 12
(2025. 7 重印)
ISBN 978-7-101-12797-3

Ⅰ. 中… Ⅱ. 李… Ⅲ. 方术-中国 Ⅳ. B992

中国版本图书馆 CIP 数据核字(2017)第 220156 号

书　　名　中国方术考(典藏本)
著　　者　李　零
责任编辑　徐卫东
封面设计　李　猛
责任印制　陈丽娜
出版发行　中华书局
(北京市丰台区太平桥西里 38 号　100073)
http://www.zhbc.com.cn
E-mail:zhbc@zhbc.com.cn
印　　刷　三河市中晟雅豪印务有限公司
版　　次　2019 年 12 月第 1 版
2025 年 7 月第 9 次印刷
规　　格　开本/787×1092 毫米　1/16
印张 28¾　插页 4　字数 400 千字
印　　数　27001-29000册
国际书号　ISBN 978-7-101-12797-3
定　　价　118.00 元

图版一

《太一避兵图》（马王堆帛画）

图版二

龙虎图（濮阳西水坡）

图版三

六博棋盘（战国中山王墓）

图版四 -1

四方八位图（含山凌家滩）

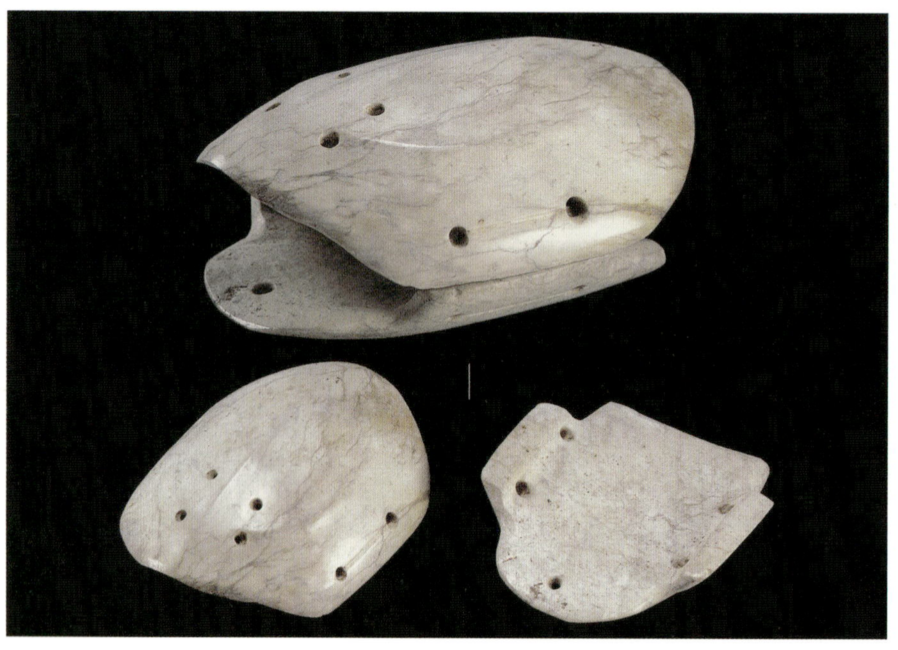

图版四 -2

玉龟（含山凌家滩）

图版五 -1

玉羽人（新干大洋洲）

图版五 -2

鎏金铜羽人

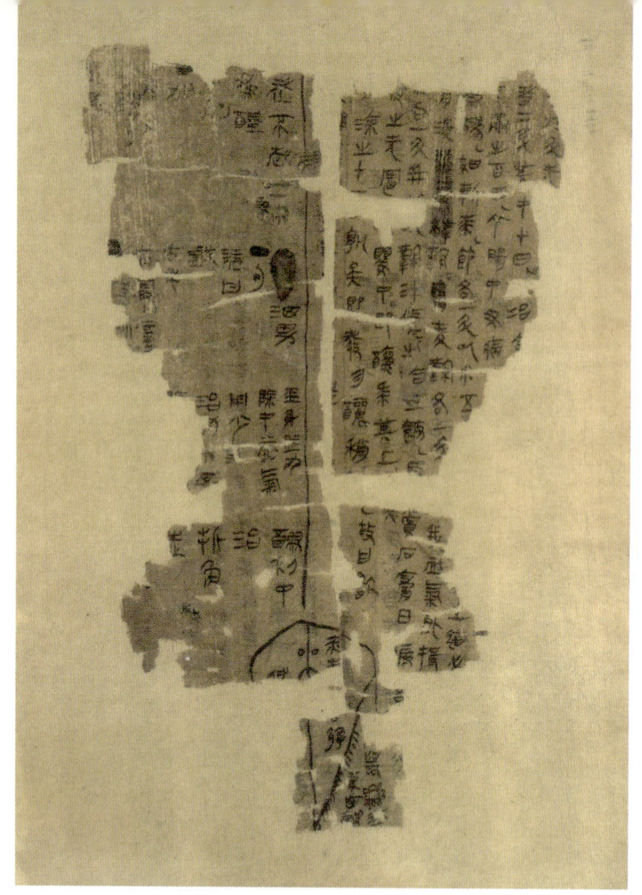

图版六 -1

《牝户图》（马王堆三号墓）

图版六 -2

银角帽（满城汉墓【M1】）

新版前言

一

我写过十本书(不算与人合作的书),《中国方术考》和《中国方术续考》是我的两本代表作。不夸张地说,用考古材料填补空白,系统总结中国早期的方术知识(主要是战国秦汉的方术知识,或道教、佛教以前的方术知识),这是第一部——虽然,有些同行,自视比我高明,未必承认这一点。

前书写得早一点,动手在1989年～1990年,即我第一次出国的一年多里。出国前,我研究过楚帛书,研究过秦汉日书,翻译过荷兰汉学家高罗佩的《中国古代房内考》,有一点积累。因为呆在美国没事干,我想把以前的想法总结一下,遂萌生了写《中国方术考》的想法。我写式盘,写房中书,都在那段时间。在加州大学伯克利分校演讲,也是这类题目。出国前的感受("气功热"),当时的环境和气氛,我自己的心情,都比较适合写这本书。

书是写出来了,出版却碰到不少麻烦。

1990年,《中国古代房内考》的译本在上海人民出版社出版。该社的责任编辑说,他们还想出版我的《中国方术考》。不久,此人调到上海三联,书稿也转到那里。结果却是一拖再拖,最后连人都找不见。万般无奈,我只好登报声明,把稿子撤了(原稿一直没退)。1993年,我的书总算印出来了,由一个书商在人民中国出版社出版,也不太理想,错比较多,钱比较少(只给了原先答应的一半)。钱是没办法了,我希望,至少有机会把书中的错字改一下。然而机会来了,很快又去了。满口答应出台湾版的台北时报出版公司,因为换老板,竟成批毁约退稿,我的书也在其中。直到2000年，北京的东方出版社才给我出了修订本。同时，作为前书的续补，他们还给我出了《中国方术续考》。转眼之间，十年就过去了。

人有几个十年？这是我最多灾多难的书。

前两年，我在香港城市大学当客座教授。凑巧，李泽厚先生也在那里，他很重视我的研究，问我下一步有何打算。他希望我能扩大战果，最好是三考、四考，不断写下去。我很感谢他的鼓励，但自己的想法却是赶紧收摊。因为，我觉得，更重要的事情，不是就方术谈方术，而是另开局面，把它后面的东西，更高层次的东西，再发掘一下。

两考出版到现在，又是一个五年过去了，原来的合同已经到期。我很感谢中华书局，他们愿意给我出新版。借这个机会，我想在前面讲几句话，跟读者交流一下，让他们知道，我说的另开局面是什么意思。

二

首先，我想说一下方术的读者，即什么人最爱读方术。然后，就这个话题，说说我为什么要研究方术。

方术，于《汉志》六类，本来是属于它的后三类。它的前三类是六艺、诸子、诗赋，属于人文，后三类是兵书、数术、方技，属于技术。方术就是数术、方技的统称。技术在当时还是学术之半，有一定地位。但隋唐以来，按传统的四部分类，数术、方技只是子部底下的一个小分支，地位就不行了。读者，除了专门干这行，在司天监和太医院中供职的所谓“畴人”者流，只有闾巷卖卜的江湖术士和穷乡僻壤的愚夫愚妇。正经读书人，没有人要读它。

可我偏偏要读这类书。

现代读者，情况又如何呢？就我所知，主要是四种人。

第一种，是有信仰需求，迷信超自然，并活学活用的读者。正如刚才所说，他们才是方术最基本的读者群，最铁杆的读者群，古往今来长盛不衰的读者群。他们读方术，主要兴奋点有两个，一是算命，二是看病。我的书，本来不是为这批读者写，但写信打电话，屁股后面追，热心读者是这种人。有些单位请我演讲，听众提问，也离不开这两大主题。我一再解释说，算命有地摊，看病有医院，这两样，千万别找我，我可不是干这个的——但我必须承认，方术本来就是干这个的。

第二种，是研究科技史的。这类读者，是近代才有。他们是到方术中寻找科学，属于沙里淘金。这不但提高了方术研究的层次，还可以和李约瑟先生的研究实行“国际接轨”。过去，研究古代，政治口号是“古为今用”。怎么用？典型说法是“去其糟粕，取其精华”。精华取出来，糟粕当然就不要了。原来的知识系统是什么样，他们不关心，淘金后的沙子更不用说。他们和第一类读者正好相反。前者关心的是沙子，他们关心的是金子。但金沙没有淘出，原来也是沙子。沙子比金子，更能反映全貌，光有这类研究也不行。这种人是专家，已经形成专门的研究队伍，但比起前者，人数少得多。

第三种，是我的同行。他们本来是学考古或古文字的，因为出土发现，这种东西越来越多，抓耳挠腮读不懂，才急用先学。我原来的出发点也是如此。中国方术，现在的知识，中国近代化以前的知识，主要是宋以来的知识。宋代以前，早期的知识，主要靠考古发现，一是简帛文献中的材料，二是敦煌文献中的材料，三是其他有关的出土实物。这些发现，主要是近百年的发现，特别是近30年的发现，说是新知识，也是老知识，或者更准确地说，是新发现的老知识。它们和宋以来的知识，其实是一脉相承。港台有一种偏见，我不同意。他们说，大陆的人文学科都不行，只有考古，一枝独秀。他们说的“独秀”，其实是发现，不是学科。发现是托祖宗的福。我的同行我知道，眼界、见识和水平，哪里就比别人高？这种人，数量更少，掰着手指，都算得过来。

第四种，是把方术当思想史和学术史的资料看，特别是当宗教史的资料看。上面已经指出，方术这个混沌，既和科学技术有关，也和宗教迷信有关，但归根结底，还是和后者关系更大。我不信教，但信教是普遍的文化现象。最近，电视上说，调查表明，即使在科学昌明的今天，全世界，无论用什么标准统计，信教的人都是多数，他们宁肯相信宗教领袖，也绝不相信政治家。研究中国历史，研究中国文化，研究中西对比，这个代表多数的想法，谁也不能忽视。迷方术，信宗教，人很多，但把方术当宗教史研究，人很少。真正关心这个问题的人，几乎等于零。

研究方术，我是作者，也是读者，而且首先是读者。上面四种，我算哪一种？主要是后两种。第一种，我是外道。第二种，我是外行。第三种，和我的专业知识沾一点边，但严格讲，就算这一种，也是非常边缘的研究，要叫行里人说，也不是玩意儿。我觉得，奇奇怪怪的术语，密密麻麻的图表，还有数不清的药方，本来就很枯燥，如果研究来研究去，只是为复原而复原，为前两种读者找材料，就没劲了（我是说，对我没劲，不是说别人）。第四种，我更关心，但对谁都是难题，对谁都是空白，我也好，别人也好，谁都是外行。

我经常说，学术有专攻，但问题是没有学科的，就像复杂的手术，必须请专家会诊。但专家如果不来会诊呢？

在这个领域里，我们的尴尬局面是，很多问题，都是搞的人不懂，懂的人不搞。

我用外行研究内行，用内行研究外行，自乱家法，原因在这里。

没有办法呀。

三

其次，我想说说，我对中国早期宗教传统的认识，目前最粗浅的认识是什么，也算是今后写作的设想吧。

在《中国方术考》2001 年修订本的序言里，我曾许愿说，我要写三本我最想写的书，一本是《绝地天通》，一本是《礼坏乐崩》，一本是《兵不厌诈》。其实，这三本书的头一本，就是讨论中国的宗教传统。

“绝地天通”是个道理深刻的神话故事，出自《国语·楚语下》，大家都很重视这个故事。故事的意思是什么？本来很清楚。它是说，天地神人的交流，从前很容易，老百姓是通过民间的巫史，直接和神交流。后来，有了复杂的职官系统，则把这种关系断绝开来，神归神，人归人，世俗的事，由世俗官员管理，宗教的事，由宗教官员管理。任何人，都得通过这些神职人员，才能与神交流。也就是说，一旦宗教归国家管，归专责的神职人员管，僧俗分为二界，天地不分、民神杂糅的状态，就被彻底打破了。即使官民斗争，反反复复，也是这个格局之下的反复，大盘是定下来了。

我选这个书名，用意很明显，就是要澄清一个很流行的说法，也是相当糊涂的说法。

中国文化界讲中国文化，老是往自己脸上贴金，给人家脸上抹黑，张口闭口，都以"天人合一"自居，非说人家西方文化是"天人分裂"，两者拧着来，太物质，太技术，完全反自然，不像俺们中国文化是"天人合一"，和谐而美满。我不同意这种说法。起码照字面理解，"绝地天通"四个字，只能是"天人分裂"，而绝不是"天人合一"。

"天人合一"这个词，严格考证起来，其实并无深意。如宋人张载和王万，他们有这种说法(《张载集·乾称》、《宋史·王万传》)。现代学者的用法，是来源于宋。先秦没有这种说法。汉代的说法也不太一样。当时的流行说法，其实是"天人之分"、"天人之际"，"分"和"际"，都是讲天人的分别。当然，董仲舒是说过"天人之际，合而为一"(《春秋繁露·深察名号》)，那是说，借助名号，把这两个本来是分开来的东西再合在一起，其实是讲天人感应。"天人之际，合而为一"，这是方士化的汉儒讲的话。"天人合一"，这是援释济儒、援道济儒的宋儒讲的话。两者都有宗教味。

"天人合一"是宗教话语，一点不稀奇。任何文化的任何宗教都有这种东西。

这不是中国文化的特色。

中国文化的特色，在我看来，主要是一种结构性差异，即早在近代欧洲实行政教分离之前，中国的政教关系就已经是二元化，我们比他们更世俗，他们比我们更宗教。异是同中之异。中国和西方不同，并不是我们讲"天人合一"，他们讲"天人分裂"，而是两者在僧俗和政教的关系上有巨大不同。我们追求大一统，他们也一样。谁不想把一盘散沙的人群聚合起来？但同是大一统，中国和西方，道路不一样。他们是小国林立，宗教大一统；我们是国家大一统，宗教多元化。两者都有世俗国家，两者都以神道设教，但政教关系不一样。我打比方说，翻毛大衣里外穿，这只是毛面在外，还是光面在外的问题。他们也好，欧亚草原也好，阿拉伯地区也好，凡行政效率不足的地方，都靠宗教大一统，这种情况很普遍。但即使是大地域国家，亚述、波斯和中国，国家再强，也少不了宗教支持。没有宗教是不可想象的。我们和他们不一样，主要是僧俗二界，分得更开，界限更明显。如果非用分合讲话，那也只能是，他们“天人合一”，我们“天人分裂”。

还有一种说法，是把“天”换成自然，说我们和自然贴得近，那就更离谱。因为大家想一想，文明在本质上是反自然的，中国既然以文明老大自居，人缩在城里，坐在屋里，马牛羊拴在棚里，关在圈里，为了土里刨食，树都砍了，草都烧了，怎么会比骑马肉食、逐水草而居的匈奴人和蒙古人，还有原来也很野蛮的欧洲人，更接近大自然。我们千万别叫中国的文人诗和文人画给蒙了。他们渔樵归隐，寄情山林，“卖鱼生怕近城门，况肯到红尘深处”，那都是在滚滚红尘中呆腻了的主儿。

我用“绝地天通”讲中国宗教，目的在这里。

在《中国方术考》中，我还主要是就术谈术，不大涉及教。《中国方术续考》才把术的话题引向教。我在法国远东学院的演讲，是对两考的总结，又近了一步，直接点在这个穴位上。那篇文章就是以“绝地天通”为题。这次重印，我把它收在了后面。

现在，我要说明的是，我的两考，其实就是为《绝地天通》做铺垫。虽然，当初我没有这种考虑，想法是慢慢悟出来的。

四

说到上面的话题，有个问题要补说一下。大家会问，你说方术和宗教有关，这个宗教是什么概念？

过去，讨论中国宗教，主要是讲道教和佛教，即和罗马基督教运动差不多同时，中国本土和外来的两大宗教。两教之前，中国有没有宗教？有，是什么？这当然是问题。

我的看法，两教之前，中国肯定有宗教。没有的话，中国就成了怪物，成了脱离世界发展轨道的例外。前些年，法国远东学院在香港中文大学的崇基学院开国际研讨会，会议主题之一就是澄清这个问题，我参加过讨论。大家不要以为，西方的教才是宗教，中国的教不是宗教，或者道教、佛教才是宗教，其他的教都不是宗教。

宗教的定义，有宽窄之不同。即使同样有教规教义、教团组织和坛庙教堂，定义不同的话，也可能是，也可能不是。很多人都以为，有没有，是不是，全靠定义讲话，但定义的宽窄，本身就是问题。

中国宗教的“脚”有多大，本来很清楚，但定义的“鞋”可以有三种：

（一）最窄，是以我画线，我的教是教，其他都不是，是也是异教、邪教。比如西方的天主教，对它来说，不仅伊斯兰教是异教，他们自己的文化，前基督教文化，也是异教。南欧，古典希腊、罗马的多神崇拜，是异教。西欧、北欧、中欧，蛮族地区的女巫崇拜和山精树怪，也是异教。归根结底，只要是非基督教文化，统统都是异教。利玛窦到中国传教也一样。中国文化，在他眼里，当然是异教。他原来的目的，就是要消灭儒、释、道三教。后来想借儒教传播天主教，也得先把它定义为非宗教，否则无法交待（向罗马教廷交待）。

（二）还有一种，大教是教，小教不是教，或官方批准是教，不批准不是教，是也是异教、邪教。这种定义，比前者宽一点，但你无论给它加上什么贬斥性的定语，说它如何不是东西，它也还是宗教，否则无法归类。比如白莲教一类教派，中国的法律术语，叫“旁门左道”，现在的国内学者叫“民间宗教”。宗教而冠以“民间”，目的是为了区别于官方承认的宗教。可是，我认识的西方学者，他们不同意这种叫法。以西方的眼光看问题（他们是上下一个教，国王和百姓都是教民），他们宁愿相信，中国的宗教，特别是早期的宗教，是一种上下共享的通用宗教（common religion）。

（三）最宽，是法国汉学家的说法：哪里有香炉，哪里就有宗教。比如，中国人家里供的“天地君亲师”，拜天地，拜皇上，拜祖宗，拜老师，是不是宗教？明末，传教士到中国来，他们就争论。利玛窦说，这不是宗教。反对他的教派说，这是宗教。最后，罗马教廷裁定，还是宗教。如果这些都是宗教，范围可就广了，不但崇拜孔子是教，领袖崇拜、明星崇拜是教，马克思说的拜金拜物，也都是教。这是泛宗教的定义。上面讲异教，自己的教概念越窄，异教的概念就越宽，异教本身也是泛宗教概念。

这些定义，第一种肯定不对，第二种也有问题。两种定义都有排他性，都是从政治和宗教的立场出发，先定和预设的定义。这就像美国定义的“恐怖主义”，甭管彼此的手段一样或不一样，敌人肯定是“恐怖主义”，自己肯定是“反恐”；还有，间谍、特务谁都用，但这两个词，可从来不用在自己身上，用在自己身上，肯定得换个说法，叫“地下工作者”或“秘密工作者”。在英文里，religion（比较正经的宗教）和 cult（比较不正经的宗教）也是类似的划分。这样的标准，是政治或宗教的考虑，不是客观的学术标准。按照学术标准，异教也好，邪教也好，它们也是宗教。否则，为什么还要当宗教来排斥呢？上面说的第三种，宽了点，但至少没有把小教排除在外，这是对的。

中国早期的宗教到底是什么？这个问题，不是一两句话就能说清，因为它不像释、道二教有明确的界限，其实是个小教林立或大小教混合的大杂烩。但有一点可以肯定，即使按最一般的标准，不是排他性的标准，也不是泛宗教的标准，两教之前，中国有宗教，这是不成问题的。

在《续考》一书中，我把秦汉祠畤当研究对象，就是想勾勒早期宗教的形象。

五

研究中国古代宗教，祝宗卜史，各有分工，祝宗跟礼仪关系大，卜史跟方术关系大，两者都和宗教有关，但前者更接近于教，后者更接近于术。

术和教的关系很重要。

在我的两《考》里，我想强调的是，巫术是小术，方术是大术，大术的来源是小术，但后来居上，既吸纳小术，又排斥小术，把小术压在下面，但大术小术都是术。同样，中国早期的宗教，原来也是小教林立，各地的信仰不一样，小教汇入大教，先是以国家为倾泻地，后来回归民间，重新酝酿，转以道教、佛教为龙头，但大教小教都是教。

研究中国宗教，巫术和巫教很重要。比如张光直先生，他就非常强调萨满教。研究早期宗教，巫是普遍背景。人类学家关心巫，当然很有道理。但我的看法是，商周以来，特别是战国秦汉，中国的教与术，早已超出这一水平，绝不是“热带丛林”式的东西可以比。

中国的“绝地天通”，是个很长的过程，但真正的重头戏还是在秦汉，特别是汉代。大术代小术，大教代小教，都不是一蹴而就，而是分四步走：

（一）秦始皇的统一宗教。

秦始皇的大一统，是三个大一统：政治大一统、宗教大一统、学术大一统。这三个大一统，虽然不是由他收的尾，却是由他开的头。当时，百废待举，三件事，他只做成一件，就是政治大一统，另外两件没办成。天下初定，他把方士、儒生从全国各地招来，本来是请他们兴太平，方士搞宗教，儒生搞学术，共襄盛举，没想到，彼此闹翻，发生焚书坑儒。这不是他的初衷。他的初衷，和后来的汉武帝一样，也是收拾人心：统一宗教，才能赢得六国百姓的心；统一学术，才能赢得社会精英的心。但我们要注意，这两个大一统，一开始就是在政治大一统的前提下进行，起点本身就和欧洲历史不一样。我们的大一统，是先有政治大一统，才有宗教大一统、学术大一统。

（二）汉武帝的统一宗教。

汉武帝和秦始皇不一样。秦始皇没做成的事，他做成了：封禅郊祀，兴立祠畤，是统一宗教；罢黜百家，独尊儒术，是统一学术。他的宗教大一统，是想建立与统一国家相匹配的宗教制度。第一，是继承秦始皇，比如封禅五岳，祭雍五畤和齐八主，这些都是继承秦始皇；第二，是创立以太

一、后土和五帝为核心的大郊祀，用大教统小教，新制统旧制。这种新制，好像政教合一，太一崇拜也很有普世宗教的味道。它使西方汉学家产生错觉：中国的宗教是上下共享的通用宗教，汉武帝就是中国的教皇。当时的国家宗教，与民间信仰关系很密切，有一定重合，但很多祭祀，国家有，民间不一定有，民间有，国家也不一定有，并非严丝合缝。

（三）王莽的统一宗教。

统一宗教，秦皇、汉武都倚重方士。儒生和方士，本来各有擅长。汉代，他们在皇帝面前争宠，劲头十足。儒生并不满足于学术上的胜利，对宗教也要插一手。他们和方士乱掺和，界限越来越模糊，但不同还是不同。比如《后汉书》的《方术列传》，就是两者并叙，但中间还是有界限。汉武帝以后，韦玄成提出罢庙，匡衡、张谭提出废祠，都是针对汉武帝的宗教大一统，最终导致王莽撤销武帝诸祠，只在长安四郊祭天地五帝。这是儒生对方士的反动。王莽改大郊祀为小郊祀，有当时的道理，而且是后世所本。其所有祠畤，被收拢于京郊，外面一风吹，好处是精练集中，坏处是对民间信仰失控。上面说过，"绝地天通"，官民之间的控制和反控制，反反复复，这是固有矛盾，汉代也有这类问题。

（四）东汉时期的"借术立教"。

上世纪80年代末，我去美国前，正是"气功热"席卷全国的节口上，我读《列仙传》、《神仙传》和《后汉书》的《方术列传》，真是感同身受。东汉时期，民间信仰如脱缰野马和决堤洪水，到处都在创立教派。原因是，王莽死后，国家失去对民间信仰的控制，民间信仰又恢复到自生自灭的无序状态。结果，当然是小教林立，对国家形成威胁。这轮高潮，特点是"借术立教"。各种占卜，还有符水治病、借助幻术的奇迹显现和荒诞不经的神仙故事，都是劝民向道的基本手段。释之入，道之兴，都是以这段历史为背景。方术在其中扮演着重要角色。汉以后，儒家文化在牢笼知识精英的取士制度中是处于唯我独尊的地位，这是一元化。但民间信仰却是由释、道二教为龙头，其他小教作缘饰和补充，呈多元化格局。方术的香火也是绵延不绝。从此，国家大典是国家大典（王莽式的郊祀），民间信仰是民间信仰，各得其所。远的不说，我们这座北京城，皇家有左祖右社和六坛（天坛、地坛、日坛、月坛、先农坛、先蚕坛），民间有五顶（北京城外，东南西北中各有一座碧霞元君庙，号称五顶），就是两码事。

我认为，通用宗教说，对解构大小传统说，强调上、下层有道理，有一定合理性。中国和西方在摸索道路的过程中，有过相似的考虑，这点也有启发性。对中国学者来说，这是值得参考的另一种视角。但这种说法，对解释汉以后的二元化格局，显然不适用；即使讲汉代，也只是貌似而已。

为什么？我说过了，关键是起点不同，政教结构不一样。

六

最后，我想说点题外话，但却是题内之义。

中国有方术，外国也有。前些年，我在法国高等实验学校（École Pratique des Hautes Études）宗教学系当客座教授，马克（Marc Kalinowski）教授带我看过法国的日书，并向我介绍过欧洲的方术门类。他说，中国的方术比他们更发达。

人家对我们很敬重，我们不能太狂妄。

我们要知道，欧洲传教士来华传教，他们是靠科学来传教。科学虽不等于方术，但在文化比较的谱系上，其位置却是对应于巫术和方术。他们的术，古代不如我们，但现代比我们发达。在科学的面前，我们的方术像巫术。

还有，我们要承认，在大教代小教方面，在宗教大一统方面，他们比我们走得更远，宗教的地位更突出，远比国家更能支配一切。中国的教没有这种地位，再大也大不过国家，撑死了也只是三教之一。更何况，大教之下，还有数不清的小教。即使大教，也是大杂烩，比西方有更多的小教特点。

我们是国强教弱，他们是教强国弱。

中国的宗教不发达（利玛窦的第一印象就是如此），没有像西方那样笼盖一切,这是好事还是坏事,现在颇有争论,我看未必是坏事,特别是把眼光放得远一点。

上面,我们已经指出,中国早期宗教,方士和儒生是两股力。这两股力,在中国历史上各有变形,各有遗产。方士的遗产在道教,儒生的遗产在取士。前者的优势是信仰,后者的优势是政治。但儒生在信仰上争霸权,与道争,与释争,可谓经久不息。今天,作为体用之争的延续,作为国粹与西化之争的延续,也有这类冲动。有人甲午不服气,庚子不服气,倒也罢了,辛亥、五四,气也理不顺。他们觉得,师夷长技以制夷,如果只学船坚炮利和议会政治,那是没有学到根本,夷也有道,是他们的教,故死乞白赖,非给咱们中国立个教。立什么教?不信洋教信什么?现现成成,当然是儒教了。道教不行,政治去势,无为无为了两千年,自然没它什么事。

立教之说,久已不行,如今又成新时髦(有几个钱,气就粗了)。谁都赶来凑热闹,我觉得十分无聊。

先秦的孔夫子,不管政治观点多保守,他毕竟是一位社会批评家,和人家老子、墨子平起平坐的批评家。他这一生,累累若丧家之犬,无权无势,从不承认自己是圣人(他惟一认可的头衔就是"丧家狗")。汉以来,唐以来,宋以来,孔子不断被圣化,地位越来越高,两千年吹捧,他想都想不到。但就是这么吹,他也还没有被拔高到耶稣那样的教主地位,时人以为可惜。我看,没什么不好。现在的学者,说是弘扬中国文化,其实是糟蹋中国文化。他们把一切中国文化都装进儒家的瓶子里,表面是大,其实是小。再把孔子弄成教,就更加可笑。中国文化,博大精深,岂是儒家二字所能概之。就算讲儒家,又何必舍本而逐末?

吾爱孔夫子,乃先秦的孔夫子,活着的孔夫子,真正的孔夫子,而非后人吹捧为大成至圣先师,政治化和神学化的孔夫子,更不是那个还在幻想之中,有如救世主的孔夫子(不但能救中国,还能救全世界)。

去圣乃得真孔子,还俗才有新文化。

这是解放孔子。

七

西方的启蒙，跟中世纪是拧着来，反传统的初衷是人文主义。

文艺复兴在其前，复远古，师异教，认祖归宗，朝希腊靠。我比较欣赏（接续传统是纵着大，认同异教是横着大，关键是有大气象）。

宗教改革晚一点（比文艺复兴晚一点），折衷新旧，调和人文与宗教，在他们是顺理成章。我也十分理解。

但中国的情况不一样。

我们别邯郸学步，光讲“新教伦理”那一套。

中国的启蒙，背景是什么？

（1）贵族传统早就没有，教会统治也不存在，世俗政治是现成，用不着政教分离。

（2）中国的知识精英（读书人和官僚）本来就很人文（儒家推行的是人文教育），非常缺乏宗教感，科学来了，不但拥抱，还用科学反宗教。

（3）中国的宗教，市场主要在民间，它自古就是多元化，上面的婆婆是国家，不是宗教。甭管什么教，只要不反国家，都允许；反国家，都不允许。宗教迫害宗教，也不行（利玛窦刚到中国，就碰上和尚砸教堂，告官，和尚马上挨板子）。这些，也很符合现代标准。

（4）中国只取经，不传教，没有异教观念，外来和尚会念经，很受礼遇，即使排斥外来文化（比如近代受外国欺负后的过激反应），也不是出于宗教目的。

利玛窦到中国传教，是走上层路线。后来有礼仪之争，上层失败，转向下层。今天的格局，还是差不多。其成功之处都在顺应中国传统，失败之处都在违背中国传统，此不可不察也。

五四运动批过孔，时人讥为太过火。但我说，就算过火，它把孔大圣人请下神坛，有什么不好？现在批五四，蒋介石的批评，海外和港台的批评，大陆知识精英“倒霉看反面”的批评，根子是反共，专吃革命后悔药。

蒋介石说，五四导致赤化，当即遭到胡适反驳。这样批五四，难道不过火？

五四的遗产很多，当然可以批评。但有一点，它是批不倒，也改不了。这就是，孔子再伟大，也甭想回到大成至圣先师的地位，因为依托的东西没有了，制度的东西没有了，就像把皇上请回来（伪满是最后的尝试，日本人的尝试），或自己当皇上（袁世凯），那是不可能了。

从今以后，我们才豁然开朗，任何整理国故者，只有超越中国遗产之上，跳出中国遗产之外，用世界眼光，重新审视这批遗产，才有资格讲话。

中国的新文学之路和新史学之路，都走的是五四之路。大陆这边是这样，台湾搬去的传统也是这样（如史语所）。其文化定位要远胜于当年的国粹论，也远胜于如今的新儒家。

启蒙并不是立孔为教的闹剧，中国文化也不是弘扬民族的道具。

我这么看。

2005 年 10 月 4 日写于北京南线阁甲 39 号院

目　　录

下篇　方技考

图版出处

图版一 裘锡圭主编《长沙马王堆汉墓简帛集成》二，北京：中华书局，2014 年，第 144 页

图版二 河南博物院编著《中原古代文明之光》，北京：科学出版社，2011 年，第 33 页

图版三 东京国立博物馆、日本中国文化交流协会、日本经济新闻社编《中山王国文物展》，日本经济新闻社，1981 年，图 44

图版四 古方主编《中国出土玉器全集》第 6 卷，北京：科学出版社，2005 年，第 2～3 页

图版五-1 中国国家博物馆、江西省文化厅编辑《商代江南——江西新干大洋洲出土文物辑粹》，北京：中国社会科学出版社，2006 年，第 312 页

图版五-2 中国文物交流中心编著《汉风——中国汉代文物展》，北京：科学出版社，2014 年，155 页；西安市文物保护考古所编著《西安文物精华 青铜器》，北京：世界图书出版公司，2005 年，207 页

图版六-1 裘锡圭主编《长沙马王堆汉墓简帛集成》七，北京：中华书局，2014 年，第 237 页

图版六-2 刘建华提供

插图目录

九 九 陈 愿

——2001 年修订本前言

岁月如梭,不堪回首。我这本小书从动笔到出书花了五年,从出书到现在又花了五年。说时迟,那时快,“青春小鸟”已倏然飞去,中年的门坎也一脚迈过。回是回不去了。

我的书错误太多:自己的错多,手民之误也多。木已成舟,追悔莫及,除了包羞忍耻,耐心等待(等待五年期的合同解除),还能有什么办法呢?

本书的再版,原因很简单:我的书早已售缺,哪儿都买不到,很多人(中外的读者都有)老是追着来问。但从我来说,更重要的原因还不在这儿。我考虑的主要是,这书错字太多,流毒太广(原书印数不详,又不肯出勘误),给我添堵,也对不起大家手里的钱。我心里一直在想,不行,咱们一定得找个改过自新的机会。前两年,我把希望寄托于台湾一家名气很大、规模也很大的出版公司——时报出版公司,想借外版加以修正。可是等呀等,盼呀盼,眼看就要出书,忽然他们把老板给换了,说是廖立文时代的学术书给他们捅了很大的窟窿,出路只有一个,就是得请我还有史语所的一批作者包涵,原谅他们的毁约退稿。我再一次领教到商业之无情、信义之无用——当此“世纪末”,谁也躲不过的“司空见惯”。

不是我爱发牢骚,我的文运确实很背(此书是我浪费眼力和感情最多的书)。

在旧版序跋中,我曾有意记下我搁笔之际忽然涌上心头的胡思乱想。当时心潮澎湃,翻江倒海,我说了很多对我刻骨铭心,但和大家毫不相干的话。该后悔的后悔过了,该遗憾的也遗憾过了,时过境迁,没有再印的必要(我已把它们收入《放虎归山》)。这里只想讲点今后的希望,我心里郁积已久,混沌朦胧,在《中国方术考》中还来不及展开,今后也未必就能完成的想法。

这是一组关于“现代化”的古代思考。

我想写三本书，三本主题相关的书：

(1)《绝地天通》；

(2)《礼坏乐崩》；

(3)《兵不厌诈》。

我想写的头一本书，主题是讲“天人分裂”(而不是“天人合一”)，即在我们中国，“地”和“天”怎样分离，“人”和“神”怎样疏远；我们中国人为什么对老天爷假装虔诚(“敬鬼神而远之”)，可实际上又很不客气(“老天爷，你不会作天，你塌了罢”)。它涉及的是中国的宗教传统和科学传统，或者更准确地说，是我们那种在西方人看来既不“宗教”也不“科学”的态度(早期传教士一眼就能看出来的态度)。中国的“真龙天子”要想坐稳天下，当然得有“天降大命”的合法证明；造反的老百姓图谋颠覆政府，也是打着“替天行道”的堂皇旗号。但他们对“天”的关心从来就不如“地”，对“神”的兴趣也大不如“人”。这和西方的传统很不一样。研究宗教史和科技史，我是热情有余而知识不足。方术同两者都有关系，和两者又都不一样，这是很好的切入点。因为出土材料日增，我的胆子稍微大一点，我想扬长避短，冒险一试，然后急流勇退。

我的第二本书是想讨论中国的“乱”，中国小说几乎无一不说的“乱”：挑战天神的“乱”，挑战政府的“乱”，王朝分裂的“乱”，男欢女爱的“乱”。但太大的时间跨度，太多的社会层面，绝非我所能够驾驭。我要讨论的只是孔夫子亲眼所见、痛心疾首，“道术将为天下裂”，引来诸子百家大辩论的那种“乱”。《春秋左传》说“并后匹嫡，两政耦国，乱之本也”，这是解读《左传》的钥匙。我想利用我的专业知识，借两周铜器铭文和有关考古资料对这个“本”字试为新解，讲一下“郁郁乎文哉”的周礼何以会颓然陨落、中国贵族传统为什么崩溃得那么早(这和西方也是对照)。另外，如果可能的话，我还想拿这种“礼坏乐崩”和“法令滋章”的战国晚期和秦汉时期作一对比，透过其“法典化”的再度蒙羞，展现“规则”在中国法统观念下的脆弱和多变。

我的第三本书是讲中国发达甚早、极富哲理的兵学（19 世纪之前，欧洲实无与此水平相似之“兵法”，不但中世纪没有，希腊、罗马也没有）[①]。我想重操旧业，以中国的兵法为标本，透视中国人的行为特点和游戏规则。军旅最讲规则，兵法最不讲规则，这是我想讨论“兵法”的缘故。它是上面两本书的总结。上面两本书，一本讲“无天”，一本讲“无法”。“无法无天”的结果是“造反有理”（这也是很有中国特色的概念）。“造反有理”是对“规则”的亵渎和挑战。这和“兵法”在骨子里是一样的（注意：“逃跑”也是兵法，广义的“造反”也包括“帝力于我何有哉”）——虽然中国的“造反”从来也没有打破过“规则”，反而是“规则”的必要补充（是个悬于“规则”之上，藏于“规则”之下，长期保留定期上演的节目）。它既让我们感到“兵法”的可怜无奈，也让我们感到“兵法”的无所不在。惟一的规则就是没有规则。这是“兵不厌诈”的“诈”，也是“造反有理”的“理”。

最后，假如还有余力，我想讨论一下中国文学表现中的“男女关系”，特别是作为文人理想渗透于一切“风流人物”内心，习惯上称为“才子佳人”类型的“男女关系”（这也是很有中国特色的地方）。如此而凑成我的“四大奇书”（不是我在这儿吹牛，而是自己给自己打气）[②]。

我相信，最古老的话题也是最现代的话题，最现代的话题也是最古老的话题，“前现代”也好，“后现代”也好，恐怕都是“现代人”的虚构（“现代”一词的荒谬就在于，它是一个“前无古人，后无来者”的漫长停顿）。

《中国方术考》只是对上述第一个题目的初步思考。本来还是毛坯的

---

① 中国的兵法特别发达，但它的发达却并不完全是得益于“窝里斗”，也与中国历史上的“外战”有关。历史上的匈奴、蒙古等族，他们虽然不写兵书，但却是坦克火炮发明前最擅长作战的民族，我们从他们学到的东西很多。

② “四大奇书”即《西游记》、《三国演义》、《水浒传》、《金瓶梅》。它们正好代表了中国小说的基本类型：“神怪”（第一种）、“英雄”（第二、第三种）、“儿女”（最后一种）。我常和我的西方同行讲，你们要读不懂“四大奇书”，就很难理解中国。

已经过早诞生,本来该是成品的却迄未问世。我对身不由己、如同五马分尸的自己很不满意。

早已过了立志之年的我,还有梦在心中。

在今后的日子里,我想投入上述题目的创作。

但愿完成,早点休息。

虽不能至,心向往之。

1999 年 4 月 11 日写于北京蓟门里寓所,
时当北约狂轰滥炸南斯拉夫之际。

绪论　数术方技与古代思想的再认识

人们经常说，考古发现已经大大改写了人类的历史，例如整个原始时代和早期文明的历史就几乎完全是由考古发现来重建。但是要用考古发现去探索早期人类的社会组织和思想观念，这却远比了解当时的物质文化面貌要困难得多。因为考古遗物不会讲话，特别是文字发明前的历史，更是神秘地处于一片沉寂之中。为此，人们常常不得不把观察点稍向后移，转向一种实物史料与文字史料可以相互衔接的时期。

在本书中，作者给自己提出的任务是有限的：我们讨论的主题只是战国秦汉时期流行的“数术方技”（而不是整个“方术史”），并且讨论的重点是放在有关的考古发现上（而不是传世文献上）。但我们希望借这种研究，第一，可以弥补现存古代思想史研究在“知识体系”上的不足，并纠正因此而造成的一些误解；第二，可与晚期的有关文献相印证，用以衔接此类思想的后续发展；第三，还可为进一步向上追溯提供比较可靠的起点。为了叙述的方便，下面是对本书主题、取材范围和有关概念的简要说明。

一、从雅斯贝斯的“轴心期”说起

现存史料，只有少数档案性质的东西，勉强可以说是即时性的记录。除此之外，绝大多数都带有追忆的性质。即使再客观不过的历史描述，也会像纯属虚构的小说（如一个人自杀前躲在屋子里想什么，他死时的感觉如何，等等），一追究起来，“故事”的背后肯定要有个“第三者”，即“说话人”。而这个“说话人”，他的生命又必然很短（通常在100年之内），当他涉及较大的历史跨度时，不可避免会带有“逆溯的误差”（环节跳跃、情景误植，甚至倒果为因）。我们在阅读前代的历史时，不仅要注意这种误差，还要注意我们自己与“说话人”和“故事角色”在内心理解上也有很大差异。从这个意义上讲，我们也可以说，任何历史研究同时也都是思想史的研究[①]。

在思想史的研究上，有两个问题是带根本性的，一是“自由学术”从职业知识中的分离，一是人文思想从“民神杂糅”状态下的分离。它们在中国都出现甚早，并以不同形式反复展开，一直影响到现在[②]。这里我们先谈第一个问题。

首先我们应当注意的是，本书所要讨论的主题是与文明发生后人类思想的巨大跃迁有关。关于文明的出现，即约公元前4000～前2000年间世界历史的大突破，世界各国的考古学家做了大量工作，对它的各种标志性因素，如金属的发现、城市的出现和文字的发明等等，有系统总结。但这些因素的汇聚还往往酝酿着一场新的突破，即德国哲学家雅斯贝斯（Karl Jaspers，1883～1969年）所说的“轴心期”的突破：约公元前800～前200年之间，特别是公元前500年前后，中国的孔、墨、老、庄，印度的释迦牟尼，波斯的琐罗亚斯德，犹太的以赛亚，希腊的巴门尼德、赫拉克利特和柏拉图等“贤哲”几乎是同时出现。我们碰到的是一个思想空前活跃的时代，一个对各主要文明的后来发展起了定向作用的时代[③]。

中国的思想史研究者并没有忽略自己的这一时期。相反，他们的追溯总是从这一时期开始。但是由于史料的欠缺遮蔽了人们的视线，他们往往忽略了一个重要方面，即在诸子百家的下边和这种思想活跃的前面，真正作为基础和背景的东西到底是什么，因此还不能说是充分理解了上

---

① R.H.Collingwood，*The Idea of History*，D.R.Hillman & Son.Ltd.，Frome，1962年。该书曾强调过这一点，但与这里所说含义不同。

② 如以人文教育为主的儒家文化排斥畴人相传的科学技术是属于前者，而它与释、道相异则属于后者。

③ Karl Jaspers，*The Origin and Goal of History*，Yale University Press，1953，Chapter 1。

述“突破”的含义。

对于认识中国自身的这一“突破”，当然我们仍可沿用某些史前考古的研究方法，如利用各种与宗教礼仪有关的遗物、遗迹（如铜器、玉器、建筑遗址等）和富于象征性的艺术主题等去揣测当时的思想。西方学者往往就这样做。但是对拥有大批文字史料和具备考据传统的中国学者来说，我们却没有理由把自己局限在这种不得已的研究方法中。相反，恐怕应对上述文明要素中的“文字”这一项也给予足够注意。更何况中国文明有其始终未断的历史连续性（考古材料和文献史料都有连续性），即使是年代较晚的文字史料对于年代较早的时期也有重要参考价值①。

讲到“文字”与文明的关系，《千字文》上说“始制文字，乃服衣裳”，我们中国人一向是把“文字”当作“文野之分”和一切礼仪教化的核心②。对于研究上述“突破”，“文字”的功能尤其值得注意。因为只有有了“文字”，才会有记录文字的“书”产生；有了“书”，我们才有了探讨古代思想的直接依据。

不过，“书”虽然是用“文字”写成，但“文字”却并不等于“书”。现在中国出版的各种书史，几乎无一例外，全都是一上来就讲甲骨文和金文，把这些东西当作“书”，这是不对的。事实上，现已发现的古文字材料包括两大类。一类可称为“标识性文字”，一般很短，如陶器、兵器或其他杂什物件上的题铭，多属“物勒工名”，有点类似现代的商标；还有货币文字记铸地、币值，玺印文字记官名、人名，也与现代的货币、印章没有太大区别。另一类可称为“记录性文字”，不但篇幅较长，内容也较复杂，如甲骨卜辞、

① 在西方汉学中，这会被视为“犯规”，但在中国考据学中却是“不二法门”。因为任何历史记载经时间磨损，都不仅是细节的丧失，更重要的是系统的丧失。系统的恢复比细节的恢复更依赖晚期线索。如本世纪初甲骨文的破译就是靠宋代金石学提供的线索，商王世系的恢复也是得益于《史记》，还有像早期官制、法律和器物学的知识，很多都是靠晚期系统“搭架子”。

② 中国的文字与很多古老文明的文字不一样，它们的古文字往往都“绝后”，而中国的古文字却与现代汉字一脉相承，所以它对中国文明的影响很大。

铜器铭文和简帛文字。前一类文字当然不是“书”，而后一类文字也并不全是“书”。后者至少包含两种不同性质的东西，一种是文书档案，一种是思想创作。现在学者或用“官文书”和“私家著述”来区分这两类文字。但前一类文字并不全是官方庋藏的档案，有时也包括私人的文件。如甲骨卜辞为殷王室的占卜档案，固然是官文书，而铜器铭文用于铭功记德，则多属私人的纪念文字。当然后者也有一些例外，像册命金文和个别铜器记载的土地契约（如散氏盘），是过录简册，应作别论。还有简帛文书也分很多种，如出土的战国时期的竹简帛书，内容包含：(1)占卜记录（望山、天星观、包山出土的楚简）；(2)文书档案（包山出土的楚简）；(3)遣册（仰天湖、长台关、望山、藤店、天星观、包山出土的楚简和曾侯乙墓出土的曾简）；(4)书籍（楚帛书、九店楚简《日书》、长台关楚简《申徒狄》，还有新近出土石板村楚简中的古书）。其中(1)(2)两种是官文书，(3)(4)两种不是。秦汉时期的简帛文书种类更多，除大批属于私家著述的各类典籍①，还有诏书、律令、簿籍、契券、符传、书信、遣册、遗令等各类官私文件②。过去，笔者在一篇文章中曾指出，我们今天所说的“书”，在概念上主要是指后世史志著录的那种“书”（即所谓“艺文”和“经籍”）③。这种“书”虽然也包括某些降低为一般书籍的官修史籍、历法和前代的律令，以及记载实用知识的书籍（天文历算之书、占卜之书和医书、兵书、农书等），但主体是私家著述。它们与“文件”的概念是不同的。如果按这一标准衡量，则不但甲骨文和金文不是“书”，就连简帛文字也只有一部分是“书”④。兹以下表示意：

---

① 见李零《出土发现与古书年代的再认识》，《九州学刊》3卷1期，1988年，附录“出土简帛书籍”。

② 见李均明、何双全《散见简牍合辑》，文物出版社，1990年，前言。

③ 见李零《出土发现与古书年代的再认识》108页。

④ 钱存训《印刷发明前的中国书和文字记录》，印刷工业出版社，1988年，128页。案：这是在中国大陆新出的中文增订版，初版是用英文写成（*Written on Bamboo and Silk*，Chicago University Press，1962），并有香港中文大学出版社1975年的中文译本（《中国古代书史》）。

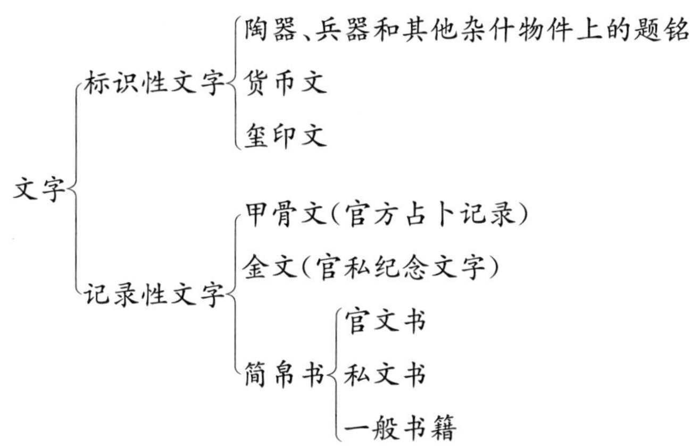

由“书”的概念的确定,我们可以看得很清楚,它本身就是上述“突破”的产物。借助这一概念,我们可对上述“突破”做一轮廓性的描述:

首先,古代的自由学术并非从来就有,而是官学下替的结果。虽然这一现象早在春秋末年就已发生,但官学与私学之争却一直持续于秦汉,至少还有两个回合的交锋:秦禁诗书百家语,不禁医卜农桑,把文字的使用限于抄写狱讼文书,使教育倒退回“以吏为师”,这是官学的复辟①;而汉除挟书之令,征书天下,虽然表面上看是私学又复兴,但实际上二者的关系还有一番复杂的调整,既包含官学对私学的容忍接纳,也包含官学对私学的汰选和整顿。例如汉初有黄老与儒学之争;即使在儒家定于一尊之后,在儒学内部,也还有今古文争立学官的斗争。所以汉代学者对官学与私学的关系有深切感受。过去,刘向、刘歆父子提出过“诸子出于王官”说。此说从原则上讲是对的,但他们推测某家一定出于某官却大多难于落实。因为诸子是学派而非学科,不能与官学直接“对号入座”;第二,他们也不了解古代官学的真实情况。因此我们应根据古文字与古文献的实际材料重新探讨这一问题,一方面是恢复古代的职官系统,分析其职能分化;另一方面是恢复古代官文书的系统,以确认各种职业知识与上述官守

① 见《史记·秦始皇本纪》载李斯的“焚书”建议。秦与西周地土相袭,文化相承,又与东方长期隔绝,在某些方面比较保守。

的联系。这样我们才能看清诸子之学背后的“知识系统”。下面是我们对古代官学的一个大致估计：

(1)古代的大部分官文书，即所谓“典册”，都是由祝宗卜史系统的文职官员来掌守(大体与《周礼·春官》相当)。祝、宗掌祭祀神祖[①]，有相应的仪文祀典。而卜掌占卜，史掌天文历法、记录史事和官爵册命，也有相应的占卜记录和史册谱牒。当时的学术主要是集中于这一系统(中国史书中的礼乐、律历、天文、郊祀各志与此直接有关)，特别是史官(亦称“记府”)手中。这一系统的官员有个重要特点，就是他们并不参加行政管理，是独立于行政系统之外。例如史官就是只管“天”，不管“民”，带有“旁观”的性质。这使他们在记录史事上能比较客观。他们记录史事是以历法为纲目，既载天象，又列史事，并杂以占卜预言，是一个整体[②]。刘向、刘歆以“数术者”出于“明堂羲和史卜之职”(《汉志·数术略》)，大体说是正确的。

(2)古代的学术除集中于上述官守，主要是集中于学校[③]。当时贵族子弟所习课业有所谓礼、乐、射、御、书、数“六艺”。“书数”是读写和计算技能的训练，属于“小学”；“大学”的核心内容是“礼乐”和“射御”。另外，据《国语·楚语上》，贵族子弟的教育，除去礼乐，还包括法令和历史(“春秋”、“世”、“语”、“故志”、“训典”)。这些知识除来自史官系统，还来自师氏系统。师氏也叫师，本来是武官。但《周礼》入师氏于《地官》，与保氏并列，只是负责教育的职官。而负责军事的《夏官》是以司马为最高长官。另外，《周礼》还有掌钟鼓之乐的“大师”、“小师”等乐官，是安排在《春官》。这些都与西周金文中的情况不符，很明显是晚出的系统。在西周金文中，师氏既是率兵出征的军官，又负责训练贵族子弟射御，并兼掌钟鼓之乐。礼乐射御是一种武士教育。射御当然是军事课程不用说，礼乐也有武礼和武乐。师氏平时用这些东西教贵族子弟，战时则用这些东西指挥作战。

---

① 《国语·楚语下》所述是先“祝”后“宗”。而《周礼·春官》却是把“宗”列于“祝”之上。

② 如《春秋》就是以这种方式写成。

③ 吕思勉《先秦史》，上海人民出版社，1982年，468页。

士兵坐作进退，一击一伐，皆以金鼓为节，很像是舞蹈。三种职能是合一的[①]。古代的礼乐和射御主要与这一系统有关。

(3)古代的养生知识和烹调技术主要是由宰/膳夫系统的宫廷内官（略与《周礼·天官》相当）来掌守。刘向、刘歆所谓的"方技者"主要与这一系统有关。

(4)古代成文法的前身可能是某些王命（如《吕刑》），所谓"先主所是著为律，后主所是疏为令"（《汉书·杜周传》）。至于正式的成文法出现于何时，现在还很难说清。古代有司士（负责刑狱之事）和司寇（管刑徒役作，与司工有关）掌法律，但法律亦由史官典藏。

(5)古代的各种簿籍和图册可能是由分管各级行政事务的官员，特别是司徒系统的官员（管土地民人）来掌守。汉代"上计"，计书上太史，副本上丞相（见《汉书·司马迁传》如淳注引卫宏《汉旧仪》），史官也收藏这类东西。

(6)古代的农艺知识可能与司徒系统的农官有关。

(7)古代的工艺知识可能与司工（即司空）系统的工官有关。

其次，上述官学传至春秋战国有不少变化。第一是职官系统本身的变化，如：(1)师官不再一身而兼三任，军官之师已被司马系统的职官所代替，师保之师和乐官之师也已分属不同的系统；(2)由于经济的发展，从宰/膳夫系统分化出专管食货之事的各种府官；(3)由于狱讼日繁，不但出现系统的成文法典，而且还发展出以司寇为首的庞大司法机关。司寇不但掌狱讼，也负责用刑徒从事土木工程、粮食加工和兵器制造。因此军事知识、经济知识和法律知识有很大发展。第二是官学下替，成为各种私学的背景。如儒家所传六艺之书包括筮占（《易》）、典谟训诰（《书》）、诗歌（《诗》）、礼仪（《礼》）、编年史（《春秋》），大抵出于上述七类官学中的第一、二两类；墨家重视技巧，可能与第七类有关[②]；阴阳家与数术有关，是出自第一类的史卜系统；道家

① 李零《西周金文中的职官系统》，收入《尽心集》，中国社会科学出版社，1996年，202～214页。

② 《墨子》书中的物理之说和兵技巧家言是其证明。

强调合天道、养性命，则与第三类有关。另外，法家和名家也与刑名法术之学和纵横驰说之术这些新出现的知识系统有关。第三是原有的各种职业知识有不少已脱离官守，普及于民间，并与民间知识和民间信仰相结合，形成新的职业知识。如《汉书·艺文志》的《兵书略》、《数术略》和《方技略》所录之书皆属专门之学，但《兵书略》所收主要是“兵法”，“兵法”是以谋略为主，和《司马法》保存的古代军礼或军法书有本质不同，显然属于新时期的产物①；并且《数术略》和《方技略》所收，有些也是流行于民间的实用手册。它们与六艺诸子之书一起构成了后世“书”的主要内容。

最后，古代的官学和私学经过秦禁汉弛，并非“翻烙饼”。汉代的弛禁对二者的关系是一种重新调整，一方面仍保持官学的基本系统（如对礼乐、律历、天文、郊祀的掌守），另一方面则接纳私学，把兵书、数术、方技置于诸子之下，把诸子置于六艺之下，确立儒家作为官方意识形态的正统地位，代表了一种新的文化结构。虽然汉以后，图书分类法从六分变成四分，但它始终是以儒经为中心，把子书当儒经的附庸，把实用知识当子书的附庸（入于子部）。它所代表的文化结构与汉以前毋宁说是相反的。因此，当人们从这种文化结构入手去探讨古代思想时，他们的理解往往在无形中已经包含了“逆溯的误差”。

二、也谈“绝地天通”和“民神异业”

刚才我们所说的是自由学术从职业知识中的分离，现在要讲的是人文思想从“民神杂糅”状态下的分离。这一分离要比上一分离发生更早，是与文明的出现直接有关。

我们都知道，在人类历史上，凡是起点性的东西，往往都具有混沌未分的特点。它们会在后来的发展中积淀为文化的深层核心，并以各种复杂形式反复展开，像人类的原始思维就是如此。它并不仅仅属于遥远的

---

① 李零《齐国兵学甲天下》，《中华文史论丛》50辑。

过去，也与今天有关，包含了许多“永恒的主题”。

现在的人类文明已有几千年之久，但这“几千年”若比起数百万年的人类历史，却不过是短暂的一瞬。在它以前的漫长岁月里，人类一直处于狩猎采集阶段，只是近一万年才进入原始的农耕畜牧。由于生存方式的限定，原始人类要远比后来所谓“文明人”与自然界有更密切的联系。他们随日月出没而作息，仰观于天，俯察于地，并与各种动植物密迩相处，对自然界充满特殊的关注。他们把人类的生老病死与大自然的斗转星移、草木荣枯看作互动过程，也远比现代人更重视宇宙万有的整体联系。这是他们的长处。但同时，他们的理解又非常幼稚。在他们眼中，天地神人还杂糅不分。

那么，现在我们要讲的就是这个人类思想的“开辟故事”，换句话也就是说，从思想史的角度来说，文明的发生究竟意味着什么。对这一问题，近年来，张光直先生提出了他的“两个文明起源”假说。他把世界各古老文明区分为两个系统，一个系统是所谓“萨满式的文明”，即以中国和玛雅为代表的具有世界普遍性的文明；一个系统是以两河流域文明为源头的西方式的文明。前者是“连续性的文明”，即文明时代与野蛮时代有很大连续性。它在本体论的认识上始终保持了“民神杂糅”的特点。而后者则是“突破性的文明”或“破裂性的文明”，即以隔绝天地神人为前提，借技术和贸易发展起来的文明[①]。这一假说仍带有19世纪西方历史学的“经典对立”的痕迹，即把“西方文明”与“亚细亚文明”当作对立的两极。他把萨满主义当作一切非基督教文明的统称，在概念上似过于笼统，所论两大系统之差异也往往似是而非[②]。这些都是笔者不尽赞同的。不过尽管如此，我们还是从张先生的假说受到许多启发。第一是他把文明发生提高到思想史的高度来认识，指出天地神人的关系是各种文明形成其独特内

① 张光直《连续与破裂：一个文明起源新说的草稿》，收入《中国青铜时代》二集，三联书店，1990年。

② 在中国，“天人合一”代表的是“民神杂糅”的巫术传统，道教也是带有巫术色彩的宗教。这些可以算“连续性”，但“绝地天通”之后的史官文化和民间巫术，汉以来的儒与释、道并不是一种东西，从总体结构上讲，反而不如说是一种破裂。

心理解的基本背景。第二是他对上述“经典对立”的理解与传统看法相反，正好把习惯上所谓“常规”和“变例”颠倒了过来，认为中国文明与原始思维有更多连续性，在文明形成途径上也更带普遍性，因而人们不但不应把西方社会科学的概念当作衡量中国历史的惟一标准，而且还应根据中国历史的实际研究对这些概念进行校正，在新的基础上重建比较体系。

与上述概念有关，我们还注意到张先生对中国古代传说中的“重黎绝地天通”故事的人类学解释。他把这一主题与萨满主义的主题相联，认为这一故事表明，原始思维在文明发生后有一重要变化。本来地上的人与天上的神可以自由沟通，而自从重司天、黎司地，却使地天相隔，人神异界。这暗示出文明发生后沟通天地的手段已被统治阶级所独占，人们必须依赖专职的祝宗卜史来与神灵沟通。这当然很正确。现在人们多以为这是讲巫术起源，但我们理解，这一故事的主题是讲职官的起源，特别是史官的起源。因为在《国语・楚语下》的原文中，楚昭王提出的问题是：如果没有重、黎分司天地，百姓是否也可通天降神。它所涉及的主要不是巫术的起源问题，而是史官文化能不能由民间巫术取代的问题。争论焦点是官方文化与民间文化的“道统”(orthodoxy)问题。观射父讲出这个“重黎绝地天通”的故事，目的是要否定民间也可自通天神。按他的说法，上古降神本来是靠巫觋，后世“祝”、“宗”一类职官，就是从巫觋发展而来。他们负责神祖的祭祀，并从中分化出“天地神民类物之官”，亦即管理土地民人的“五官”[①]。这种司地的“五官”与司天的“祝”、“宗”有明确分工，是为“民神异业”。这以后九黎一度破坏这种分工，颛顼又命重、黎恢复这种分工；三苗再度破坏，尧再度恢复，相沿至于周代。周宣王时，有史官程伯休父仍保持重、黎式的分工，但失其官守，成为司马氏[②]。

---

① 这种与“天官六大”相对的“五官”，孔疏以为“象地之五行”，可见正是“地官”。

② 程伯休父见《诗・大雅・常武》。古代史官与军事有关，如《韩诗外传》卷八第十九章提到“司马主天”，说是“阴阳不和，四时不节，星辰失度，灾变非常，则责之司马”。甲骨卜辞和铜器铭文也有史官参与征伐的记录。参看李零《西周金文中的职官系统》。

我们读《史记·太史公自序》，仍可看到这种职业传统的延续。司马迁说他的祖先是出自周宣王时的司马氏。司马氏世典周史，东周初离开周到晋国，分为三支，其中一支于公元前620年左右来到秦地少梁。他这一支即出于少梁司马氏。司马迁的父亲司马谈在汉初任太史令，仍保持着“既掌天官，不治民”的传统。史官记录史事，可以不怕杀头，秉笔直书，以公正客观为“史德”，原因就在于他们不直接参加行政管理，是“旁观者”。

从“绝地天通”和“民神异业”的分析中，我们不仅可以换一个角度来认识古代的官学，而且还有助于理解后来的诸子之学，以及中国文化的进一步发展。下面是一个简单的归纳：

(1)上节所述七类官学，其知识可大别为两类。一类是以天文、历算和各种占卜为中心的数术之学，以医药养生为中心的方技之学，还有工艺学和农艺学的知识，主要与现在所说的科学技术和宗教迷信有关；另一类是以礼制法度和各种簿籍档案为中心的政治、经济和军事知识。

(2)春秋战国时期的诸子之学，从知识背景上讲也可分为两大类，一类是以诗书礼乐等贵族教育为背景或围绕这一背景而争论的儒、墨两家，另一类是以数术方技等实用技术为背景的阴阳、道两家以及从道家派生的法、名两家。

(3)秦汉以后的中国本土文化也分两大系统，即儒家文化和道教文化。儒家文化不仅以保存和阐扬诗书礼乐为职任，还杂糅进刑名法术，与上层政治紧密结合；而道教文化是以数术方技之学为知识体系，阴阳家和道家为哲学表达，民间信仰为社会基础，结合三者而形成，在民间有莫大势力。

从上所述，我们不难看出，中国文化始终存在着两条基本线索，不可偏一而废。

过去，学界对中国古代文化的认识往往注意的只是从百家争鸣到儒家定于一尊这一过程，而很少考虑在先秦诸子“之前”和“之下”还有以数术方技之学为核心的各种实用文化。特别是他们还从这种发展的结果看问题，即汉以后的儒学一直是扮演着官方意识形态的角色，影响着官僚士大夫的一举一动；而儒学又是以人文教育为内容，“不语怪神，罕言性命”(《后汉书·方术列传》)。因此,人们往往把中国文化理解为一种纯人文主义的文化[①]。但近年来随着考古发现的增多,我们已日益感觉其片面。在我们看来,中国文化还存在着另外一条线索,即以数术方技为代表,上承原始思维,下启阴阳家和道家,以及道教文化的线索。

本书所要讨论的就是后一线索。

对于研究中国古代文化,我们所要讨论的这一线索在下述三方面有很明显的重要性:

第一是对哲学史的研究。过去人们有一种印象,就是认为中国古代思想缺乏本体论的研究,因而也缺乏严格意义上的哲学。但是如果说中国古代也有这方面的认识,那它们无疑是集中在阴阳家和道家这两家之中。而这两家和数术方技之学的关系很明显。关于阴阳家,过去的哲学史著作往往都是一笔带过,顶多只是讲一下邹衍的"大小九州"说和"五德终始"说[②]。因为邹衍之书亡佚,论者虽多,终难深入。近年来我们终于认识到它的内涵要远比想象复杂得多。例如司马谈《六家要指》把阴阳家列为"六家"之首(因为司马氏世掌天官,这是家学)[③],说它是以"阴阳四时、八位、十二度、二十四节各有教令"为特点,"大祥而众忌讳",显然是以天文历算之学为本,并杂糅了各种日者之术(占验时日之术),可称为"大阴阳家"。而邹衍"案往旧造说"(《荀子·非十二子》),"深观阴阳消息而作怪迂之变"(《史记·孟子荀卿列传》),是取材于前者,可称为"小阴阳家"。前人早已指出,《汉书·艺文志》中的阴阳家是分为两类,凡自成一家言如邹衍之书者,多归入《诸子略》"阴阳家",而"虽有其书而无其人"的

① 参看首届国际中国文化学术讨论会(上海,1986年)论文集《中国传统文化的再估计》,上海人民出版社,1987年,4页。

② 如冯友兰《中国哲学简史》,北京大学出版社,1985年,162～164页;侯外庐等《中国思想通史》,人民出版社,1957年,第1卷,645～651页。

③ 任继愈《先秦哲学无六家——读〈六家要指〉》(收入上海人民出版社1981年出版的《中国哲学史论》)认为"六家"非先秦学派而是汉初的学派。我们则认为"六家"是汉代总结的先秦学术源流,无论其名称是否原有,也无论其分类是否准确,并非就是汉初的学派。

实用书籍则归入《数术略》“五行类”[①]，可见是属于同一来源。尽管汉以后阴阳家的书亡佚殆尽，但揆之遗文剩义，参以后世之书，证之考古发现，我们不难看出，它主要是以谈天道为主，根源是数术之学，这种学问对宇宙本体是有一整套看法的。

而关于道家，虽然材料和研究比较多，但道家究竟是一个什么样的派别，还很值得讨论。司马谈对道家也很重视（他曾习道论于黄生）。他在《六家要指》中说道家是兼采众家之长，“以虚无为本，以因循为用”，话讲得很抽象，但实际上的核心却是“定其神形”。它强调“道”，虽然也讲“因阴阳之大顺”，但不像阴阳家是以谈天道为主，而是强调顺应天道，形神相保，重在养生。另外，它还把这种养生之道推广为一种保全自我、克服异化的处世哲学：退可以养生延命，自求多福；进可以治国用兵，兼济天下，对古代的法家和兵家都有重要影响[②]。古代法家讲究的是“释情而任法”[③]，兵家讲究的是“择（释）人而任势”[④]，其源皆出于道家所谓的“去健羡，绌聪明，释此而任术”（《史记・太史公自序》）。过去研究者往往忽略道家与方技家的关系以及它的养生学含义，细读《六家要指》可知，这是没有抓住“大道之要”。

第二是科技史的研究。数术涉及天文、历术、算术、地学和物候学，方技涉及医学、药剂学、房中术、养生术以及与药剂学有关的植物学、动物学、

① 陈振孙《直斋书录解题》谓《汉志》阴阳家与《数术略》五行类的区别是“此论其理，彼论其数”。余嘉锡《古书通例》（上海古籍出版社，1985 年）24 页则指出《数术略》的书是“无姓氏者十之八九”，属于“虽有其书而无其人”。

② 如《韩非子》有《解老》、《喻老》二篇；《史记》也是以老、庄与申、韩同传；《管子》，《汉志》列为道家，《隋志》列为法家；《慎子》，本为道家，《汉志》列为法家；《六韬》是道家书《太公》之一部分；《孙子》主张“择（释）人而任势”，讲究用危险的作战环境使士兵自动效死拼命。

③ 吕思勉《先秦学术概论》（中国大百科全书出版社，1985 年）93 页：“法家精义，在于释情而任法。”

④ 《孙子・势》：“善战者，求之于势，不责于人，故能择人而任势。”日本学者泷川资言《史记会注考证》（上海古籍出版社，1986 年）下册 2043 页指出，“择人而任势”应读为“释人而任势”。

矿物学和化学知识，不仅囊括了中国古代自然科学的所有“基础学科”，而且还影响到农艺学、工艺学和军事技术的发展。这种研究不仅与现代西方的科学研究在术语和规范上有许多不同，而且还包括许多与“科学”概念正好相反的东西，即通常称之为“迷信”的东西。正像人们很难把原始思维中人与自然或人与神的关系截然分开一样，人们也很难把数术方技之学中的这两方面截然分开。它既是中国古代科技的源泉，也是中国古代迷信的渊薮。如果从消极的方面讲，你可以叫它“伪科学”（pseudo-science）；但从积极的方面讲，你也可以叫它“原科学”（proto-science）。如现在研究中国古代科技史的人都喜欢讲中国的“四大发明”，说它们如何影响到近代的航海、军事和怎样改变了近代的信息传播媒介。然而这“四大发明”，指南针是源于式占，火药是源于炼丹，造纸是派生于漂絮（与纺织有关），活字印刷是受冶金范铸法、玺印和拓印技术的启发，都与古代的实用文化有关。特别是前两种，指南针本是数术家的工具，而炼丹则是方技家所为，更是直接来源于数术方技之学，与“迷信”有不解之缘。如果我们硬是要把数术方技之学的这两方面鲜血淋漓地割裂开来，一半归于科学技术，一半归于迷信，那不仅在材料取舍上将有许多不便，而且还会破坏对学术传统的整体理解。

第三是对宗教史的研究。世界上的宗教各有特点，到底应当用什么标准来定义宗教，历来是存在争论的。一般说，宗教除有特定的神祇崇拜，还要有一定的知识体系和哲学表达，并与某种社会运动有关，受到民间信仰的支持。在中国，惟一接近这一条件的本土宗教只有道教一种。并且严格地讲，它更接近于正统基督教称为“异教文化”的那类东西，是一种更原始也更带普遍性的宗教。张光直先生的泛萨满主义解释，在很大程度上就是以西方传统所谓“异教文化”为着眼点。道教不仅以数术方技作自己的知识体系，而且把老、庄之书当作其哲学表达。它与阴阳家和道家都有一定关系，但与道家，特别是道家的养生思想关系更密切。例如《老子》说“善摄生者，陆行不遇兕虎，入军不被甲兵。兕无所投其角，虎无所措其爪”，就是讲养生境界。《汉书·艺文志》把服食、行气、导引等养生术称为“神仙”。道教所说的“神仙”，其实就是一种养生境界，推其源仍是出于方技之学。还有，研究早期道教史的人都知道，道教初兴是一种民间运动。传道者除有钱米赈济，还往往假行医治病，甚至“男女合气”吸引群众。后者也与方技之学有不解之缘。

近年来，有人倡言中国“没有哲学”、“没有科学”、“没有宗教”。如果他们只是说中国没有西方式的“哲学”、“科学”、“宗教”，这当然没有任何问题。但这除了证明中国“一无所有”还有什么意义呢？如果我们希望知道的是中国自己到底“有什么”，而且还想同西方做一点比较，这种空话将毫无用处。

三、数术方技之书的分类

数术方技之学的研究范围包括两方面：

(1)对大宇宙(macro-cosmos)，即“天道”或“天地之道”的认识；

(2)对小宇宙(micro-cosmos)，即“生命”、“性命”或“人道”的认识。

在数术方技之学中，后者是被视作前者的复制，而前者的创生据说又是根据了某种自然而然、无以名之也无法探索的终极原理。这就是所谓“人法地，地法天，天法道，道法自然”(《老子》)。

中国古代研究“天道”的学问是叫“数术之学”，而研究“生命”的学问是叫“方技之学”。它们都有自己的学术传统、知识体系和概念术语。由于在中国近代化的过程中，这种学术传统、知识体系和概念术语往往被淘汰、替换，“全盘西化”，惟一得以幸存的只有中医，所以在本书中，我们将尽量在原有系统的基础上进行讨论，只把西方的对应概念当做必要的“注脚”(如同不改本文的“校勘”)。

古代的数术方技之学源远流长，门派繁多，难以穷其奥妙。今《史记》的《日者列传》和《龟策列传》(西汉元成之际褚少孙所补)讲数术，《扁鹊仓公列传》讲方技，要算最早的系统记载。其中“日者”一词在战国已见使用(如《墨子·贵义》)，是指专门从事时日占验的人；“龟策”是指龟卜筮占；“扁鹊”、“仓公”皆古代名医。这里面，《日者列传》内容较复杂，其所论“天地之道，日月之运，阴阳吉凶”，是本之式法，即“法天地，象四时，顺于仁义，分策定卦，旋式正棊，然后言天地之利害，事之成败”，是靠一种叫式的工具决定吉凶。篇中述汉武帝聚占家决娶妇择日，有五行、堪舆、建除、丛辰、历、天人、太一七家。这七家大抵都与式法有关，五行家是讲阴阳五行时令，堪舆家大概与阴阳刚柔有关（详见下文），建除家是以“建除十二值”定时日吉凶，丛辰家即睡虎地秦简《日书》中的“稷辰”〔案：“稷”是“稯”之误，读为丛。〕。历家可能是历忌之术，天人家不详（疑即天一家），太一家应即太乙术。

古代最早著录数术方技之书的目录要算西汉成哀之际刘向、刘歆父子的《别录》和《七略》。二书早佚，但书目尚保存于东汉班固的《汉书·艺文志》当中。

《汉志》的《数术略》共分六类：

（1）天文。与西方的天文学（astronomy）相近，但它既包含对实际星象（日月五星、二十八宿等）和云气的观察（后者属于气象学），也包含有关的吉凶占验（星气之占），带有占星术（astrology）的性质。

（2）历谱。不仅包括比较正规的“历谱”，也包括“行度”（宿度）、“日晷”（测时的工具）、“世谱”、“年谱”、“算术”等内容。

（3）五行。上文所述武帝所聚的七种占家，其中就有“五行”。但那种“五行”只是“日者”之一种，而这里的“五行”却是此类占家的总名，内容涉及“阴阳五行时令”、“堪舆”、“灾异”、“钟律”、“丛辰”、“天一”、“太一”、“刑德”、“遁甲”、“孤虚”、“六壬”、“羡门式”、“五音”等。其中“阴阳五行时令”，应与历忌、择日有关。“堪舆”，后世是风水家的别名，但在汉唐古书中它却从不与相地形、宅墓之书相混。颜师古注引许慎说，谓“堪，天道；舆，地道也”，可能指《易·说卦》中讲的“立天之道，曰阴与阳；立地之道，曰柔与刚”[①]。“钟律”、“五音”，与“风角”有关。而“太一”、“遁甲”、“六壬”、“羡门式”则属式法。总起来看，这一类是以式占和从式占派生的各种择日之说为主。

---

① 见 Michael Loewe,“The Term K'an Yü 堪舆 and the Choice of the Moment”, *Early China*, Vo.9/10（1983～1985年），204～217页。

(4)蓍龟。包括龟卜和筮占两类。这是上述占卜之外最重要的两类占卜。龟卜是用烧灼龟甲来占卜，出土甲骨文就是这种占卜的记录。而筮占是用摆蓍草来占卜，易学就是来源于这种占卜。但前者虽以龟为贵，却并不限于龟，也包括各种骨卜（用牛骨、猪骨、羊骨和鹿骨等）；后者虽以蓍为贵，也并不限于蓍，可以用竹木小棍代替，和古代的算筹是一类东西，也称为"策"。《礼记·曲礼上》说："龟为卜，策为筮。"《史记·龟策列传》就是讲这两种占卜方法。《左传》僖公十五年晋人韩简说："龟，象也；筮，数也。"前者是以卜兆（烧灼后的裂纹）来决定吉凶，取于"象"；而后者是以易卦来决定吉凶，取于"数"。古人占卜吉凶往往兼用卜、筮，但卜比筮起源更早，在古人心目中地位更高，古人有"筮短龟长"的说法（《左传》僖公四年）。据《汉书·律历志》，古代定历也用"大衍之数五十"，表明算法与筮法有密切关系。

(5)杂占。这是星气之占、式占，龟卜、筮占之外的其他占法。从原书小序看，其中最重要的是"占梦"，其次是"厌劾妖祥"（驱鬼除邪一类）。另外，还有与"占梦"属于一类的"占嚏"、"占耳鸣"，与"厌劾妖祥"有关的"祷祠祈禳"，以及与农业有关的"候岁"、"相土"等其他一些内容。

(6)形法。主要是相术。其中最重要是相地形和相宅墓（类似后世的看风水），即小序所谓"大举九州之势以立城郭室舍形"；其次是相人、相刀剑、相六畜等，小序称为"人及六畜骨法之度数，器物之形容"。

以上六类只有形法类的《山海经》保存下来。

《汉志》的《方技略》分四类：

(1)医经。属于医学理论，即所谓"原人血脉、经落（络）、骨髓、阴阳表里，以起百病之本，死生之分"，应与生理学、病理学和诊断学有关。其中尤以脉学为最重要。而治疗方法则包括各种外治法（"度箴石汤火所施"）和方剂学（"调百药齐和之所宜"）。

(2)经方。中国古代医方所收的药物是以天然植物、动物和矿物为主，但也包含一些化学制剂（如魏晋以来流行的各种丹散）。记录这些药物的产地和药性在古代不仅属于药剂学，还带有博物学（natural science）的性质。古代的博物学知识，除见于地志性质的古书（西方的博物学知识也与旅游有关）和某些训诂书（如《尔雅》、《广雅》），更多的是保存于医方之中。植物学的知识尤其是如此。中国古代的药剂是以草药为主，所以后世也称专讲药性的书为“本草”。古代的“方”往往与“经”相附，如房中书《素女经》即附有《素女方》，所以也叫“经方”。

（3）房中。“房中”一词本指女人（犹今语所谓“屋里的”），也叫“房内”，这里是指与房事有关的书。它主要与性学（sexology）的内容有关，并包含求子、优生和房中禁忌等内容。

（4）神仙。是房中以外的其他养生术。古代所说的“神仙”是一种养生境界，专指却老延年、达到不死的人。它包括服食（特殊的饮食法）、导引（配合有呼吸方法的体操）、行气（也叫“服气”、“调气”，今称“气功”）等多种方法。其中服食并有“芝菌”、“黄冶”等不同名目。前者分石芝、木芝、草芝、肉芝、菌芝（见《抱朴子·仙药》），后者属炼丹术。

这四类，只有属于医经类的《黄帝内经》保存下来（又今《难经》有与扁鹊医经有关的内容）。

对于研究数术方技的分类，《后汉书·方术列传》也是一种重要参考。《方术列传》提到“《河》《洛》之文，龟龙之图，箕子之术，师旷之书，纬候之部，钤决之符”。其中除“箕子之术”是指《书·洪范》，“师旷之书”是指《师旷书》（见于《汉志》、《七志》和《隋志》），其他多是谶纬之书。另外，传文还提到13种数术门类：

（1）风角。据同书《郎觊传》，是一种候风之术。

（2）遁甲。见于《汉志》，是式法的一种。

（3）七政。据本传注，是指日月五星之占，后世也叫“七曜”。

（4）元气。据本传注，是一种“开辟阴阳之书”。

（5）六日七分。据《郎觊传》注，即卦气说。此说以一年365又1/4日配60卦，平均一卦为6又7/80日，故称“六日七分”。

（6）逢占。据《汉书·东方朔传》颜师古注，也叫“逆刺”。

（7）日者。即择日之说。

（8）挺专。即筳篿。据《楚辞·离骚》王逸注，是一种“结草折竹”的占卜方法，流行于楚地。

(9)须臾。据本传注，是“阴阳吉凶立成之法”。出土放马滩秦简《日书》和睡虎地秦简《日书》均有“禹须臾”之说(详见本书第三章)。

(10)孤虚。是一种占日辰之法，如甲子旬中戌、亥为“孤”，辰、巳为“虚”。凡孤虚之日，主事不成。

(11)望云省气。即望云气之术。

(12)推处妖祥。应与厌劾妖祥有关。

传中所列数术家往往擅长“星算”、“风角”。“星算”指天文历算；“风角”见上，似在当时很流行。而所列方技家则涉及方药、针术、行气、导引、房中、服食和各种幻术。

隋唐以来，史志著录在大的系统上仍沿袭汉代，但也有不少变化。这里试做归纳(下引《隋书·经籍志》作《隋志》，《旧唐书·经籍志》作《旧唐志》，《日本国见在书目》作《见在书目》，《新唐书·艺文志》作《新唐志》，《宋史·艺文志》作《宋志》，《明史·艺文志》作《明志》，《四库全书总目》作《四库总目》)：

第一是天文、历谱两类的变化。“天文”一词始终未改。但“历谱”，《隋志》、《见在书目》、《明志》称“历数”，《七录》、两《唐志》和《宋志》称“历算”。《通志》把“历算”分为“历数”和“算术”，《四库总目》又统称这两类为“天文算法”。《隋志》以来，天文类增加了各种天论，而历算类往往将历术与算术分开，并以“漏刻”代替“日晷”(参看《见在书目》的细目)。《四库总目》分“推步”和“算书”二门，前者是天文历法，后者是算术，其中包括利玛窦以来的西洋算法。

第二是五行、蓍龟、杂占、形法四类的变化。《七录》分“五行”、“卜筮”、“杂占”三类，无“形法”。《隋志》、《见在书目》、两《唐志》、《通志》、《明志》统称这四类为“五行”。《宋志》合并“五行”、“杂占”、“形法”为“五行”，另分出“蓍龟”。《四库总目》也统称这四类为“术数”(《晋中经簿》已用此称)。《隋志》以来，五行类的书门派庞杂，如姚振宗《隋书经籍志考证》把《隋志》的五行类分为33个小类，而《见在书目》的五行类是分为11个小类，《通志》的五行类是分为30个小类，这里试做归纳：

(1)式法。包括九宫、太一、六壬、遁甲四类及属于各类的式经。

(2)阴阳。属于阴阳五行时令一类。

(3)历忌。是讲岁月日时的禁忌。

(4)堪舆。见上。

(5)孤虚。见上。

(6)须臾。见上。

(7)择日。分“婚嫁”、“产乳”、“临官冠带”(也叫“登坛”)、“沐浴”、“裁衣”等细目。

(8)风角。属于候气之说。

(9)鸟情。亦属候气之说。

(10)五音。亦属候气之说。

(11)元辰。是从《孝经援神契》而来，也叫“元辰禄命”或“三命”，属于命书一类。

(12)行年。测人之年寿。

(13)逆刺。即《方术列传》的“逢占”。

(14)射候。也叫“射覆”，即猜测覆盖之物。

(15)灾祥。即“灾异”。

(16)卜筮。包括“龟卜”、“筮占”(或“易占”)、“易图”、“棋卜”等。

(17)杂占。包括“占梦”、“占嚏”、“占耳鸣”、“占目瞤”等。

(18)咒禁。用咒语禳除鬼怪妖祥。

(19)符印。用符箓禳除鬼怪妖祥。

(20)仙术。神仙之术。

(21)形法。分“望气”、“相地形”、“相宅”、“相墓”、“相人”、“相笏”、“相六畜”等。

(22)破字。也叫“相字”。

《四库总目》把“术数”分为“数学”、“占候”、“相宅相墓”、“占卜”、“命书相书”、“阴阳五行”六门，“数学”实为易学中的“图数之学”，“占候”实为星气之占，“占卜”包括“棋卜”、“易占”、“六壬”，“阴阳五行”包括“太乙”、“遁甲”和“演禽”，分类比较混乱。

第三是医经、经方、房中、神仙四类的变化。《七录》的《术伎录》是分“医经”和“经方”两类，把“房中”和“神仙”列入《仙道录》，称为“房中”、“服饵”。《隋志》、《见在书目》、《通志》统称这四类为“医方”。两《唐志》称“医经”为“明堂经脉”，余为“医术”。《旧唐志》并分“医术”为若干小类，其中“本草”、“病源单方”、“杂经方”、“类聚方”相当“经方”；“养生”、“食经”相当“房中”、“神仙”，还基本上保持着《汉志》的传统。但《宋志》、《明志》的“医书”（后者将“医书”附于“艺术”内）和《四库总目》的“医家”，所收只限一般的医药之书，缺少“神仙”，特别是“房中”的内容。

四、数术方技之书的年代

古代写书不易，读书也不易，知识与思想的传授往往局限于同一门派的师弟之间：学生必须亲炙师教才能学到东西，而老师也必须开门授徒才能传播主张。因此古人最重“师说”（老师之说）和“家法”（授受源流）。古代的“师说”当然要由“书”来体现，但《易·系辞上》说“子曰：书不尽言，言不尽意”，在古人看来，“书”是远不足以穷尽“师说”的。现代学术当然要凭“书”本身来讲话，“不着一字，尽得风流”是得不到承认的。但在古代，老师的传授一般都没有“书”，往往是靠口传心授。学生不是靠在时间和空间上隔绝了的、固化为“书”的思想来认识其老师，而是从老师这个活生生的“人”，包括其经历和言行来认识其思想。他们只要“学不足以名家”（即尚未另辟师说，自立门派），“则言必称师，述而不作”，不但要记录和整理老师的言论，疏释和阐发老师的思想，而且还往往附以各种参考资料和心得体会，理所当然地把他们的整理和附益统统归于老师的名下，“原不必于一家之中分别其孰为手撰，孰为记述也”[①]。也就是说“著作权”可以并不明确，但“师说”和“家

① 余嘉锡《四库提要辨证》，中华书局，1980年，第二册，608页。

法”必须毫不含糊。这对理解古书的年代恐怕是最根本的一点。

对于诸子之书（包括儒家六艺），我们至少可以根据它们的“师说”和“家法”，参照其内容，以确定它们的相对年代。但对于数术方技类的实用书籍，情况却有所不同。因为严格地讲，它们往往都“授受不明，学无家法”，属于古人所说的“依托”。

“依托”是战国秦汉时期的一种概念与术语。应说明的是，它并不等于后世辨伪学家所说的“伪造”，而是各种实用书籍追溯其职业传统的一种特殊表达，就像木匠要自称是出于“鲁班门下”。古代的实用知识是学科，而不是学派。它们不像诸子之书可以追溯其“家法”于某个实在的人物，但这些学科总是和一定的技术发明有关，而这些技术发明起源都相当古老，要远远超出文字所能覆盖的历史范围，所以古人总是把这些技术发明推源于某个传说人物，把他当作其技术传统所出的“宗师”。例如从《世本·作篇》的佚文我们可以读到，古人对技术发明是有一整套说法的。这里可据有关辑本，试加分类，示意如下（—号前为发明物，—号后为发明者）：

(1)狩猎。

火—燧人；网罗—芒；弓—挥；矢—夷牟；射—逢蒙。

(2)农业。

陶—舜；耒耜、铫、耨、规矩、准绳—垂；杵臼—雍父；井—黄帝。

(3)兵刑。

兵—蚩尤；甲—杼；刑—咎陶。

(4)衣食住行。

衣裳冠冕—伯余、胡曹；履—於则；酒—仪狄；宫室—禹；城郭—鲧；市—祝融；服牛—王亥；乘马—相土；舟—共鼓、货狄；车—奚仲。

(5)天文历法。

推步日月—羲和；占岁—益；占星气—鬼臾区；历—容成；甲子—大挠。

(6)卜筮。

筮—巫咸；博—乌曹。

(7)医药。

医—巫彭;药—神农。

(8)图书。

字—仓颉;数—隶首;图—史皇。

(9)音乐。

琴瑟—伏牺;笙簧—女娲;竽—随;鼓—夷;磬—无句;箫—舜;乐—夔;律吕—伶伦。

如果我们再把散见于他书的其他发明传说统统搜集起来,那么我们将会看得比较清楚,中国古代传说在很大程度上与专门讲"世"的书在范围上是重合的,其中既包括了族氏的追溯,也包括了技术发明和文明要素的追溯。

与这种职业传统的理解有关,还有一点应当指出,即古代的实用书籍与现代的物理教科书相似(上可至于亚里士多德,下可至于爱因斯坦),内容不断积淀,版本反复淘汰。例如秦禁诗书百家语,不禁医卜农桑,但诗书百家语反而保存下来,医卜农桑之书反而大多亡佚。这是带有规律性的,并不止于秦为然。中国古代的实用书籍是传"法度名数",作为书,从不像"议论文辞"更能传之长久[①]。但这种书虽然代有散亡,可是学术传统却未必中断。比如《唐律》固然是成于唐代,但内容不但含有秦律和汉律的成分,也含有李悝《法经》的成分。还有明代的《素女妙论》,从体系到术语,仍与汉晋隋唐的房中书保持一致。"瓶"虽然是新的,但"酒"却可以是老的。在实用书籍中,这是带有普遍性的现象。

由于古代的技术传统并不是由固定的人物或书籍来体现,所以它就需要一种既能反映其传统的一贯性,又能为后人留有充分余地的表达方式。我们看到,正是在这一方面,上述传说满足了它的基本需要。例如传说仓颉发明文字,讲文字的书就可以叫《仓颉》;传说神农尝百草,发明医药,讲本草的书就可以叫《神农本草经》。当然在上述传说中,我们不难发

① 章学诚《校雠通义》,古籍出版社,1956年,47页。

现，古代的发明传说往往都与黄帝君臣有关。古代的实用书籍多托名于黄帝君臣，数术方技之书尤其是如此。这里作为举例，我们不妨讲一下式法与房中术的发明传说。这两种传说，皆《世本》佚文所未见，但古代式经和房中书却提到。式法的发明据说与黄帝伐蚩尤有关。《世本·作篇》提到蚩尤作兵（“五兵”）。古代出师之前要祭蚩尤，叫“貉祭”（见《周礼·地官·肆师》）。秦始皇祀八神，三曰兵主，也是祭蚩尤（见《史记·封禅书》）。蚩尤之祭唐代犹存，如李筌《太白阴经》卷七有《祭蚩尤文》。黄帝伐蚩尤见于《黄帝玄女三宫战经》（《艺文类聚》卷二、《太平御览》卷十五引），据说黄帝九战九不胜，后得玄女之授始克之。这个故事一般人都知道，但玄女之授是什么？知道的人却很少。实际上就是式法。古代式法以六壬最流行。六壬式的别名就叫“玄女式”（见《太白阴经》卷十《杂式》）。而遁甲、太乙等式也传说是玄女授黄帝，黄帝授风后。这一传说暗示出式法与军事有密切关系。《周礼·春官·大史》说大兴师役的时候，大史要“抱天时与大师同车”，“天时”就是式的别名。古代兵家要学习式法，一直是个传统。例如《太白阴经》、《武经总要》、《武备志》都包含这种内容。古代式经也往往讲用兵，有些书甚至还是专门为军人而写。可见这一传说对理解它的技术传统很重要。房中术的来源往往被追溯到素女和玄女。据《素女经》和《玄女经》，这一技术是由素女、玄女授黄帝。书中的两个女人是老师，而黄帝是学生。它们都是用问对的形式写成。古代实用书籍多用问对的形式写成，一问一答，是为了便于教学。因此书中的对话都是按教学目的而设计，书中的人物也只有“角色”的作用。可见所谓“依托”，就是借上述发明传说作“故事胚子”，可以从这个“故事胚子”不断展开其讨论。它是战国秦汉时期实用书籍的流行体裁。作者和读者都能理解其中的这一套“戏剧语言”，不会发生误解。后世辨伪学家因为不明心法，把这种表达一律称为“伪造”，是不妥当的。

由于有以上的考虑，我们在本书中将尽可能把数术方技之书的著录年代或流行年代与其技术传统的年代区分开来，不简单说某书的内容只是属于某一时代。

上篇　数术考

第一章　占卜体系与有关发现

本书上篇所要讨论的是与宇宙或天地有关的古代知识体系。这种知识体系在古代是叫“数术”或“术数”。“数术”一词大概与“象数”的概念有关。“象”是形于外者，指表象或象征；“数”是涵于内者，指数理关系和逻辑关系。它既包括研究实际天象历数的天文历算之学，也包括用各种神秘方法因象求义、见数推理的占卜之术。虽然按现代人的理解，占卜和天文历算完全是两类东西，但在古人的理解中，它们却是属于同一个体系。因为在他们看来，前者和后者同样都是沟通天人的技术手段。

古代数术是个比较复杂的体系，如《汉志·数术略》把它分为六类：“天文”、“历谱”是研究天象和历数，但也包括星气之占（星象和云气之占）[①]；“五行”是以式占（用一种模拟宇宙结构的工具即式进行占卜）和从式占派生的各种日者之术（选择时日之术）为主[②]；“蓍龟”是指龟卜、筮占（用龟甲和蓍草进行占卜）；“杂占”是以占梦、厌劾（驱鬼除邪）、祠禳（祈福禳灾）为主；“形法”则属相术，包括相地形、相宅墓和相人、畜、物等，可以反映数术的大致范围。由于本书研究的重点是思想史，而不是科技史，并且天文历算又是学者研究较多的问题，所以本书不再讨论后一方面，而只着重于上述占卜体系（也包括有关的巫术）的研究。

---

① “星气”是汉代固有的术语，如《史记·佞幸列传》：“北宫伯子以爱人长者，而赵同以星气幸。”

② 陈梦家《汉简年历表叙》（《考古学报》1965 年 2 期）说式可称“占式”，不可称“式占”，但《唐六典》卷十四《太卜》有“式占”一词。

一、星气之占

在古代占卜中，星气之占是与天文关系最密切的一类，在史志著录中一向都是附于“天文”类之中。古代讲天文的书，如《甘石星经》（有辑本）、《淮南子·天文》、《史记·天官书》，还有后世的各种天文志，往往都包含这类内容。它与其他占卜不同，是直接根据星象和云气的观察来预言天道吉凶和人事灾异。从“象数”的角度讲，它主要属于“象”一类。

古代讲星气之占的书很多，但大多亡佚，保存于后世，比较著名的是唐李淳风的《乙巳占》和瞿昙悉达（印度人）的《开元占经》。这类占经是以占日月五星、二十八宿、流星客星、彗孛云蜺、日食月食、风雨雷电、山崩泉涌为主要内容。在出土文献中，马王堆帛书《五星占》和《天文气象杂占》即属这一类。下面分别介绍其内容：

（一）《五星占》。

题目是整理者所加。内容是以岁星（木星）、荧惑（火星）、填星（土星）、太白（金星）、辰星（水星）占行师用兵（主客胜负、阴阳顺逆等），其中提到太白最多，其次是荧惑。篇后附有一个表，列有秦始皇元年（前246年）到汉文帝三年（前177年）共70年间岁星、填星和太白在天空中运行的位置。其附表的释文曾发表于《文物》1974年11期，37～39页。释文前有刘云友（席泽宗先生的笔名）《中国天文学史上的一个重要发现》一文（见同期，28～36页）[①]，主要是从天文学史的角度讨论这一释文。全部释文则见于《中国天文学史文集》（科学出版社，1978年），1～13页。

（二）《天文气象杂占》。

题目也是整理者所加。这是一种带插图的书。全书包括300多种星象和云气，其中250种有插图，往往上为图，下为图注和占文。但也有些

① 此文又以《马王堆汉墓帛书中的〈五星占〉》为题发表于《中国古代天文文物论集》（文物出版社，1989年）。

只有图没有文字，或虽有文字而不附插图。其文字往往抄引任氏和北宫氏之说，令读者可以互见其异同。全书释文发表于《中国文物》第1期（文物出版社，1979年）26～29页。《文物》1978年2期有顾铁符《马王堆帛书〈天文气象杂占〉内容简述》（1～4页）和席泽宗《马王堆汉墓帛书中的彗星图》（5～9页）二文①，也是从天文学史的角度讨论这一释文。此书所见星象和云气，主要包括：

（甲）云气②。

（1）云。名目繁多，如按分野讲，有楚、赵、中山、燕、秦、戎、蜀、韩、魏、卫、周、宋、齐、越十四国之云；按颜色讲，有青、赤、黄、白、黑五色之云；按形状讲，有衡云、立云，以及如弓如戟、如辕如毂等不同形状的云。书中提到云犯日月，如赤云属日、黄云夹月③，都属于凶气。

（2）晕珥。晕、珥同类，都是日月光线经云层折射（或反射）而形成的光环。书中还有提日并出、月并出、日影、日环等，也属这一类。古人亦视为凶气。

（3）虹蜺。虹、蜺同类，都是日光经雨雾折射（或反射、衍射）而形成的光弧。也是凶气。

（4）蜃气。书中有些图，画有树木等形，不附文字，推测可能是蜃气，即“海市蜃楼”一类幻影。

（乙）星象。

（1）妖星。主要是彗孛即彗星，有赤灌、白灌、天箭、毚（天欃）、浦彗、秆彗、帚彗、厉彗、竹彗、蒿彗、苫彗（或苫茇彗）、甚（椹）星、癗（墙）星、抐（内）星、蚩尤旗、翟星，以及奔星、天狱等，都是凶象。

（2）其他星象。如月食星、日星入月、月衔双星，多属月掩星，也是

---

① 二文亦收入《中国古代天文文物论集》。但顾文内容有所不同，题目也改成《马王堆帛书〈云气彗星图〉研究》。

② 参看《周礼·春官·眡祲》所述的“十煇之法”。

③ 《左传》哀公六年记楚昭王见“有云如众赤鸟，夹日以飞三日”，使人问周太史，周太史以为不祥，劝他移祸于令尹、司马，就属于这一类。

凶象。

这两种书对天文学史研究的意义，学者已有讨论，这里不再重复，我们只简单谈一下它们的占卜性质。

首先，这两种书讲的占卜都是靠占书而不是占卜工具来进行。《五星占》要附五星行度表，《天文气象杂占》要附星象、云气的插图，都是供人查用。它们的内容均与天文历算之学有直接关系，并不能脱离后者而存在。

其次，这两种书都有不少内容是占用兵，与古代的兵阴阳说关系很密切。如《五星占》以太白出现最多，就与太白主兵有关。《天文气象杂占》也是以占用兵为主，其中像某云"在市(师)上，归"，某云"在城上，不拔"，都是属于兵阴阳家的"望军气"①，所述星象也多是与兴动刀兵有关的大凶之象。

关于星气之占，文献记载比较详备，但除去《乙巳占》、《开元占经》这类书，兵书也是一种重要参考。古代占书，用兵总是一项重要内容，如《乙巳占》卷九、《开元占经》卷九四、九七都有不少篇幅是讲"望军气"，而兵书也有不少讲星气之占的内容。如关于上面提到的"太白主兵"，《史记·天官书》说"察日行以处位太白曰西方，秋，日庚、辛，主杀。杀失者，罚出太白"，《乙巳占》卷六说"太白主兵，为大将，为威势，为断割，为杀害，故用兵必占太白：体大而色白，光明而润泽，所在之分，兵强国昌；体小而昧，军败国亡"，这些说法就被兵家所遵奉。曹操的兵法提到"太白已出高，贼深入人境。可击必胜，去勿追，虽见其利，必有后害"(《开元占经》卷四五引)。李筌《太白阴经》进书表也说"臣闻太白主兵，为大将军；阴主杀伐，故用兵而法焉"。该书以"太白阴经"为题，就是本之这种用意。所以这两类书是可以对照参看的。

另外，还应指出的是，敦煌卷子唐《郡县公廨本钱簿、占云气书》(敦煌县文化馆藏，见《中国文物》第1期，8～10页)中的《占云气书》与《天文气

① 《汉志·兵书略》阴阳类有《别成子望军气》，已佚。参看《六韬·龙韬·兵征》、《太白阴经》卷八。

象杂占》是同类之书,也是一种重要参考。

二、式占

式占是以式,即一种模仿宇宙结构的工具进行占卜。它所用的工具有很多种,方法也不一样,有所谓六壬式、太乙式、遁甲式和雷公式等等。这类占卜与天文历算关系也很密切。如以六壬式为例,其形式是模仿盖天说的宇宙结构,上有圆盘象天穹,中心为北斗,四周是二十八宿和由星象表示的十二月神;下有方盘象大地,也有与二十八宿对应的星野和表示日月行度的天干地支。整个操作,也是模仿历术推步,用天盘左旋(模仿"天左旋而地右转"),视斗柄和月神在地盘上指示的辰位进行推算。

这类占卜,从工具到方法都是模仿天文历算。但式并非真正的天文仪器或计时工具,式法也非真正的历术推步。它模拟天象,模拟历数,目的是想创造一种可以自行运作的系统,以代替实际的天象观察和历术推步。特别是它使用的图式和符号系统具有很大的抽象性,使占卜者可以利用其方、色变换和配数、配物,将天地万物森罗其中,宛如一部内存容量很大、可以自由输入输出的信息处理机,有求必应地回答各种卜问之事。这在古代当然有很大吸引力。对式的图式进行分析,我们不难看出,战国秦汉时期的阴阳五行学说就是以式法为背景而形成。它的特点是符号化和格式化,适于从任何一点做无穷推演。所以,这种思维模式一旦出现,很快便渗透于中国所有的实用知识,成为囊括其各个分支的知识网络和做一切相关分析的逻辑工具。它对中国的科学技术、宇宙理论和哲学思想,无论从好的方面讲还是坏的方面讲,都有深远的影响。

在中国古代的占卜体系中,式占是以选择时日为主的一种占卜。从"象数"的角度讲,它是偏重于"数",包含对历日的各种神秘推算(宋代称为"内算"),在技术上是属于比较复杂的一类。虽然这种占卜,它的基本观念和图式构成在许多方面都有古老渊源,现在还很难准确估计其出现时间,但是这种占卜被拓广为一种庞大的知识体系,在年代上还是比较晚的，主要是盛行于战国秦汉时期。从式占派生的阴阳五行学说在战国秦汉时期特别盛行，这是一种非常重要的历史现象（属于“枢轴时代”的现象）。学者多谓当时的人特别迷信。但我们与其说，这是由于他们对天象灾异和时日禁忌有特殊的心理偏好，反而不如说，其背景恰在于天文学的空前发达。因为从前人们对这类迷信尽管也抱同样的热忱，但他们的“能力”却比较有限。只是到这一时期，他们才显得相当自信，相信自己已找到某些可以沟通天人的技术手段。

研究早期式占，现在最重要的实物是历年出土和传世收藏的八件古式，即1925年朝鲜乐浪遗址王旴墓和石岩里M201出土的两件漆木式，1972年甘肃武威磨咀子M62出土的一件漆木式，1977年安徽阜阳双古堆西汉汝阴侯墓出土的两件漆木式，以及故宫博物院收藏的一件象牙式，中国历史博物馆、上海博物馆收藏的两件铜式（详见下章）。这八件古式，除上海博物馆收藏的是六朝铜式，其他都属于两汉时期，可以反映汉式的形制演变。另外，马王堆帛书中有用篆、隶二体分别抄写的《阴阳五行》，据说也与式法有密切关系①，可惜现在尚未发表。

式占在汉代影响很大，与之有关的数术门类至为繁芜。如《史记·日者列传》记汉武帝聚会占家决娶妇择日，有五行、堪舆、建除、丛辰、历、天人、太一七家，这七家大抵皆与式法有关。其他我们不知道的门派可能还有很多。在《汉志·数术略》中，式占是列于五行类，地位排在蓍龟类之前。但是汉代以后，式占虽继续流传，地位却不如从前。由于它技术复杂，门派繁多，一般人很难掌握，加上古代式法与天文有关，历来是控制在司天监一类官方部门的手中，除六壬式，往往禁止民间传习，所以它的普及程度是比较有限的。尽管传式法的书历代都有，但现在人们对它还是感觉陌生，许多问题都要做重新探讨，特别是：

（1）古代式法的起源；

---

① 承李学勤先生告之。

(2)式法与天文历算的关系；

(3)式法与阴阳五行说的关系。

研究古代式法，可以参考的书有三种。一种是专讲式法的古代式经，如《道藏·洞真部》众术类有《黄帝龙首经》、《黄帝授三子玄女经》、《金匮玉衡经》，是三部年代较早的六壬式经(至少不晚于隋代)。年代晚一点，则有唐代王希明的《太乙金镜式镜》(有《四库全书》本)，宋代杨惟德等奉敕编修的"景祐三式"，即《景祐太一福应经》(有北京图书馆藏明钞本)、《景祐遁甲符应经》(有美国国会图书馆藏明钞本和《四库全书》本)、《景祐六壬神定经》(有《丛书集成》本)。另一种是讲式法的古代兵书，如唐李筌《太白阴经》卷九和卷十，宋曾公亮《武经总要后集》卷十八至二一，明茅元仪《武备志》卷一六九至一八五。还有一类是像隋萧吉《五行大义》这类虽非式经，亦颇涉及式法的数术书。这些都对理解上述出土实物有重要帮助。

三、择日和历忌

择日和历忌是从式法派生，都属于古代的"日者"之说。它们与式法的关系有点类似《周易》和筮法的关系，也是积累实际的占卜之辞而编成。但它与后者又有所不同。《周易》虽然也被古今研究易理的人当独立的书来读，可是作为供人查用的占书，它却始终结合着筮占。离开筮占，也就失去了占卜的意义。而择日之书或历忌之书是把各种举事宜忌按历日排列，令人开卷即得，吉凶立见，不必假乎式占，即使没有受过训练的人也很容易掌握。所以尽管式占在古代并不是很普及，但这种书在古代却很流行，从战国秦汉一直到明清，传统从未断绝。特别是在民间，影响更大。

古代的择日是以历法配合禁忌，供人选择。其中比较粗略的一种是把一年分为十二月，只讲每个月的宜忌，被称为"月讳"[①]。古代"月令"一类时

① 《论衡·讥日》："世俗既信岁时，而又信日。举事若病死灾患，大则谓之犯触岁月，小则谓之不避日禁。岁月之传既用，日禁之书亦行。"《荆楚岁时记》："俗人月讳，何代无之？但当矫之归于正耳。"

令书就是从这种东西派生。另一种分得比较细，是按日旬干支，逐日规定某日可以做什么，某日不可以做什么；或做某事哪些日是好日子，哪些日是坏日子，则被叫做“日禁”[①]。现已出土的这类书中，属于前一种的，只有过去湖南长沙子弹库战国楚墓出土的一件帛书（现藏于美国的赛克勒美术馆）[②]；而属于后一种的，则有以下七批。它们是：

(1)1981年湖北江陵九店楚墓出土的战国楚日书[③]；

(2)1986年甘肃天水放马滩秦墓(M1)出土的战国末年秦日书[④]；

(3)1975年湖北云梦睡虎地秦墓(M11)出土的秦代日书[⑤]；

(4)1977年安徽阜阳双古堆西汉墓(M1)出土的汉文帝时期的日书[⑥]；

(5)1983～1984年湖北江陵张家山西汉墓(M249)出土的汉初日书[⑦]；

(6)1973年河北定县八角廊西汉墓(M40)出土的汉成帝时期的日书[⑧]；

(7)1959年甘肃武威磨咀子东汉墓(M6)出土的汉成帝时期的日书[⑨]。

这些书，目前已经发表的只有子弹库楚帛书、放马滩日书（有甲、乙二本）、睡虎地日书（有甲、乙二本）和磨咀子日书。它们文辞古奥，术语也很难懂，但一般读者都知道，清代有供人查阅出门、动土、婚丧嫁娶是否吉利的“黄历”（皇历）。这类古书也就是早期的“黄历”。

---

① 见《论衡·讥日》。

② 李零《长沙子弹库战国楚帛书研究》，中华书局，1985年。

③ 见《楚文化考古大事记》，文物出版社，1984年，131页。

④ 分甲、乙二本，甲种释文见《秦汉简牍论文集》，甘肃人民出版社，1989年；乙种，见何双全《天水放马滩秦简综述》的介绍，《文物》1989年2期。

⑤ 收入《睡虎地秦墓竹简》，文物出版社，1990年。

⑥ 见《阜阳汉简简介》，《文物》1983年2期。

⑦ 见《江陵张家山汉简概述》，《文物》1985年1期。

⑧ 见《定县40号汉墓出土竹简简介》，《文物》1978年1期。

⑨ 收入《武威汉简》，文物出版社，1964年。

现已出土的择日之书或历忌之书中，楚帛书是按月列述宜忌，结构比较简单，但上述日书，就已经发表的材料看，比较完整者（如放马滩日书和睡虎地日书）都是复式结构。这类日书分前、后两部分，前一部分是以时日为纲，选择之事为目，类似楚帛书；后一部分是以选择之事为纲，吉凶之日为目，则是前者的展开，二者是相互补充的。其中前者与式法关系更直接，是真正体现“术”的地方，因而列有“建除”、“丛辰”等不同门派的时间表；而后者则更切近实用的目的，内容杂乱，篇幅比前者大得多，并且显然可以不断扩充。虽然经过两千多年的发展，后世的同类书籍在术语和规定上已有若干变化，但基本形式和大部分内容却是陈陈相因，难怪俗话要说“老掉牙的黄历”。

例如清乾隆皇帝命钦天监删改康熙年间已有的《选择通书》，编成《钦定协纪辨方书》三十六卷（有《四库全书》本），可以作为晚期择日之书的代表，该书所列各术，年表、月表、日表，以及选择事项等，很多仍与早期书籍十分相似。这里不妨以选择事项为例，略示其意。

《协纪辨方书》卷十一《用事》把选择事项分为三类：

（一）御用六十七事。

包括：祭祀、祈福、求嗣、上册进表章、颁诏、覃恩、肆赦、施恩封拜、诏命公卿、招贤、举正直、施恩惠、恤孤惸、宣政事、布政事、行惠爱、雪冤枉、缓刑狱、庆赐、赏贺、宴会、入学、冠带、行幸、遣使、安抚边境、选将训兵、出师、上官赴任、临政亲民、结婚姻、纳采问名、嫁娶、进人口、般（搬）移、安床、解除、沐浴、整容剃头、整手足甲、求医疗病、裁制、营建宫室、修宫室、缮城郭、筑堤防、兴造动土、竖柱上梁、经络、开市、立券、交易、纳财、修置产室、开渠穿井、安碓硙、补垣、扫舍宇、修饰垣墙、平治道涂、伐木、捕捉、畋猎、取鱼、栽种、牧养、纳畜。

（二）民用三十七事。

包括：祭祀、上表章、上官、入学、冠带、结婚姻、会亲友、嫁娶、进人口、出行、移徙、安床、沐浴、剃头、疗病、裁衣、修造动土、竖柱上梁、经络、开市、立券、交易、纳财、修置产室、开渠穿井、安碓硙、扫舍宇、平治道涂、破屋坏垣、伐木、捕捉、畋猎、栽种、牧养、破土、安葬、启攒。

（三）通书选择六十事。

包括：祭祀、祈福、求嗣、上册受封、上表章、袭爵受封、会亲友、入学、冠带、出行、上官赴任、临政亲民、结婚姻、纳采问名、嫁娶、进人口、移徙、远回、安床、解除、沐浴、剃头、整手足甲、求医疗病、疗目、针刺、裁衣、筑堤防、修造动土、竖柱上梁、修仓库、鼓铸、苫盖、经络、酝酿、开市、立券、交易、纳财、开仓库、出货财、修置产室、开渠穿井、安碓硙、补垣塞穴、扫舍宇、修饰垣墙、平治道涂、破屋坏垣、伐木、捕捉、畋猎、取鱼、乘船渡水、栽种、牧养、纳畜、破土、安葬、启攒。

这些项目，去除重复，约有80多项，可以反映古代日常生活的各个方面，其中很多与上述日书的占卜事项仍然相同或相似（如冠带、嫁娶、裁制、兴造动土、开渠穿井、伐木、捕捉、畋猎、取鱼、栽种、牧养、纳畜等）。

古代占卜，无论占卜工具或占卜方法如何不同，都有类似的占卜事项和占断术语（吉凶悔吝等）。这是它们的相通之处。属于同一时期的占卜，它们的共同性尤其明显。但是其他占卜（上述星气之占，下面的龟卜、筮占）一般都是随事而卜，占卜事项往往散乱不成系统，不像此类书籍，占书是单独使用，占卜事项也是明细列出。因此，整理这类书籍，归纳它的占卜事项，对理解其他占卜也是一种很重要的参考。

四、刑德

刑德是与阴阳概念有关的一种择日之术。如《汉志·数术略》五行类有《刑德》七卷就是讲这种数术，惜书已亡佚。

在古书中，“刑德”一词本指赏罚。如《韩非子·二柄》讲御臣之术有“二柄”，说“二柄者，刑、德也。何谓刑、德？曰：杀戮之谓刑，庆赏之谓德。为人臣者畏诛罚而利庆赏，故人主自用其刑德，则群臣畏其威而归其利矣”。而在数术之学中，“刑德”则指按历日干支推定的阴阳祸福。如《大戴礼·四代》“阳曰德，阴曰刑”，《太公》佚文“人主举事善，则天应之以德；恶，则天应之以刑"(《五行大义》卷二《论德》引),都指出这一术语的基本含义。

从"阴阳"的概念派生,"刑德"一词有许多不同用法,如《淮南子·天文》以"日为德,月为刑",马王堆帛书《十六经·观》以"春夏为德,秋冬为刑"(类似说法又见《管子·四时》)。还有古代兵阴阳家是以"顺时而发,推刑德,随斗击,因五胜,假鬼神而为助者也"(《汉志·兵书略》"阴阳"类小序)为特点,这种数术也被应用于军事。如《淮南子·兵略》"凡用太阴,左前刑,右背德",就是以"刑德"表示阴阳向背,与主客攻守之势直接有关。

古代推刑德,往往托之黄帝。如《尉缭子·天官》载梁惠王、尉缭子问对,梁惠王问:"黄帝刑德,可以百胜,有之乎?"尉缭子回答说:"刑以伐之,德以守之,非所谓天官、时日、阴阳、向背也。黄帝者,人事而已矣。"有学者推测,篇中所引《刑德·天官之陈》(今本省作"《天官》",此据《群书治要》卷三七引),《刑德》是书名,而《天官之陈》是篇名[①]。由于兵贵机变,拘牵刑德,多所不便,作者倡为新解,主张"天官、时日不若人事",认为"天官,人事而已"。但是这些话反而说明,当时流行的刑德之书主要是与天官、时日、阴阳、向背有关。

在数术之学中,刑德的推算相当繁琐,不但刑有刑的规定,德有德的规定,干、支和干支相配也各有各的规定。如《五行大义》卷二有《论德》和《论刑》,把"德"、"刑"分为很多种:

(一)德。

(1)干德。甲:德在甲;乙:德在庚;丙:德在丙;丁:德在壬;戊:德在戊;己:德在甲;庚:德在庚;辛:德在丙;壬:德在壬;癸:德在戊。〔案:即甲、丙、戊、庚、壬"五阳干"其德自处,乙、丁、己、辛、癸"五阴干"其德在顺数五位的阳干。〕

(2)支德。子:德在巳;丑:德在午;寅:德在未;卯:德在申;辰:德在酉;巳:德在戌;午:德在亥;未:德在子;申:德在丑;酉:德在寅;戌:德在卯;亥:德在辰。〔案:其德皆顺数五位。〕

(3)支干合德。子:德在甲;丑:德在辛;寅:德在丙;卯:德在丁;辰:德

① 郑良树《竹简帛书论文集》,中华书局,1982年,117页。

在庚;巳:德在己;午:德在戊;未:德在辛;申:德在壬;酉:德在癸;戌:德在庚;亥:德在乙。〔案:此以甲子、辛丑、丙寅、丁卯、庚辰、己巳、戊午、辛未、壬申、癸酉、庚戌、乙亥相配。〕

(4)月气之德。十一月(子)为室,十二月(丑)为堂,正月(寅)为庭,二月(卯)为门,三月(辰)为巷,四月(巳)为街,五月(午)为野,六月(未)为街,七月(申)为巷,八月(酉)为门,九月(戌)为庭,十月(亥)为堂。室与野、堂与街、庭与巷、门与门互为德刑。〔案:这种刑德是用以表示节气的阴阳消长。〕

(二)刑。

(1)支自相刑。子:刑在卯(卯为刑上,子为刑下);丑:刑在戌(戌为刑上,丑为刑下);寅:刑在巳(巳为刑上,寅为刑下);卯:刑在子(子为刑上,卯为刑下);辰:刑在辰;巳:刑在申(申为刑上,巳为刑下);午:刑在午;未:刑在丑(丑为刑上,未为刑下);申:刑在寅(寅为刑上,申为刑下);酉:刑在酉;戌:刑在未(未为刑上,戌为刑下);亥:刑在亥。〔案:原文说:"然刑有上下,寅刑在巳者,巳为刑上,寅为刑下,余例悉尔。"括号内所注是据此类推。〕

(2)干刑支。寅:刑在庚;卯:刑在辛;辰:刑在甲;巳:刑在癸;午:刑在壬;未:刑在乙;申:刑在丙;酉:刑在丁;戌:刑在甲;亥:刑在己;子:刑在戊;丑:刑在乙。

(3)支刑干。甲:刑在申;乙:刑在酉;丙:刑在子;丁:刑在亥;戊:刑在寅;己:刑在卯;庚:刑在午;辛:刑在巳;壬:刑在辰、戌;癸:刑在丑、未。

《乙巳占》卷十、《开元占经》卷九一等书也有不少类似规定。但具体规定除干德、支德两项略同,很多并不一样或不完全一样。这里不再详述。

古书讲刑德,年代较早,内容也比较清楚,主要是《淮南子·天文》所述的"刑德七舍":

> 阴阳刑德有七舍。何谓七舍?室、堂、庭、门、巷、术、野。十二月德居室三十日,先日至十五日,后日至十五日,而徙所居各三十日。德在室则刑在野,德在堂则刑在术,德在庭则刑在巷,阴阳相德则刑德合门。八月、二月,阴阳气均,日夜分平,故曰刑德合门。德南则生,刑南

则杀，故曰二月会而万物生，八月会而草木死。两维之间，九十一度十六分度之五而升，日行一度；十五日为一节，以生二十四时之变。

它是分一年 365 又 1/4 日为 4 时 12 月，每月 30 日，每 15 日为一节气，共 24 节气，以正月到十二月与室、堂、庭、门、巷、术、野“七舍”相配，两两相对（即所谓“对冲”），互为德刑，显然属于《五行大义》所说的“月气之德”（图 1-1），也是用来表示阴阳消长和月气升降。

早期的刑德之术究竟是采用什么形式？它和隋唐时期的刑德之术有什么区别？这些我们还不是很清楚。马王堆帛书中有《刑德》，包括甲、乙、丙三种本子[①]，双古堆汉简中也有《刑德》[②]，目前都还没有发表。将来公布，想必会推进我们的认识。

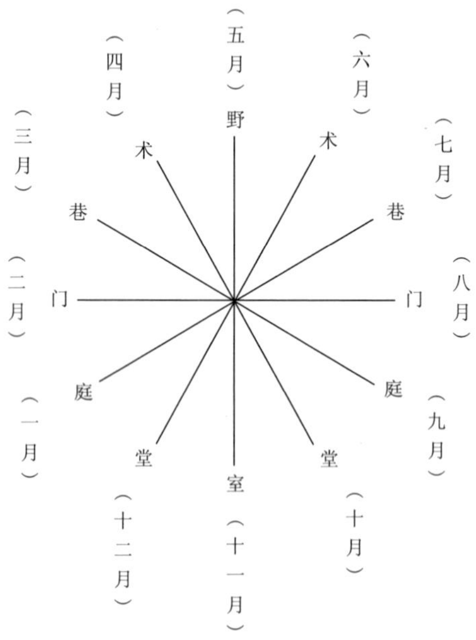

图 1-1　刑德七舍

① 见李学勤《记在美国举行的马王堆帛书工作会议》，《文物》1979 年 11 期。

② 见《阜阳汉简简介》，《文物》1983 年 2 期。

五、风角　五音

风角、五音是与阴阳五行学说有关的候风、候气之说。风角是以季节风的风向变换和冷暖强弱来说明阴阳二气的消长。五音则是以五音十二律(钟律)的递进增减与之相应。二者是性质相近的数术,这里放在一起介绍。

候风、候气和钟律与天文历法、观象授时有密切关系。如《周礼·春官》属于"大史"的属官有"保章氏",掌"以十有二风,察天地之和,命乖别之妖祥";清孙星衍辑《汉官》佚文记汉太史属官有"灵台待诏四十一人,其十四人候星,二人候日,三人候风,十二人候气,三人候晷景,七人候钟律。一人舍人"(收入《汉官六种》,中华书局,1990年),其中就包括"候风"、"候气"和"候钟律"。

候风与农业有关,起源很古老。如殷墟卜辞已有以"四方风"占卜年岁收成的记录,就是属于风角之占。卜辞中的"四方风"(图1-2)是:

> 东方曰析,风曰劦(协);南方曰因,风曰岂(凯);西方曰朿(韦),风曰彝(夷);〔北方曰〕夗(宛),风曰伇(狄)。(见《甲骨文合集》14294。"西方"句,据《甲骨文合集》14295,方名与风名应互倒)

经学者考证,其方名相当《书·尧典》的"析"、"因"、"夷"、"隩"或《山海经·大荒经》的"折"、"因"、"石夷"、"鵷",风名相当《国语·周语上》的"协风"、《尔雅·释天》的"凯风"、《山海经·大荒经》的"韦风"和"狄风",与传世典籍显系同一源流①。另外,《国语·郑语》提到"虞幕能听协风",注:"虞幕,虞后虞思也。"虞思见《左传》哀公元年,是夏少康时人,年代更在殷墟卜辞之前②。

---

① 参看李学勤《商代的四风与四时》,收入《李学勤集》,黑龙江教育出版社,1989年。该文对有关讨论有很好的总结。

② 参看李学勤《商代的四风与四时》。

图 1-2　殷墟卜辞中的“四方风”

古书所见候风有很多种，一类是与殷墟卜辞类似的“四方风”，如：

(1)东方：俊风；南方：夸风；西方：韦风；北方：狄风。(《山海经·大荒经》)

(2)东方：谷风；南方：凯风；西方：泰风；北方：凉风。(《尔雅·释天》)

另一类是“八方风”，如：

(1)东北：炎风；东：滔风；东南：熏风；南：巨风；西南：凄风；西：飂风；西北：厉风；北：寒风。(《吕氏春秋·有始》。《淮南子·地形》略同，但“滔风”作“条风”，“熏风”作“景风”，“凄风”作“凉风”，“飂风”作“飔风”，“厉风”作“丽风”)

(2)东北：条风；东：明庶风；东南：清明风；南：景风；西南：凉风；西：阊阖风；西北：不周风；北：广莫风。(《淮南子·天文》、《史记·律书》)

(3)东北:凶风;东:婴儿风;东南:弱风;南:大弱风;西南:谋风;西:刚风;西北:折风;北:大刚风。(《灵枢经·九宫八风》、《五行大义·八卦八风》引《太公兵书》)

后世风角之术就是以占"八方风"为主要内容。

专门的风角家言,似以《史记·天官书》所录汉初魏鲜"集腊明正月旦决八风"之辞(《开元占经》卷九三引汉魏鲜《正月朔旦八风占》与之略同)为较早。而对后世影响较大则有西汉晚期的翼奉(汉宣帝时人,见《汉书》本传)和京房(汉元帝时人,见《汉书》本传)二家之说[①]。虽然《汉志·数术略》五行类所录各书,单从书名看,还很难确指哪一部是风角书(其中有《风鼓六甲》一书,不知是否有关),但其中讲五音之书有《五音奇胲用兵》、《五音奇胲刑德》和《五音定名》,讲钟律之书有《钟律灾异》、《钟律丛辰日苑》、《钟律消息》、《黄钟》,可能包含这类内容。隋唐时期,风角、五音往往与鸟情(以飞鸟之鸣而占)同占。如《隋志》所录风角、鸟情、五音之书多达44种(包括《七录》所收),其中以"风角"为题者26种,以"风角鸟情"为题者3种,以"风角五音"为题者6种,以"五音"为题者2种,以"鸟情"(或"六情")为题者7种,三类内容往往交糅杂错。它们即包括翼奉的《风角杂占五音图》(梁有,隋亦有)、《风角要候》和《风角鸟情》,京房的《风角五音占》(梁有)、《风角杂占五音图》(梁有)和《风角要占》。此六书虽亡佚,但尚有佚文保存(参看中华书局1955年出版的《二十五史补编》5591~5592页)。

古代候风,除使用相风鸟一类器具,也采用吹律听声的方法。如《左传》襄公十八年"晋人闻有楚师,师旷曰:'不害。吾骤歌北风,又歌南风,南风不竞,多死声。楚必无功。'"即属这一类。这类数术与军事有密切关系。如《六韬·龙韬·五音》和《太平御览》卷三二八引《六韬》佚文都讲到兵家所用的五音之术,《汉志·数术略》五行类也有《五音奇胲用兵》。还有《史记·律书》,后人亦称"兵书"[②],从《太史公自序》看,原来也是讲用

① 从《后汉书·方术列传》看,风角在东汉时期是最流行的数术之一。

② 《汉书·司马迁传》:"而十篇缺,有录无书。"张晏注列十篇之名,称《律书》为《兵书》。

兵。今《律书》虽是补作，但一开头就说“王者制事立法，物度轨则，壹禀于六律，六律为万事根本焉。其于兵械尤所重，故云‘望敌知吉凶，闻声效胜负’，百王不易之道也。武王伐纣，吹律听声，推孟春以至于季冬，杀气相并，而音尚宫。同声相从，物之自然，何足怪哉”，仍是本之这种含义。该篇后面附有八风应律之数，亦可说明五音和风角的对应关系。另外，《乙巳占》卷十、《开元占经》卷九一、《太白阴经》卷八都提到与宫、商、角、徵、羽相配的宫风、商风、角风、徵风、羽风。这些皆属五音之术。

在出土文献中，讲风角五音，银雀山汉简《天地八风五行客主五音之居》比较有代表性。此书是以风角五音推行师用兵的主客胜负，也属于兵阴阳说。其题目中的“八风”是一种八方风，与上述“八风”中的第三种很接近；而“五音”则是一种用五音表示的风。这两种风，可据吴九龙《银雀山汉简释文》(文物出版社，1985 年)所收简文恢复其系统如下：

(1)“八风”。东北：凶风；东：生风；东南：渘(柔)风；南：弱风；西南：周风；西：刚风；西北：晢风；北：大刚风(见简 0675、0787、0795、0904、0932)。

(2)“五音”。角风、徵风、宫风、商风、禹(羽)风(见简 0931、0960、0984、1198、1475)。

前者与上述“八风”的第三种相比，不同点只是在于“婴儿风”作“生风”、“弱风”作“柔风”、“大弱风”作“弱风”、“谋风”作“周风”、“折风”作“晢风”。“婴儿”有“生”义，“弱”即“柔”，“大弱”即“弱”，“谋”盖“周”字之误，“折”亦“析”字之误，很明显是属于同一系统。而后者，则同于《乙巳占》等书所述与五音相配的风。

风角与古代气象学，特别是军事气象学有密切关系，如大家熟知的《三国演义》中诸葛亮“借东风”的故事就是属于运用风角之术。它是具有一定实用价值的。

以上五类，是与天文历法有关的占卜，属于性质相近的一组。

六、龟卜

在中国古代的占卜体系中，龟卜和筮占是另一种类型的占卜。它们来源于用“动物之灵”或“植物之灵”作媒介物去沟通天人的原始崇拜习俗，与上述占卜有明显区别。这两种占卜起源都很古老，以现在的考古发现看，至少可以追溯到商代。特别是严格讲，龟卜还是广义骨卜中的一种。若是论到骨卜的起源，那还要早得多，尚可追溯到新石器时代。如我国北方龙山文化的遗址便往往出土卜骨[①]。特别是1962年内蒙古巴林左旗富河沟门出土的卜骨（鹿肩胛骨，有灼无钻，见图1-3），年代可以早到约5300年前[②]。

图1-3　最早的卜骨
（内蒙古巴林左旗富河沟门遗址出土）

据国外学者研究，用动物肩胛骨的色彩和裂纹占卜是一种分布很广、延续很久的人类习俗。这类占卜可分为热卜（pyro-scapulimancy）和冷

① 见《新中国的考古发现和研究》，文物出版社，1984年，196页。

② 《内蒙古巴林左旗富河沟门遗址发掘简报》，《考古》1964年1期。

卜(apyro-scapulimancy)两类。一般说,东半球西部,地中海沿岸的西亚、北非和欧洲,用来占卜的骨多不经灼烧(但匈牙利和苏格兰也发现过热卜的例子);而东半球东部的中亚和北亚,还有西半球的北美,则流行用灼烧的方法来占卜[①]。中国的骨卜主要属于后一类型。

中国古代的骨卜与祭祀有密切关系。古人用牲祭享,然后又用牲骨占卜,形成祭必先卜、卜祭相袭的循环链条。这与他们对"动物之灵"的崇拜有关。但古人对卜骨的选择在不同时期和不同地区可能并不一样。如中国新石器时代的卜骨主要是牛、羊、猪、鹿的肩胛骨,其中除鹿可能是猎杀,其他都是这一时期典型的驯养家畜[②]。它们是后世馈食祭享的"三牲",在中国的肉食动物中一直很重要。这与当时产食经济的特点,特别是北方地区产食经济的特点也有一定关系。

龟卜和一般的骨卜不太一样。它所选择的动物虽与食龟的习俗有一定关系,据研究,"迄今所知,史前食龟的地区大致以长江流域为中心,向南直抵南海之滨,向北及于海岱地区"[③]。但在中国食用动物的谱系中,龟却没有十分突出的地位,也从不作为祭献之物。人们对它的崇拜,从大量文献记载看,主要还是与它特殊的骨相、鳞甲纹理和长久的寿命有关[④]。尽管施灼的龟甲,目前最早是见于商代的二里岗时期[⑤],但从考古发现看,"龟灵崇拜"的起源却相当古老。如属于大汶口文化的墓地,河南淅川下王岗仰韶一期的墓地,以及四川巫山大溪和江苏武进圩墩的墓地,都发现不少以龟随葬的现象。其中尤以大汶口文化的墓地最典型,"龟甲多出自随葬品较丰富的大、中型墓,墓主多为成年男女,绝大多数龟甲经过加工处理,穿孔或截去一端;大多数是背腹甲同出,少数为背甲单出,有

---

① David N. Keightley, *Sources of Shang History*, University of California Press,1978,3 页。

② 见《新中国的考古发现和研究》,文物出版社,1984 年,196 页。

③ 高广仁、邵望平《中国史前时代的龟灵与犬牲》,收入《中国考古学研究》,文物出版社,1986 年。

④ 参看《史记·龟策列传》和宋以来的卜书。

⑤ 见《郑州二里岗》,科学出版社,1959 年,37 页。

些内装骨针、骨锥或许多石子;绝大多数置于腰间",推测"龟甲极可能由织物、皮革或绳索缀合为囊","囊上可能配有流苏一类的饰物"[①]。这些都为研究龟卜的起源提供了重要线索[②]。特别是最近还有两项重要发现,一是1984～1987年河南舞阳贾湖遗址二期的墓葬(M344、335、387)也发现随葬龟甲,包括三件腹甲和一件背甲。这些龟甲不但经剖分、修治、钻孔,而且还有一些刻划符号(图1-4),年代约在7700年前[③]。二是安徽含山凌家滩遗址,其中属于遗址下层的M4出土了一件玉龟(图版四-2,图1-5)。玉龟是由一副背、腹甲组成,有穿孔可以缀联,出土时中间

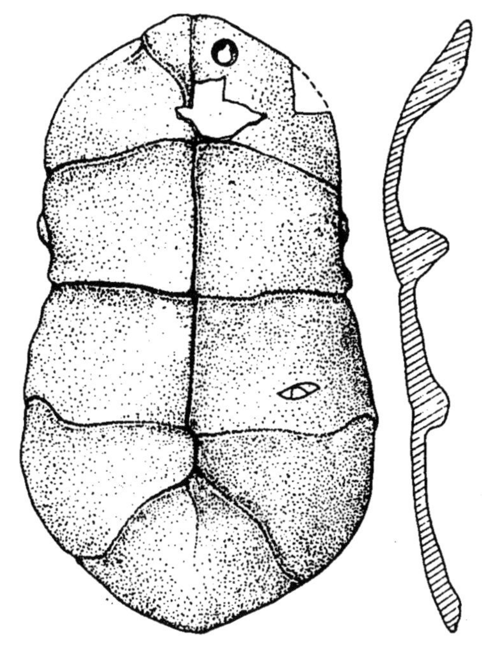

图1-4 贾湖刻符龟甲
(河南舞阳贾湖遗址M344出土)

① 高广仁、邵望平《中国史前时代的龟灵与犬牲》,收入《中国考古学研究》,文物出版社,1986年。

② 同上。文中指出龙山文化未发现以龟随葬,二里头文化和二里岗文化虽有陶龟出土,但数量不多,中间似有缺环。

③ 《河南舞阳贾湖新石器时代遗址第二至六次发掘简报》,《文物》1989年1期。

还夹有一纹饰类似“式图”的玉片(详见第二章第二节),年代约在 4500 年前[①]。这些发现把人们对“龟灵崇拜”的认识又提早了很多。

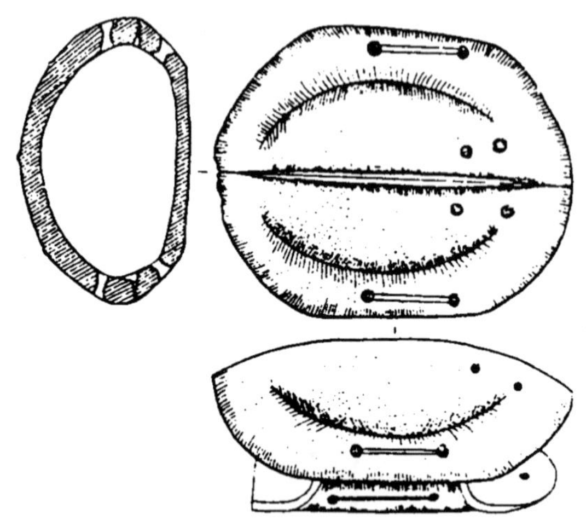

图 1-5　凌家滩玉龟
(安徽含山凌家滩 M4 出土)

关于凌家滩玉龟,学者有多种推测[②]。我们怀疑,它可能与式法有一定联系。《初学记》卷三〇、《太平御览》卷九三一引《雒书》说“灵龟者,玄文五色,神灵之精也。上隆法天,下平法地,能见存亡,明于吉凶”(《艺文类聚》卷九九引《孙氏瑞图》、《初学记》卷三〇引《礼统》有类似说法),释其骨相如式。《龟策列传》和后世卜书也多以天文、地理附会龟图,甚至以背甲之纹为五行八宫,腹甲之纹为十二时。这些都暗示我们,洛水神龟负文于背的传说,可能是来自龟形、龟纹对“式”的模仿。本书第二章第五节的讨论也表明,“河图”、“洛书”之数正是与“式图”相配。

在中国古代的占卜中,龟卜和骨卜也许各有渊源,有学者曾提出“南

---

① 《安徽含山凌家滩石器时代墓地发掘简报》,《文物》1989 年 4 期。

② 俞伟超《含山凌家滩玉器和考古学中研究精神领域的问题》,《文物研究》5 辑,黄山书社,1989 年。

龟北骨”说[1]。但龟甲施灼出现较晚，作为占卜形式，也有可能是模仿骨卜。在商代和西周的占卜中，龟卜与骨卜是并用，当时龟不仅被视为灵验之物，而且也是很值钱的东西。特别是某些远道贡输的罕见品种（如殷墟出土产自马来半岛的大龟），更是一种珍贵的“宝物”[2]。《易·损》有所谓“十朋之龟”，《书·大诰》有所谓“宁（文）王遗我大宝龟”，皆属这一类。所以龟卜一出现，很快就压倒了骨卜。大约从东周以来，“卜”已经主要限于龟卜。以至后人只要一说“卜”，似乎就是指龟卜。在中国古代占卜中，龟卜确实是很有特色的一种，作为文化现象，在世界上也是独特的。

研究古代卜法，现存文献资料比较贫乏，不但缺少描述早期骨卜的材料[3]，就是龟卜，材料也很有限，而且大部分都是晚期的。这些材料主要是：

（1）《周礼·春官》中的《大卜》、《卜师》、《龟人》、《菙氏》、《占人》五篇；

（2）《易》、《书》、《诗》、《仪礼》、《礼记》、《左传》、《尔雅》等书中的零星记载；

（3）《史记》中褚少孙所补的《龟策列传》；

（4）《隋志》著录史苏《龟经》的佚文（《五行大义》卷二引用）[4]；

（5）唐李筌《太白阴经》卷十《龟卜篇》；

（6）唐柳隆《龟经》佚文（《初学记》卷三〇、《太平御览》卷九三一引），疑即两《唐志》著录的柳世隆《龟经》。又《玉灵聚义通》卷后附柳世隆《通玄赋》（一名《玉灵经》）。《玉灵照胆经》和《玉灵聚义》也引有《柳氏杂说》。

（7）宋邵平轩《玉灵照胆经》（北京图书馆藏旧钞本）；

（8）宋王洙《玉灵聚义》（北京大学图书馆藏元天历刻本）；

（9）清胡煦《卜法详考》（有《四库全书》本）；

---

① David N Keightley, *Sources of Shang History*, Unirersity of California Press,1978,7 页。

② 关于卜龟种属的鉴定，参看注①引书的附录一。

③ 文献所见骨卜，见陈梦家《殷虚卜辞综述》，科学出版社，1956 年，5～6 页。

④ 此书依托史苏。史苏见《左传》僖公十五年。

(10)《龟卜玉灵经》(北京图书馆藏清钞本);

(11)《玉灵聚义通》(北京大学图书馆藏旧钞本)。

它们当中,只有(1)～(3)比较近古,其他所记龟图、兆形远非古法。虽然现代的甲骨学论著也从中借用了某些术语(如从《太白阴经》就已使用的“千里路”一词),但它们与商周卜法及《龟策列传》的记载是有明显差距的。

对研究早期卜法,本世纪地下出土的商周甲骨(约10万多片商代甲骨和近18000片西周甲骨)是最好的实物材料。如古书讲灼龟只笼统说“钻”、“凿”,单凭古书,我们很难知道它们是分为圆形和梭形,或方形和长方形两种,也不知道它们在龟甲上怎样分布,以及它们与卜兆是什么关系,只是看到实物,才一目了然。过去有些学者曾结合文献和实物对早期卜法进行探索,如董作宾《商代龟卜之推测》(《董作宾先生全集》3,台北:艺文印书馆,1977年,813～884页),沈启无、朱耘菴《卜法通考》(《国立华北编译馆丛刊》卷1:1～3,金华印书馆,1942年)。他们开拓的这个领域,今后仍大有可为。

七、筮占

在中国古代的占卜中,龟卜是与“动物之灵”的崇拜有关,而筮占则与“植物之灵”的崇拜有关。如《太平御览》卷九三一和九九七引《洪范五行传》:“龟之言久也,十(千)岁而灵,比(此)禽兽而知吉凶者也。”“蓍之为言蓍(耆)也,百年一本,生百茎,此草木之寿(俦)知吉凶者也,圣人以问鬼神焉。”类似说法也见于《礼记·曲礼上》疏引刘向说、《白虎通义·蓍龟》、《论衡·卜筮篇》。《史记·龟策列传》甚至说“下有伏灵,上有兔丝;上有捧蓍,下有神龟”,把二者说成是共生之物。

在古代占卜中,蓍、龟或卜、筮常被相提并论。这不仅因为它们同是商周时期“决嫌疑,定犹与(豫)”(《礼记·曲礼上》)的主要占卜形式;而且更重要的是,古人认为,它们是“象”、“数”互补的两种占卜形式(见《左传》僖公十五年),在实际占卜中,二者常被结合在一起,交替使用。

关于筮法的起源，古书有许多不同说法。如：

(1)包牺始作八卦说。《易·系辞下》说包牺氏“始作八卦”，神农、黄帝、尧、舜因之，本易象而发明网罟、耒耜、市、君臣之礼、舟楫、服牛乘马、重门击柝、杵臼、弧矢、宫室、棺椁等〔案：这只是一篇用易说解释的发明传说，类似《世本·作篇》。〕。

(2)文王作《周易》说。《易·系辞下》说：“易之兴也，其于中古乎？作易者其有忧患乎？”“易之兴也，其当殷之末世，周之盛德邪？当文王与纣之事邪？”〔案：作者把“易之兴也”与文王联系起来，“兴”只是发达的意思。这里所说的“易”是《周易》。〕

(3)《周易》以前还有《夏易》、《商易》说。《周礼·春官·大卜》说大卜“掌《三易》之法，一曰《连山》，二曰《归藏》，三曰《周易》”，皇甫谧《帝王世纪》也说“庖牺氏作八卦，神农重之为六十四卦，黄帝、尧、舜引而申之，分为二易，至夏人因炎帝曰《连山》，殷人因黄帝曰《归藏》，文王广六十四卦，著九六之爻，谓之《周易》”。

(4)巫咸作筮说。见于《世本·作篇》〔案：巫咸是商王太戊之臣。这是把筮法的发明推到商代。〕。

对于探讨筮法的起源，过去人们只能在现存文献中兜圈子，对上述说法始终处于既不能证实也不能否定的胶着状态。然而令人高兴的是，近年来由于考古发现的增多和学者们的努力，这个问题已取得重大突破。现在人们已将商周时期甲骨、铜器、陶器、石器等出土物上的一种数字符号确认为早期卦画，并把它们破译成功。从而证明，至少在商代，筮法就已存在。

现已发现的商周卦画，一律是用数字表示(竖写)。所用数字包括十进数位中的一、五、六、七、八、九 6 个数字，省去二、三、四(因卦画竖写，难以分辨)，未见十，并且既有作三爻者，也有作六爻者。它与《周易》用阴阳二爻表示六、七、八、九这 4 个数中的九、六是不大一样的。早期卦画用数较多，说明其用蓍之数和揲蓍之法与《周易·系辞上》所述不尽相同。另外，这些卦画既见于铜器，又见于甲骨，也引人注目。

关于占卜与铜器铭文的关系，现在有两种意见。一种是把铜器铭文中的卦画当作作器者的族徽。这种意见来源于郭沫若先生（但郭氏并不认为此类符号是数字或卦画）①，并为唐兰先生所接受（唐氏已识其为数字，但未明其为卦画）和影响到张政烺先生②。另一种意见是把铜器铸卦解释为实际占卜的结果，所卜即铸器之由，持这种看法的是李学勤先生③。我们倾向于后说。

关于卜与筮的关系，文献讲得较多，古人有“筮短龟长”（《左传》僖公四年）、“大事则卜，小事则筮”（《礼记·表记》郑玄注）等说法。对此，沈启无、朱耘葊《龟卜通考》有一解释。他们认为这是由于“易之数繁，其兴较晚，大抵殷以前但有卜，殷周之际易始兴，至周而始盛行。……易之数精，手续简，龟之象显，手续繁，故筮卒代卜而起。当易筮之始兴也，人皆习于龟卜，重龟而轻筮，故有筮短龟长，大事卜小事筮之说，其后卜筮并重，终则卜废而筮行矣”（之一：4 页）。现在从考古发现看，筮法晚于骨卜，但与龟卜约略同时。《周礼·春官·筮人》有“凡国之大事，先筮而后卜”之说，《龟卜通考》推测，若卜筮并用，分三种情况，一种是先筮不吉则止，吉则再卜，再卜不吉则三卜；一种是先筮吉，再卜又吉，不卜；一种是先筮不吉，再卜吉，则止。有人认为，现已发现龟甲上的卦画，就是“先筮而后卜”，把先筮的结果记于卜甲④。

这是属于与商代西周筮占有关的发现。

晚于商周甲骨，出土发现还有战国楚简中的占卜记录。这类占卜竹简也是卜、筮并用，并且占卜频率很高，不但往往连日占卜，而且有时同一

① 郭沫若《两周金文辞大系图录考释》，科学出版社，1957 年，考释六；郭沫若《古代文字的辩证发展》，《考古》1972 年 3 期。

② 唐兰《在甲骨金文中所见的一种已经遗失的中国古代文字》，《考古学报》1957 年 2 期；张政烺《试释周初青铜器铭文中的易卦》，《考古学报》1980 年 4 期。

③ 李学勤《中方鼎与〈周易〉》，《文物研究》6 辑（1990 年）。案：张亚初、刘雨《从商周八卦数字符号谈筮法的几个问题》（《考古》1981 年 2 期）已指出中鼎铭文中的“惟臣尚中臣”应与后面的卦画分读。

④ 李学勤《竹简卜辞与商周甲骨》，《郑州大学学报》1989 年 2 期。

天也要连续占卜。其中不但记各种卜龟和筮策的名称，有时还记占得的卦画。这些卦画在形式上与商代西周是一样的，也是用上述六个数字来表示，并且一律是用两个六爻卦，左右并行，和中鼎铭文末尾的卦画相似（但后者是作上下排列）。它的卜辞格式也与商周甲骨有不少共同点，特别是与西周甲骨更为接近（二者皆无验辞，但商代甲骨有之）。

再晚，属于西汉初，地下出土的马王堆帛书《周易》和双古堆汉简《周易》则为探索今本《周易》的形式和它在汉代的传授带来了希望。这两种《周易》，前一种经文的卦序与今本不同，是分为八组，每组拈取八卦中的一卦为下卦，上卦则按八卦排列。这种卦序，经分析，与宋儒所谓“先天卦位”相近，但又有所不同①。实际是将“先天卦位”的四正卦保持不动，四隅卦右旋一位而成（参见下章第五节所述“先天图”）。经后所附《易传》也与今本有较大差距，缺乏讲“大衍之数五十”的一章。其性质应属儒门所传之易。而后一种《周易》，因竹简残损严重，无法恢复卦序，并且不附传文。其特异之处在于每卦经文后皆缀有用汉代占家术语写成的通俗占文，性质应属数术家所传之易，带有“古为今用”的味道。另外，比较值得注意的是，这两种《周易》都是用一、八两个数字表示阴阳二爻，可以反映早期卦画向今本的过渡。从各方面看，它们都是衔接早期筮占和今本《周易》的重要环节。

这些早于今本的《周易》的发现已经成为易学研究的一个突破口，很多习惯看法都面临挑战。

以上两类，是以动、植物之灵为媒介的占卜，属于性质相近的一组。

八、占梦

古代占卜除上述两大类型，还有很多种，《汉志·数术略》把它们归入

① 张政烺《帛书〈六十四卦〉跋》（《文物》1984 年 3 期）认为帛书卦序近于后天卦序，李学勤《马王堆帛书〈周易〉的卦序卦位》（收入《李学勤集》）认为帛书卦序与先天卦序相近，但又不完全相同。连劭名《式盘中的四门与八卦》则认为帛书卦序就是最早的先天图。三说应以李说为是。

杂占类。这一类内容较杂,似可细分为以下五种:

(1)占梦。有《黄帝长柳占梦》、《甘德长柳占梦》。

(2)占嚏和占耳鸣等。有《嚏耳鸣杂占》。

(3)厌劾妖祥。有《祯祥变怪》、《人鬼精物六畜变怪》、《变怪诰咎》、《执不祥劾鬼物》、《请官除妖祥》。

(4)祷祠祈禳。有《禳祀天文》、《请祷致福》、《请雨止雨》。

(5)其他。有《武禁相衣器》、《泰壹杂子候岁》、《子赣(即子贡)杂子候岁》、《五法积贮宝藏》、《神农教田相土耕种》、《昭明子钓种生鱼鳖》、《种树臧(藏)果相蚕》。

这五种,(1)(2)性质相近,属于人体生理、心理现象的占卜。《隋志》除占梦、占嚏、占耳鸣,还有占目瞤(眼跳)一类。(3)(4)性质相近,属于驱鬼除邪和祈福禳灾。(5)除《武禁相衣器》是属于相术,其他多与农林、养殖业有关,其中有些内容(如相土、相蚕)也属于相术。所以也可以说,主要是三类内容。

下面,我们先来讲属于第一种的"占梦"。

"占梦"在《数术略》杂占类中是列在最前面,其小序说:"众占非一,而梦为大,故周有其官。而《诗》载熊罴、虺蛇、众鱼、旐旟之梦,著名大人之占,以考吉凶,盖参卜筮",是把占梦看作重要性仅次于卜筮而且与卜筮有关的一种占卜。这一看法是来源于《周礼》。在《周礼·春官》中,占梦是与卜筮并列的重要占卜形式。据《春官·占梦》,古代有"以日、月、星、辰占六梦之吉凶",说明占梦还与占星有关。上面提到《甘德长柳占梦》,甘德是古代著名天文家,书中可能即有这类内容。《占梦》所述"六梦",包括正梦(安稳之梦)、噩梦(惊愕之梦)、思梦(似指不可复述之梦)、寤梦(似指可以复述之梦)、喜梦(喜悦之梦)、惧梦(恐惧之梦),可以代表梦的主要类型。其中正梦、喜梦属于吉梦,噩梦、惧梦属于凶梦。《占梦》说"冬季,聘王梦,献吉梦于王,王辞而受之;乃舍萌于四方,以赠恶梦,遂令始难殴疫",即每年年终,占梦之官都要为王迎祈吉梦和禳除凶梦。可见古人对梦是何等重视。

古代占梦之书很多，除上所列，《隋志》有京房、崔元、竭伽仙人和周宣等人的多种占梦书。但早期占梦书大多亡佚。马国翰《玉函山房辑佚书》（上海古籍出版社，1990 年）子编五行类有唐柳璨《梦雋》辑本，可参看。

在出土文献中，专门的占梦书现在还未发现，但睡虎地秦简的两种《日书》都附有《梦》篇，可录之于下：

人有恶瞢（梦），瞢（觉），乃绎（释）发西北面坐，铸（祝）之曰："皋！敢告壐（尔）矜琦，某有恶瞢（梦），走归矜琦之所。矜琦强饮强食。赐某大幅（富），非钱乃布，非茧乃絮。"则止矣。（甲本）〔案：·属职部；△属鱼部。〕

甲乙梦被黑裘衣寇〈冠〉，喜；人〈入〉水中及谷，得也。

丙丁梦□，喜也；木金得也。

戊己梦黑，吉，得喜也。

庚辛梦青黑，喜也；木水得也。

壬癸梦日，喜也；金，得也。

凡人有恶梦，觉而择（释）之，西北乡（向）择（释）发而驷（呬），祝曰："缲（皋）！敢告壐（尔）宛奇，某有恶梦，老来□之，宛奇强饮食，赐某大畐（富），不钱则布，不壐（茧）则絮。"（乙本）〔案：·属之、职通韵；△属鱼部。〕

篇中所述，除乙本开头是以十干占梦，其他大体相同，都是讲禳除恶梦之法。大意是说，如果做了恶梦，醒来后可披发西北向而坐，向矜琦（亦作"宛奇"）祝告，求除恶梦，赐之大富。这里提到的"矜琦"是一种食梦之鬼。古人相信向他祝告可以制止恶梦。《续汉书·礼仪志》也有食梦之鬼，名为"伯奇"[①]。类似的禳除恶梦之法，也见于敦煌卷子《白泽精怪图》（有两个本子，一为 P.2682，一为 S.6261）[②]。

① 饶宗颐、曾宪通《云梦秦简日书研究》，香港中文大学出版社，1982 年，28～29 页。

② 参看 Donald Harper, "A Note on Nightmare Magic in Ancient and Medieval China", *Tang Studies*, 6, 1988, 69～76 页。

另外，睡虎地秦简《日书》甲种的《诘》篇是讲厌劾妖祥，其中也提到：

鬼恒为人恶瞢(梦)，㝵(觉)而弗占，是图夫，为桑丈(杖)奇(倚)户内，复(覆)鬴户外，不来矣。

说明古人认为，恶梦往往与鬼怪有关。

这些材料都属于占梦的范畴。

九、厌劾妖祥

厌劾妖祥，也叫厌胜，是驱鬼除邪的巫术。这种巫术与第二篇所论方技中的祝由术(用符水咒禁治病的巫术)是属于同一类，但概念更广，并不限于治病。它在古代方术中也是起源非常古老的一种。

在《汉志·数术略》杂占类中，厌劾之书是排在占梦一类书的后面，地位仅次于占梦。此类小序除讲占梦，还提到"《春秋》之说讶也，曰：'人之所忌，其气炎以取之。讶由人兴也。人失常则讶兴。人无衅焉，讶不自作。'故曰：'德胜不祥，义厌不惠。'桑谷共生，大戊以兴。鸲雉登鼎，武丁为宗。然惑者不稽诸躬，而忌讶之见，是以《诗》刺'召彼故老，讯之占梦'，伤其舍本而忧末，不能胜凶咎也"，内容就是讲厌劾妖祥。可见厌劾妖祥在这一类中也是非常重要的。

厌劾妖祥除使用各种巫术，还往往结合着祭祀祈祷，而祷祠祈禳中的"禳"也是属于厌劾，所以二者有密切关系。这两种数术，严格讲，都不是占卜，但它们和占卜还是有一定关系。例如上文提到的楚占卜竹简，其占卜格式包括两套命辞和占辞，第一套占辞往往是说卜问结果还不错，但仍有一些凶咎要加以禳除；接下来第二套命辞和占辞就是占祷祠，说应当选择良辰吉日祷祠神祖，享之以牲牢和玉器等物，但愿能解除盟诅和鬼怪制造的凶祟。可见占卜常常要继之以祷祠，而祷祠也总是有禳除的内容。

出土文献讲厌劾妖祥，典型材料是睡虎地秦简《日书》甲种的《诘》篇。此篇不标日辰，显然并非用于择日，而是插附其中的独立内容。它的篇幅较长，列有刺鬼、丘鬼等71种鬼怪妖祥，详述其特点和厌劾之法，是研究此类数术的一篇珍贵文献。特别值得注意的是，此篇是以“诘”题篇，开头一段说：“诘咎，鬼害民罔（妄）行，为民不羊（祥），告如诘之，召，道（导）令民毋丽凶央（殃）。”学者已经指出，这里的“诘咎”、“告如诘之”正可与《数术略》杂占类厌劾之书中的《变怪诰咎》一书的书题相互发明[①]。“诰”是告神之义[②]，“诘”是禁止之义[③]，“咎”指祸殃不祥，“诘咎”是禁止凶咎的意思，“告如诘之”是告神以除凶的意思。“诰咎”一词就是从这种含义而来。

《诘》篇所述之鬼，多属“物老精怪”一类。古人认为，物之老者，无论植物、动物，都会像人死成鬼，变为精怪，所以鬼怪几乎是无所不在。例如一家人总是得病，古人会怀疑是房基下面埋着鬼（即房屋叠压墓葬）；灶突不通，古人会怀疑是阳鬼取气。他们生活在这样的世界里，当然总是处于恐怖之中，非有各种驱鬼之法不可。如此篇述驱“刺鬼”之法，是“以桃为弓，牡棘为矢，羽之鸡羽，见而射之”；驱“丘鬼”之法，是“取故丘之土，以为伪人犬，置蘠（墙）上，五步一人一犬，睘（环）其宫，鬼来阳（扬）灰毄（击）箕以喿（谍）之”，都是些稀奇古怪的方法。

另外，除《诘》篇所述的厌劾方法，还有不少出土发现也与厌劾有关。如：

（一）“式图”类铜镜。

铜镜在中国起源甚早，若从齐家文化墓葬出土的两面铜镜算起，到现在已有约4000年的历史。但目前发现商代、西周和春秋时期的铜镜数量很少，它的兴盛发达还是在战国秦汉时期[④]。这一时期的铜镜纹饰很值得研究，很多都与当时的数术思想有关，不单是用于艺术目的。

铜镜除用于鉴容，还可用于厌劾。这类功用对现在的读者来说，已经

---

① 饶宗颐、曾宪通《云梦秦简日书研究》，香港中文大学出版社，1982年，26～27页。

② 同上。

③ 见《睡虎地秦墓竹简》，文物出版社，1990年，216页注〔一〕。

④ 孔祥星、刘一曼《中国古代铜镜》，文物出版社，1984年。

比较陌生。不过，大家都很熟悉《西游记》中的“照妖镜”。这种“照妖镜”并非小说作者杜撰，而是实有所本。凡是熟悉道教文献的人都知道，明镜是道教的重要法器。如早期道教经典《抱朴子·登涉》述入山之法，就讲到这种明镜的使用，说是“万物之老者，其精悉能假托人形，以眩惑人目而常试人，唯不能于镜中易其真形耳。是以古之入山道士，皆以明镜径九寸已上悬于背后，则老魅不敢近人。或有来试人者，则当顾视镜中，其是仙人及山中好神者，顾镜中故如人形。若是鸟兽邪魅，则其形貌皆见镜中矣。又老魅若来，其去必却行，行可转镜对之。其后而视之，若是老魅者，必无踵也；其有踵者，则山神也”。

古代铜镜具有厌劾功用，典型例子是汉镜中的“博局镜”（旧称“规矩镜”，西方学者称“TLV 镜”）。这种铜镜不仅纹饰是模仿博局和“式图”（详见第二章第六节），而且还有铭文是作：

> 新有善铜出丹阳，和以银锡清且明。
> 左龙右虎掌四方，朱爵（雀）玄武顺阴阳。
> 八子九孙治中央，刻娄（镂）博局去不羊（祥）。
> 家常大富宜君王，千秋万岁乐未央。
>
> 〔案：·属阳部。〕

可以表明这类纹饰是有辟除不祥的功用。另外，战国秦汉铜镜中许多具有外圆内方、四方八位的草叶纹、花瓣纹、乳钉纹和连弧纹的铜镜可能也与博局镜有渊源和递嬗的关系。特别是最近湖南慈利石板村战国楚墓（M36）出土了一件年代更早、图像也更接近于“式图”的铜镜（图 1-6）①，尤其值得注意。这件铜镜是作正方形，髹漆为饰，除绘有标志子午、卯酉“二绳”的双线十字纹，还有象征十二辰位的一圈十二个方格。读者只要拿它与睡虎地秦简《日书》甲乙两种所附的《视罗图》（见后图 3-6）、马王堆帛书《禹藏图》（见后图 7-3）、双古堆 M1 出土漆木式的图式（见图 2-1、2-2）试做比较，就可看出它们是属于同一类图式。这里我们不妨把上述铜

① 《湖南慈利石板村 36 号战国墓发掘简报》，《文物》1990 年 10 期。

镜统称为“式图”类铜镜。

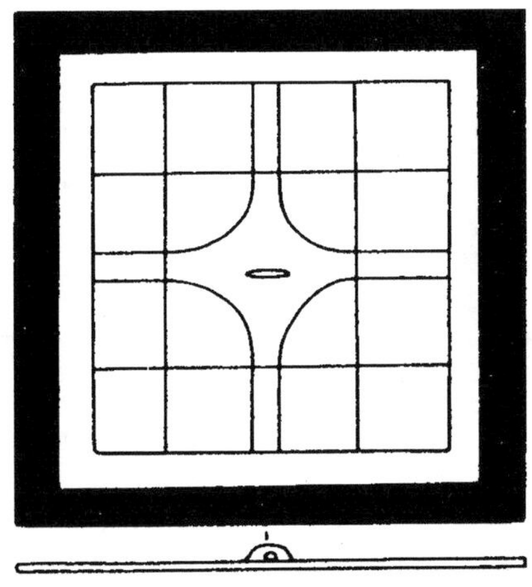

图 1-6　石板村铜镜

（湖南慈利石板村 M36 出土）

(二)“兵避太岁”戈和马王堆帛书《避兵图》。

1960 年湖北荆门车桥战国墓出土过一件巴蜀式铜戈(图 1-7)，戈内饰鸟纹(侧首带冠，有双翼)和四字铭文，戈援有形如“大”字的戎装神像，头戴插左右双羽的冠冕(应即古书所说的“鹖冠”)[①]，双耳珥蛇(?)，身着甲衣，腰间系带，双手和胯下各有一龙。左手和胯下之龙形似蜥蜴，右手所持为双头龙，左足踏月，右足踏日。三十年来，学者对此多所讨论[②]，曾将戈铭释为“大武阓兵”，以为戈援图像是与周代武舞“大武”有关。近年

① 鹖是一种猛禽，据说“斗不死不止”，古人用鹖羽插冠，分竖左右，称鹖冠。鹖冠是武冠，与下述甲衣，皆戎服。参看《汉官六种》(中华书局，1990 年)所收应劭《汉官仪》辑本和《续汉书·舆服志下》。

② 王毓彤《荆门出土的一件铜戈》，《文物》1963 年 1 期。俞伟超《“大武阓兵”铜戚与巴人的“大武”舞》，《考古》1963 年 3 期；《“大武”舞戚续记》，《考古》1964 年 1 期。马承源《关于“大武戚”的铭文及图像》、《考古》1963 年 10 期；《再论“大武舞戚”的图象》，《考古》1965 年 8 期。

来，俞伟超、李家浩先生将戈铭改释为“兵阙（避）太岁”是一大突破[1]。由于铭文改释，他们把戈援图像理解为太岁神，有各种分析推测[2]。

图 1-7 “兵避太岁”戈
（湖北荆门车桥战国墓出土）

最近，周世荣先生公布了马王堆帛书中的一幅带文字题记的图画（图版一，图 1-8）[3]。〔案：图 1-8 摹本不尽准确。〕此图包括三层图像：上层，右边是“雨师”，中间是“太一”，左边是“雷公”；中层，是禁避百兵的四个“武弟子”，右起第一人执戈（残泐），第二人执剑，第三人未执兵器，但似着可御

---

① 俞伟超、李家浩《论“兵阙太岁”戈》，收入《出土文献研究》，文物出版社，1985 年。

② 此文推测《山海经·海内经》之噎鸣为太岁神，并以神人所持双头龙是虹，“三龙”是“主水雨”之象，戈内纹饰为太岁的别名“青龙”，均可商。

③ 周世荣《马王堆汉墓的“神祇图”帛画》，《考古》1990 年 10 期。

弓矢之服,第四人执戟,四人左右各二,中间,“太一”胯下是一黄首青身之龙;下层,右边是“持鋽”的“黄龙”,左边是“奉容(瓮)”的“青龙”。这幅图画与上述戈援图像有明显的相似性,均有作双腿分跨的神像和三条龙。只不过其冠翅是作波磔形,耳无蛇,身无甲,腰无带,三龙形态相似,手中二龙换在下方,有“雷公”、“雨师”而无日月,并多出四个“武弟子”。帛书的文字题记是按自左向右的顺序阅读(□表示缺文,⧄表示残文),包括[①]:

(1)全图总题记。

……将(?),承弓禹(?)先行,赤包白包,莫敢我乡(向),百兵莫敢我〔伤〕。□⧄狂(诳),谓不诚,北斗为正。即左右唾,径行毋顾。大一祝曰:某今日且⧄⧄。〔案:·属鱼、阳通韵,△属耕部。〕

(2)雨师像题记(上,右)。

雨币(师)。光风雨雷,⧄从者死,当〔者有咎〕。左弇其,右⧄⧄。

(3)太一像题记(上,中)。

大一将行,何日神从之以……〔案:神像左腋下有“社”字。〕

(4)雷公像题记(上,左)。

雷〔公〕。……

(5)武弟子像之一题记(中,右一)。

武弟子。百刃毋敢起,独行莫〔敢□〕。〔案:△属之部。〕

(6)武弟子像之二题记(中,右二)。

我⧄百兵,毋童(动)□禁。

(7)黄首青身龙题记(中,中)。

(残泐)

(8)武弟子像之三题记(中,左一)。

我虒裘,弓矢毋敢来。〔案:△属之部。〕

(9)武弟子像之四题记(中,左二)。

① 释文中括以问号的字是周世荣文原释,而从照片、摹本难以肯定者。

图 1-8 《避兵图》
（马王堆帛书）

（残泐）

（10）黄龙题记（下，右）。

黄龙持铲。

（11）青龙题记（下，左）。

青龙奉容（瓮）。

李学勤先生有文讨论此图与上述戈援图像的关系，论定二者是同一性质[①]。这是继俞、李之文后对戈援图像认识的又一突破。不过，李先生将此图“大一”改释“天一”（认为原文“大”字泐去横画，原是“天”

① 李学勤《“兵避太岁”戈新证》，《江汉考古》1991 年 2 期。

字），直接把此图神像和戈援神像当作“天一”或“太岁”则可商。我亦有文，据《抱朴子·杂应》，论证此图“太一”是代表北斗，“雷公”、“雨师”是代表左右方向，“武弟子”是与四方、四时相配的避兵之神。整个图是避兵性质的图①，这里称为《避兵图》。

现在，值得补充的是，《史记·封禅书》提到一种利于行师用兵的“灵旗”：

> （汉武帝元鼎五年）其秋，为伐南越，告祷太一。以牡荆画幡日月北斗登龙，以象太〈天〉一三星，为太一锋，命曰“灵旗”。为兵祷，则太史奉以指所伐国。〔案：《汉书·礼乐志》载汉武帝《郊祀歌·惟泰玄》“招摇灵旗，九夷宾将”，师古注：“画招摇于旗以征伐，故称灵旗。将犹从也。”“灵旗”亦画“招摇”于其上。〕

这种“灵旗”有代表“天一”的“北斗”（或“招摇”），代表“天一三星”与上述图像类似的“登龙”，以及与“兵避太岁”戈相同的“日月”。“太一”即《史记·天官书》一开头讲的代表“天极”，即“斗极”的“太一”，可与“北斗”互代。“天一三星”，即《史记·天官书》所述附于“太一”，“前列直斗口三星，随北端兑，若见若不”的“阴德”或“天一”。“日月”则是表示阴阳刑德，《淮南子·天文》有“日为德，月为刑”之说。两相对照，不难看出，“兵避太岁”戈和《避兵图》中的神像仍是“太一”，而“三龙”才是“天一”或“太岁”②。特别是这里“太一”作“大”字人形很值得注意。因为汉武帝立“太畤”（或“泰畤”）祭太一，正是以“太”省称“太一”，而“太”古正作“大”。

上述图像都是象征“一星（太一）在后，三星（天一）在前”（《汉书·郊祀志》晋灼注）的“太一锋”。“太一锋”类似斗柄，也是起类似表盘指针那样的作用，可以周而复始地旋转（因此无固定方向）。只不过斗柄左旋，天

① 李零《马王堆汉墓“神祇图”应属辟兵图》，《考古》1991年10期。

② 李零《湖北荆门“兵避太岁”戈》，《文物天地》1992年3期。“太一”对天文学史和古代思想史的研究很重要，参看钱宝琮《太一考》（《燕京学报》12期，1932年）和葛兆光《众妙之门》（《中国文化》3期〈1990年秋季号〉）。

一（太岁）右旋。古代兵家讲究“背岁”、“迎岁”或“顺斗”、“逆斗”①，皆以斗柄或太岁所在者胜，所指者败②。来源仍是古代式法。

另外，还有像刚卯（图 1-9）、黄神越章（图 1-10）一类东西也都具有厌劾作用，学者多有论述③，这里不再重复。

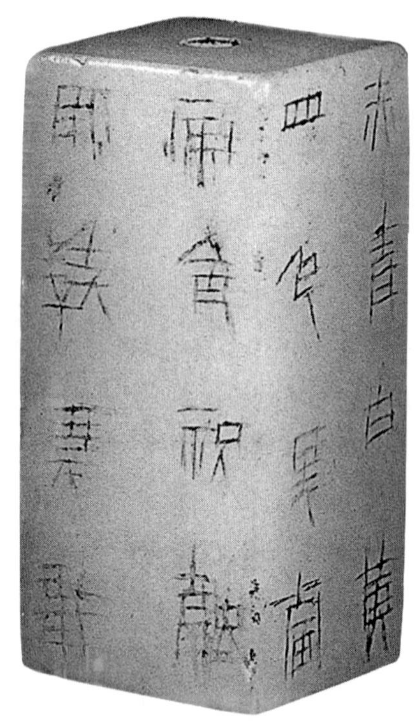

图 1-9　玉刚卯

（河北省景县广川乡后村东汉墓出土）

上述厌劾之图往往与天文星象有关，这点很值得注意。因为后世符书也是以星象配以文字而画成，具有类似作用。例如 1972 年陕西户县朱

① 参看《左传》昭公三十二年、《国语·周语》、《荀子·儒效》杨倞注、《通典》卷一六二引《六韬》、《淮南子·天文》、《史记·天官书》、《汉志·兵书略》阴阳类小序、《论衡·难岁》等。

② 古代的式多以北斗、太一，招摇（斗枢）为指针，阴阳顺逆皆由此而定。

③ 参看王正书《汉代刚卯真伪考述》，《文物》1991 年 11 期。

图 1-10　黄神越章

家堡汉墓出土的解谪瓶，上有朱书二符（图 1-11）①，一符是由“日”、“月”、“土”、“斗”、“鬼（魁）”等字构成。〔案：“土”字写法同于中国历史博物馆藏汉铜式铭“戊土门”之“土”字，“斗”字与磨咀子汉墓（M62）出土漆木式铭之“斗”字亦相近。斗居中宫，当土位，土、斗密切相关。如曾侯乙墓出土漆箱盖上的青龙白虎二十八宿图，图中的北斗是由“土”、“斗”二字构成，双古堆汉墓出土漆木式（六壬式）的土门（地门）亦作“土斗戊”。〕另一符是由“大天一”等字构成，并画有“太一锋”之像，作，方向与《避兵图》正好相反。“大天一”应即“大（太）一”、“天一”的省称②。《抱朴子·杂应》有以“书北斗字及日月字”避兵之说，应即此类符书。上述戈图和帛画是图解的星象，与西安交大汉壁画墓的二十八宿图是同样手法③，正是此符的图解。

关于符书的起源，过去所见材料年代都比较晚，除《太平经》、《抱朴子》中的道符，只有东汉解谪瓶上的朱符，更早的情况是比较模糊的。有学者推测，《史记·封禅书》所述“画法”就是早期符文④。看来“图”的线索很值得注意。

① 禚振西《陕西户县的两座汉墓》，《考古与文物》创刊号。

② 参看王育成《东汉道符释例》，《考古学报》1991 年 1 期。王文将第一符上半释为“时”，“斗”释为“尾”。当然，这里的“大天一”也可能应读为“大、天一”，直接以“大”代表“大（太）一”。

③ 《西安交通大学西汉壁画墓》，西安交通大学出版社，1991 年。

④ 任继愈主编《中国道教史》，上海人民出版社，1990 年，10 页。

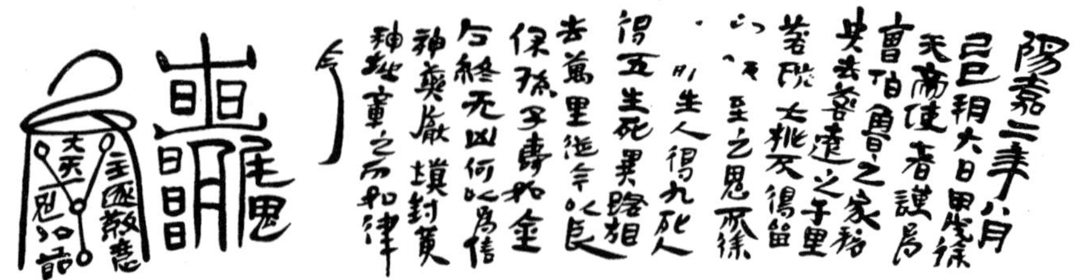

图 1-11　汉代解谪瓶上的朱符
（陕西户县朱家堡汉墓出土）

另外，除上述“图”的线索，符与古代字体的关系也值得探讨。如东汉解谪瓶上的朱符，笔道往往盘绕重叠，就是符书的一种基本传统。《云笈七签》卷七讲“云篆”、“八体六书”，就与画符有关。宋“梦英十八体”（见西安碑林藏《南宋宣义大师赐紫梦英十八体书碑》）也是这类东西，它们与古代美术字（如鸟虫书等）的传统有一定关系。

符书是起源于对图画、文字魔力的崇拜，在原始巫术中是很重要的一种。特别是“图”比“文”起源更古老。由符书的认识，我们可以窥知，人类的很多早期艺术品（如石器时代的岩画，青铜时代的铜器纹饰），都不是我们今天所理解的那种艺术品，它们除赏心悦目，还往往包含着许多神秘主题，并具有一定的厌劾作用。

十、相马、相狗、相刀剑

古代相术是以目验的方法为特点。它所注意的是观察对象的外部特征（形势、位置、结构、气度等），所以也叫“形法”。从“象数”的角度讲，它侧重的是“象”。

在《汉志·数术略》中，古代的相术书主要有四种：

（1）主要与山川的走向和形势，屋舍、墓地的位置和结构有关。包括相地形和相宅墓。如形法类的《山海经》、《国朝》和《宫宅地形》即属此类。

这类书与古代地理学、军事地形学和建筑学有密切关系。

(2)主要与人和家畜有关。包括相人和相六畜(马、牛、羊、鸡、犬、豕等)。如形法类的《相人》和《相六畜》即属此类。相人与古代的医学诊断和刑事侦破有关。相六畜则与畜牧业有关。

(3)主要与物件有关。如形法类的《相宝剑刀》、杂占类的《武禁相衣器》即属此类。

(4)主要与农业和养殖业有关。如杂占类的《神农教田相土耕种》、《种树臧(藏)果相蚕》。"相土",也叫"相土之宜"(观察哪些种土壤适于种植哪些种作物),古书经常提到(《管子·地员》述之最详,可参看),就与农业有密切关系。而"相蚕"则与养殖业有关。

现已出土的相术文献主要有:

(1)马王堆帛书《相马经》。

释文见《文物》1977年8期17~22页。同期23~26页有谢成侠《关于长沙马王堆汉墓帛书〈相马经〉的探讨》一文讨论这一释文,可参看。另外,《考古与文物》1982年2期81~87页有顾铁符《奔马·"袭乌"·马式》,《文物》1989年6期75~83页有胡平生《"马踏飞鸟"是相马法式》,二文是讨论1969年甘肃武威雷台东汉墓出土的铜奔马,也对此书颇有涉及。

此书篇幅很长,但只讲了马的目睫眉骨等局部,并非全帙。学者指出,汉代养马业空前发达,当时相马往往使用铜制的良马模型,即铜马式。此书所述"前又(有)二徵(微),后又(有)三齐。一寸逮鹿,二寸逮麋(麇),三寸可以袭欤(乌),四寸可以理天下",其中"袭乌"正与出土铜奔马作右后足下有一飞鸟的形象相符。但此书文辞古奥,很多术语仍读不懂,整个内容还值得做进一步研究。

(2)银雀山汉简《相狗方》。

目前只有吴九龙《银雀山汉简释文》(文物出版社,1985年)所收未经拼联的简文。内容涉及狗的头、眼、喙(嘴)、颈、肩、胁、膝、脚、臀等部位及筋肉、皮毛、起卧之姿,奔跑速度等。并且幼狗和成狗各有标准。

(3)双古堆汉简《相狗经》(未发表)[①]。

(4)新出居延汉简《相宝剑刀》。

题目是整理者据《汉志·数术略》形法类的同类书籍而补加。释文见《居延新简释粹》(兰州大学出版杜,1988 年)121～124 页和《居延新简》(文物出版社,1990 年)98 页。前者并有简要注释,可参看。

此书内容比较有条理,可分章录之如下:

(1)相"善剑"的标准(4 条)。

"·欲知剑利善、故器者,起拔之,视之身中无推处者,故器也(1 条)。视欲知利善者,必视之身中有黑两桁不绝者(1 条)。其逢(锋)如不见,视白坚未至逢(锋)三分所而绝,此天下利善剑也(1 条)。又视之身中生(星)如黍粟状,利剑也,加(嘉)以善(1 条)。"

(2)相"弊剑"的标准(6 条)。

"·欲知幣(弊)剑以不报者(1 条);及新器者(1 条);之日中骍视,白坚随涣(锋)上者(1 条);及推处白黑坚分明者(1 条);及无文(纹),纵有文(纹)而在坚中者(1 条);及云气相遂(1 条),皆幣(弊)合人剑也。刀与剑同等。"

(3)承上小结。

"·右善剑四事。"

"·右幣(弊)剑六事。"

(4)"善剑"的花纹(4 条)与剑的硬度和韧性。

"·利善剑文(纹):县薄文(纹)者、保双蛇文(纹)(2 条),皆可;带羽、圭中文(纹)者(2 条),皆可。剑,谦者利善,强者表蒠,弱则利奈何。"

(5)"弊剑"的花纹(4 条)。

"·蒠、新器剑文(纹):斗鸡、征蛇文(纹)者(2 条),赢者(1 条),及皆凶不利者(1 条)。"

(6)承上小结。

---

① 《阜阳汉简简介》,《文物》1983 年 2 期。

"·右幣(弊)剑文(纹)四事。"

简文把质量好的剑称为"善剑"、"利善剑",质量差的剑称为"弊剑",并以"故器"为优,"新器"为劣。其术语,"身中"指剑身,"锋"指剑端,"白坚"、"黑坚"似指剑身表面的工艺处理,分白、黑二色,"推处"可能是"白坚"与"黑坚"的分界。"善剑"的主要标准是剑端锋利,不见光点,白坚与黑坚界限不分明,黑坚不断,白坚止于距剑端三分处,剑身有米粒状星点,花纹为县薄纹、保双蛇纹、带羽纹和圭中纹;而"弊剑"的主要标准是白坚与黑坚界限分明,白坚直抵剑端,无花纹,或虽有花纹也隐于白坚和黑坚之下,花纹为斗鸡纹、征蛇纹及线条粗劣或带凶象的花纹。另外,简文"强"、"弱"似是表示硬度,"利奈何"似指韧性。相刀的标准与相剑同。

古代宝剑以吴越之剑最有名(见《考工记》总叙),因此相剑之说或散见于《吴越春秋》和《越绝书》等书。《庄子·说剑》、《吕氏春秋·别类》也有一些有关记载。例如这里提到"又视之身中生(星)如黍粟状,利剑也,加(嘉)以善",《吴越春秋·阖闾内传》也提到"季孙拔剑〔视〕之,锷中缺者大如黍米,叹曰:'美哉,剑也!虽上国之师,何能加之……'",似乎就是同类描述("缺"字疑是"星"字之误)。

古代相术,于此可见一斑。

十一、古代占卜的三大系统

综上所述,我们可以看出,中国古代的占卜虽然头绪纷乱,但可大别为三个系统。一个系统是与天文历算有关的星占、式占等术,一个系统是与"动物之灵"或"植物之灵"崇拜有关的龟卜、筮占,一个系统是与人体生理、心理、疾病、鬼怪有关的占梦、厌劾、祠禳等术。这三个系统皆有古老渊源,可以反映原始思维所能涉及的各主要方面:天地—动植物—人体、灵魂、疾病和鬼怪。

在《汉志·数术略》中,上述三个系统是以星占、式占为上,龟卜、筮占次之,占梦等术又次之,可以反映汉代的理解。但从考古发现看,龟卜、筮占兴盛于商代西周，而星占、式占则发达于战国秦汉，占梦、厌劾、祠禳与原始巫术一脉相承，来头也很大，本来并不是小术。所以，我们最好还是把它们看作各有来源、递相沉浮的并行系统。

在本编下述三章中，我们将从这里介绍的十个门类中选择出土材料丰富、以往研究薄弱的几个方面做专题讨论，它们是式占、择日和卜筮。而对那些缺乏出土材料，或虽有出土材料，但对已有知识没有太多补充的方面，则不再涉及。

第二章　式与中国古代的宇宙模式

式是古代数术家占验时日的一种工具①，出土发现已有不少实例。这种器物虽方不盈尺，但重要性却很大，对理解古人心目中的宇宙模式乃至他们的思维方式和行为方式是一把宝贵的钥匙。

近年来，我对这一问题的关心主要是来自简帛书籍的研究。因为从简帛书籍的出土情况看，有一种讲选择时日和岁月禁忌的书发现很普遍。我在研究中发现，它们全都与式所代表的图式有直接关系。例如子弹库楚帛书和马王堆帛书《阴阳五行》就都是写在这种图上，其他书即使不附图也都是以这种图式为背景。受此启发而重检传世文献，我还发现，除《淮南子·天文》的附图属于这种图式，《管子·玄宫》和《山海经》原来也是与这种图式相配；而大小戴记的《夏小正》、《月令》和《吕氏春秋》十二纪等书，内容与《玄宫》相近，亦含类似背景。还有宋易所谓的“图数之学”，图、数的相互配合，向上追溯，看来也与此有关。所以，我一直想以式所代表的图式为主线，对阴阳五行学说的基本概念做重新探讨。

现在，我要讨论的就是这一问题。为了叙述的方便，本书把式所代表的图式简称为“式图”。

一、出土实例与研究讨论

现已出土的古式共有8件，可按年代早晚排列如下②：

① 或称式盘、占盘，皆非古代名称，本文不用。

② 宋杨惟德《景祐六壬神定经·造式》所述造式尺寸，天盘与地盘之比约为1∶2。下述各器，惟例(8)近之。其他各器，天盘与地盘之比约为2∶3。杨书所述是晚期形制，故与早期不合。

(1)漆木式(西汉初)。1977 年安徽阜阳双古堆 M1(西汉汝阴侯夏侯灶墓,年代在公元前 165 年后不久)出土,现藏阜阳市博物馆。天盘直径 9.5 厘米、厚 0.15 厘米,地盘每边长 13.5 厘米、厚 1.3 厘米(图 2-1)[①]。

(2)漆木式(西汉初)。出土、收藏同上。天盘直径 8.3 厘米、厚 0.3 厘米,地盘每边长 14.2 厘米(图 2-2)[②]。

(3)象牙式(西汉末)。传山西离石出土,现藏故宫博物院(于省吾旧藏)。仅存天盘,面径 6.2 厘米、底径 6 厘米(图 2-3)[③]。

(4)漆木式(西汉末)。1972 年甘肃武威磨咀子 M62(年代在王莽时期)出土,现藏甘肃省博物馆。天盘直径 5.9～6 厘米、厚 1 厘米(边厚 0.2 厘米),地盘每边长 9 厘米(图 2-4)[④]。

(5)漆木式(西汉末或东汉初)。1925 年朝鲜乐浪遗址(在平壤南部)石岩里 M201(年代在王莽时期或东汉初)出土,现藏地点不详。仅存天盘残片,直径 9.4 厘米(图 2-5)[⑤]。

(6)漆木式(东汉初)。1925 年朝鲜乐浪遗址王盱墓(年代在东汉明帝末或章帝前后)出土,现藏地点不详。天、地盘均残破不堪,天盘直径 13.5 厘米、厚约 0.5 厘米,地盘每边长 20.5 厘米、厚约 0.5 厘米(图 2-6)[⑥]。

(7)铜式(东汉)。现藏中国历史博物馆(濮瓜农旧藏)。仅存地盘,每

---

① 《阜阳双古堆西汉汝阴侯墓发掘简报》,《文物》1978 年 8 期;殷涤非《西汉汝阴侯墓出土的占盘和天文仪器》,《考古》1978 年 5 期。殷文所记尺寸和所附线图与《简报》不同,应以《简报》为准。本文所附插图是用《简报》线图。但为便于比较,对天盘位置有调整,统一以上午下子为正,下同。

② 同上。

③ 于省吾《双剑誃古器物图录》卷下 39。本文插图,正面是用下述罗福颐文所附摹本,但位置有调整;背面是重新摹绘(罗文所附摹本与天盘比例不合,故重绘)。

④ 《武威磨咀子三座汉墓发掘简报》,《文物》1972 年 12 期。本文插图是用《简报》线图。

⑤ 《乐浪彩箧冢》,朝鲜古迹研究会,1934 年。本文插图是用该书复原图,但位置经调整。

⑥ 《樂浪——五官掾王盱の坟墓》,东京刀江书院,1930 年。本文插图是用该书复原图,但位置有调整。

边长 14.3 厘米、厚 0.6 厘米(图 2-7)①。

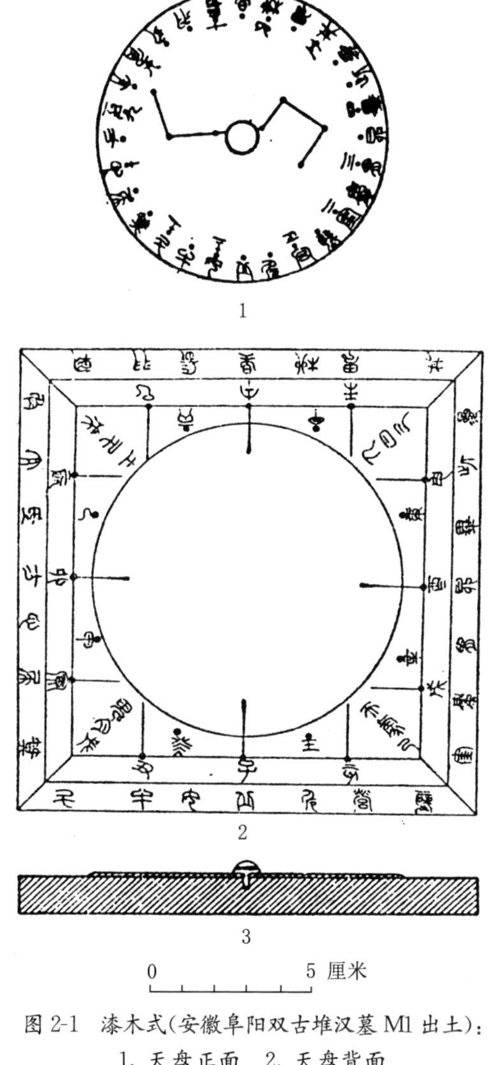

图 2-1 漆木式(安徽阜阳双古堆汉墓 M1 出土):
1. 天盘正面 2. 天盘背面

(8)铜式(六朝晚期)。现藏上海博物馆。天盘圆隆,直径 6 厘米,高出地

① 刘心源《奇觚室吉金文述》15.34。下述陈梦家文有该器照片和拓本。本文插图是用陈文所附拓本。

盘1.9厘米。地盘每边长11.2至11.4厘米、厚0.2厘米(图2-8)[①]。

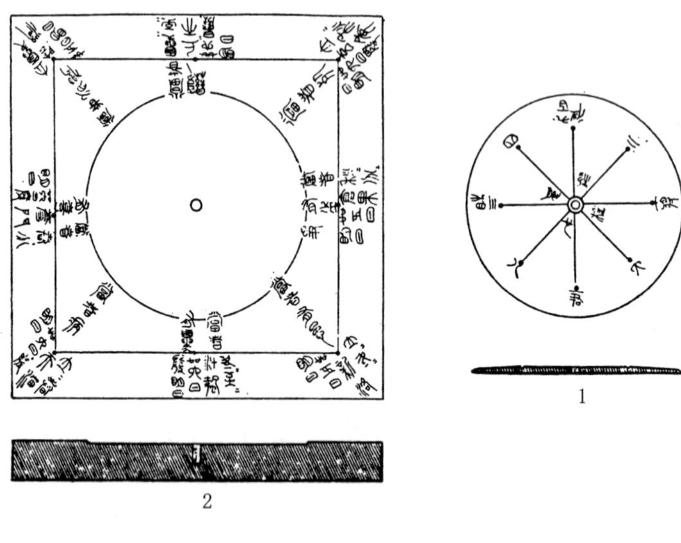

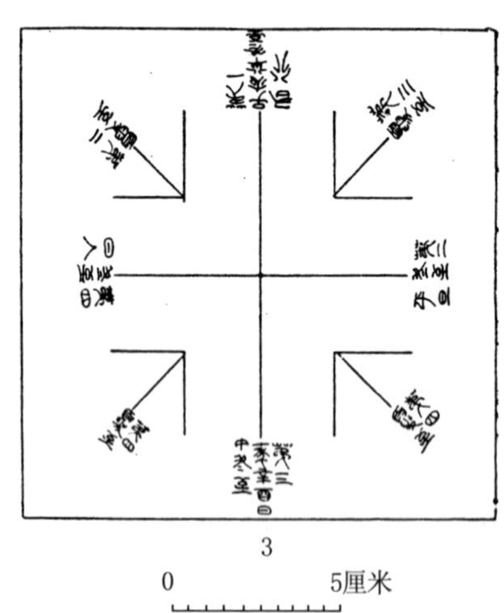

图2-2 漆木式(安徽阜阳双古堆汉墓M1出土):
1. 天盘 2. 地盘正面 3. 地盘背面

① 严敦杰《跋六壬式盘》,《文物参考资料》1985年7期。下述陈梦家文有该器照片和拓本,严敦杰《式盘综述》有正面铭文的示意图。本文插图是据陈文所附拓本和严文所附示意图。

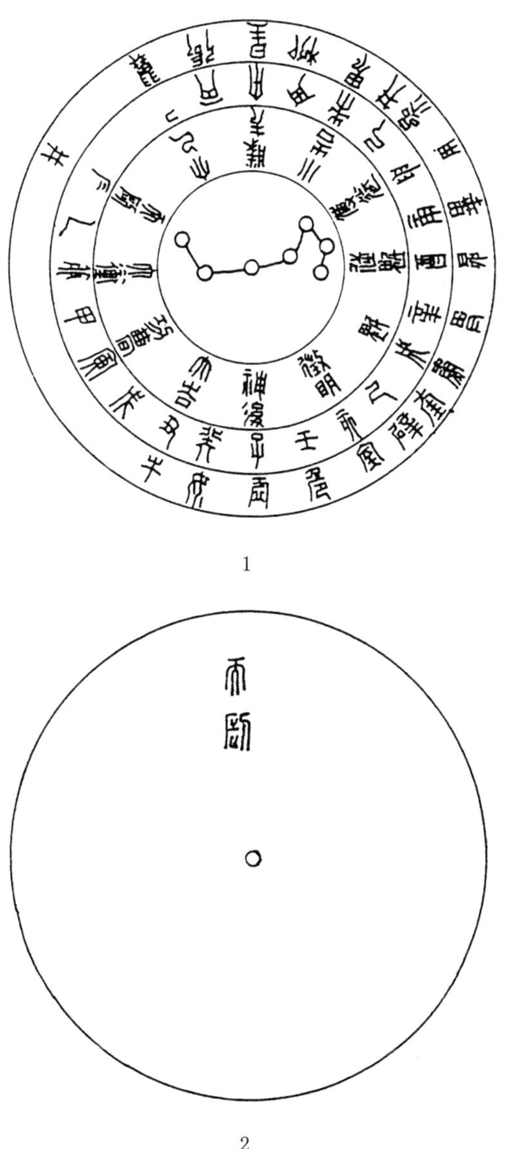

图 2-3 象牙式(故宫博物院藏):
1. 天盘正面 2. 天盘背面

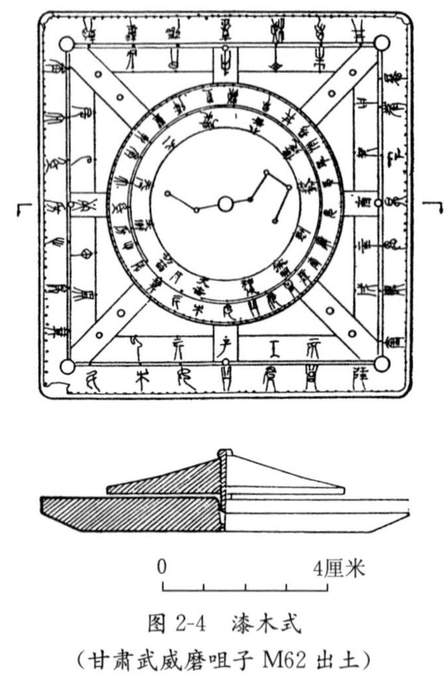

图 2-4　漆木式

（甘肃武威磨咀子 M62 出土）

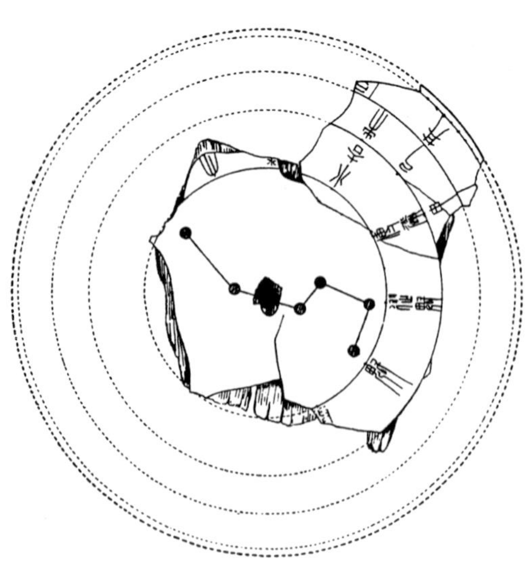

图 2-5　漆木式

（朝鲜乐浪遗址石岩里 M201 出土）

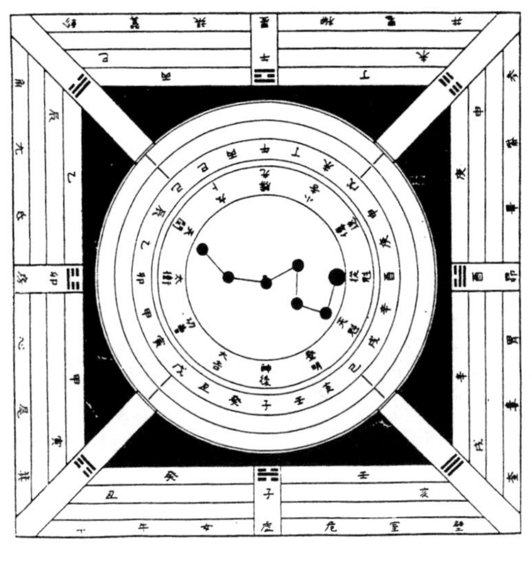

图 2-6　漆木式
（朝鲜乐浪遗址王旴墓出土）

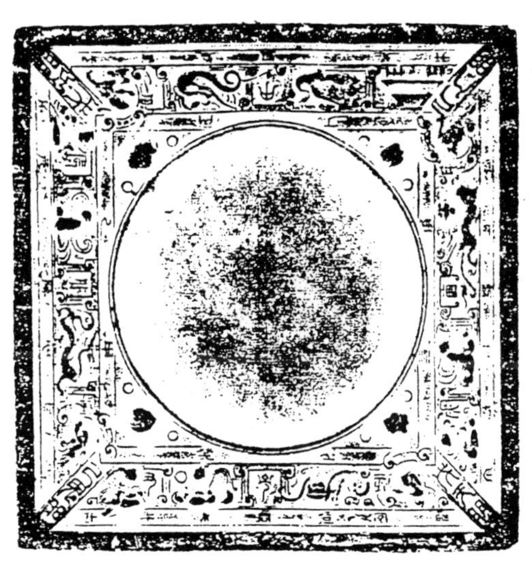

图 2-7　铜式
（中国历史博物馆藏）

1

2

3

图 2-8　铜式(上海博物馆藏):
1. 正面拓本　2. 背面拓本　3. 正面示意图

截至目前,笔者所见讨论上述各例的有关论著已有十五篇,今撮其要,评论如下:

(一)王振铎《司南、指南针与罗经盘》(上),《中国考古学报》3 册

（1948年）（下简称“王文”）。

此文主题是讨论中国古代静磁学知识的发现与发明，篇幅甚长，分上、中、下三篇连载。其中上篇第二章《司南考》是专门讨论司南的复原，涉及上述例（5）（6）（7）。作者认为，《论衡·是应》“司南之杓，投之于地，其柢指南”，所谓“地”并非土地，而是式的地盘，推测司南的形制应与式相仿，是以磁石琢成的斗勺代替天盘上绘制的斗勺，置于铜制的地盘上。作者所制复原模型，斗勺是仿石岩里M201所出漆勺，地盘是仿例（7）。为使斗勺易于旋转，特意把地盘圆坎的平面升高，并且琢磨得非常光滑。该章第六节“司南投于地盘说”对与式有关的文献记载进行搜集，指出式的图式结构与《淮南子·天文》最接近，二者可以相互发明之处甚多，并对上述三例的形制做了初步分析，认为地盘的八干加十二支和四维，就是后世罗盘的二十四向。

〔案：王氏的司南复原影响很大，讲中国“四大发明”者言必称之，几乎被当作古代实物，但实际只是一种推测。作者对式的讨论虽属附带涉及，但论述较详，毕竟为以后的研究提供了基础。〕

（二）严敦杰《跋六壬式盘》，《文物参考资料》1958年7期（下简称“严文A”）。

此文专论例（8）。作者按宋代内算三式的分类，定此器为六壬式（其他两种是太乙式和遁甲式），指出其天盘有“六壬十二神”，地盘有“三十六禽”，合于隋萧吉《五行大义》所记，且未与七曜相配，年代应在唐袁天罡之前，并对六壬式的演式方法即“四课三传”做了简要说明。此外，作者还提到例（3）（5）（6）（7），指出《乐浪》一书所做例（6）的复原图有若干错误：（1）天盘第一圈的十二神是据《唐六典》拟补，“登明”、“天闰”、“太卜”应正为“徵明”、“天罡”、“太一”；（2）天盘第二圈的干支，以戊居东北、西南，己居东南、西北，不合六壬式，近于遁甲式；（3）天盘第三圈应为二十八宿而漏列。

〔案：此文侧重式的分类和演式方法，代表了作者以后的研究方向。《乐浪》例（6）复原图戊己位置有误，但遁甲式是以戊居天门，己居地户，与此并不相同。〕

（三）李约瑟（Joseph Needham）《中国科学技术史》（*Science and Civ-*

ilization in China)卷四第一册,Cambridge University Press,1962 年,261～269 页(下简称"李约瑟文")。

此书对王文做有介绍。除王文所述例(5)(6)(7),还提到严文 A 所述例(8)。作者指出例(5)与例(6)复原图北斗方向相反,例(6)配卦为后天卦位,与后世罗盘作先天卦位不同,并对与式有关的文献记载做了简短讨论。

(四)陈梦家《汉简年历表叙》第三节"汉代占时·测时的仪具":一、式,《考古学报》1965 年 2 期(下简称"陈文")。

此文对式图结构分析最详,涉及例(3)(5)(6)(7)(8)。作者认为,式有许多不同种类,因时代不同和家法不同,应有不少差异,但并未采用宋代三式作为分类依据。其论述包括两部分,第一部分是论汉式例(3)(5)(6)(7)的结构。作者以《淮南子·天文》为主,参考其他有关文献进行分析,指出汉式包括天、地二盘,其共同点是:(1)篆书,(2)斗柄指天刚,(3)列十干、十二支、十二神、二十八宿,(4)分四维、八方;所不同者是:(1)斗魁的位置,(2)戊己的位置,(3)八卦定向,(4)四门,(5)十二将。作者认为,斗魁位置应以斗魁一、二星指从魁、魁(准确地讲,是以斗魁一星指魁,二星指从魁)为是,例(5)最合,例(6)最不合。戊、己的位置,各器不同,可能是因天、地盘之别或不同的占式家数,例(6)复原有误,据图版辨认,鬼门、地门应作戊。八卦定向,见于例(6)(8),当是受河内本《说卦》影响,从汉宣帝以来才有。四门,例(7)的地户和人门,刘心源释为"出门"、"入门",应正为'坔(地)门"、"人门"。十二将,见例(7),尚有青龙、朱雀、白虎、玄武四兽可辨。第二部分是论六朝式例(8)的结构和例(5)(6)的复原。作者指出六朝式与汉式的不同之处是:(1)隶书,(2)列三十六禽,并对例(8)所列三十六禽和背刻铭文做有考释。而例(5)(6)的复原,作者认为,例(5)大体正确,但释文有阙;例(6)错误较多,天盘第一层用《唐六典》拟补,有不少错字,应据例(3)改正;第三、四层和地盘第三层皆有字未释。此外,作者还以复原后的例(5)(6)与《淮南子·天文》的岁次和例(3)(7)(8)做比较,认为例(3)

(7)与《淮南子·天文》的序位相合,而且例(7)尚未与八卦相配,是其年代较早之证,应定为西汉成帝以前;例(5)与《淮南子·天文》的序位不合,受《三统术》影响而用寅正,是其年代较晚之证,参照同出器物,应定为东汉初;例(6)与例(8)序位相近,参照同出器物,应定为东汉明帝以后;例(8)同于隋《五行大义》和初唐写本《卜筮书》引《式经》,又不避唐讳,应定为六朝晚期。文末并有附记二则,记端方旧藏铜制北斗(残)和于省吾旧藏骨制筹策。前者有"天阴门"及"魁戌"、"神后子"、"大吉丑"(以上正面)、"胜先午"、"小吉未"、"从魁酉"(以上背面)等字,推测可能是附设于式,或单独使用(如同王莽威斗)。后者以十二枚为一组,每枚皆书天干、地支和所配五行,推测是用于"分策定卦"。

〔案:此文对式图解析最有参考价值,如辨析斗魁位置,排比戊己异同,指出四兽代表十二将,等等。但可商之处也很多,如谓戊己不同或因天、地盘之别(二者是一致的),八卦定向始于汉宣,"出门"应改释"地门"(字不作"埊",非"地"字),例(7)所列为十二将(四兽代表十二将,但图案中只有四兽,其他乃人物、屋舍等)。其断代是以天盘序位不同和是否配卦定年代早晚,也不可信,如例(7)所定年代即太早。〕

(五)严敦杰《关于西汉初期的式盘和占盘》,《考古》1978年5期(下简称"严文B")。

此文所论为例(1)(2)和同墓所出另一件未能定名的器物。作者把例(1)定为六壬式,认为其天盘内圈所标正、二、三至十二等字是代表六壬十二神的"十二月将","十二月将"的划分是按太阳年的宿度平均分配,并不等于十二月,地盘的天、土、人、鬼四门合于例(7),并对六壬式的演式方法、起源以及例(4)做了简要介绍。例(2)是考古新发现,作者认为它也是式,但与后世所传太一式(即太乙式)和遁甲式均有所不同,故定为"太一九宫占盘",以示区别。据作者考证,此器天盘按洛书九宫划分,地盘按分至四立划分,铭文合于《灵枢·九宫八风》所记。作者还对与"太一九宫"有关的文献做了简要介绍。同墓所出另一件未能定名的器物,分上下两个圆盘,上盘有北斗七星,斗柄的六、七两星与斗魁的一、四两星几乎成一直线,下盘刻二十八宿的宿度,作者认为应是用来为例(1)定宿度,很可能即璇玑玉衡或圆仪。

〔案:文中提到"汉代有些式盘上四门径作'戊天门,己鬼门,戊土门,己人门'",所说显然是例(7)。"戊土门"之释与刘心源、陈梦家均不同。作者虽未提出理由(估计是受例(1)启发),但这一释文是正确的①。又作者怀疑例(2)中心四字中"一君"与"八"之间的字为"中央"二字合书(显然是受《灵枢·九宫八风》"招摇中央"一语影响)。这一释文与简报发表的线图不合,并不可靠。〕

(六)殷涤非《西汉汝阴侯墓出土的占盘和天文仪器》,同上(下简称"殷文")。

此文是对上述三器的详细介绍。但所附线图与《文物》1978年8期发表的简报不同,不是采用复原图,而是采用摹本的形式,而且例(2)的天盘漏去中间四字。简报复原图,中间四字作"柖"、"榣"、"也"、"吏",但作者说是作"柖"、"榣"、"五"、"吏"。

〔案:笔者曾以此文附图的可靠性问题函询阜阳市博物馆馆长韩自强先生,承复谓此文附图很不准确,应以简报为准。〕

(七)夏德安(Donald J. Harper)《汉代天文式盘》("The Han Cosmic Board(Shih 式)",收入 *Early China* 第4卷(1978~1979年)1~10页(下简称"夏文A")。

作者是美国学者。此文重点讨论汝阴侯墓三器中未定名器与式的关系,涉及例(1)(2)(4)(5)(6)(8)(作者提到的一件甘肃博物馆陈列的铜式,乃误记,实即(4))。作者认为式的核心概念是北斗。北斗居于天盘中心,按顺时针方向旋转,指示天时所行的宿度。而上述未定名器,其天盘所刻北斗,虽然斗柄与斗口几乎成一直线,但柄端指角宿仍与式大体相同,且中心所刻十字交叉的双线亦与二绳(应作"四维")相合,故可推测为式的前身。他把式看作一种机械的宇宙模型,故把式改译为 cosmic board;而上述未定名器,斗旋如表针旋转,宿度如表盘刻度,故定其名为 Dipper dial(斗盘,dial 是带刻度的盘)。此外,作者还对某些旧说提出商

① 汉代出、土二字极易混淆,参看裘锡圭《马王堆医书释读琐议》第33条,《湖南中医学院学报》1987年4期。

榷，认为“天盘”、“地盘”之名于早期文献无征，未必是古名；王文复原司南，缺乏出土证明；例(6)复原图斗口倒置，也是错误的。最后，作者还提到道家步罡术与北斗崇拜的关系。

(八)鲁惟一(Michael Loewe)《天人合一》(*Ways to Paradise*)第三章第五节和第六节(George Allen & Unwin，1979 年)(下简称“鲁文”)。

作者是英国学者。此书第三章是讨论所谓“TLV 镜”(即博局镜)的纹饰内涵。其中第五节和第六节述及这种纹饰与式的关系。早在 1937 年，卡普兰(S.M.Kaplan)已在《TLV 镜的起源》(“On the Origin of the TLV Mirror”，收入 *Revue Des Arts Asiatiques*，第 11 卷第 1 期，1937 年，21～24 页)一文中推测这种纹饰与式有关，但所见式的出土实物只有例(5)(6)。此书则增加例(3)(4)(7)(8)，分对角线(指四维)、二绳、外圈的乳钉(误称“四维”)、十二支、兽、刻度六项做更详细的比较。作者认为，“TLV 镜”的 V 形纹是表示“对角线”，T 形纹是表示“二绳”，外圈的四乳(或八乳)是表示“四维”，内圈的十二乳是用来分隔“十二支”，L 形纹是用来分隔“四兽”，周围规则的齿状和羽状纹是表示刻度，与式非常相似。但不同点是：(1)式是外方内圆，“TLV 镜”是外圆内方；(2)式的上下盘相对位置不固定，而“TLV 镜”的各组成部分却相对固定。由这种比较，作者推论“TLV 镜”的纹饰是仿效典型化的式，选取天、地盘处于最佳位置时，使之固定化，借以沟通天人，祈降福祉。

〔案：这一比较很有意义。但作者所说 V 形纹和外圈八乳，其实是表示四钩，而并非四维。〕

(九)山田庆儿《九宮八風説と少師派の立場》，《东方学报》52 册，1980 年(以下简称“山田文”)。

此文是医史研究性质的论文，但涉及例(2)。作者认为《黄帝内经》中的对话者伯高、歧伯、少俞、少师代表了黄帝学派的四个分支。例(2)文字同于《灵枢·九宫八风》，应即少师派遗说。该文有例(2)释文，将天盘铭文与地盘正面铭文连读(如以“一君”与“当者有忧”和“冬至”连读)，后为严文 C 采用。

〔案：例(2)地盘正面的铭文分两层，外层每段的头两字皆重文(个别已残泐)，应与其前的“明日”连读，说明山田氏的读法并不正确。〕

(十)库伦(Christopher Cullen)《再论几点有关“式”的问题》(“Some Further Point on The *Shih*”，收入 *Early China* 第 6 卷(1980～1981年)，31～46 页(以下简称“库文”)。

作者是英国学者。此文针对夏文 A 所论，提出若干不同看法。全文包括四部分，第一部分是讲式的定名，认为古文献训式为法，有模型之义，司马贞说“栻之形，上圆象天，下方法地”，也说明式是模仿天地，李约瑟文中 diviner's board 和夏文 A 中 cosmic board 的译法均有未妥，未能体现古代训诂和式之作为宇宙模型的含义，主张把式译为 cosmic model。第二部分是讨论式与《周髀》盖天说的关系，认为后者受到式的强烈影响。第三部分是讨论式与早期天文仪器的关系，认为夏文 A 把汝阴侯墓所出未定名器叫做 Dipper dial 也不准确，主张改称 Lodge dial(宿盘)，认为浑天仪就是从这种仪器发展而来。第四部分是讨论式与《尧典》的关系，认为《尧典》提到的“璇玑玉衡”可能是与式有关的某种仪器。

〔案：此文最后两部分，观点大体同于严文 B。〕

(十一)夏德安《汉代天文式盘：答库伦》(“The Han Cosmic Board：A Response to Christopher Cullen”，收入 Early China，第 6 卷(1980～1981年)，47～56 页(以下简称“夏文 B”)。

此文重点是在重申北斗对式和古代宇宙信仰的重要性。全文分两部分，首先，作者不同意库文对式的翻译，认为训式为法与作占卜工具的式无关，作为占卜工具的式，字本作栻，是一种用木头做的板子(board 即取此义)。这种板子也叫局或梮，同时用于六博，翻译时必须兼顾这一层，若译为 cosmic model 则全失其义。其次，作者就库文注〔1〕(很长)逐条辩驳，重申旧文观点，强调宇宙信仰的核心是斗，而不是宿。此外，作者还讨论了《道藏》对式法的吸收，式法向步罡术的转变，以及佛教密宗的曼荼罗设计与式的关系。

〔案：夏文与库文之争，有些并无必要，如斗、宿都很重要，未可偏执一端。译名，

库文亦无可厚非。式以木制成而称栻，并非与式有模型之义相格（汉代相马模型称马式，亦取模型之义）。〕

（十二）严敦杰《式盘综述》，《考古学报》1985年4期（以下简称“严文C”）。

此文形式与严文A、B相仿，但内容最详尽。全文分“式盘简史”、“式盘实例”、“式盘的演式”三节。在“式盘简史”中，作者从宋代三式向上逆推，溯于唐，溯于魏晋南北朝，溯于汉代和汉以前，历考有关文献，详论某书记载属于某式，如据《景祐六壬神定经》引《雷公杀律》认雷公式与六壬式无异；据梁元帝《洞林序》认羡门式可能是早期的太乙式等，以证成古代式法是以太乙、遁甲、六壬三式为主的观点。此外，作者还把曾侯乙墓漆箱盖图视为最早的式图。在“式盘实例”中，作者对上述各例做了简要描述，把例（1）（2）定为西汉初物，（3）定为最早是西汉末物，（4）定为东汉初物，（5）定为西汉末物，（6）定为东汉明帝物，（7）定为东汉物，（8）定为六朝物。其分类，除上述例（2）旧称“太乙九宫占盘”，现在推测可能是最早的太乙式，余皆定为六壬式。在“式盘的演式”中，作者介绍了遁甲、太乙、六壬三式的演式方法：遁甲式有天、人、地三盘，天盘列九星，人盘列八门，地盘列八卦，按阳遁、阴遁，与九宫、紫白、三奇六仪、九神相配。太乙式，是以十六神配九宫、十二支，求太乙寄宫和五将。六壬式，是以四课三传为主，所述大体同于严文A、B，但更为详尽。

〔案：此文首节以宋代三式逆推古式分类，提出宋以前也有类似分类，很重要。但唐代除太乙、遁甲、六壬三式，还有雷公式，作者据《景祐六壬神定经》引《雷公杀律》谓雷公式与六壬式无异，似嫌证据不足，因为这一引文并不一定是讲雷公式本身的形制。次节考各器年代，较陈文近是。末节述演式法，是据后世所传，与早期式法未必完全吻合。又例（7）地门，严文B释为“戊土门”是正确的，但此文又改从刘心源旧释。〕

（十三）罗福颐《汉栻盘小考》，《古文字研究》11辑，中华书局，1985年（以下简称“罗文”）。

此文重点讨论式与司南的关系，涉及例（1）（3）（4）（5）（6）（7），定（1）（3）（7）为西汉中期物，（4）为西汉末期物，（5）（6）为王莽或东汉物。作者对王文复原提出质疑，认为这一复原既无考古证据，所引文献也存在不同理解，另辟新说，谓：(1)古人是以昼观日景、夜观极星来正朝夕和定方位，司南当是北斗别名；(2)式的天盘，据上述例(3)和司马贞《史记·日者列传》索隐，本来名称是叫"天刚"，亦由盘上所绘北斗而得名；(3)《南史·任昉传》"元龟何寄，指南谁托"，"指南"与"元龟"并举，司南可能还是式的别名。

〔案：作者指出天盘本名"天刚"，可从，但谓司南即北斗或式之别名，亦属推测，定(1)(3)(7)为西汉中期物也明显有误。〕

(十四)连劭名《式盘中的四门与八卦》，《文物》1987年9期(以下简称"连文")。

此文专论式的配卦，包括三层内容。首先，作者认为例(6)(8)的配卦合于后天卦位，震、离、坎、兑居于四仲，配四时五行，是代表时间的运行；乾、坤、艮、巽居于四维，配天、地、人、鬼四门，是代表万物的生灭(出天入地，出生入死)，具有宇宙模式的含义，而例(1)的四门"天虡己"应读为"天据己"，"据"可训居，居、宿义通，天、地、人、鬼四门是以宿、斗、日、月并称。其次，作者反对陈文所论"八卦定向为汉宣始出"之说，认为《说卦》虽出汉代，却很可能是先秦故籍，并举《史记·日者列传》所说用式时要"分策定卦"作为反证，主张八卦定向当有更早来源。最后，作者还据马王堆帛书《周易》(即《六十四卦》)的卦序，探讨了先天卦位的起源。

〔案：式的配卦合于《淮南子·天文》，可见年代甚早(王文已指出此点)。作者认为八卦定向未必始于汉宣甚确，但"分策定卦"却不一定是指式本身的配卦。其释虡为宿亦可商。〕

(十五)李学勤《再论帛书十二神》，《湖南考古辑刊》第四集，岳麓书社，1987年(以下简称"李学勤文")。

此文本为考证长沙子弹库楚帛书的边文而作。作者认为，帛书边文的十二个章题，其中第一字与二、三字不连读，第一字当与星象有关，第二、三字则是神名，帛书十二神很可能与出土六壬式的十二神有关，后者也与天象有关,并且起源也很早。

〔案:楚帛书边文章题的三字是否如作者所理解可另外讨论,但他指出楚帛书的十二月神与六壬十二神作用相似实为创见。〕

二、式法源流与著录存佚

据上所述,现已发现年代最早的式是在西汉文帝时,但有许多迹象表明,式的发明肯定要远在其前。

从文献记载看,式作为实际存在的工具至少在战国时期就已出现。如研究者经常引用《周礼·春官·大史》所说的“天时”,就是式的早期名称。式在战国时期的流行,不仅可以从文献记载阴阳五行说的内容结构得到印证,而且也可由出土发现,如湖北随县曾侯乙墓漆箱盖的图式(图2-9)和长沙子弹库楚帛书的图式(图2-10)得到印证[1]。另外,《尧典》“璇玑玉衡”,名称与斗星有关,可能也是式的别名。

图2-9 青龙白虎二十八宿图
(曾侯乙墓出土漆箱盖的图饰)

① 见王健民、梁柱、王胜利《曾侯乙墓出土的二十八宿青龙白虎图象》,《文物》1979年7期;《曾侯乙墓》,文物出版社,1989年,上册354~355页,356页图二一六:1。

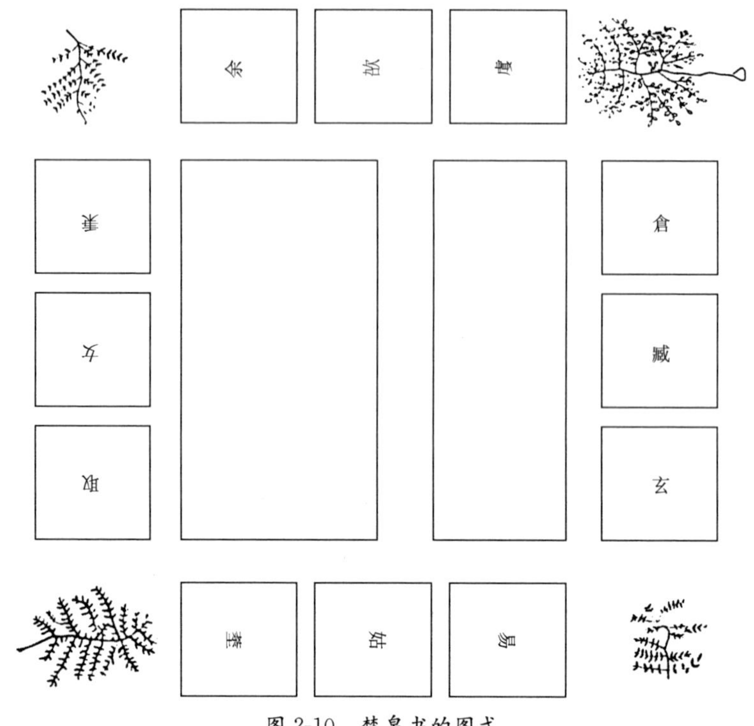

图 2-10　楚帛书的图式

关于式的更早来源，或者说关于式图的更早来源，已有学者据商代甲骨文中“四方风名”的存在，推测当时已有这类观念的萌芽①。最近，河南濮阳西水坡仰韶文化遗址 M45 发现用蚌壳摆塑的青龙白虎图（图版二）②，安徽含山凌家滩 M4 出土刻有四方八位图案的玉片（同出还有玉龟一，见图版四和图 2-11），更把有关线索上推到新石器时代③。前者使我们联想到曾侯乙墓漆箱盖的图式，而后者则与式图酷为相似。

① 李学勤《楚帛书中的古史与宇宙观》，收入《楚史论丛》初集，湖北人民出版社，1984 年。

② 《河南濮阳西水坡遗址发掘简报》，《文物》1988 年 3 期；《1988 年河南濮阳西水坡遗址发掘简报》，《考古》1989 年 12 期。

③ 《安徽含山凌家滩新石器时代墓地发掘简报》，陈久金、张敬国《含山出土玉片图形试考》，《文物》1989 年 4 期。

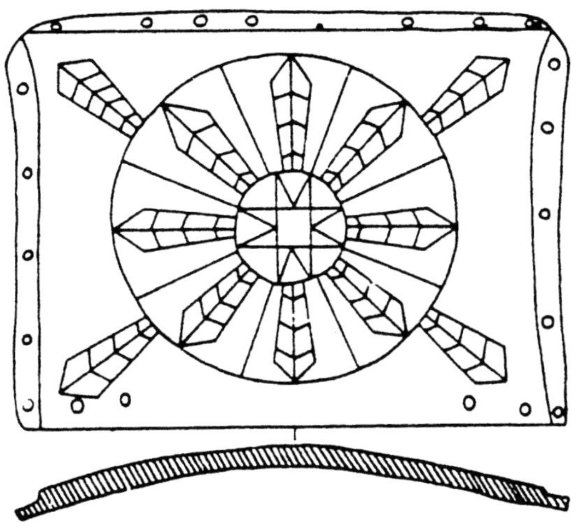

图 2-11　凌家滩玉片
（安徽含山凌家滩遗址 M4 出土）

古代讲演式方法即式法的书是属于数术之学中的五行类。以下是对有关史志著录的简要讨论：

（一）《汉志·数术略》五行类。

（1）《转位十二神》二十五卷（佚）；

（2）《羡门式法》二十卷（佚）；

（3）《羡门式》二十卷（佚）。

（1）的“转位十二神”疑即六壬式所谓十二神。（2）（3）是托名战国方士羡门高，严文 C 据《艺文类聚》卷七五引梁元帝《洞林序》，认为是太乙式的一种早期表现。除此之外，目中《堪舆金匮》，据颜师古注引许慎说“堪，天道；舆，地道也”，也应与式法有关。堪舆一词，后世视为风水家之别名，但早期却属日者众术之一①。严文 C 推测，此书即《吴越春秋》引用的《金匮》②。

① 参看 Michael Loewe，“The Term K'an-Yü 堪舆 and the Choice of the Moment”，*Early China*，第 9—10 期，1983～1985 年。

② 但严文 C 认为此书并非今《道藏·洞真部》众术类的《金匮玉衡经》。

（二）《隋志·子部》五行类。

（1）《九宫八卦式蟠龙图》一卷（佚）；

（2）《太一龙首式经》一卷（董氏注。梁三卷。梁又有《式经》三十三卷，亡）（佚）；

（3）《太一式杂占》十卷（梁二十卷）（佚）；

（4）《黄帝龙首经》二卷（存）；

（5）《黄帝式经三十六用》一卷（曹氏撰）（佚）；

（6）《黄帝式用当阳经》二卷（佚）；

（7）《玄女式经要法》一卷（存）；

（8）《黄帝出军遁甲式法》一卷（佚）；

（9）《六壬式经杂占》九卷（佚）（梁有《六壬式经》三卷，亡）；

（10）《桓安吴式经》一卷（梁有《杂式占》五卷，《式经杂要》、《决式立成》各九卷，《式王历》、《伍子胥式经章句》、《起射覆式》、《越相范蠡玉笥式》各二卷，亡）（佚）。

这些书，（1）是附于九宫类各书之后，（2）（3）是附于太一类各书之后，（4）～（7）是附于托名黄帝的各书之后（在太一、遁甲两类之间），（8）是列于遁甲类各书之中，（9）是列于六壬类各书之中，（10）似亦与六壬有关。其中（1），“九宫八卦式”，应与九宫术有关；（2），见于《抱朴子·遐览》；（4）（7），今《道藏·洞真部》众术类有《黄帝龙首经》和《黄帝授三子玄女经》，从内容上看是属于六壬式，唐李筌《太白阴经》卷十《杂式》亦云：“玄女式者，一名六壬式，玄女所造，主北方万物之始，因六甲之壬，故曰六壬”；（10），注文所列各书，《式王历》或与《抱朴子·登涉》引《玉历》有关（王字与玉字形近易混）；《伍子胥式经章句》和《越相范蠡玉笥式》似与《吴越春秋》所记伍子胥、范蠡占语有关，但《吴越春秋》所记伍子胥、范蠡占语多据《金匮》、《玉门》二书，二书属于六壬式。也就是说，《隋书》所录式书，大体包括九宫、太一、遁甲、六壬四类。

（三）《日本国见在书目》五行家。

（1）《六壬式枢机经》二卷（佚）；

(2)《释六壬式六十四卦法》四卷(佚)；

(3)《六壬式一切法》一卷(佚)；

(4)《六壬式杂占书》一卷(佚)；

(5)《九宫式经》一卷(佚)；

(6)《太一式》二卷(佚)；

(7)《式经》一卷(佚)；

(8)《式经尺度卅六用决》一卷(朱先生撰)(佚)；

(9)《式》(庄子撰)(佚)；

(10)《式占十二将决》一卷(佚)；

(11)《式家用筭字决》一卷(佚)；

(12)《黄帝式龙升经》一卷(存?)；

(13)《黄帝式用常年经》一卷(佚)；

(14)《龙首经》一卷(存)；

(15)《黄帝龙首经》二卷(董氏撰)(佚)；

(16)《玄女经》一卷(存)。

原书此类标题下列有“咒禁、符筭、五行、六壬、雷公、太一、易、遁甲、式、相、仙术”十一类，其中与式有关的主要是六壬、雷公、太一、遁甲和式五类。这里(1)～(4)为六壬类，(5)为九宫类，(6)为太一类，其后为遁甲类，(7)～(16)为式类。原书把雷公类列在六壬、太一两类之间，但目中六壬、太一两类之间却是九宫类，使人怀疑雷公即九宫之别名。《唐六典》卷十四《太卜》“凡式占，辨三式之异同”，注：“一曰雷公式，二曰太乙式，并禁私家畜，三曰六壬式，士庶通用之。”看来唐代三式包括雷公式，遁甲式可能重要性反不如雷公式。这些书，(12)与(14)或是同书，疑即《隋志》(4)(此书是托黄帝龙升，授书于三子，龙飞尚见其首)；(13)应即《隋志》(6)(“常年”是“常羊”之误，“当阳”即“常羊”，《新唐志》作“常阳”)；(15)即《隋志》(2)；(16)疑即《隋志》(7)。又此目有《黄帝注金遗(匮)经》十卷、《黄帝金遗(匮)疏》四卷(陈氏撰)、《黄帝金遗(匮)王(玉)门曾门经》三卷、《黄帝金遗(匮)诫经》一卷，或与《吴越春秋》引《金匮》、《玉门》有关。今《道藏·洞真部》众术类亦有《金匮玉衡经》。唐宋以来的式书则往往引用《曾门经》。

（四）《旧唐志·子部》五行类。

目中明显涉及式法者只有《式经》一卷（宋琨撰），已佚。另外，目中所录萧吉《五行记》五卷，宋以来称《五行大义》（《见在书目》有《五行大义》一卷，应即此书）。该书总结古代五行家说，亦颇涉及式法，是现在研究古代式法的重要参考书。

（五）《新唐志·子部》五行类。

（1）曹氏《黄帝式经三十六用》一卷（佚）；

（2）《玄女式经要诀》一卷（存?）；

（3）董氏《大龙首式经》一卷（佚）；

（4）《桓公式经》一卷（佚）；

（5）宋琨《式经》一卷（佚）；

（6）《六壬式经杂占》九卷（佚）；

（7）《雷公式经》一卷（佚）；

（8）《太一式经》二卷（佚）；

（9）《太一式经杂占》十卷（佚）；

（10）《黄帝式用常阳经》一卷（佚）；

（11）《黄帝龙首经》二卷（存）；

（12）王希明《太一金镜式经》十卷（开元中诏撰）（存）；

（13）马先《天宝太一灵应式记》五卷（佚）；

（14）李鼎祚《连珠明镜式经》十卷（开、耀中上之）（佚）。

这些书，多见于《隋志》、《见在书目》和《旧唐志》，如（1）即《隋志》（5），（2）即《隋志》（7），（3）即《隋志》（2），（5）见《旧唐志》，（6）即《隋志》（9），（7）疑即《见在书目》（5），（8）疑即《见在书目》（6），（9）即《隋志》（3），（10）即《隋志》（6），（11）即《隋志》（4）。（12）～（14）是唐代式书，因为晚出，另外列于此类之末。以上（1）（2）（3）（7）（10）（11）是托名黄帝、玄女、雷公，其中除（2）属六壬式，（3）属太一式，（7）属雷公式，其余类别不详。其他，（6）

属六壬式，(8)(9)(12)(13)属太一式，(4)(5)(14)亦不详。

以上是宋以前的著录。宋以来的式书，据《崇文总目》、《宋史·艺文志》、《通志·艺文略》(以下简称《崇》、《宋》、《通》)，主要有：

(1)《黄帝龙首经》一卷(《宋》、《通》)(存)；

(2)《玄女式鉴》一卷(同上。《通》作《玄女式经要法》)(存)；

(3)《雷公式局》一卷(《宋》)(佚)；

(4)王希明《太乙金鉴式经》十卷(《崇》、《宋》、《通》。《宋》、《通》“乙”作“一”，“鉴”作“镜”)(存)；

(5)马先《天宝太乙灵应式记》五卷(同上。《宋》无“太乙”、“记”作“经”，《通》“乙”作“一”)(佚)；

(6)李鼎祚《连珠明鉴式经》十卷(同上。《宋》“鉴”作“镜”、无“式经”、“连珠”在“镜”后，《通》“鉴”亦作“镜”)(佚)；

(7)杨惟德《景祐三式目录》一卷(《崇》、《通》)(佚)；

(8)杨惟德《景祐太乙福应集要》一卷(《崇》、《宋》、《通》。《宋》“乙”作“一”，题杨惟德、王立翰撰(“翰”字衍)，又有御序者一种。《通》“乙”亦作“一”)(存)；

(9)杨惟德《景祐遁甲符应经》三卷(同上)(存)；

(10)杨惟德《景祐六壬神定经》十卷(同上。《宋》无“景祐”)(存)；

(11)胡万顷《六壬军鉴式》三卷(《崇》、《通》)(佚)；

(12)《三式参合立就历》三卷(《崇》、《宋》)(佚)；

(13)《遁甲要用歌式》二卷(《宋》)(佚)；

(14)《九宫推事式经》一卷(同上)(佚)；

(15)《大六壬式局杂占》一卷(同上)(佚)；

(16)由吾裕《式心经略》三卷(《宋》、《通》)(佚)；

(17)《式合书成》一卷(《宋》)(佚)；

(18)《用式法》一卷(同上)(佚)；

(19)《式经纂要》三卷(同上)(佚)；

(20)《三式诀》三卷(同上)(佚)；

(21)《天关五符式》一卷(同上)(佚);

(22)《金照式经》十卷(同上)(佚);

(23)《灵应式》五卷(同上)(佚);

(24)《太一金镜备式录》十卷(同上)(佚);

(25)《发蒙入式真草》一卷(同上)(佚);

(26)《式法》一卷(同上)(佚);

(27)杨可《五行用式事神》一卷(《宋》、《通》)(佚);

(28)《天一遁甲式》一卷(《通》)(佚);

(29)《阴阳二遁入式法》一卷(同上)(佚);

(30)《太一式杂占》十卷(同上)(佚);

(31)《六壬式经》三卷(同上)(佚);

(32)《六壬式苑》一卷(同上)(佚);

(33)《式鉴经》一卷(同上)(佚);

(34)《金匮入式法》一卷(同上)(佚);

(35)《式例》一卷(同上)(佚);

(36)《法式心经》一卷(同上)(佚);

(37)《课式法》一卷(同上)(佚);

(38)《式精要节》一卷(同上)(佚);

(39)《神机转式经》三卷(同上)(佚)。

这些书,(1)～(6)相当《新唐志》的(1)(2)(7)(12)(13)(14),皆宋以前古书。以下则是宋人所撰,其中(7)～(10)最著名,即所谓"景祐三式"。宋代三式是太乙、六壬、遁甲,但《通志·艺文略》却是按"遁甲"、"太一"、"六壬"、"九宫"、"式经"五类排列式书,与《见在书目》体例相似,似是旧的分类(其收书亦多移录旧目)。宋代三式与唐代三式的区别主要是,唐代三式有雷公式而无遁甲式,宋代三式则有遁甲式而无雷公式。

三、式图总说

现已出土的古式,除例(2)性质还有待研究,其他皆属六壬式。六壬式自唐宋以来不禁私畜，士庶通用，使用最广。所以我们先来讨论六壬式。

出土的六壬式一般由上、下两盘构成。上盘为圆形，象征天；下盘为方形，象征地。上盘有轴，可扣置于下盘的穿孔中而旋转[但例(7)无轴，是置上盘于下盘的圆坎中而旋转]。这两个盘，《景祐六壬神定经》叫"天"、"地"，现在一般叫"天盘"、"地盘"，但陈文据唐司马贞《史记正义》"用之则转天纲加地之辰"的说法，也把天盘叫"天纲"，地盘叫"地辰"。"天纲"的叫法虽可由例(3)佐证，但"加地之辰"，含义是指以天盘某神对准地盘某辰("加"，式书也叫"临")，却非地盘的名称。这里仍采用"天盘"、"地盘"的叫法。

(一)天盘[例(1)(3)(4)(5)(6)(8)]。

一般是以北斗居于天盘中心[但例(8)无北斗]，四周环列：(1)十二月或十二神[例(1)列十二月，其他列十二神]；(2)干支[例(1)(4)无此项]；(3)二十八宿，各器所绘北斗七星及其他各项，相对位置略有出入，但参考有关文献和与地盘比较①，似乎原来是固定的。兹为校正，列表如下：

斗	月或神	干支	宿
	十一	戊或己	斗
	大吉	丑	牛
	十二	癸	女
	神后	子	丘或虚
		壬	危
	正、徵明	亥	营或室
		己或戊	壁或辟
	二	己或戊	奎
斗魁一星	魁或天魁	戌	娄
	三	辛	胃
斗魁二、四星	从魁	酉	昴
	四	庚	毕
斗魁三星	传送	申	此或觜

① 参看《五行大义·论诸神》引《玄女拭经》。

续表

斗	月或神	干支	宿
		己或戊	参
	五	己或戊	井
	小吉	未	鬼
	六	丁	柳
	胜先	午	星
	七	丙	长或张
	大乙或太一	巳	羽或翼
		戊或己	軫
	八	戊或己	角
斗勺七星	天刚或天罡	辰	亢
	九	乙	氐
斗勺五、六星	大冲或太冲	卯	方或房
	十	甲	心
	功曹	寅	尾
		戊或己	箕

表中斗项，北斗七星分斗魁（像可以挹取的勺口）和斗勺（像可以握持的勺柄）两部分，斗魁二、四两星（天璇、天权）指酉，斗勺五、六两星（玉衡、开阳）指卯，近于一条直线。斗魁一、三两星（天枢、天玑）在斗魁二星的前后，指戌、申。斗勺七星（摇光）在斗勺六星后，指辰。其中除例（1），其他各例皆以斗勺五星为枢。整个北斗略呈S形而与卯酉线平行。表中月或神项，例（1）用十二月，严文B以为是与十二神相当的十二将，但实际位置却与十二神不太相同。十二神是与十二支相配，而这十二月，除正月当亥，皆与十干相配。它们与四宫二十八宿的对应关系也不同，十二神是与每宫二、四、六宿相配，而这十二月，除正月当营，皆与每宫的一、三、五宿相配。表中干支项，皆作左旋排列。例（3）以戊居东北、东南，相邻；己居西南、西北（西南戊字残泐），相邻。例（5）仅存西南隅之己，似同例（3）。例（8）以戊居东南、西北，相对；己居东北、西南（寅、丑之间漏刻己），相对，与例（3）异。所有天盘，都是以子午、卯酉四分圆面，分配十二月或十二

神、干支和二十八宿。

这里有一点值得注意，即上述各例中的十二神都是以徵明（正月）主亥，同于《五行大义·论诸神》引《玄女拭经》，但《景祐六壬神定经·释月将》引《金匮经》却是以徵明主寅。前者沿用秦正，而后者是汉武帝以后改用的正朔，则为后世六壬家所本。

（二）地盘（例（1）（4）（6）（7）（8））。

自内向外作三层排列：（1）天干；（2）地支（但例（4）干、支杂错，并为一列）；（3）二十八宿。其相对位置固定，可用下表示意：

干	支	宿	干	支	宿
		斗			井
	丑	牛		未	鬼
癸		女	丁		柳
	子	丘或虚		午	星
壬		危	丙		长或张
	亥	营或室		巳	羽或翼
		壁或辟			轸
		奎			角
	戌	娄		辰	亢
辛		胃	乙		氐
	酉	昴		卯	方或房
庚		毕	甲		心
	申	此或觜		寅	尾
		参			箕

又地盘四隅还有天、地、人、鬼四门，可用下表示意：

例	天	鬼	地	人
（1）	天豦己	鬼月戊	土斗戊	人日己
（4）	不标文字	不标文字	不标文字	不标文字
（6）	☰	☶	☴	☷
（7）	戊天门	己鬼门	戊土门	己人门
（8）	西北天门乾☰	东北鬼门艮☶	东南地户巽☴	西南人门坤☷

表中戊、己，例（1）以戊居东北、东南，相邻；己居西南、西北，相邻。例

(7)可能复原有误,原本同于例(1)(详见陈文)。合天盘而观之,例(1)(3)(5)(6)(可能还有(7)),形式相同,应是早期形式;(8)另为一种,则是晚期形式。

另外,例(8)背面有两段铭文:

天一居在东在西,南为前;在南在北,东为前。甲戊庚,旦治大吉,暮治小吉;乙己,旦治神后,暮治传送;丙丁,旦治徵明,暮治从魁;六辛,旦治胜先,暮治功曹;壬癸,旦治太一,暮治太冲。

前一螣蛇,前二朱雀,前三六合,前四勾陈,前五青龙,后一天后,后二太阴,后三玄武,后四太常,后五白虎,后六天空。

第一段铭文是讲"天一"所居的前后和旦暮治神,自"甲戊庚"以下,见于《黄帝授三子玄女经》和《五行大义·论诸神》引《六壬式经》;第二段铭文是讲"天一"佐神的排列,见于《五行大义·论诸神》引《玄女拭经》(《太乙金镜式经》和《景祐六壬神定经》也提到同样的内容)。铭文所说"前后"概念,可用下表示意:

天一居	前	后	天一居	前	后
在东	南	北	在西	南	北
在南	东	西	在北	东	西

其规定是:"天一"在东在南,是以左为前,右为后;在西在北,是以右为前,左为后。实际上也就是以东南为前,西北为后。《黄帝金匮玉衡经》:"天一前为阳,天一后为阴,日辰皆在天一前为重阳,日辰皆在天一后为重阴。"可见所谓"前后"体现的是阴阳[①],铭文提到的"徵明"等神与"螣蛇"等神是两种不同的十二神,《五行大义》和《唐六典》把前者叫"十二神"(或十二月之神),后者叫"十二将";《景祐六壬神定经》则把前者叫"月将","天一"叫"主神","螣蛇"等叫"天官"(佐治"天一"之官)。其所当辰位和所配阴阳五行,可据这些古书加以复原(图2-12)。

① 宋沈括《梦溪笔谈》卷七也指出"前"是指"木、火神在方左者","后"是指"金、水之神在方右者"。

1

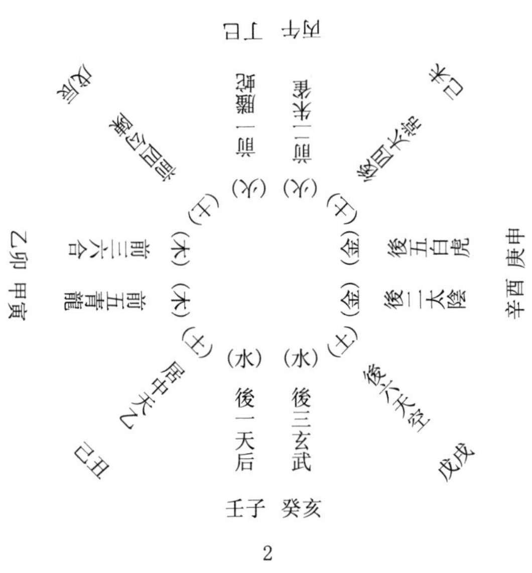

2

图 2-12 两种六壬十二神：
1. 据《五行大义·论诸神》复原
2. 据《景祐六壬神定经·释天官》复原

例(8)提到的两种十二神,前一种名称多与北斗有关(如魁、从魁、天刚),主要表示月建;后一种名称多与太岁有关(如天一、青龙、太阴),主要表示岁次。虽然从表面上看,似乎只有前一种十二神见于式[例(3)(4)(5)(6)(8)],但陈文指出例(7)的四象就是代表后一种十二神。其证据是:(1)《淮南子·天文》提到"太阴在寅,朱鸟在卯,勾陈在子,玄武在戌,白虎在酉,苍龙在辰","凡徙诸神,朱鸟在太阴前一,勾陈在后三,玄武在前五,白虎在后六。……故神四十五日而一徙,以三应五,故八徙而岁终",说明后一种十二神在西汉早期就存在;(2)《论衡·难岁》提到"宅中主神有十二焉,青龙、白虎列十二位",说明四象代表的正是十二神。特别是我们在上节已介绍,青龙、白虎图案早在先秦甚至新石器时代就已出现。《淮南子》提到的十二神其实是这一种。前一种十二神,据上所述,是用秦正,也许出现年代反而不如这种十二神早。

下面我们再来讨论一下与六壬式不同的例(2)。

例(2)也有天、地二盘,但图式很不一样:

(一)天盘。

是以四条直线八分圆面表示九宫,各有配数。一、三、七、九居于四正:一为君,在北,象君人南面;三和七为相、将,在东、西,象左文右武;九为百姓,在南,象臣民北事。二、四、六、八居于四隅。中宫"柖榣吏也"四字,"柖榣"即招摇[①],是北斗勺端附近的星名,汉人以为斗枢;"吏也"则表示吏居中宫,介于君、民之间,配数应为五。

(二)地盘。

正面是以二分二至居于四正,四立居于四隅,表示节气划分。铭文分为两层,外层与内层应分读。外层每段的头两字重文,皆与前一段的"明日"连读,作:

> 冬至:汁蛰,卌六日废,明日立春。立春:天溜,卌六日废,明日春分。春〔分〕:苍门,卌六日废,明日立夏。〔立夏〕:阴洛,卌五日,明日

① 睡虎地秦简《日书》"招摇"字皆从木,与此相同,简文以招摇、玄戈表示斗击。

夏至。夏至：上天，卌六日废，明日立秋。立〔秋〕：玄委，卌六日废，日明（应作“明日”）秋分。秋分：仓果，卌五日，明日立冬。立冬：新洛，卌五日，明日冬至。

每段都包含节气、宫名和所含日数，内层与外层相应，可用下表示意：

冬至	当者有忧	夏至	当者显
立春	当者病	立秋	当者死
春分	当者有喜	秋分	当者有盗争
立夏	当者有僇	立冬	当者有患

背面是四年一轮，每年的二至。铭文的方向，上下左右与正面相反，子位在上而不在下，顺序为左行，但铭文注为“右行”。冬至居于四正：第一冬至为子位，冬至时刻为“夜半”；第二冬至为卯位，冬至时刻为“平旦”；第三冬至为午位，冬至时刻为“（汉文帝）七年辛酉日中”；第四冬至为酉位，冬至时刻为“日入”。夏至居于四隅：第一夏至（误书为“第四夏至”）在未、申之间，第二夏至在戌、亥之间，第三夏至在丑、寅之间，第四夏至在辰、巳之间。

这件古式是以九宫为特点。上文讲过，古代式占，九宫、太一、遁甲都用九宫，所以它到底应当属于哪一种，还值得研究。严文C推测此器是最早的太一式，可能是因遁甲式有天、地、人三盘，与此明显不同；宋代三式，除去遁甲式，只有太一式合适。但上文提到，唐代三式中的雷公式可能与九宫术有关，是宋代三式外的另一种。此器铭文与托名黄帝的医经有关，而雷公亦属书中对话者。它是否与失传的雷公式或其他古式有关，也值得考虑。在未能确定其性质之前，我们不妨笼统称之为九宫类古式。

九宫类古式也各自有各自的配神，太一式有“太一十六神”（图2-13），遁甲式有“遁甲九神”（图2-14）。另外，《唐会要》卷十下《九宫坛》还记有与遁甲术有关的另一种九宫神（图2-14：2）。其中遁甲九神与六壬十二神的第二种名称多重合；《九宫坛》所述，则多与太岁有关，如太一、青龙、太

图 2-13　太一十六神

六台 4	騰蛇 9	九天 2
太陽 3	勾陳 5	朱雀 7
九地 8	值符 1	太常 6

1

招摇 4	天一 9	攝提 2
軒轅 3	天符 5	咸池 7
太陽 8	太一 1	青龍 6

2

图 2-14　两种九宫神：
1. 严文 C 所述
2.《九宫坛》所述

阴、天一，皆太岁之别名，摄提是太岁建寅之称[①]。这些配神，除《九宫坛》提到的“招摇”，皆不见于例(2)。

上述两种式图类似钟表，中心皆有左旋或右旋的“指针”，四周皆有四

① 参看王引之《经义述闻》卷二九至卷三〇《太岁考》；钱宝琮《太一考》，《燕京学报》12 期；刘坦《中国古代之岁星纪年》，科学出版社，1957 年。

分、八分、十二分、十六分、二十八分的“刻度”。前者的“指针”是北斗，“刻度”是十干、十二支、十二神、二十八宿。后者的“指针”是招摇或太一，“刻度”为四方、八位、八神、十六神。二者代表了中国古代宇宙模式的两大系统。

四、式图解析(上)：空间与时间

(一)空间结构

先秦两汉时期，天文学上流行的宇宙模式是“盖天说”。观察者把天穹看作覆碗状，而把大地看作沿“二绳四维”向四面八方延伸的平面。天穹以斗极为中心，四周环布列星，下掩而与地平面相切。二者按投影关系，可视为方圆叠合的两个平面。式就是模仿这种理解而做成(图 2-15)。

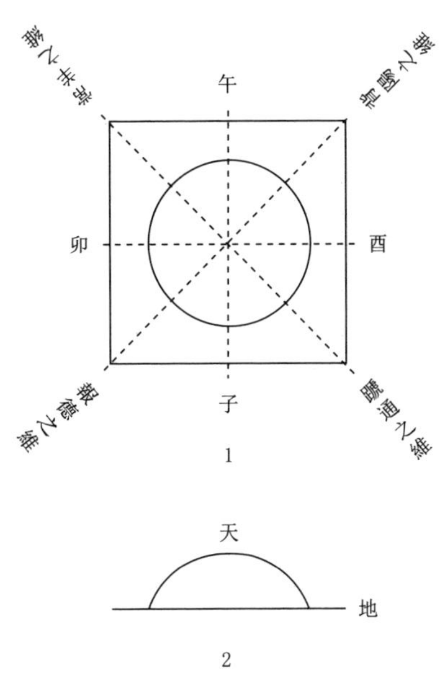

图 2-15 盖天图：
1. 平面 2. 剖面

式图的空间结构经分解，包括四方、五位、八位、九宫、十二度等不同形式，可分述如下：

（甲）四方（图 2-16）。

是用两条直线十字交叉构成的方位坐标。子位代表北方，午位代表南方，卯位代表东方，酉位代表西方。在《淮南子・天文》中，纵轴子午和横轴卯酉是叫“二绳”。古人认为阳起于子，阴起于午，卯、酉各半之，阴阳二气之消长是与四方相配合。

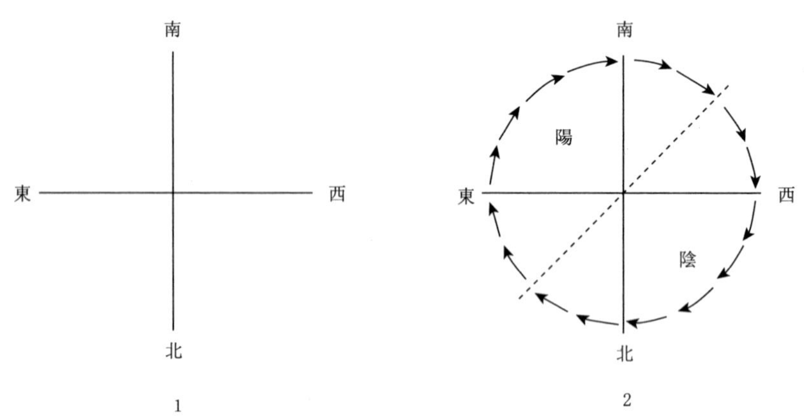

图 2-16　四方：
1. 四方　2. 四方配阴阳

（乙）五位（图 2-17）。

是由用方格表示的四方（四宫）和中央（中宫）而构成。它是“四方”的变形。图形虽由线形改为块状，但仍作十字交叉状。《淮南子・时则》称之为“五位”。五位的重要性是在配合五行。如式图以甲乙、丙丁、庚辛、壬癸八个天干分配东、南、西、北，而以戊己居中宫，出入于天、地、人、鬼四门，就是配合五行的概念。

（丙）八位（图 2-18）。

是用四条直线构成的方位坐标。两条为“二绳”，两条为“四维”。《淮南子・天文》提到“四维”，把东北方向叫“报德之维”，东南方向叫“常羊之

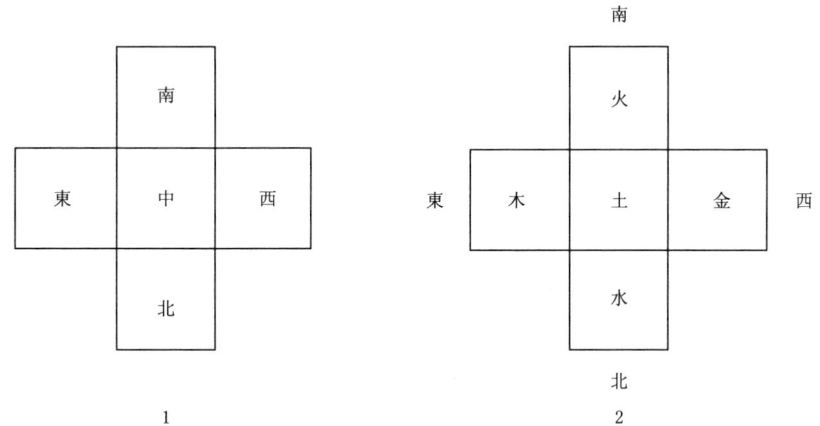

图 2-17　五位：
1. 五位　2. 五位配五行

维”，西南方向叫“背阳之维”，西北方向叫“蹏通之维”。据说“报德”指阴复于阳；“常羊”读为徜徉，指阴阳相持；“背阳”指阴衰阳盛；“蹏通”指阳气将通[①]。皆本于阴阳之说。这里的“二绳”、“四维”，是被想象成固定天穹（如帐篷）的四根绳子。

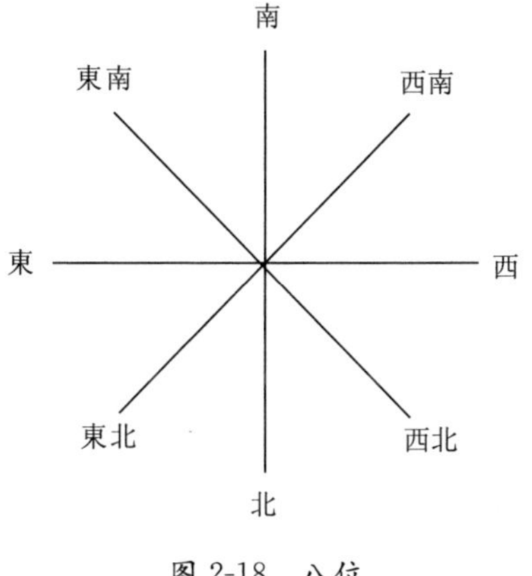

图 2-18　八位

① 见该篇高诱注。

(丁)九宫(图 2-19)。

是由九个方格组成的图形。它是“八位”的变形。例如上述古式的例(2)就是用“八位”表示九宫(以四条直线的交点为中宫)。这种图式与五位图也有关,既可看作一个五位图的扩大,也可看作两个五位图的叠合。一个五位图,若像二绳四维作十字交叉,也可构成中宫重叠、八宫环列的九宫图。后一种理解很重要,因为下文还要讲到,式图的配数,实际就是采用这种形式。

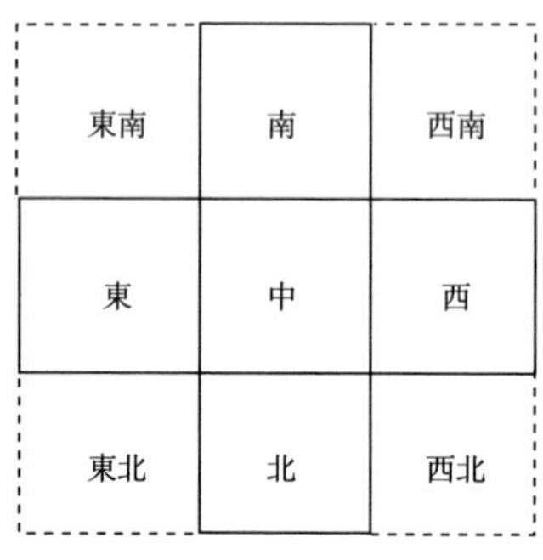

图 2-19 九宫

(戊)十二度(图 2-20)。

这一名称见于司马谈《六家要指》(“度”也可能是“辰”字之误)。它有两种表示方法,一种是块状图,一种是线形图。前者是用十二个连续的方格组成,见于《禹藏图》大图。后者是由用十字形表示的“二绳”和用 L 形表示的“四钩”(有时还在“四钩”夹角内画出表示“四维”的平分线)而组成,见于《禹藏图》小图和例(2)地盘的背面。例(1)的地盘从表面上看是属于前一类,而实际上属于后一类(只不过四仲未通连,四维用由文字表示的四门和外层的斜线表示)。据《淮南子·天文》,“四仲”是指二绳所示的四方之正,即十二辰中的子、午、卯、酉;“四钩”是指居于“四仲”左右,夹持“四维”的四对辰位,即丑寅、辰巳、未申、戌亥。“四钩”分孟、季:寅、巳、申、亥是“四孟”,辰、未、戌、丑是“四季”。其作用在于配合十二辰和十二月。这种图式也是从四方图发展而来(四方各三分)。

巳	午	未	申
辰			酉
卯			戌
寅	丑	子	亥

1

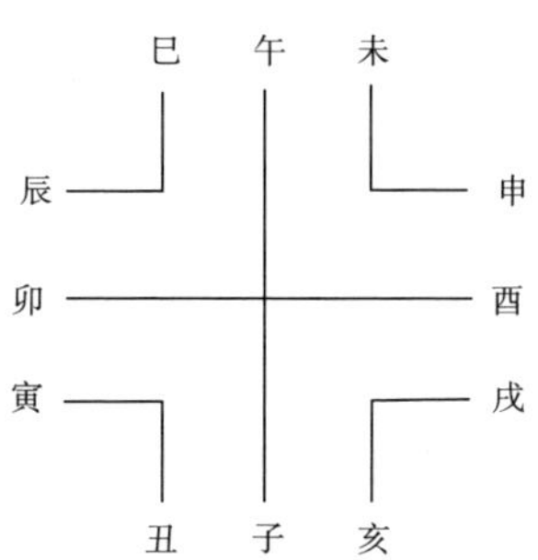

2

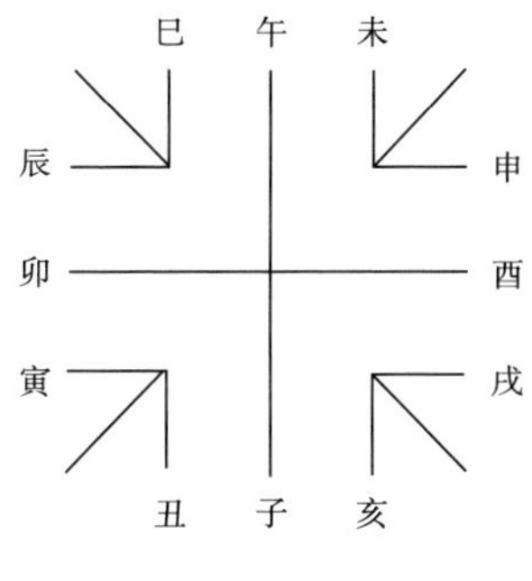

3

图 2-20　十二度：

1. 据《禹藏图》大图　2. 据《禹藏图》小图　3. 据双古堆古式例(2)

上述五种图可以相互变通。它们分两大系统，一个系统是四分、八分和十二分的系统，一个系统是五分和九分的系统。从数学的角度讲，前者是四进制系统，后者是十进制系统（中宫五与中宫十合用一宫）。前者要想变成后者，必须通过加位。司马谈《六家要指》说阴阳家是以讲“四时、八位、十二度”为特点，就是指这种结构安排。它们是理解式图的基础。

下面，我们还要讨论一个问题，是式图的方向。

式有天、地二盘，天盘与地盘有对应方位。天盘以二十八宿分居四宫，与十二辰相应，这是天与地相应；而地盘以二十八宿表示星野，与十干相应，这是地与天相应。但在古人心目中，地是在下不动的，天是在上旋转的。因此，所谓方位，更主要是地盘的方位。

关于古代的方位概念，过去研究地图史的学者曾据碑图实物断定，以上北下南为正（同于西洋地图），是唐以来的传统。李约瑟甚至推测中国更早的地图也是如此。他说上南下北恐怕是来源于阿拉伯各国，较晚才被中国人知悉[①]。这种看法现已被出土发现所否定。例如平山战国中山王墓出土的《兆域图》、马王堆汉墓帛书《阴阳五行》和《禹藏图》就都是标明为上南下北[②]。所以，情况好像是中国早期地图都是上南下北，晚期才变为上北下南。

但是笔者近来对这一问题做重新检讨，怀疑情况并不那么简单。

首先，这一问题与楚帛书的研究有一定关系。楚帛书是以十二月分居四方，做旋转排列，而以青、赤、白、黑四木表示四维。我们在上文讲过，这种图式安排与式图是一致的。过去在楚帛书的研究上，置图方向一直是引起争论的问题，学者有两种意见，一种是上南下北说，一种是上北下南说。前说始自蔡季襄，但蔡氏并未提出明确的理由。后说始自董作宾，则是依照春、夏、秋、冬的四时之序。20 世纪 60 年代，由于李学勤释出帛书十二月名，后说逐渐占上风，但近年来，由于上述古地图的发现，前说又重新压倒后说。

笔者在《长沙子弹库战国楚帛书研究》一书中也曾讨论过帛书的方向。当时，作为对比，我曾复原过《管子》的《玄宫》和《玄宫图》两篇的图

① Joseph Needham, *Science and Civilization in China*, Cambridge University Press, 1959, 第三卷, 549 页。

② 金应春、丘富科《中国地图史话》，科学出版社，1984 年。

序，指出前者代表的是“四时之序”，后者代表的是“四方之位”，两者的置图方向正好相反①。但是在决定帛书本身的方向时，我却以为既然帛书不与十二宫相配，只有时令图的意义，它自然应当是以上北下南为正。

近来，我对这一问题有个再认识。1988 年秋，我在长春举行的中国古文字研究会第七届会议上提交了一篇论文，题目是《〈长沙子弹库战国楚帛书研究〉补正》。该文对甲骨文、金文和古文献中的有关记载进行了比较。结果我发现，商代甲骨文中的方位一般都是按东、南、西、北排列；而西周铜器像卫鼎，是按北、东、南、西排列；《左传》、《国语》、《战国策》等书，还有东、西、南、北，西、东、南、北，南、西、北、东，东、西、北、南等不同排列，分别属于“上北下南”和“上南下北”两大类型。而《管子》的《玄宫》和《玄宫图》(图 2-21)，《山海经》的各篇(图 2-22)，也都有两种方向。特别是甘肃天水放马滩战国晚期秦墓出土了一件画在木板上的地图(M1:7、8、11，图 2-23)，下方标有“上”字，据考证，就是以北方为上(并可参看后图 3-8)②。这些都使人不能不考虑，先秦的方向概念，可能不止一种。

对于古代方向问题的研究，我认为《淮南子》一书很重要。因为它的叙述最具系统。其《天文》、《地形》和《时则》三篇:《天文》所叙，“九野”、“二十八宿”是按中、东、东北、北、西北、西、西南、南、东南排列(右旋排列)，“五星”、“五官”是按东、南、中、西、北排列(左旋排列)，“八风”是按东北、东、东南、南、西南、西、西北、北排列，“二绳”，子午是从北到南，卯酉是从东到西，都属于上北下南；《地形》所叙，“九州”是按东南、南、西南、西、中、西北、北、东北、东排列(左旋排列)，“八风”、“八殥”、

① 拙作指出郭沫若《管子集校》一书中的复原是错误的，陈梦家的复原已接近正确。但陈文遗稿在《考古学报》发表，却没有将我所提到的这一复原图印出。最近，笔者在美国读到台湾学者王梦鸥的《邹衍遗说考》(台湾商务印书馆，1966 年)，发现王氏也早已做出接近正确的复原。

② 何双全《天水放马滩秦墓出土古地图初探》，《文物》1989 年 2 期；曹婉如《有关天水放马滩秦墓出土地图的几个问题》，《文物》1989 年 12 期。后文指出何文“邽丘”之释不可靠，所谓“邽”字应是“封”字。

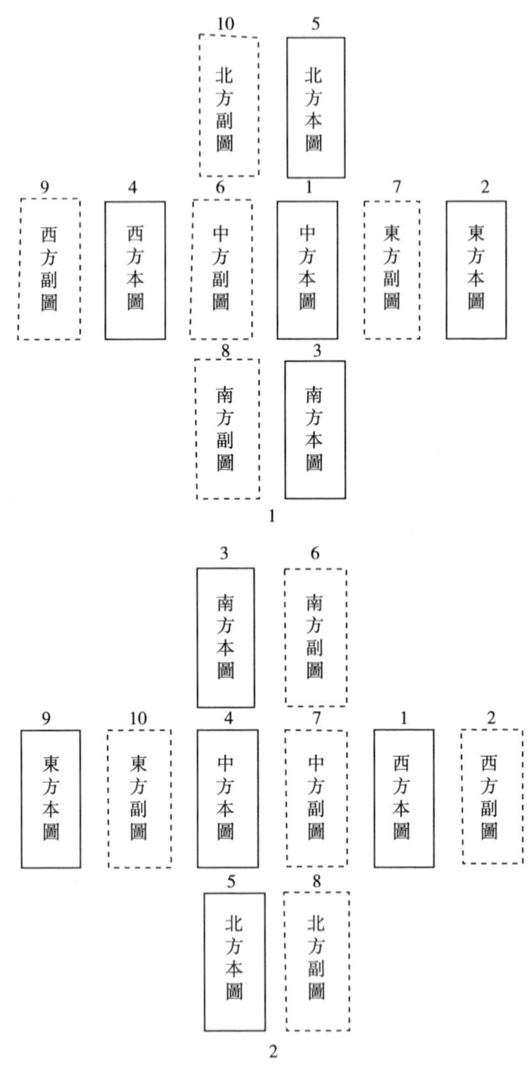

图 2-21　玄宫图：
1.《玄宫》所记　2.《玄宫图》所记

"八纮"、"八极"是按东北、东、东南、南、西南、西、西北、北排列（左旋排列，但此篇还有另一种"八风"，同于《天文》），"海外三十六国"（同《山海经·海外经》）是按西南至西北（西），西南至东南（南）、东南至东北

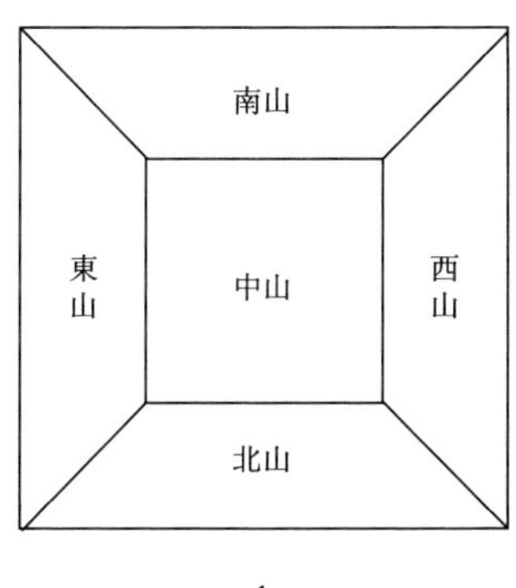

1

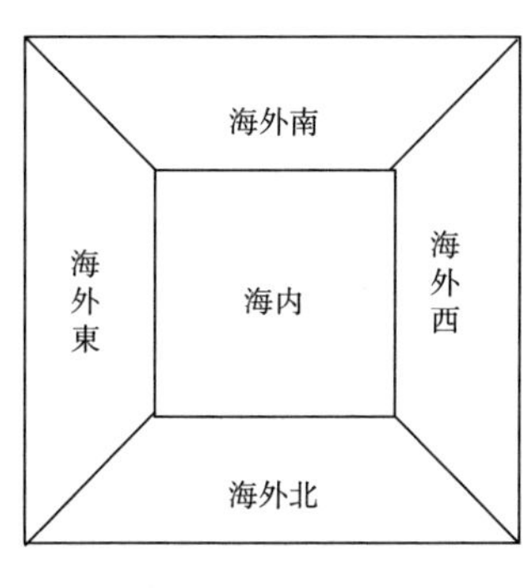

2

海内南
海内東
山
海内西
海内北

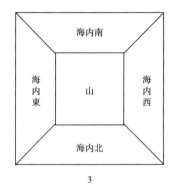

3

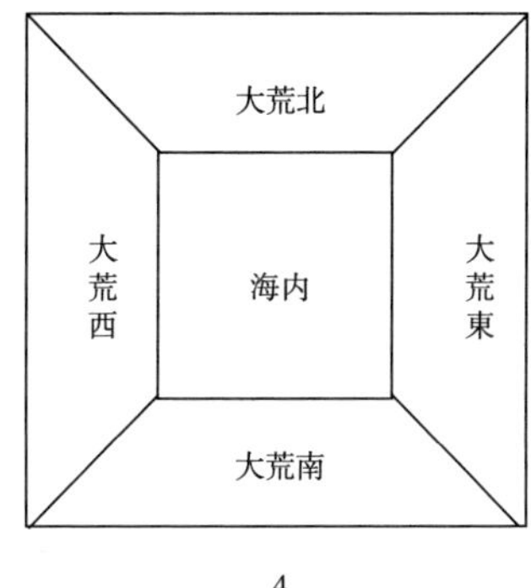

4

图 2-22 《山海经》图例：
1.《山经》所记 2.《海外经》所记 3.《海内经》所记 4.《大荒经》所记

(东)、东北至西北(北)排列(左旋排列),“五海”是按中、东、南、西、北排列(左旋排列),除最后一项,都属于上南下北;《时则》所叙,“十二月”是按东、南、西、北排列(左旋排列),“五位”是按东、南、中、西、北排列(左旋排列),也属于上北下南,同于《天文》。似乎上北下南主要是天文、时令所用,上南下北主要是地形所用,二者都有很早的来源,只是后来才合而为一。

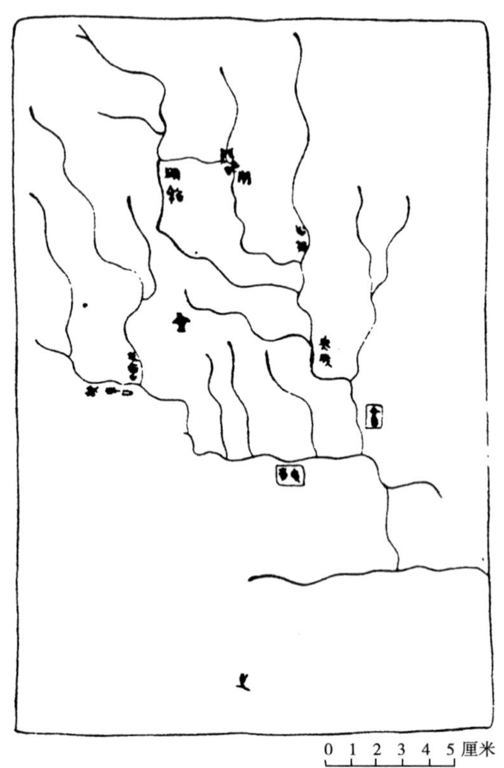

图 2-23　标有“上”字的战国秦地图
（甘肃天水放马滩秦墓 M1 出土）

（二）时间结构

式图的时间结构是与式图的空间结构相配合，并借天盘相对于地盘的运动（模仿“天左旋而地右转”）来表现。下面分两个问题来讨论：

（甲）古代的计时单位。

古代的计时单位有年（或岁）、月、日、时。过去在一般人的印象里，它们的关系是：

1 日＝12 时（每时相当现在的 2 小时）

1 月＝30 日（1 朔望月≈29.53059 日）

1 年＝4 时(四季)＝12 月＝360 日(加上闰余，则为 365 又 1/4 日)

但马王堆帛书《禹藏图》(见后图 7-3)却提供了一种新的理解线索，即古代的时间划分有两个系统，一个系统是“大时”，采用四分制；另一个系统是“小时”，采用十二分制。年、月、日都有这样的划分。

古代的年有大、小时之分，比较明显，如一般所说“四时”之“时”就是“年大时”，而“十二月”就是“年小时”[①]。过去我们从《淮南子・天文》曾读到：

> 斗杓为小岁，正月建寅，月从左行十二辰。咸池为太(大)岁，二月建卯，月从右行四仲，终而复始。……大时者，咸池也。小时者，月建也[②]。

“大时”指太岁右旋，从卯开始，经子、酉、午，复至于卯。“小时”指斗柄左旋，从寅开始，经卯、辰、巳、午、未、申、酉、戌、亥、子、丑，复至于寅(图 2-24)。前者是表示四分的时间概念，后者是表示十二分的时间概念。这里的太岁之行和北斗之行都是表示月行，二者构成的“大时”和“小时”关系，也属于“年大时”和“年小时”。

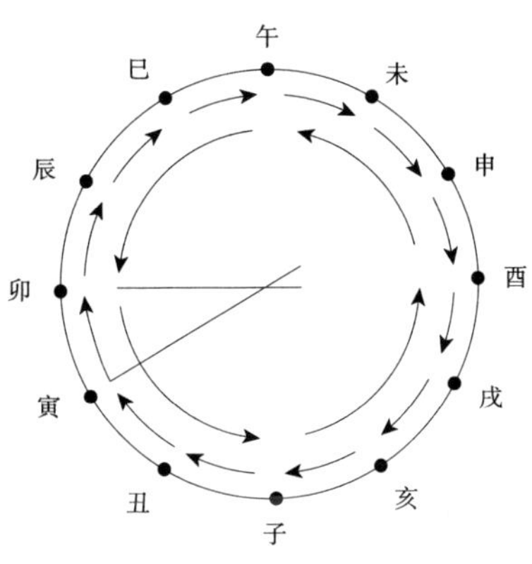

图 2-24　大时和小时

① 《淮南子・天文》:“三月而为一时”，“四时而为一岁”。

② 原文“太岁”是指“大岁”。下文“酉为危，主杓。……子为开，主大岁”，“太阴、小岁、星、日、辰五神皆合”，也提到“大岁”和“小岁”。

古代的月、日也有大、小时之分，这是《禹藏图》提供的新知识。《禹藏图》是以12个小方格分布四方表示一年的12个月，每个月再十二分，各含一个标注十二辰的小图。小图中的四仲代表每月的“大时”，十二辰代表每月的“小时”，形式与《淮南子·天文》相仿，可称为“月大时”和“月小时”。而其“月小时”又十分，每个月共120分，通过计算，可知每分相当1/4日。这种1/4日和12时的时辰，例之年、月的大、小时关系，照理也可叫做“日大时”和“日小时”。

综上所述，我们把年、月、日的大、小时关系列为下表：

	大时	小时
年	时	月
月	$\frac{1}{4}$月＝30个$\frac{1}{4}$日	$\frac{1}{12}$月＝10个$\frac{1}{4}$日
日	$\frac{1}{4}$日＝3个时辰	$\frac{1}{12}$日＝1个时辰

这一时间系统是在四分的基础上再十二分，并按四分和十二分的关系循序递进。《禹藏图》的小图与上述式图，特别是例(1)非常相似，说明这一时间系统是与式图的空间结构相配合。

另外，与这一问题有关，还有两个问题应该加以说明：

第一，中国古代数学有两个系统，一个系统是十进制数学，一个系统是四进制数学，前者是以“合五成十”的概念(来源于用双手手指来计数的原始方法)为基础，而后者则以分数的概念为基础。四进制的计量单位，在古代往往都与空间划分有关。如中国古代的里制、量制和军队编制都包含有十进制和四进制的矛盾，四进制的因素皆与空间划分有关。我在一篇文章中曾指出，《司马法》佚文提到的井、邑、丘、甸、县都是四进制，井、通、成、终、同、封、畿是十进制；姜齐量制的豆、区、釜、钟是四进制，陈齐量制的豆、区、釜、钟是十进制。前者变后者，都是靠加一进五，合五成十。中国古代军队编制是适应于阵法和营垒设置，也是以左、右、前、后加中央为“伍”，合“伍”成“什”，作为变方阵为十进编制的原理[①]。虽然古代的四进制发展到后来，往往都被十进制所取代，但惟独在时间系统中，它却始终保持着原有特点。这点当是基于一种很古老的理解，即追求时间划分对应于空间划分，并与空间划分尽量保持形式上的一致。

第二，关于一日之内的时间划分，除这里提到的四分时制和十二分时制，古代还有十六分时制。这里可列为比较表如下页。

表中所见十二时制和十六时制，据睡虎地秦简和放马滩秦简，都是秦代就已存在[②]。过去，清代学者曾认为古无十二时或十二时始于汉[③]，陈梦家先生也怀疑十二时制是西汉以后才出现[④]。这些说法，现在看来并不正确。笔者理解，四分时制，即将一日按子、卯、午、酉分为"夜半"、"平旦"、"日中"、"日入"[例(2)地盘背面的铭文]，或"朝、昼、昏、夜"(《淮南子·天文》)[⑤]，乃是最基本的划分，其他时称皆由此派生[⑥]。如十二时制是将四分日再三分，十六时制是将四分日再四分。这两种时制，因分法不同，相同时称，所当时点和长短并不一定相同。十二时制，每时为 10 分(1 分＝今 12 分)，一日积 120 分，与《禹藏图》之"月小时"为 10 分，每月积 120 分同。十六时制也采用每时 10 分的制度，但分的长短不同(1 分＝今 9 分)。前者与日的大、小时划分直接有关，是包括年、月、日在内的整个十二辰系统的一部分，应是比较原始的划分，后者反而可能是后起。其中十六时制应与王充所说的昼夜十六分比法有关。陈梦家先生认为《论

---

① 李零《中国古代居民组织的两大类型及其不同来源》，《文史》28 辑。

② 于豪亮《秦简〈日书〉记时记月诸问题》，收入《云梦秦简研究》，中华书局 1981 年；何双全《天水放马滩秦墓综述》，《文物》1989 年 2 期。另外，陈文根据汉简还提出过十八时制，李均明《汉简所见一日十八时、一时十分记时制》(《文史》22 辑)对陈说做了进一步论证。补注：李解民《秦汉时期的一日十六时制》据新出居延汉简指出陈说非是。

③ 顾炎武《日知录》卷二〇，赵翼《陔余丛考》卷三四。

④ 见陈文。

⑤ 子弹库楚帛书也提到："又(有)宵又(有)朝，又(有)昼又(有)夕"。

⑥ 甲骨卜辞已有此种划分，见陈梦家《殷虚卜辞综述》(科学出版社，1956 年)第七章第三节"一日内的时间分段"。

衡·说日》所说"岁日行天十六道"是"当时民间的简易比法","只是概略的说明四季十二月昼夜长短,它们与史官的漏制既无关系,也不能据此以为当时分一日为十六时或十二时"①,现在看来并不对。

十二时制	
睡虎地秦简《日书》乙种②	《论衡·调时》,《左传》宣公十二年、昭公五年杜注
人定	夜半
一	鸡鸣
一	平旦
日出	日出
食时	食时
莫(暮)食	隅中
日中	日中
㬥	日昳
下市	晡时
春日	昳、日入
牛羊入	黄昏
黄昏	人定

十六时制		
放马滩秦简《日书》甲种③	《淮南子·天文》④	《素问》所见
夜中	桑榆	夜半
夜过中	晨明	夜半后
鸡鸣	朏明	鸡鸣
平旦	旦明	大晨
日出	蚤食	平旦
夙食	晏食	日出
莫(暮)食	隅中	早食
日中	正中	晏食
日过中	小迁	日中
日则(昃)	铺时	日昳
日下则(昃)	大迁	下铺
日未入	高春	日入、日夕
日入	下春	黄昏
昏	县车	晏铺
夜莫(暮)	黄昏	人定
夜未中	定昏	合夜

(乙)古代的计时手段。

古代的计时手段有两类,一类主要限于较小的时段划分(日、时),是

① 见陈文。

② 《云梦睡虎地秦简》,文物出版社,1990年,244页。

③ 《天水放马滩秦简甲种〈日书〉释文》,收入《秦汉简牍论文集》(甘肃人民出版社,1989年)。

④ 补注:旧称十五时制,疑文有脱漏,实为十六时制。此据李解民《秦汉时期的一日十六时制》(收入《简帛研究》第二辑,法律出版社,1996年,80～88页)补"桑榆"。

靠圭表和漏刻;另一类则更多涉及较大的时段划分(岁、月),是靠观星和候气。《淮南子·天文》也提到这两类手段。其中属于观星,二十八宿是主要参照系(相当表盘刻度),这点在六壬式的天盘上有明确的反映。但相对于二十八宿的指示物(相当表盘指针)却有三类,一类是日、月,一类是五星(岁星、荧惑、填星、太白、辰星),一类是北斗。式所采用的主要是后两类,而不是第一类。在《淮南子·天文》中,五星皆有计时作用,但其中要以岁星为最重要。岁星行二十八宿一周约为12岁(实际上是11.86年),正好岁徙一辰(日行1/12度,岁行30又7/16度),所以古人称之为岁星,用岁星之反影即太岁来记年。北斗行二十八宿一周约用1岁,正好月徙一辰(日行1度,岁行365又1/4度),所以古人称之为月建,用它表示积月成岁。太岁之行是以岁为单位,用以累计岁,故称"大岁"。斗建是以月为单位,积月成岁,故称"小岁"。

古代用式,九宫类(雷公、太一、遁甲)是以太一行九宫为特点(太一居中,而以天一即太岁代行九宫),指示物为太一。但例(2)中宫为"招摇","招摇"是斗枢,则是表示斗建。同样,六壬式虽以北斗为指示物,但其十二神却是表示太一所行。可见二者是配合使用的。

六壬式有两种十二神,太一式有十六神,皆配于天盘,用以表示时间划分。我们怀疑,上述十二时制、十六时制,可能就是对应于这种时间划分而来。

五、式图解析(下):配数与配物

(一)配数原理

在现已发现的古式当中,式图与八卦相配,只有例(6)和例(8)。这给人一种印象:似乎八卦与八位相配只是到很晚才出现。例如陈文即持这种观点。连文反对此说,举《史记·日者列传》"旋式正棋,分策定卦"为反证。"分策定卦"虽非布卦于式,但古代运式,照例都要用算,这却是事实。

它说明式与筮占和易学确实有一定关系。

过去宋易有所谓“图数之学”，传学者图解《系辞》、《说卦》，被视为治易的不二法门。但由于其传出太突然也太神秘，既无早期的师授渊源，亦无明确的文字讲解，全凭几张图，供人做无穷想象（末流近于游戏），不能不滋人疑惑。但近年的考古发现却表明，宋易的“图数之学”恐怕还是渊源有自，未可以其晚出而视为全无根据。

宋易的“图数之学”包括“图”、“数”两个方面。“图”是河图、洛书（图2-25），先天图、后天图（图2-26），“数”是“大衍之数”，二者是相互配合的。这种配合，现在借助式图，可以得到更清楚的理解。下面分四个方面来讨论：

（甲）卦、数同源。

演易之法本于筮占，筮占之法本于筹算，这点本来很清楚。但《周易》传出儒门，从一开始就有哲学化的倾向。特别是汉代的“数术易”衰落之后，这种倾向更上升为统治地位，其原始背景反被遮蔽而隐晦。对于这种背景的再认识，近年来有一大突破，是学者对“数字卦”的破译（见第四章）。它可以证明古代易卦一直是用十进数位的一、五、六、七、八、九来表示，而双古堆汉简和马王堆帛书的两种《周易》还证明，传世本《易经》用—表示阳爻，--表示阴爻，乃是由一、八两个数字而演变。也就是说，易卦不仅从原理上讲是本之筮数，而且就连书写形式也与古代数字无别。

（乙）“大衍之数”是一种“数位组合”。

《系辞上》述揲蓍法云：

> 大衍之数五十，其用四十有九，分而为二以象两，挂一以象三，揲之以四以象四时，归奇于扐以象闰，五岁再闰，故再扐而后挂。

这是解释筮数的成卦过程。这一过程可用下述算式表示：

不用	挂	扐1	扐2	扐3	余
1	1	＋4	＋4	＋4	＋4×9
1	1	＋4	＋4	＋8	＋4×8
1	1	＋4	＋8	＋4	＋4×8
1	1	＋8	＋4	＋4	＋4×8

1	1	+4	+8	+8	+4×7
1	1	+8	+4	+8	+4×7
1	1	+8	+8	+4	+4×7
1	1	+8	+8	+8	+4×6

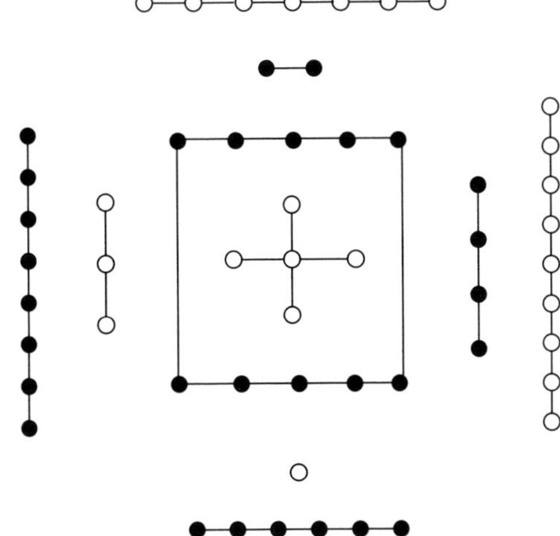

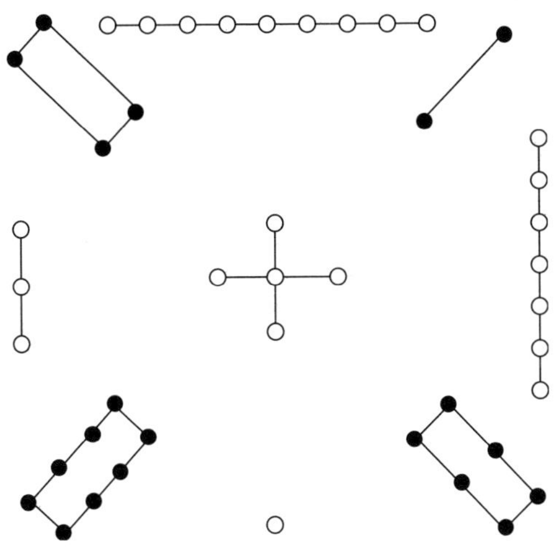

图 2-25　河图和洛书

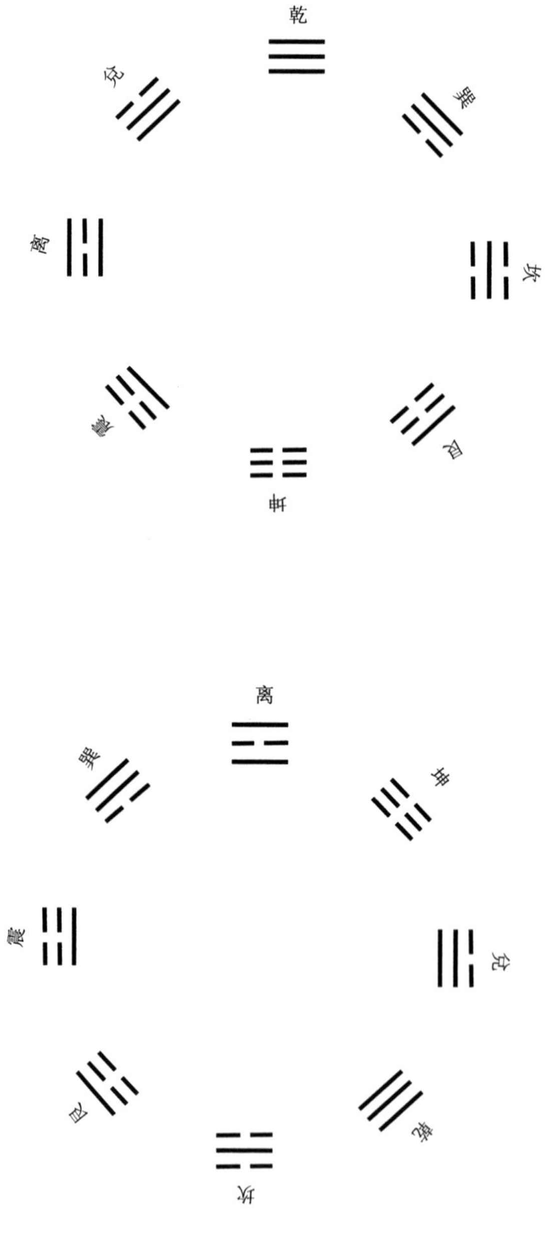

图 2-26　先天图和后天图

前人曾指出,“大衍之数”是合“河图之数”与“洛书之数”而平分之,即:

河图:1+2+3+4+5+6+7+8+9+10=55

洛书:1+2+3+4+5+6+7+8+9=45

前者等于50+5,后者等于50-5。按照这一理解,我们也可用另一算式来表示揲蓍之法:

(5+1×4)+(5+9×4)

(5+2×4)+(5+8×4)

(5+2×4)+(5+8×4)

(5+2×4)+(5+8×4)

(5+3×4)+(5+7×4)

(5+3×4)+(5+7×4)

(5+3×4)+(5+7×4)

(5+4×4)+(5+6×4)

从后一算式可以看得很明显,“大衍之数”实际上是一种十进制的“数位组合”。

中国古代的十进制数位,据《易·系辞上》和《礼记·月令》郑玄注,是分两个系统:

(1)天数:1、3、5、7、9;

地数:2、4、6、8、10。

(2)生数:1、2、3、4、5;

成数:6、7、8、9、10。

前者代表的是十进数位的奇数和偶数,如阴阳相生。其关键概念是“挂一”之“一”,即任何偶数加一,均可变为奇数;任何奇数减一,均可变为偶数。后者代表的是十进数位的前五位和后五位,如五行循环。其关键概念是“合五成十”,即前五位,数起于一,各自加五,则变为后五位,至十而复归于一(下一进位的“一”),所谓“五有一焉,一有五焉。十,二焉”(《墨子·经说下》)。

(丙)先天八卦和洛书的配数。

先天八卦,是指《说卦》的下述描述:

天地定位,山泽通气,雷风相薄,水火不相射〔案:“不”字是衍文。〕,八卦相错。

这些卦象,相承皆以为天、地之象,即:乾为天,坤为地,艮为山,兑为泽,震为雷,巽为风,坎为水,离为火,两两相对,其配数正应为天数和

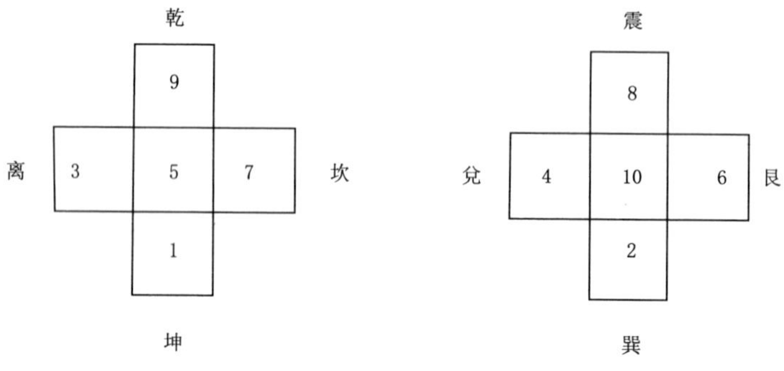

图 2-27　天数和地数

地数。如果我们用两个五位图来表示天数和地数,如同式的天、地二盘,再将上述卦象两两相对,配置其上,则可得到两组整齐的卦象(图 2-27)。然后我们再仿效天旋地转,将二图交午,八卦相错,中宫 5 与中宫 10 相叠,则可得到一个九宫图(图 2-28)。这个九宫图,只要把巽、震或

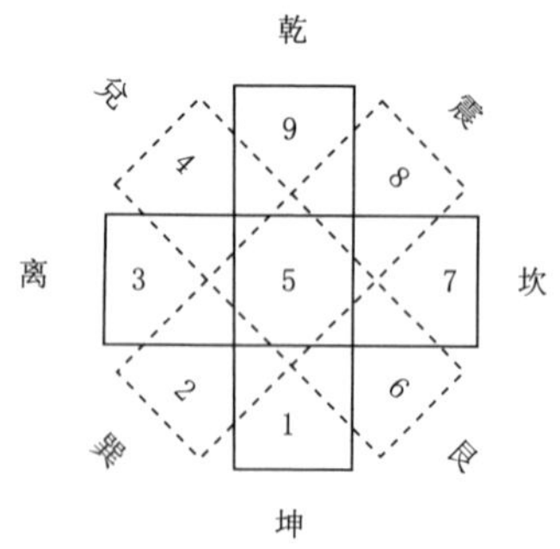

图 2-28　天数与地数交午

2、8 互易其位，则从卦位的角度讲就是先天图，从配数的角度讲就是洛书（图 2-29）。其设计正合乎《系辞上》所说的“天地设位，而易行乎其中矣”。这里的 2、8 易位，前人已经谈到[①]，似乎比较费解，但若把二图交午理解为投影叠合（正面与正面扣合），如同《系辞下》所说“仰则观象于天，俯则观法于地”，则也十分简单。

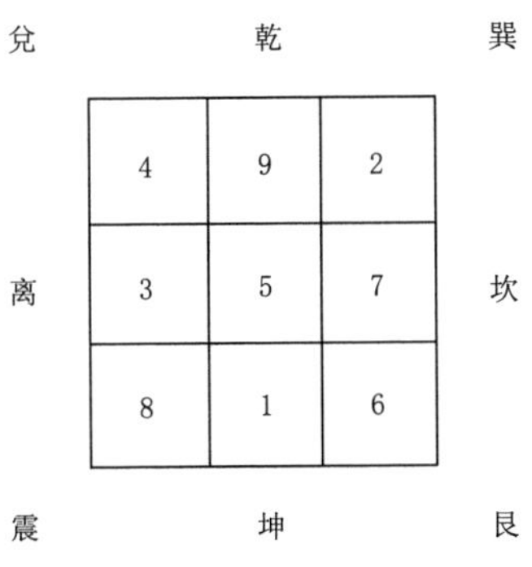

图 2-29　先天图和洛书

（丁）后天八卦与河图的配数。

后天八卦是指《说卦》的下述描述：

> 帝出乎震，齐乎巽，相见乎离，致役乎坤，说言乎兑，战乎乾，劳乎坎，成言乎艮。万物出乎震，震东方也。齐乎巽，巽东南也。齐也者，言万物之絜齐也。离也者，明也，万物皆相见，南方之卦也。圣人南面而听天下，向明而治，盖取诸此也。坤也者，地也，万物皆致养焉，故曰致役乎坤。兑，正秋也，万物之所说也，故曰说言乎兑。战乎乾，乾，西北之卦也，言阴阳相薄也。坎者，水也，正北方之卦也，劳卦也，万物之所成终而所成始也，故曰成言乎艮。

这些卦象，相承皆以为五行之象，即：震、巽为木，离为火，坤为土，乾、

① 杭辛斋《易楔》卷一、江永《河洛精蕴》卷四均有此说。

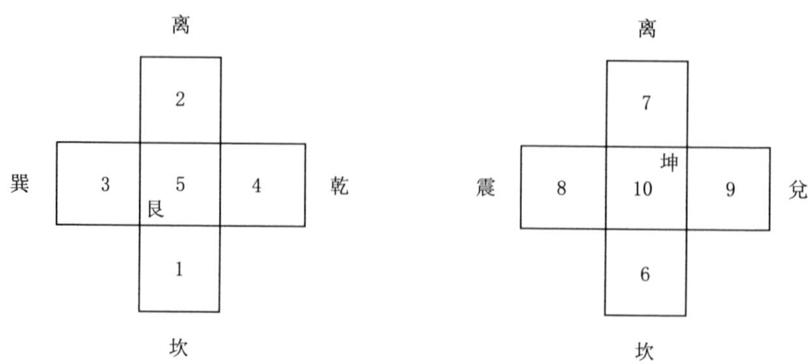

图 2-30 生数和成数(相叠即河图)

兑为金,坎为水,艮为土。其配数正应为生数和成数(郑玄称之为“五行佐天地生物成物之数也”)。生数和成数,也可以用分别象征天、地的两个五位图示意(图 2-30),震、巽居东,坎、离居北、南,乾、兑居西,坤、艮居中,皆合于五行之序(木、火、金、水、土配东、南、西、北、中)。这两个图若重叠在一起,就是河图;若相互交午,也可以得到一个九宫图(图 2-31)。后者只要稍加变易,即以二离并居于南,二坎并居于北,中宫艮、坤代替被合并的坎、离而分居东北、西南,则可得到一个后天图(图 2-32),其卦位正合于《说卦》所述。

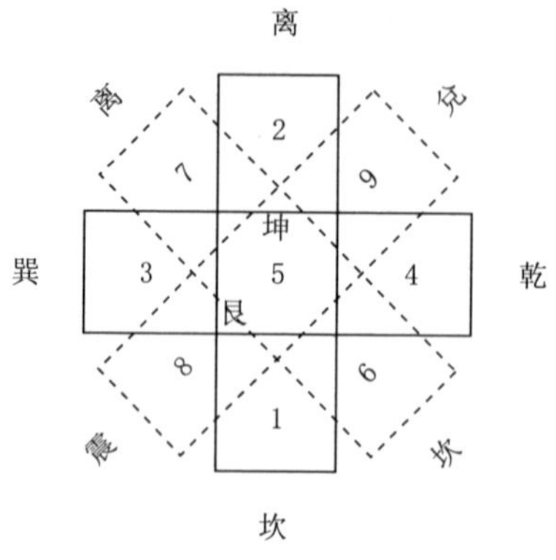

图 2-31 生数与成数交午

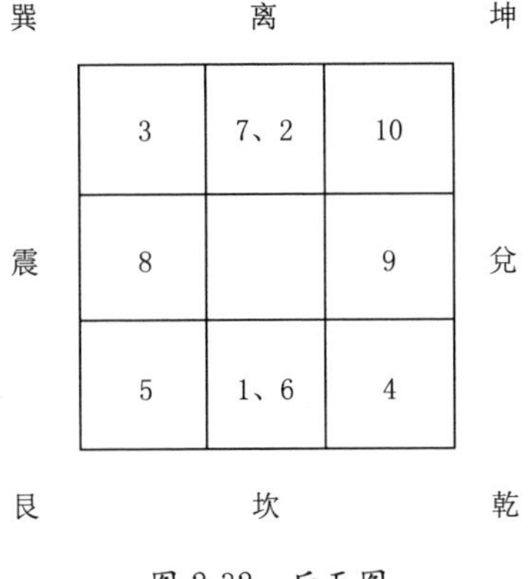

图 2-32　后天图

(二)配物原理

现已发现的式图,主要都是借助于抽象的图形来表现,文字甚少,六壬式只限于天干、地支、十二月或十二神、二十八宿和四门[但例(8)还有三十六禽],九宫类古式也只限于九宫配数、分至四立等,都没有太多的项目。但传世和出土的数术之书,与这种结构相配,却万象森罗,几乎无所不包[①]。说明式图也包含这些配物,只不过没有直接表现在图形上罢了。

式图的配物并不复杂。我们在上文讲过,式图结构有两个系统,一个系统是四分、八分和十二分,一个系统是五分和九分,它们与式图相配,就是根据这种结构的安排。例如:

(甲)四分、八分和十二分的系统[②]。

(1)四分[③]:

① 《五行大义》称为“杂配”。

② 参看《管子·玄宫》、《大戴礼·夏小正》、《礼记·月令》、《吕氏春秋·十二纪》、《淮南子·天文》。

③ 表中“四方Ⅱ”见《书·尧典》,《山海经·大荒经》亦有之,但“夷”作“石夷”,“隩”作“鳧”;“四方风Ⅰ”见《山海经·大荒经》;“四方风Ⅱ”见《尔雅·释天》。

四方Ⅰ	东	南	西	北
四方Ⅱ	折	因	夷	陕
四方风Ⅰ	俊风	夸风	韦风	狄风
四方风Ⅱ	谷风	凯风	泰风	凉风
四时	春	夏	秋	冬
四象	青龙	朱雀	白虎	玄武
二十八宿	角、亢、氐、房、心、尾、箕	井、鬼、柳、星、张、翼、轸	奎、娄、胃、昴、毕、觜、参	斗、牛、女、虚、危、室、壁

(2)八分[①]：

八方	东北	东	东南	南	西南	西	西北	北
八方风Ⅰ	炎风	滔风	熏风	巨风	凄风	飂风	厉风	寒风
八方风Ⅱ	条风	明庶风	清明风	景风	凉风	阊阖风	不周风	广莫风
八方风Ⅲ	凶风	婴儿风	弱风	大弱风	谋风	刚风	折风	大刚风
八卦	艮	震	巽	离	坤	兑	乾	坎
十六神	大义、地主、阳德	和德	吕申、高丛、太阳	大炅	大神、大威、天道	大武	武德、太簇、阴主	阴德

(3)十二分[②]：

十二支	寅	卯	辰	巳	午	未	申	酉	戌	亥	子	丑
十二月Ⅰ	孟春	仲春	季春	孟夏	仲夏	季夏	孟秋	仲秋	季秋	孟冬	仲冬	冬季
十二月Ⅱ	陬	如	寎	余	皋	且	相	壮	玄	阳	辜	涂
岁支	摄提格	单阏	执徐	大荒落	敦牂	协洽	涒滩	作鄂	阉茂	大渊献	困顿	赤奋若

① 表中“八方风Ⅰ”见《吕氏春秋·有始》，《淮南子·地形》略同，但“滔风”作“条风”，“熏风”作“景风”，“凄风”作“凉风”，“飂风”作“飉风”，“厉风”作“丽风”；“八方风Ⅱ”见《淮南子·天文》，《说文解字》略同，但“条风”作“融风”；“八方风Ⅲ”见《灵枢经·九宫八风》及《五行大义·八卦八风》引《太公兵书》；“十六神”即太乙式所配。

② 表中“十二月Ⅱ”见《尔雅·释天》；“十二属”见《论衡·物势》、蔡邕《月令章句》；“十二神Ⅰ”和“十二神Ⅱ”即六壬式所配。

续表

十二律	太簇	夹钟	姑洗	仲吕	蕤宾	林钟	夷则	南吕	无射	应钟	黄钟	大吕
十二属	虎	兔	龙	蛇	马	羊	猴	鸡	狗	豕	鼠	牛
十二神Ⅰ	功曹	太冲	天刚	太乙	胜先	小吉	传送	从魁	魁	徵明	神后	大吉
十二神Ⅱ	青龙	六合	勾陈	螣蛇	朱雀	太常	白虎	太阴	天空	玄武	天后	天乙
建除	建	除	盈	平	定	执	破	危	成	收	开	闭

（乙）五分和九分的系统①。

（1）五分：

五位	东	南	中	西	北
五行	木	火	土	金	水
十干	甲乙	丙丁	戊己	庚辛	壬癸
五星	岁星	荧惑	镇星	太白	辰星
五兽	苍龙	朱鸟	黄龙	白虎	玄武
五帝	太皞	炎帝	黄帝	少皞	颛顼
五神	句芒	祝融	后土	蓐收	玄冥
岁干	阏蓬、旃蒙	柔兆、强圉	著雍、屠维	上章、重光	玄黓、昭明
五色	青	赤	黄	白	黑
五虫	鳞	羽	倮	毛	介
五音	角	徵	宫	商	羽
五数	八	七	五	六	九
五木	榆柳	枣杏	桑柘	柞楢	槐檀
五味	酸	苦	甘	辛	咸
五臭	羶	焦	香	腥	朽
五祀	户	灶	中霤	门	行
五祭	脾	肺	心	肝	肾
五食	麦	菽	稷	麻	黍
五畜	羊	鸡	牛	犬	彘

① 参看《管子·玄宫》、《夏小正》、《礼记·月令》、《吕氏春秋》十二纪、《淮南子·天文》。

(2)九分[①]：

九宫	东北	东	东南	南	中	西南	西	西北	北
九野	变天	苍天	阳天	炎天	钧天	朱天	颢天	幽天	玄天
九神Ⅰ	九地	太阴	六合	螣蛇	勾陈	九天	朱雀	太常	值符
九神Ⅱ	太阴	轩辕	招摇	天一	天符	摄提	咸池	青龙	太一
紫白	白	碧	绿	紫	黄	黑	赤	白	白

这两个系统的区别主要是，前者是以阴阳二气的进退消长来解释各种变化，而后者是以五行的相生相克来解释各种变化。二者的结合构成了阴阳五行学说的基础。

上述配物中有“十二属”一项，与古式例(8)所配“三十六禽”有关。

例(8)所配“三十六禽”包括：

	1	2	3	4	5	6	7	8	9
北	象(豕)	豫(豚)	猪	蝮(蝠)	鼠	鷰	牛	蟹	鳖
东	豹	狸	虎	猬	兔	貉	龙	鲸	鱼
南	蟫(蚓)	蝉(蟮)	蛇	鹿	马	獐	羊	鹰	鴈
西	狙	猨	猴	鸨(雉)	鸡	乌	狗	豺	狼

这三十六禽，每方1、9是与四维(戊己)相应，2、8是与二十八宿相应，4、6是与八干(甲乙、丙丁、庚辛、壬癸)相应，3、5、7是与十二支相应。

上述三十六禽，即后世“演禽”所本，过去多以为是传自印度[②]。但这三十六禽，与十二支相配的十二禽，实际上就是十二属。这十二属，过去最早是见于东汉文献(王充《论衡·物势》和蔡邕《月令章句》)，但现在据出土发现，却至少在战国末年就已存在(详见第三章第三节)。

---

① 表中“九野”见《淮南子·天文》；“九神Ⅰ”和“紫白”即遁甲式所配；“九神Ⅱ”见《唐会要》卷十下《九宫坛》。

② 《四库全书总目·子部》术数类二《演禽通纂》提要说演禽法“相传谓出于黄帝七天之说。唐时有都利聿斯经本、梵书五卷，贞元中李弥乾将至京师，推十二星行历，知人贵贱。至宋而又有《秤星经》者，演十二宫宿度，以推休咎，亦以为出于梵学……”。

六、式图与原始思维

(一)时令与禁忌

司马谈《六家要指》对古代的阴阳家有如下评论:

> 尝窃观阴阳之术,大祥而众忌讳,使人拘而多所畏;然其序四时之大顺,不可失也。……夫阴阳四时、八位、十二度、二十四节各有教令,顺之者昌,逆之者不死则亡,未必然也,故曰"使人拘而多畏"。夫春生夏长,秋收冬藏,此天道之大经也,弗顺则无以为天下纲纪,故曰"四时之大顺,不可失也"。

这一评价很扼要,也很中肯。它不但指出了阴阳家是以时令、禁忌为特点,还指出了其说的合理成分与不尽可信之处。

上文讲到,式是一个小小的宇宙模型,它的空间、时间结构和配数、配物原理,处处都带有模拟的特点。但这里要讲的是,古人发明这个模型,目的不仅仅在于"模仿",还想借助它做各种神秘推算,提出问题和求得答案,以沟通天人。

研究时间安排对原始人类的影响,在西方人类学中有所谓time study(时间研究)。这种方法也被用于现代社会的研究,是个非常有用的理论。古代人类随日月出没而作息,观草木荣枯而移徙,采猎耕牧,各有周期。中国古代的时令,从先秦的《玄宫》、《夏小正》、《月令》、《十二纪》到东汉崔寔的《四民月令》,以至晚近仍在颁用的各种农历,线索从未中断。它们就是从这种古老的传统发展而来。

关于古代时令的各种细节,本文不拟展开讨论,这里只谈一个大家甚少注意的问题,即四时时令与五行时令的区别[①]。

这里提到的"四时时令",大家比较熟悉。它是按春、夏、秋、冬四分十二月、二十四节气和360日,每个月30天,每个节气15天,一直为后世沿用。而

① 详见李零《〈管子〉三十时节与二十四节气》,《管子学刊》1988年2期。

“五行时令”，大家注意较少，它是按木、火、土、金、水五分十二月、三十节气和360日，每行72天，每个节气12天，二者异同，可用下表示意：

四时	顺　序	三十时节
春	1	地气发(正)
	2	小卯(正)
	3	天气下(正、二)
	4	义(养)气至(二)
	5	清明(二)
	6	始卯(三)
	7	中卯(三)
	8	下卯(三、四)
夏	9	小郢(盈)(四)
	10	绝气下(四)
	11	中郢(盈)(五)
	12	中绝(五)
	13	大暑至(五、六)
	14	中暑(六)
	15	小暑终(六)
秋	16	期(朗)风至(七)
	17	小酉(七)
	18	白露下(七、八)
	19	复理(八)
	20	始前(八)
	21	始酉(九)
	22	中酉(九)
	23	下酉(九、十)
冬	24	始寒(十)
	25	小榆(十)
	26	中寒(十一)
	27	中榆(十一)
	28	寒至(十一、十二)
	29	大寒之阴(十二)
	30	大寒终(十二)

		二十四节气
春	1	立春(正)
	2	雨水(正)
	3	惊蛰(二)
	4	春分(二)
	5	清明(三)
	6	谷雨(三)
夏	7	立夏(四)
	8	小满(四)
	9	芒种(五)
	10	夏至(五)
	11	大暑(六)
	12	小暑(六)
秋	13	立秋(七)
	14	处暑(七)
	15	白露(八)
	16	秋分(八)
	17	寒露(九)
	18	霜降(九)
冬	19	立冬(十)
	20	小雪(十)
	21	大雪(十一)
	22	冬至(十一)
	23	小寒(十二)
	24	大寒(十二)

这两种时令都是以节气的测定为特点，古人叫“候气”。但右栏是按分至启闭配合若干物候而制定，月份和天数的分配很整齐。而左栏是按天气—地气、养气—杀气、盈气—绝气、暑气—寒气的概念及若干风名（风也是气）而制定，月份和天数的分配很不整齐。其四时虽然在理论上是按“五行生成之数”（生数、成数）的八、七、九、六而分配，但实际上却是以春、秋各 8 个节气，夏、冬各 7 个节气而分配（将夏季减少一个节气，冬季增加一个节气）。

上述两种节气，二十四节气即司马谈所说的“二十四节”。其全部名称只见于《淮南子・天文》和《汉书・律历志下》，但部分名称则散见于《夏小正》、《月令》和《十二纪》，说明先秦时期就已存在。它们在系统上都属于四时时令。而三十节气则见于《管子・玄宫》（被称为“三十时节”）。该篇见于《周礼・地官・媒氏》疏，也叫《时令》，实际上是一种五行时令。这种节气虽然汉以后不再流行，但早期却与二十四节气一样重要。如《淮南子・天文》和银雀山汉简《三十时》就都讲到这种节气[①]。这两个系统的区别并不在于是否在理论上与五行相配，而是在于对月、日的分配。四时时令虽然也与五行相配，但实际只是以木、火、金、水和八、七、九、六象征性地配合四时，土行是被虚置中宫或配于季夏（等于以中宫入于人门）。其八、七、九、六与四时的节令数无关，土行也不占天数。另外，从式图结构的角度，我们也可以讲，四时时令将一年十二月四分、八分、十二分、二十四分，是属于四分、八分、十二分的系统，而五行时令将一年五分、三十分，则属于五分和九分的系统。近来，学界有人提出《管子・玄宫》是一种把一年平分为五季十月，每月三十六日的历法，这和《玄宫》原文并不吻合[②]。《玄宫》虽然在节气的天数分配上照顾到与五行的配合，但实际还

---

① 银雀山汉简《三十时》的节气名，有些同于《玄宫》，如“绝气”、“中绝”、“帛（白）洛（露）”（亦见二十四节气）、“始寒”，但也有些同于或近于二十四节气，如“霜气”、“夏至”、“冬至”，也有些与两者都不同。参看吴九龙《银雀山汉简释文》（文物出版社，1985 年）。

② 刘尧汉、卢央《文明中国的彝族十月历》，云南人民出版社，1981 年。

是按四时十二月分配天数，与四时时令仍然有对应关系[①]。

下面我们再来讨论一下时令与禁忌的配合。

首先，上述"时令"之"令"都是"教令"之义，本身已含有天道对人事的安排和约束之义。其时间安排无论采取何种形式，都要与禁忌相配：岁有岁忌，月有月忌，日有日忌。王充说："世俗既信岁时，而又信日。举事若病死灾患，大则谓之犯触岁月，小则谓之不避日禁。岁月之传既用，日禁之书亦行"（《论衡·讥日》）。《隋志》所录五行家书也有专讲各种时令禁忌的历书，如《杂忌历》、《百忌大历要钞》、《百忌历术》等。可见它们在古代是何等流行。

其次，古代禁忌，以现代科学知识衡之，似乎荒唐可笑。但人类学家却很重视禁忌（taboo）作为社会规范对原始人类的特殊意义，认为即使其荒唐之处，也多能从当时的思维方式、行为特点和环境条件做正面解释。这些禁忌涉及极广，几乎包括古代日常生活的一切重要方面，对古代社会史的研究不啻是重要指标。例如我们归纳子弹库楚帛书和各种日书可以发现，其时令禁忌主要涉及下述各项[②]：

(1)生子；
(2)嫁娶；
(3)病；
(4)梦；
(5)死；
(6)裁制衣裳；
(7)饮食歌乐；
(8)盖屋筑室；
(9)分异人寄；
(11)种获；
(12)田猎；
(13)出入财货、臣妾、马牛；
(14)乘车冠带；
(15)临官莅政；
(16)请谒言事；
(17)作事毁弃；
(18)祷祠；
(19)攻伐；

① 李零《〈管子〉三十时节与二十四节气》，《管子学刊》1988年2期。

② 《唐六典》卷十四《太卜署》"凡用式之法"注："凡阴阳杂占，吉凶悔吝，其类有九，决万民之犹豫：一曰嫁娶，二曰生产，三曰历注，四曰屋宅，五曰禄命，六曰拜官，七曰祠祭，八曰发病，九曰殡葬。"

(10)出行移徙；　　　　　　(20)捕盗。

这些项目还可进一步析分为更多的项目。它们与古代各种占卜的项目大同小异。

古人表示岁月禁忌或占卜结果的术语主要有以下几种①：

(1)吉(包括小吉、大吉)：表示得，贞问有验，结果好。

(2)凶(包括小凶、大凶)：与吉相反，表示贞问无验，结果坏②。

(3)悔：表示后悔，是比祸、害、咎等字程度略轻的不利情况。

(4)吝：表示惋惜，与悔近似，常与悔字连用③。

(5)忧(分有忧与无忧)：表示忧虑，与悔、吝二字接近。

(6)咎(分有咎与无咎)：本指罪过，反义词无咎是经过弥补，尚无大过④。

(7)祸(分有祸与无祸)：表示灾祸。

(8)害(分有害与无害)：表示危害，与祸相近。

(9)利(反义是不利)：表示有利。

(10)宜(反义是不宜)：表示适合。

(11)可或可以(反义是不可或不可以)：表示允许。

这些术语既有表示客观结果之好坏，也有表示主观感受之好坏，还有表示行为所受之约束，大抵皆有肯定与否定两种不同表示。古代的"禁忌"，所谓"禁"或"忌"虽然字面含义都是表示否定，但讲这种禁忌的书却无一例外都既包含有肯定的规定，也包含有否定的规定。只讲忌不讲宜，或只讲宜不讲忌，这种时令是没有的，所谓"月讳"、"日禁"都应这样理解⑤。

① 这些术语与甲骨卜辞、《易经》和战国楚占卜竹简大体相同，说明古代的占验术语具有通用性。

② 《易·系辞上》："是故吉凶者，失得之象也。""吉凶者，言乎其失得也。"《系辞下》："吉凶者，贞胜者也。"

③ 《易·系辞上》："悔吝者，忧虞之象也。""悔吝者，言乎其小疵也。"

④ 《易·系辞上》："善补过也。"

⑤ 我在《〈长沙子弹库战国楚帛书研究〉补正》(中国古文字研究会第七届会议论文，1988 年 7 月)一文中针对饶宗颐先生以楚帛书兼言宜忌而不可名之曰月禁之书的说法已指出此点。

(二)占验与赌博

式作为一种占验时日的工具,还有一个方面很值得注意,就是它与古代博戏的关系。

人类的游戏往往都与赌博有关,棋可以赌,牌可以赌,马也可以赌,拳也可以赌。这些游戏一般都包含两方面,一方面是角力斗智,一方面是比运气,即使表面看最不带赌博成分的游戏,人与天争、力与命争的机遇捕捉,也常常要比人与人争的竞技状态本身还吸引人。

中国古代有一种很古老的游戏叫"六博"(或"陆博")。"赌博"一词就是来源于这种游戏。它盛行于先秦两汉时期,但现在已经失传,只是藉助考古发现,人们才对它重新有所了解。

现已发现与六博有关的出土实物已有一定数量。它们包括以下五项:

(1)战国秦汉时期的六博棋具[①](图版三);

(2)汉博局镜(旧称"规矩镜"或"TLV"镜);

(3)汉画像石中的六博图;

(4)汉六博俑;

(5)汉六博人像铜镇(博镇)。

最初人们对这一问题的研究只限于(2)(3)(4)三项[②],但近年来,由于(1)(5)两项材料激增,也有一些学者对这两项做专门探讨[③],使我们对

---

① 现已发现年代最早的六博局(石制)是战国平山中山王墓所出。

② 中山平次郎《古式支那镜鉴沿革》(七),《考古学杂志》9卷8号(1919年);Lien-sheng Yang(杨联陞),"A Note on the So-called TLV Mirrors and the Game Liu-po(六博)",收入Harvard Journal of Asiatic Studies,第9卷第3—4期(1947年);Lien-sheng Yang,"An Additional Note on the Ancient Game Liu-po(六博)",收入*Harvard Journal of Asiatic Studies*,第15卷第1—2期(1952年);劳榦《六博及博局的演变》,《历史语言研究所集刊》35期。

③ 熊传新《谈马王堆三号西汉墓出土的陆博》,《文物》1979年4期;傅举有《论秦汉时期的博具、博戏兼及博局纹镜》,《考古学报》1986年1期;曾布川宽《六博の人物坐象铜镇と博局纹について》,《古史春秋》5号,朋友书店,1989年。

六博的认识较前有很大提高。

下面对六博做一简短介绍，并顺便指出研究者的若干错误：

（甲）出土博具（图 2-33）。

（1）博。即博戏所用的筹码，其形式是仿布算用的算筹，也是用竹木小棍做成，一般为 6 枚，各长 23～24 厘米左右（约合汉一尺）。“六博”之名即由此而来。博有很多异名，往往都与算筹有关，如马王堆 M3 和凤凰山 M8 遣册称博为“筭”[①]，《西京杂记》卷四称六博为“六箸”或“究”。筭指算筹。箸本指竹筷，张良尝借箸为刘邦画策（《史记·留侯世家》），说明箸与筹、策相近。“究”则有可能是筹的另一种写法。博还有许多方言异名，如据《方言》，“博”是北方秦晋一带流行的叫法，吴楚一带则称之为“蔽”。“蔽”是用一种叫“箟簬”或“箘簬”（也叫“箘”）的细竹做成。这种细竹，竹节间距较大，适于做箭杆，古代也叫“箭”、“箭囊”或“射筒”。此外，《方言》还提到“蔽”的另一些叫法，如“簙毒”、“夗专”、“匿璇”、“基”（《说文》也叫“簙棋”）。

（2）筭席。凤凰山 M8 遣册提到“博、筭、綦、梮、博席一具、博橐一”〔165（95）〕，“筭，筭席一”〔166（142）〕[②]，“博席”是指放置博具的席，而“筭席”则指放置博筹即“筭”的席。傅举有先生谓博具之中，重要者为局、棋、箸（即博）、茕四物，其余则可有可无[③]。但严格讲，这里的“筭席”也很重要，并非可有可无。因为出土汉画像石上的六博图，往往都在博局旁边表现出筭席。其大小约与博局等或略大于博局，上面放有六博。四角镇压之物，当即博镇。

（3）棋。即博戏所用的棋子，往往用象牙做成（但也有用骨、玉等制成），故也叫“象棋”。一般为 12 枚，长各 2.3 或 2.4 厘米（约合汉一寸），形状类似后世之麻将牌。《韩非子·外储说左上》讲秦昭王做大博，博、

① 参看熊传新《谈马王堆三号西汉墓出土的陆博》及金立《江陵凤凰山八号汉墓竹简试释》（《文物》1976 年 6 期）。

② 金立《江陵凤凰山八号汉墓竹简试释》，《文物》1979 年 6 期。

③ 傅举有《论秦汉时期的博具、博戏兼及博局纹镜》，《考古学报》1986 年 1 期。

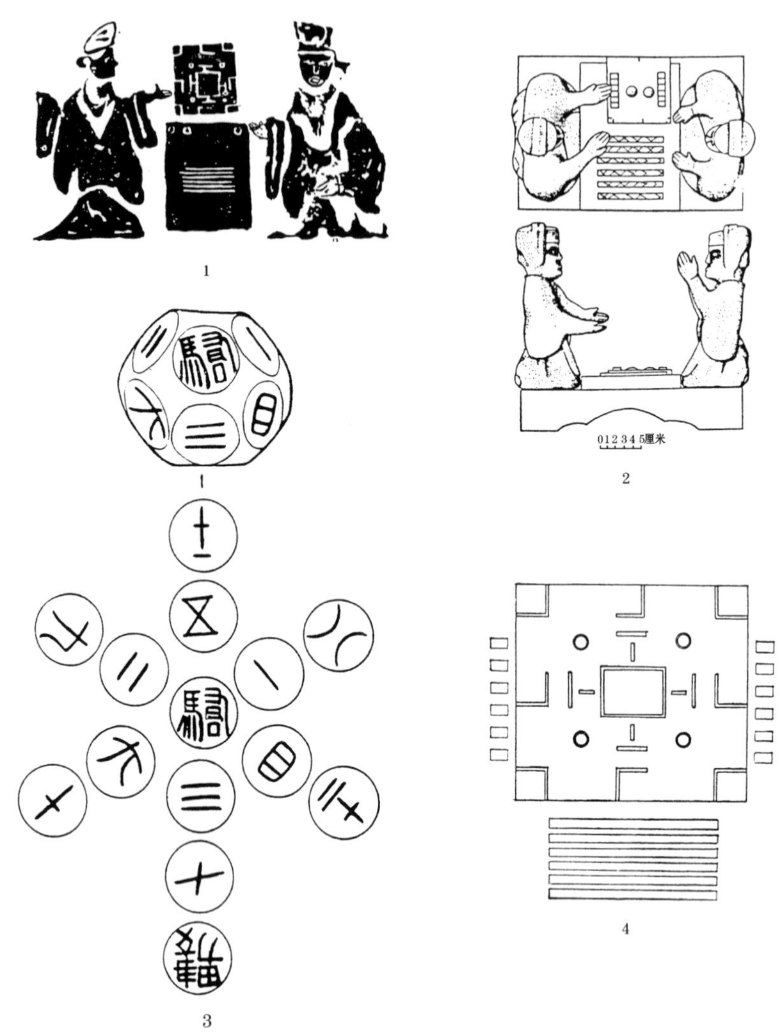

图 2-33　博具：

1. 博局、筭席和博(山东微山两城画像石)
2. 博局、棋、茕和博(河南灵宝张家湾汉墓 M3 出土釉陶俑)
3. 茕(秦始皇陵园出土)
4. 博局、棋和博(湖北云梦睡虎地秦墓 M11 出土)

棋之长，比例为10∶1，出土发现与之大体相合。这12枚棋，博弈双方，每方各6枚，或以颜色相别，或以形状相别。每方的棋又分两种，一种是"一大五小"，即"一枭五散"（如睡虎地M13所出）；另一种是6枚完全相同（如睡虎地M11、马王堆M3、凤凰山M8所出），只是根据行棋，得在一定条件下竖起，变为枭棋（参看《太平御览》卷九二七及《楚辞·招魂》洪兴祖注引《古博经》）。

（4）茕。即博戏所用的骰子，作十八面球状体，上书"骄"、"媿"和"一"至"十六"等数字。一般为两枚。

（5）棋局。即博戏所用的棋盘。《晋书·天文志》引周髀家说"天员（圆）如张盖，地方如棋局"，出土棋局在形式上正是模仿式的地盘[①]。其平面分为两层，外层是个大正方形（也有些略呈长方形），沿四条边内侧有8个反L形钩识分布在四正四隅，象征十二度；内层是个小正方形，沿四条边外侧有4个T形钩识分布在四正，4个圆圈（或作鸟形或花形）分布在四隅，象征四方八位。外层的8个反L形钩识和4个T形钩识叫"曲道（《广雅·释器》）[②]。出土博局，曲道一般都作右旋（但广西西林西汉墓所出铜博局是作左旋）可能是表示"地道右行"（外层的8个反L形钩识按右旋正好是一顺）。

象博与箅席配套，棋、茕也是与棋局配套，如张家湾汉墓所出六博俑就是置博于箅席，置棋、茕于棋局。

此外，马王堆M3还出土了盛放博具的博盒，内有博、棋、棋局、茕和割刀、削等物，遣册记为："博一具：博局一、象棋十二、象直食其（棋）廿、象箅三十、象割刀一、象削一、象□□□"[③]。凤凰山M8遣册也记有"博囊一"[④]。博盒、博囊都是用来盛放博具的东西，本身并不是博具。

① 罗文认为《史记·日者列传》"旋式正棋"的"棋"是指地盘。但《索隐》谓"棋者，筮之状。正棋，盖谓卜以作卦也"，则以"棋"为博筹，即《说文》所谓"博棋"。

② 傅举有文认为大坟头M1所出木牍上的"画厂（曲）一"是指"曲道"，恐非。

③ 熊传新《谈马王堆三号西汉墓出土的陆博》，《文物》1979年4期。

④ 金立《江陵凤凰山八号汉墓竹简试释》，《文物》1979年6期。

（乙）文献所记博法。

博具的使用方法无法从博具本身推测。杨联陞先生和劳榦先生曾据《西京杂记》卷四引许博昌口诀"方畔揭道张，张畔揭道方。张究屈玄高，高玄屈究张"，"张道揭畔方，方畔揭道张。张究屈玄高，高玄屈究张"推测其法[①]，难以证实。但《颜氏家训·杂艺》说："古为大博则六箸，小博则二焭，今无晓者，比世所行，一焭十二棋"[②]，涉及博具本身，则可略加讨论。傅举有先生对大、小博有一解释。他认为古法的博具本身就分两种，一种是大博，有箸（博）无茕（焭），可以叫"投箸的博"（如睡虎地 M11、凤凰山 M8 所出）；一种是小博，有茕无箸（博），可以叫"投茕的博"（如马王堆 M3 所出和张家湾汉墓出土六博俑所表现）。但他所说"投茕的博"却并非"有茕无箸"，如马王堆 M3 所出有长博 12 枚，短博 30 枚，张家湾汉墓出土的六博俑有博 6 枚。我们与其这样理解，反而不如把古代博法理解为一套博具，兼有博、茕，既可作大博用，也可作小博用。即：

方　法		箸	棋	茕
古　法	大博	六箸	十二棋	—
	小博	—	十二棋	二茕
今　法		—	十二棋	一茕

颜氏所说古法，验之出土发现，情况还要复杂。对弈，从汉画像石的六博图和六博俑看既有二人对弈，也有四人对弈（二人行棋，二人计筹）；出土博镇，也既有两人一套，也有四人一套（还有三人一套的情况）。用博，一般以 6 枚为常，但马王堆 M3 所出则为长博 12 枚，短博 30 枚（遣册

① Lien-sheng Yang（杨联陞），"A Note on the So-called TLV Mirrors and the Game Liu-po（六博）"，收入 *Harvard Journal of Asiatic Studies*，第 9 卷第 3～4 期（1947 年）；Lien-sheng Yang，"An Additional Note on the Ancient Game Liu-po（六博）"，收入 *Harvard Journal of Asiatic Studies*，第 15 卷第 1～2 期（1952 年）；劳榦《六博及博局的演变》，《历史语言研究所集刊》35 期。

② 《隋志》载梁有《大小博法》一卷。《旧唐志》载《大博经行碁戏法》二卷、《小博经》一卷（鲍宏撰）、《大博经》二卷（吕才撰）。

记为“象箅三十”)，前者是6的2倍，后者是6的5倍。用棋，一般以12枚为常，但马王堆M3所出则为大棋12枚，小棋20枚(遣册记为“象棋十二、象直食其(棋)廿”)。用茕，一般以2枚为常，但马王堆M3所出则为1枚。

颜氏所说新法，大概主要在于废博用茕，茕数是一是二倒在其次，其实亦可视为小博的变种。《列子·说符》“击博楼上”，殷敬顺《释文》引《古博经》:“博法，二人相对，坐向局，分为十二道，两头当中名为水，用碁十二枚，六白六黑，又用鱼二枚置于水中。其掷采以琼为之。琼畟方寸三分，长寸五分，锐其头，钻刻琼四面为眼，亦名为齿。二人互掷采行碁，碁行到处即竖之，名为骁碁，即入水食鱼，亦名牵鱼。每牵一鱼获二筹，翻一鱼获三筹，若已牵两鱼而不胜者，名曰被翻双鱼。彼家获六筹为大胜也。”所述似即新法。其博具包括:

(1)局。分为12个道，两头当中叫“水”。

(2)棋。12枚，6枚白，6枚黑，依行棋所到，得竖为骁棋(即枭棋)。

(3)鱼。2枚，置“水”中。

(4)琼。即茕，变为正六面体，各面镂刻点数(文中未说几枚)。

(5)筹。文中所说获筹多少，可能只是计数，而不一定是指用博。

上述博戏，不仅博具本身是模仿式，而且其游戏方法，从投茕、行棋到计筹似亦脱胎于演式。上文已说，式法占验是一种模拟系统。它的演式方法虽甚繁琐，但推其心理，无非是想以人工模拟的随机组合去再现天道运行的随机组合，本身已包含了某种赌博的心理成分(有点像是“轮盘赌”)。

六博在古代既是流行的娱乐形式，也是流行的艺术主题(见于汉画像石、陶俑和镜鉴等)。有些学者已注意到，汉代风靡一时的博局镜虽然是以博局为装饰，但却比出土的博局要复杂。它不仅有博局的曲道，往往还有表示四方的青龙、朱雀、白虎、玄武，表示四维的四瓣花，以及表示十二辰的文字(图2-34)，与式图更为接近。特别是西田守夫先生和周铮先生提到的博局镜铭文“左龙右虎掌四方，朱雀玄武顺阴阳，八子九孙治中央，

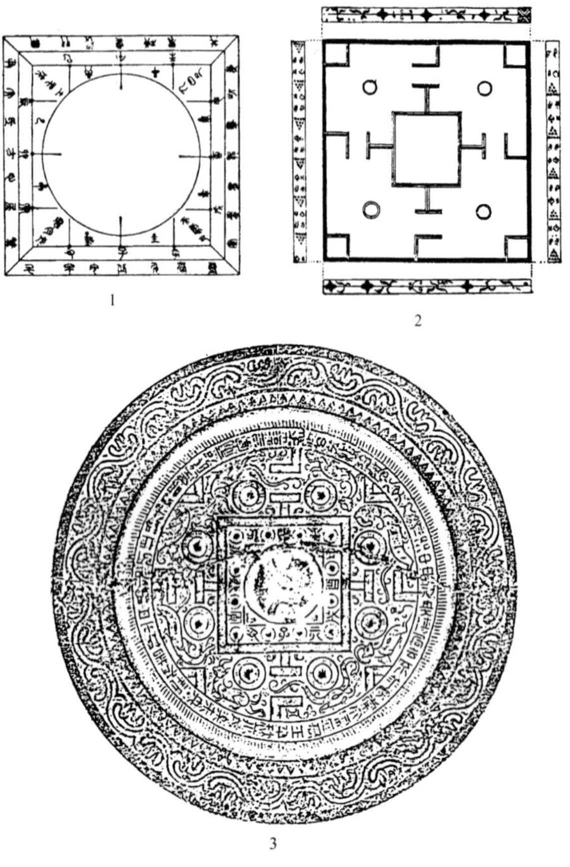

图 2-34　式与博局和博局镜的比较：

1. 式（安徽阜阳双古堆汉墓 M1 出土）

2. 博局（湖北云梦大坟头汉墓 M1 出土）

3. 博局镜（西田守夫文插图）

刻娄（镂）博局去不羊（祥）”，更清楚地显示出这种纹饰是代表着宇宙模型，同时还具有厌除不祥的神秘含义①。

六博是人与人之间进行的游戏，但古书却还提到仙人之间，特别是神

① 西田守夫《“方格规镜”の図纹の系谱》，《MUSEUM》427 号；周铮《“规矩镜”应改称“博局镜”》，《考古》1987 年 12 期。

人之间的博弈。〔案：上文引杨联陞文曾讨论带仙人对博图案的铜镜，可与文献互证。〕如：

(1)《史记·殷本纪》："帝武乙无道，为偶人，谓之天神，与之博，令人为行，天神不胜，乃僇辱之。"

(2)《韩非子·外储说左上》："秦昭王令工施钩梯而上华山，以松柏之心为博，箭长八尺，棋长八寸，而勒之曰：昭王尝与天神博于此矣。"

(3)《风俗通义·正失》："武帝与仙人对博，棋没石中。"

故事的主人公都是雄心不可自已的帝王，所以会于沟通天人之外，另生奇想，竟欲力克天神而胜之。

所有这些都表明，六博的风靡，六博艺术主题的风靡，从根本上讲是式所代表的宇宙观念的风靡。

七、阴阳五行学说的再认识

本章从内容上讲是一种器物学的研究，但笔者的兴趣却并不在于器物本身，而是希望给思想史的认识提供一种新的角度，或一种新的解释线索。

过去，在中国思想史的研究上，人们总是习惯于把阴阳五行学说看作一种晚出的支流：推其源，不过是邹衍一派的怪迂之谈；述其流，也无非是盛极汉代的荒唐迷信。这种看法既缘于古史背景的模糊和有关史料的缺乏，也与汉代以后人们对历史认识的"逆溯误差"，特别是中国近代史学从"古史辨派"论战中所受到的那次重要"洗礼"有关。当年，顾颉刚先生为了推倒儒家经典中的古史系统，恰恰是从讨论这一学说入手①。他们认为阴阳五行学说既然这样巧具心思，从任何一点可做无穷推演，则它只能是一种特殊文化氛围下突然出现的东西，一种人为编造的东西。儒家经典中的古史系统就是受这种风气的感染，直到很晚才被炮制出来。

① 参看顾颉刚《五德终始说下的政治和历史》，《古史辨》5册。

现在，以我们对考古发现的认识来看，阴阳五行学说在中国思想史上所扮演的角色，恐怕应做如下校正：

（1）这种学说在战国秦汉之际臻于极盛，虽然遇有新的思想契机，也包含了许多添枝加叶、整齐化和系统化的工作，但它绝不是邹衍一派的怪迂之谈所能涵盖，而是由大批的“日者”“案往旧造说”，取材远古，以原始思维做背景，从非常古老的源头顺流直下。

（2）对诸子学说在两周之际的酝酿成熟，形成雅斯贝斯所说的那种文明发展的普遍性突变①，或张光直先生反复强调的“人神异界”②，最顺理成章的解释恐怕还是，它本身不但不是阴阳五行学说的背景或并生形态，反而是从这种学说的共同源头派生而出，初则甚微，后始宏大。

（3）即使在诸子学说经进一步分裂、融合而形成汉以后儒家独尊的上层文化之后，阴阳五行学说也仍然在中国的实用文化（数术、方技、兵学、农学、工艺学）和民间思想（与道教有关的民间宗教）中保持着莫大势力，足以同前者做长期的抗衡。

---

① Karl Jaspers, *The Origin and Goal of History*, Yale University Press, 1953. 许倬云《论雅斯培枢轴时代的背景》，《历史语言研究所集刊》55 本 1 册。

② 张光直《连续与破裂：一个文明起源新说的草稿》，《九州学刊》1 卷 1 期（1986 年 9 月）。

第三章　楚帛书与日书：古日者之说

上文我们讨论了古代的式。式是古代日者占验时日吉凶、决定举事宜忌的工具，有很强的实用性。但它本身没有内容，一切“内存”都是由人从外面加进去的。其操作要靠式法传授，并不是一学就会；求解的问题也带有随机性，缺乏现成答案。因此古人还另外设计出一种直接按岁月日时排列吉凶宜忌，令人一查便知的书。现在我们要谈的就是这种书。它是了解古日者之说最直接的材料。

关于我们要讨论的这种书，古人有一些不同叫法。如《汉志·数术略》五行类开头列有《泰一阴阳》、《黄帝阴阳》、《黄帝诸子论阴阳》、《诸王子论阴阳》、《太元阴阳》、《三典阴阳谈论》、《神农大幽五行》、《四时五行经》、《猛子闾昭》、《阴阳五行时令》十书，估计就是按时令排列吉凶宜忌。它们很多都是以“阴阳”为名（马国翰《玉函山房辑佚书》卷七七有唐吕才《阴阳书》一卷，就是讲时日占验）。而《隋志》子部五行类有《择日书》、《太岁所在占善恶书》、《杂忌历》、《百忌大历要钞》、《百忌历术》、《百忌通历法》、《杂百忌》、《历忌新书》、《太史百忌历图》、《太史百忌》、《杂杀历》、《举百事略》、《五姓岁月禁忌》、《举百事要》，是类似之书[①]，则多以“历忌”为名。《论衡·讥日》也称为“岁月之传”和“日禁之书”。

古代的日者之说最初是来源于官学，如《左传》桓公十七年“天子有日官，诸侯有日御。日官居卿以底日，礼也。日御不失日，以授百官于朝”。这种“日官”、“日御”应即“日者”的前身[②]。上述各书，或冠以“太史”字样，似亦反映这种传统。但战国秦汉以来，日者之说却在民间流行。日者

① 参看姚振宗《隋书经籍志考证》，《二十五史补编》，中华书局，1957 年，第四册，575、579 页。

② “日者”，见《墨子·贵义》。

之书见于出土发现已越来越多，势必形成专门的研究领域。这里先据已经发表的材料做初步讨论。

一、楚帛书

现已发现年代最早的日者之书是由赛克勒医生(Dr. Arthur M. Sackler，1913～1987年)收藏，借存于美国华盛顿赛克勒美术馆(The Arthur M. Sackler Gallery)的楚帛书。此书是侧置书写在一幅高度(指经线长度)略大于宽度(指纬线长度)(47×38.7厘米)的方形丝织物上(图3-1)，整个幅面分为内外两层，外层绘有12个神像，上下左右，每边各3个，为一至十二月之神，其中除标有“昜▨义”的神像是侧置，头皆朝内，每个神像皆有题记，作左旋排列，依次转圈读；四方交角还有用青、赤、白、黑四色画成的树木，从树冠的方向看，是作右旋排列(图3-2)。中心无图像，只有

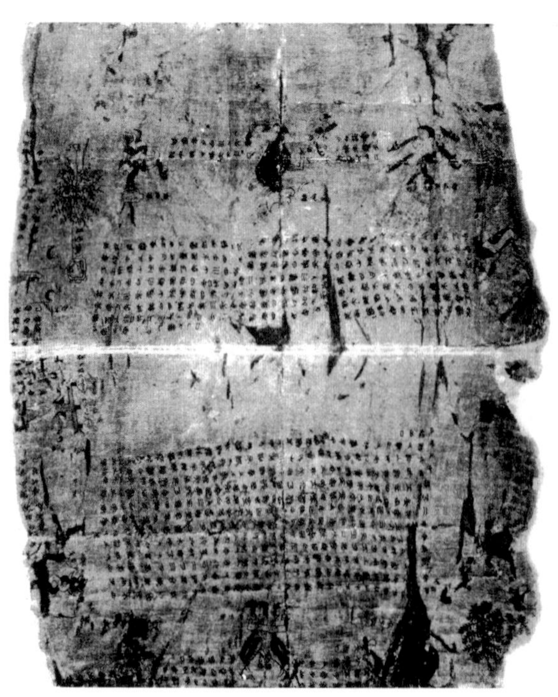

图3-1 楚帛书

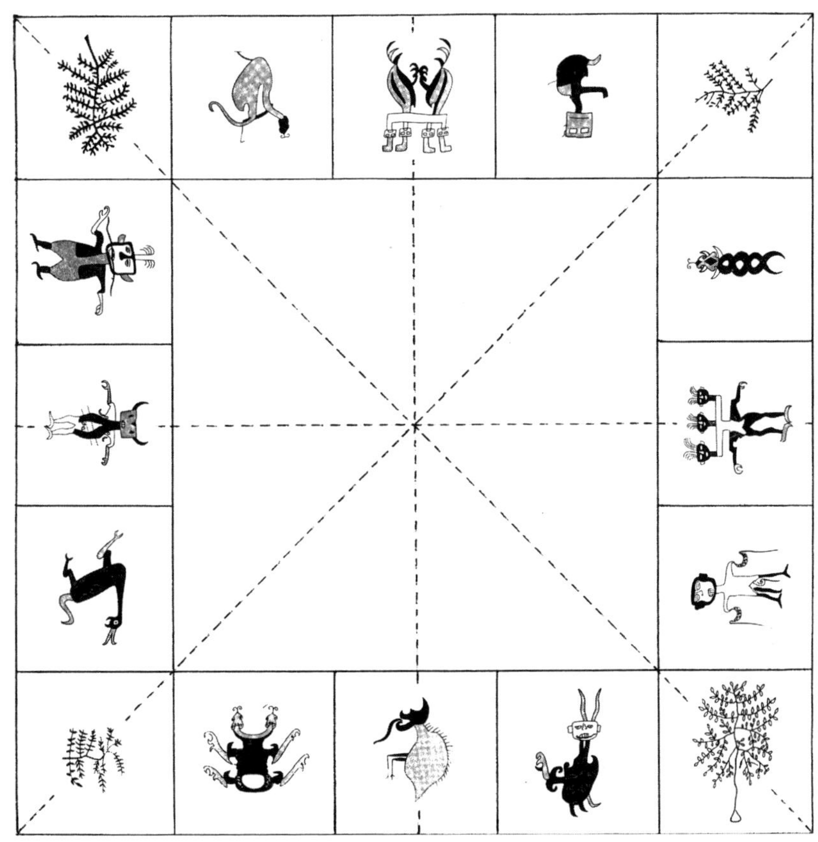

图 3-2 楚帛书的图像

一左一右、方向颠倒的两篇文字，一篇 13 行，一篇 8 行。全书既无书题也无篇题，但外层 12 段文字，每段结尾都有 1 个分章的符号(用朱色的方块表示)，后面另外书写含有神像名称的章题；中心两篇文字也各有 3 个分章的符号(形式与边文相同)。织物原是折叠存放于竹笈内，留下两套折痕，一套年代较早，包括纵向的折断痕迹三道和横向的折断痕迹一道，痕迹较深，分帛书为八块；另一套年代较晚，包括纵向的折断痕迹五道和横向的折断痕迹一道，痕迹较浅，分帛书为十二块(“纵”指窄面，“横”指宽面)。左右边缘比较整齐，但上下边缘残破，装裱时有若干部位发生错位，幅面原为浅灰色，年久变为深褐色，使图像文字难以辨认。

此书是赛克勒美术馆的“镇库之宝”[①]，久已闻名于世，海内外研究之作甚多，这里先将有关研究背景做简短介绍：

（一）楚帛书的出土与收藏。

楚帛书并非科学发掘品，而是1942年9月在旧湖南长沙城东郊一个叫子弹库的小地方（位置在今省林勘院内），由一伙“土夫子”盗掘出土。帛书经盗掘出土，令人惋惜，但1973年5月，湖南省博物馆对出土帛书的墓葬进行了二次发掘[②]，还是为我们提供了许多重要信息。由于有这一补救性发掘，现在按考古学界命名竹简帛书的惯例，人们也称此书为“子弹库楚帛书”。

出土楚帛书的墓是一座规模不大，带斜坡墓道，用青灰色膏泥密封的常见楚墓。葬具为一椁双棺，椁室大小为长3.06、宽1.85、高1.33米。墓主，经尸骨鉴定，是一个40岁左右的男子。墓中随葬物，据盗掘者追忆和发掘出的剩余物看，包括鼎、敦、壶等陶器、竹木漆器、丝麻织品、玉璧和帛书、帛画。墓葬年代约在战国中晚期之交。

这座墓从随葬物不含青铜礼器看，规格很低，但该墓出土的帛书、帛画却十分珍贵。帛书原先是放在一件长约20厘米、宽约10厘米、高约4～5厘米的竹笈内，除众所周知的这一件，还有其他几件的残片[③]。而帛画，是1973年才出土（发现于椁盖板与其下的隔板之间）[④]。子弹库楚帛书是现已发现的年代最早的帛书，晚于它，目前有著名的马王堆帛书，二者都出土于长沙地区。子弹库楚帛画，性质属于葬仪用具[⑤]。同样例子

---

① 哈尼《亚瑟·姆·赛克勒及其中国艺术品的收藏》，《文物天地》1990年6期。

② 《长沙子弹库战国木椁墓》，《文物》1974年2期。

③ 参看蔡季襄《晚周缯书考证》，石印本，1944年（又台北艺文印书馆1972年翻印本）；商承祚《战国楚帛书述略》，《文物》1964年9期。

④ 《长沙子弹库战国木椁墓》，《文物》1974年2期；《长沙楚墓帛画》，文物出版社，1973年。

⑤ 性质与“铭旌”相似。如《武威汉简》（文物出版社，1964年）图版二十三所收即东汉铭旌。但不同点是后者以题铭代替了肖像。

还有 1949 年长沙陈家大山楚墓出土的一件[①]。前者所绘为一驭龙男子，而后者所绘为一蜂腰女子和龙凤，推测都是墓主本人的形象。这种性质的帛画也见于马王堆汉墓，是作 T 形平铺于内棺的盖上[②]，也是在长沙地区首次发现[③]。

长沙子弹库出土的楚帛书，最初是由长沙地区的收藏家蔡季襄收藏。1946 年，蔡氏在上海与抗战前在长沙雅礼中学任教（1935～1937 年）的美国人柯强（John H.Cox）以 10000 美元成交（据说是被迫成交），议定由柯强代他在美兜售，留下押金 1000 美元，余款待付[④]。帛书因而流美。

楚帛书流入美国后的情况，外界还很少了解。只是最近我们才弄清，它在美国长期是处于"无主"状态，1964 年后始售出。具体情况是：(1) 1949 年以前，柯强曾游说美国各大博物馆，均告失败（即使把价钱压低到 7500 美元也无人购买）；(2) 1949 年，他把楚帛书中比较完整的一件寄存于纽约的大都会博物馆（The Metropolitan Museum of Art），而其他帛书残片和书笈是存放在华盛顿的一家库房；(3) 1964 年，他把存期已满的那件比较完整的帛书从大都会博物馆取出售与纽约古董商戴润斋（J. T. Tai）；(4) 1966 年，戴氏又把这件帛书售与赛克勒：1966～1987 年是存放于大都会博物馆，1987 年到现在是存放于赛克勒美术馆；(5) 最近，柯强还把他存放于华盛顿的其他帛书残片和书笈一并售与赛克勒美术馆[⑤]。

① 《中国美术全集》绘画编 1，人民美术出版社，1986 年，图五一；《江陵马山一号楚墓》（文物出版社，1985 年）10 页图十二和图版四：2 也收有一件覆于内棺盖上的帛画，惜已残破。

② 《西汉帛画》，文物出版社，1972 年；《长沙马王堆二、三号汉墓发掘简报》，《文物》1974 年 7 期。又马王堆三号汉墓除 T 形帛画，还出土了两幅张挂于墓壁的方形帛画，见《马王堆汉墓文物》，湖南出版社，1992 年，26～34 页。

③ 但山东临沂金雀山九号汉墓也出土过类似帛画，见《山东临沂金雀山九号汉墓发掘简报》（《文物》1977 年 11 期）。

④ 见湖南省博物馆保存的蔡氏档案。

⑤ 据笔者在美所做调查，详见拙作《楚帛书的再认识》，《中国文化》第 10 期，42～62 页。

另外，应当补充的是，不久前商志𩡝先生公布了商承祚先生收藏的13枚子弹库帛书的残片[①]。这些残片可能与长沙古董商唐鉴泉（人呼“唐裁缝”）有关[②]，是目前所知惟一保留于国内的残片。

现在，由于美国方面保存的楚帛书残片正在整理，尚未公布[③]，商氏残片应与前者放在一起研究，这里我们讨论的楚帛书只是通常所说的那件楚帛书，即子弹库帛书中比较完整的那一件。

（二）楚帛书的三种复制本和有关研究。

楚帛书的第一个复制本是蔡季襄《晚周缯书考证》（1944年石印本，1972年台湾艺文印书馆又再版了该书）所附的临写本（出蔡氏长子蔡修焕之手）。作者是帛书的早期收藏者，与盗掘者有直接接触，不但所述出土情况值得重视，而且书中所附插图也是宝贵资料。蔡氏之书发表后，有不少学者曾以蔡氏临写本为依据，对帛书做初步讨论[④]，内容涉及帛书的阅读顺序、图像理解和性质等。如台湾学者陈槃提出帛书十二神像应与《山海经》所述神物有关，帛书四木应与五行配色有关[⑤]；香港学者饶宗颐提出帛书应是占验时日所用（后弃此说，定帛书为“天官书”）[⑥]；台湾学者董作宾提出帛书边文应按春、夏、秋、冬的顺序阅读[⑦]，都对后来的研究很有影响。但是由于蔡氏临写本缺字和误摹较多，整个研究还难以深入。

---

① 《文物》1992年11期，32～39页：商志𩡝《记商承祚教授藏长沙子弹库楚国残帛书》，饶宗颐《长沙子弹库残帛文字小记》，李学勤《试论长沙子弹库楚帛书残片》。又商志𩡝《商承祚教授藏长沙子弹库帛书残片》，《文物天地》1992年6期，29～30页。

② 参看商承祚《战国楚帛书述略》，《文物》1964年9期。

③ 1993年1～5月，笔者在美参加了这一整理工作。补注：相关成果参见李零《楚帛书研究》，中西书局，2014年。

④ 李零《长沙子弹库战国楚帛书研究》，中华书局，1985年，12～15页。

⑤ 陈槃《先秦两汉帛书考》附录《长沙楚墓绢质彩缯照片小记》，《历史语言研究所集刊》24册（1953年）。

⑥ 饶宗颐《长沙楚墓时占神物图卷考释》，《东方文化》1卷1期，香港中文大学出版社，1945年。

⑦ 董作宾《论长沙出土之缯书》，《大陆杂志》10卷6期（1955年）。

比起蔡氏临写本，1946～1949 年间（准确时间不详）弗利尔美术馆拍摄的全色照片是更好的复制本（见《书道全集》，平凡社，1965 年）。借助这一照片，许多研究者，如日本学者梅原末治、香港学者饶宗颐、澳大利亚学者巴纳（Noel Barnard）、日本学者林巳奈夫和中国大陆学者商承祚先后做有临写本和摹本，把整个研究推到一个新的阶段[①]。这一时期，最有突破性的研究是，1960 年李学勤先生首先论定帛书边文的十二月名即《尔雅·释天》的十二月名[②]；1962 年陈梦家先生首先以帛书与传世文献做系统比较，指出帛书与月令类文献最接近[③]。另外，应当指出的是，弗利尔美术馆拍摄的这一照片虽已过时，但它在某些方面却保存了帛书的原始面貌。例如在“玄司秋”章附近印有另一帛书的字迹（用朱色写成，图 3-3），就比现在的红外线照片和原物更为清晰[④]。它本身也成了一件珍贵文物。

图 3-3　楚帛书上的另一帛书印痕

① 李零《长沙子弹库战国楚帛书研究》，中华书局，1985 年，15～20 页。

② 李学勤《补论战国题铭的一些问题》，《文物》1960 年 7 期。

③ 陈梦家《战国楚帛书考》，《考古学报》1984 年 2 期。

④ 1990 年夏，我曾在赛克勒美术馆目验这一照片的底版原物（玻璃干板）。

楚帛书的研究取得全面突破是在1966年以后。1966年,帛书既归赛克勒所有,当时存放帛书的大都会博物馆聘请巴纳博士指导,用先进的红外线摄影技术拍成黑白和彩色两种照片[①],使许多肉眼看不到的字迹和图案显现出来,为学者的研究提供了极大便利。次年,赛克勒基金会还出资赞助,由美国哥伦比亚大学的艺术考古系举办了题为"中国古代艺术及其在太平洋地区之影响"的学术讨论会,这是帛书新照片的一次"亮相"。会上发表的巴纳、梅莱(Jean E.Mailey,美国学者)、饶宗颐、林巳奈夫等人的论文,就都是以此为依据[②]。会议对楚帛书的研究起了明显的推动作用。

1966~1973年可以说是楚帛书研究的一个鼎盛时期[③]。除上述论文,台湾学者严一萍和金祥恒在《中国文字》上先后撰文[④],考证帛书所述传说人物的头两位就是古书常见的伏牺和女娲,"女娲"之释虽不能肯定,但"伏牺"之释已获普遍承认。还有饶宗颐的帛书考释和巴纳的系列论著也都是这一时期最有影响的作品[⑤]。可是由于这一时期正值中国文化大革命,大陆学者没有参加这一讨论热潮,也很少有人知道国外有新的帛书照片和各种摹本(如饶宗颐和巴纳的摹本)发表。

1980年,笔者有感于这种信息上的隔绝,开始搜集国内外的有关论

---

① 彩色照片有单页复制本 *Ch'u Silk Manuscript, from the Sackler Collections*,黑白照片见 Barnard 书。

② 见 Barnard 主编的 *Early Chinese Art and Its Possible Influence in the Pacific Basin*, Intercultural Arts Press, New York, 1972。

③ 李零《长沙子弹库战国楚帛书研究》,中华书局,1985年,20~27页。

④ 严一萍《楚缯书新考》(上、中、下),《中国文字》26~28册(1967~1968年);金祥恒《楚缯书"雹虘"解》,《中国文字》28册(1968年)。

⑤ 饶宗颐《楚缯书疏证》,《历史语言研究所集刊》40册上(1968年);巴纳书分两部,一部是 *Scientific Examination of an Ancient Chinese Document as a Prelude to Decipherment, Translation, and Historical Assessment — The Ch'u Silk Manuscript: Revised and Enlarged*, The Australian National University, Canberra, 1971年,一部是 *The Ch'u Silk Manuscript: Translation and Commentary*, The Australian National University, Canberra, 1973年。

著对楚帛书做重新研究，写成《长沙子弹库战国楚帛书研究》，先以单篇油印稿发表于该年的两次学术会议，并于五年后出版了正式的书（中华书局，1985 年）。这是中国大陆第一部以红外线照片为依据的论著。此后新作品骤然增多，如李学勤先生写成的系列论文[①]，不但做有帛书的新释文，还对帛书的放置方向、内容结构、思想性质以及图像含义提出许多新颖见解。特别是他指出帛书十二神可能与式法中的六壬十二神有关，可以说是帛书研究中的又一突破。此外，曹锦炎、高明、何琳仪、朱德熙等学者也参加了新一轮的帛书讨论[②]。这一时期，除大陆学者的作品，1985 年，饶宗颐、曾宪通也在香港发表了《楚帛书》一书（香港：中华书局），对帛书研究做系统总结。1987 年，笔者曾搜集上述作品，对楚帛书做再次讨论[③]。这以后，中国大陆也仍然新作不断[④]。

1990 年 4 月 27～28 日，美国赛克勒美术馆举办东周楚文化讨论会，曾展出楚帛书，借便开会，我有幸目睹帛书原物，发现帛书经去霉处理，又有若干字迹暴露，是原来红外线照片所未见，回国后写成短文介绍[⑤]。另外，会议还邀请饶宗颐先生和我发表对帛书性质的理解，收入会议论文集

---

① 李学勤《论楚帛书中的天象》，《湖南考古辑刊》1 集，1982 年；《楚帛书中的古史与宇宙观》，《楚史论丛》初集，湖北人民出版社，1984 年；《再论帛书十二神》，《湖南考古辑刊》4 集，1987 年；《长沙楚帛书通论》，《楚文化研究论集》第一集，荆楚书社，1987 年。

② 曹锦炎《楚帛书〈月令〉篇考释》，《江汉考古》1985 年 1 期；高明《楚缯书研究》，《古文字研究》12 辑（中华书局，1985 年）；何琳仪《长沙帛书通释》，《江汉考古》1986 年 1、2 期；朱德熙《长沙帛书考释》（五篇），发表于中国古文字研究会第六次会议（长春，1986 年）。

③ 李零《〈长沙子弹库战国楚帛书研究〉补正》，发表于中国古文字研究会第六次会议（长春，1986 年）。

④ 如蔡成鼎《〈帛书·四时篇〉读后》，《江汉考古》1988 年 1 期；陈秉新《长沙楚帛书文字考释之辨正》，《文物研究》第 4 辑，1988 年；何琳仪《长沙帛书通释校补》，《江汉考古》1989 年 4 期；连劭名《长沙楚帛书与卦气说》，《考古》1990 年 9 期；徐山《长沙子弹库战国楚帛书行款问题质疑》，《考古与文物》1990 年 5 期。

⑤ 李零《楚帛书目验记》，《文物天地》1990 年 6 期。

中[1]。还有，李学勤先生讨论“子弹库第二帛书”（上述另一帛书的印痕）[2]，饶宗颐先生讨论楚帛书的天象[3]，也是这一年发表的作品。

到目前为止，国内外学者对楚帛书的研究已有近半个世纪，发表论著已达68种[4]。尽管人们一次次试图对帛书做最后总结，但其研究却远没有“山穷水尽”，反而显得好像初被开发，还有许多“不毛之地”。特别是从式法来重新认识帛书和与日书一类书籍做比较研究，这类问题的研究还仅仅是开始[5]。

下面我们就从这一角度对楚帛书本身做一简短介绍。

首先，与式法有关，我们应讲一下楚帛书的图式。楚帛书是一部与图相配的书，而不是单纯用文字写成的书。这是研究其内容不能忽略的问题。

古代的书传于后世大多只有文字，但原来往往是图文相配，著录时要写明图多少卷，古人泛称为“图书”[6]。这一术语沿用至今含义已经变化，侧重的是“书”而不是“图”。古代的“图书”分两种，一种是以图附文，“图”和“书”是分开的；一种是以文附图、“书”是钞在“图”上。如马王堆帛书《养生方》所附的《牝户图》（此题是笔者所加）、《胎产书》所附的《人字图》

---

① 参看 *New Perspectives on Chu Culture during the Eastern Zhou Period*, edited by Thomas Lawton, Princeton University Press, 1991年，176～183页，拙文中文稿以《楚帛书与“式图”》为题，发表于《江汉考古》1991年1期。

② 李学勤《长沙子弹库第二帛书探要》，《江汉考古》1990年1期。

③ 饶宗颐《楚帛书天象再议》，《中国文化》3期（1990年）。

④ 李零《长沙子弹库战国楚帛书研究》（中华书局，1985年）共列35种，饶宗颐、曾宪通《楚帛书》增加7种，李零《〈长沙子弹库战国楚帛书研究〉补正》又增14种，加上李零《长沙子弹库战国楚帛书研究》、李零《〈长沙子弹库战国楚帛书研究〉补正》、李零《楚帛书目验记》3种和前引蔡成鼎文、陈秉新文、何琳仪文、连劭名文、徐山文、前引《东周楚文化讨论会》上的饶宗颐文和拙作、李学勤《长沙子弹库第二帛书探要》、饶宗颐《楚帛书天象再议》9种，共68种。

⑤ 李零《楚帛书与“式图”》，《江汉考古》1991年1期。

⑥ 《史记·萧相国世家》：“沛公至咸阳……何独先入收秦丞相御史律令图书藏之。”

和《禹藏图》、《天文气象杂占》的附图即属前一种[①]，其中的图都是插图性质；而马王堆帛书中的《阴阳五行》、《避兵图》（此题是笔者所加）、《地形图》、《驻军图》和《导引图》则属后一种[②]，其中的文字都带有题记性质或图注性质。这里讨论的楚帛书是属于后一种。它的图式是来源于六壬式的式图。

楚帛书的图式是由五部分组成：

（1）帛书是以春、夏、秋、冬分居东、南、西、北四方；

（2）帛书是以青、赤、白、黑四木表示东北、东南、西南、西北四维，与前者构成“四方八位”；

（3）帛书十二神是一种与六壬十二神作用相似的“转位十二神”，各有所当辰位：取、女、秉当寅、卯、辰，余、欱、虘当巳、午、未，仓、臧、玄当申、酉、戌，昜、姑、荃当亥、子、丑。每个“值神”皆有题记，题记按左旋排列，以象斗旋；

（4）帛书四木按右旋排列，以象岁徙（太岁右旋）；

（5）帛书中心的两篇文字是处于北斗、太一的位置，它们颠倒书写，正是象其阴阳顺逆，转位加临。

下面是我们对帛书各篇的介绍（释文用宽式，□表示缺文，▨表示残文，」表示换行，合文、重文一律直接用两字写出）：

（一）甲篇（居中，13行）。

隹（惟）□□▨，月则绳（赢）绌，不得其棠（当）；春夏秋冬，□又（有）▨尚（常）；日月星辰，乱遊（失）其行。绳（赢）绌遊（失）□，卉木亡」尚（常），是（?）〔谓〕夭（妖）。天地乍（作）羕（祥），天棓（棓）牆（将）乍（作）瀗（汤），降于其〔四〕方。山陵其发（废），又（有）㴊（渊）厥溃（汩），是胃（谓）孛。孛岁▨月，内（人）月」七日、八日，□又（有）雺（雾）雪（霜）雨土，不得其参职。天雨▨，

---

① 见《马王堆汉墓帛书》[肆]（文物出版社，1985年）67、83、84、133、134页和《中国文物》第一集（文物出版社，1979年）。

② 见《考古》1990年10期，926页图一；《古地图》，文物出版社，1977年；《马王堆汉墓帛书》[肆]，49～52页。《阴阳五行》尚未发表。

☐☐是遊(失)月,闰之勿行:一月、二月、三月,是胃(谓)遊(失)终亡,」奉☐□其邦;四月、五月,是胃(谓)乱纪亡,𡰥☐望(?)。其(?)岁:西戜(国)又(有)吝,女(如)日月既乱,乃又(有)𡿨方;东戜(国)又(有)」吝,天(?)下(?)乃兵,禼(害)于其王。■〔案:·属阳部;△属月、物合韵;▲属之、职通韵。〕

凡岁德匿,女(如)☐☐☐隹(?)邦所五(?)夭之行,卉木民人以☐四浅之」尚(常)。☐☐上夭,三寺(时)是行。隹(惟)德匿之岁,三寺(时)既(?)☐,䰗之以𢘦降。是月以娄曆为之正,隹(惟)十又(有)」二☐。隹(惟)李德匿,出自黄㴱(渊),土身亡☐,出内(入)□同,乍(作)其下凶。日月皆乱,星辰不冋(炯)。日月既乱,岁季」乃☐,寺(时)雨进退,亡又(有)尚(常)恒。恭(恐)民未智(知),曆以为则毋童(动),群民以☐,三恒发(废),四兴𡿨,以☐天尚(常)。」群神五正,四兴尧羊。𦘫(建)恒襡(属)民,五正乃明,百(?)神是享,是胃(谓)德匿,群神乃德。帝曰:"繇,敬(?)之哉!」毋弗或敬。隹(惟)天乍(作)福,神则各(格)之;隹(惟)天乍(作)夭(妖),神则惠之。钦(?)敬隹(惟)备,天像(象)是恻(贼)。成隹(惟)天☐,下民」之戒(式),敬之毋戈(忒)!"■〔案:·属阳部;△属东部和耕部、蒸部合韵;▲属之、职、蒸通韵。〕

民勿用☐☐,百神山川澫(濑)浴(谷),不钦敬(?)行。民祀不牆(庄),帝牆(将)繇以乱☐之行。」民则又(有)穀,亡又(有)相𧓍(扰),不见陵☐。是则𡿨至,民人弗智(知)岁,则无𦳚祭。☐则返民,少又(有)☐,土事」勿从,凶。」■〔案:·属阳部;△属东部。〕

〔大意〕

以上三章主要是讲顺令和知岁的重要性。第一章是讲月行固有度数,如果过快过慢,不得其当,就会造成春、夏、秋、冬节令失常,日月星辰运行混乱,以至造成各种凶咎,如草木无常(违反原有的生长周期),天棓星(一种妖星)降灾于下,山陵崩堕,泉水上涌,霜雾雨土,兵祸四起。第二章是讲岁有德匿,天有赏罚。民人知岁,天则降福;民人不知岁,天则降祸。第三章是讲民人应对天地山川诸神虔诚恭敬,以时奉享。如果民人不知岁,祭祀不恭,天帝便会降以上述凶咎,使农事不顺。

（二）乙篇（居中，8行）。

曰（粤）故（古）□熏䨺（包）䖒（戏），出自帀霆，仉（处）于𦐇□。厥□僬僬，□□□女，梦梦墨墨，亡章弼弼，□□水□，风雨是於。乃取（娶）」䖒遟□子之子，曰女填，是生子四□，是（？）襄而𢦏，是各（格）参柴。𧆞逃，为思（？）为萬，以司堵襄，咎而步达。」乃上下朕𨘔（断），山陵不𢧜。乃命山川四𣳟（海），□寞（热）熙（气）寒熙（气），以为其𢧜。以涉山陵，泷汩凼澫（濑）。未又（有）日月，四神」相弋（代），乃歨（恃）以为岁，是隹（惟）四寺（时）。■〔案：·属鱼部；△属歌、月、云通韵；▲属之、职通韵。〕

伥（长）曰青□榦（干），二曰未（朱）四（？）单，三曰翏黄难，四曰𣶃墨榦（干）。千又（有）百岁，日月」夋（允）生，九州不坪（平），山陵备𡸁，四神乃乍（作）□至于逡（覆）。天旁（方）達（动），攼（扞）斁（蔽）之青木、赤木、黄木、白木、墨木之精。」炎帝乃命祝融以四神降奠三天，〔以〕□思敦（敷）奠四亟（极），曰：非九天则大𡸁，则毋敢𣪠天䨩（灵）。帝夋（允）乃」为日月之行。■〔案：·属元部；△属耕部。〕

共攻（工）夸（？）步十日四寺（时），□□□神则闰四□毋思（息），百神风雨辰祎（违）乱乍（作），乃□日月以𨘔（转）相」土（？）思（息）。又（有）宵又（有）朝，又（有）昼又（有）夕。■」〔案：·属之部。〕

〔大意〕

以上三章是讲“四时”的产生，第一章是讲在远古时代，包戏（即伏牺）娶“䖒遟□子”的女儿“女填”，生下四个儿子，是为“四神”。当时没有日月，是靠“四神”分守四方，互相换位，用步行来推算时间，以表示“四时”。这是最原始的“四时”。第二章是讲分掌“四时”的包戏四子，长子叫“青□干”，次子叫“朱四单”，三子叫“翏黄难”，四子叫“𣶃墨干”。经过“千有百岁”，日月终于产生，但天不宁，地不平，炎帝命祝融率“四神”奠定“三天”、“四极”，恢复宇宙和谐，从此才有了由日月之行表示的“四时”。第三章是讲“共工夸步十日四时”，后来才有了一日之内的“四时”划分，即宵、朝、昼、夕。

（三）丙篇（边文）。

曰：取，云则至，不可以」□杀。壬子、丙子凶。乍（作）」□北征，率又

(有)咎,武▨」▨其敬。■」取于下」

曰:女,可以出帀(师)筑邑。」不可以豙(嫁)女取臣妾,」不火得不戚(憾),■」女朼(必)武」

〔曰:秉,□□□□□〕」妻、畜生(牲)、分女▨。■」秉司春」

曰:余,不可以乍(作)大事。少旱其」▨,▨龙其▨,取女为邦芺(笑)。■」余取女」

曰:欲,䖺率▨得以匿。不」见月才(在)▨▨,不可以享」祀,凶。取▨□为臣妾。■」欲出睹」

曰:虞,不可出帀(师)。水帀(师)不逿(复),其败(?)」其逿(覆),至于其下▨,不可以享。■」虞司夏」

曰:仓,不可以川▨,大不」训(顺)于邦,又(有)鸟内(入)于上下。■」仓莫(?)得」

曰:臧,不可以筑室,不」可以乍(作),不脨不逿(復),其」邦又(有)大乱。取女,凶。■」臧杢(?)▨」

曰:玄,可以筑(?)室(?)……」吁(可?)▨遅(徙),乃▨……。■」玄司秋」

曰:昜,不〔可〕燬(毁)事,可〔以□〕」折,敘(除)故(去)不义于四〔方〕。■」昜▨义」

曰:姑,利㱯(侵)伐,可以攻城,」可以聚众,会者(诸)侯,型(刑)首(?)」事,殍(戮)不义。■」姑分长」

曰:敎,不可以攻〔城〕,□」▨□□□□□▨▨。■」荃司冬」

〔大意〕

以上十二章是讲帛书十二神所主的各月宜忌,顺序是按正月到十二月排列。每章开头“曰”字后的第一字是月名,经考即《尔雅·释天》表示正月到十二月的一套名称:陬、如、寎、余、皋、且、相、壮、玄、阳、辜、涂。这些月名的原义还不很清楚,但作用应是表示十二神所当的辰位,情况与双古堆六壬式用正月到十二月表示各月值神相似。其所述各月宜忌分别是:取月(正月),忌杀,忌壬子、丙子日,忌作事(?)和北向征伐;女月(二月),可以出师征伐和修筑城邑,不可以嫁女和买进臣妾(奴隶);秉月(三月),可以(或不可以)……娶妻(?)、畜养牲畜等;余月(四月),不可以作大事(祭祀、征伐),……娶妇则为"邦笑";欱月(五月),……不见月在某宿(?),不可以祭享,祭享则凶。……;虘月(六月),忌出师,特别是水师……不可以祭享;仓月(七月),忌穿门户(?)……;臧月(八月),忌起盖屋室和娶妇;玄月(九月),可以起盖屋室……,可以(?)移徙……;昜月(十月),不可毁事(与"作事"相反,指拆屋毁墙一类事),可以……和除去不义之人;姑月(十一月),利侵伐,可以攻城、聚众、会诸侯,用兵刑除去不义之人;螸月(十二月),忌攻城……。各章的章题,第一字是月名,第二、三字,或隐括该章内容(如女月利出师,题作"女必武";余月"取女为邦笑",题作"余取女"),或表示季节(如春、夏、秋、冬的最后一月作"秉司春"、"虘司夏"、"玄司秋"、"荼司冬")。

上述内容是一个整体,甲篇侧重于"岁",乙篇侧重于"时"(四时),丙篇侧重于"月",彼此呼应。

帛书所述包戏四子,我们曾推测应即《书·尧典》当中的羲和四子[①]。四子相代,"步以为岁",是表示四时变换;而帛书十二神的"转位",则表示十二月的循环。它与六壬式的配神有相似之处。六壬式也有"四神"和"十二神"。"四神"即青龙、朱雀、白虎、玄武;"十二神"分两种,一种包含"四神",另一种即徵明、魁等十二神(见第二章第三节)。秦汉日书中的建除十二客和丛辰十二客也有好几套名称。它们虽是表示日辰的"转位",但与上述十二神也是相似的。

我们在前面讲过,楚帛书的内容应是原始禁忌的遗存。这类东西在古代有很大影响,无论一般子书还是儒籍都有不少反映。如很多学者都已指出,楚帛书与古代月令类文献(如《周书·月令》佚文、《王居明堂礼》佚文、《大戴礼·夏小正》、《礼记·月令》、《管子》的《玄宫》和《玄宫图》、

① 李零《长沙子弹库战国楚帛书研究》,中华书局,1985年,66~67页。

《吕氏春秋》十二纪）存在密切关系[1]。特别是《管子》的《玄宫》、《玄宫图》，甚至连图式（参第二章第四节的复原图）也与楚帛书相像。虽然仔细比较，二者也有差别，即楚帛书是以列述宜忌为主，不像月令类文献是以明堂（或玄宫）十二室为核心，有非常整齐的五行配数、配物系统，带有浓厚的说礼色彩[2]。但这适足说明前者有更多的原始性，此种形式的文献很可能就是月令类文献的取材所自。

羲和四子的神话在数术家言当中始终是被视为源头性的东西，而明堂之说也与上述古书有直接关系，所以《汉志・数术略》要说"数术者，皆明堂、羲和、史卜之职也"。

二、战国秦汉时期的日书

现已出土的日书共有 7 批，已见第一章介绍，这里可供讨论的是其中的 5 种：

（一）放马滩秦简《日书》甲种。

可参看放马滩秦简整理小组《天水放马滩秦简甲种〈日书〉释文》及何双全《天水放马滩秦简甲种〈日书〉考述》（均见甘肃省文物考古研究所编《秦汉简牍论文集》，甘肃人民出版社，1989 年）。此书篇幅较短，只有 73 枚简，内容包括（各类细目后均括注简号，简号后所记大写中文数字是表示栏数，以下几种日书同）：

（甲）建除（见简 1～4：壹、5～15、16～21：壹和 18、20、21：贰）。是供择日用的一种时间表。书中所列是按建、除、盈、平、定、执、彼（破）、危、成、收、开、闭排列：如正月建除为寅至丑，二月建除为卯至寅，依次顺数。表后注有建除十二日的宜忌。读者只要依表查得某日地支当建除某日，即可求知该日可以干什么和不可以干什么。如正月寅日为建日，简文说，

① 陈梦家《战国楚帛书考》，《考古学报》1984 年 2 期。

② 我在《长沙子弹库战国楚帛书研究》第 46 页已指出此点。

“建日，良日矣。可以为啬夫，可以祝（祷）祠，可以畜六生（牲），不可入黔首”，就是该日的宜忌。这种建除之说也见于《淮南子·天文》和《史记·日者列传》，一直传于后世。

（乙）选择和杂忌。是按选择事项分列日辰吉凶和举事宜忌，占简文的绝大部分。内容包括：

（1）人日（1～4：贰）。分男日和女日。男日为〔子〕、寅、卯、巳、酉、戌，女日为丑、辰、午、未、申、亥。简文规定，女子若于女日病又于女日愈，必再次得病；若于女日死又于女日葬，必再次死亡，男子亦如是。

（2）生子（16、17、19：贰）。即后世术家所谓的“推产”、“求子”。是按一日16时[平旦、日出、夙食、莫（暮）食、日中、日过中、日则（昃）、日下则（昃）、日未入、日入、昏、夜莫（暮）、夜未中、夜中、夜过中、鸡鸣]求何时生男，何时生女。

（3）亡盗（22～23、24：壹、25～41）。即后世术家所谓的“捕盗”。是以日辰占问如何捕捉逃亡盗贼，涉及逃亡者从何而来、藏匿之所、人数、性别、身份、相貌、可以抓到抓不到等。它分干日亡盗和支日亡盗两种。后者是以十二支配十二属相[鼠、牛、虎、兔、虫（龙之误）、鸡（虫之误）、马、羊、猴、鸡、犬、豕]，用属相作卜亡根据（如子日亡者必有鼠相等），并附该日亡盗可能使用的私名。

（4）禹须臾（42～68、69～73：壹）。是一种托名禹的吉凶立成之术①。这里所述包括三小类：

（a）行日（42～72：壹）。属于出行的择日，列有每月30日4个主要时辰（旦、日中、昏、中夜）所之方向的吉凶，如“人（入）月一日，旦西吉，日中北吉，昏东吉，中夜南吉”。

（b）见人（42～65：贰）。即《史记·龟策列传》的“见贵人”，列有各支日五个主要时辰的吉凶，如“子，旦吉，安（晏）食吉，日中凶，日失（昳）吉，

① 《后汉书·方术列传》注对“须臾”的解释是“阴阳吉凶立成之法”。饶宗颐先生对此术与纳音的关系有专门讨论，参所著《秦简中的五行说与纳音说》（《古文字研究》14辑，1986年）一文。

夕日凶”。

(c)禹步(66～67:贰、73:壹)。与(a)有关,是既择行日之后的一种禁祝之术。

(5)其他。包括:

(a)土忌(24:贰)。是讲动土的宜忌。

(b)衣忌(69～70:贰)。是讲裁衣、穿衣的宜忌。

(c)鼠忌(71:贰、73:贰)。是讲塞鼠穴的宜忌。

(d)犬忌(72:贰)。是讲养犬的宜忌。

(二)放马滩秦简《日书》乙种。

尚未发表,只能参看何双全《天水放马滩秦简综述》(《文物》1989年2期)的摘引和介绍[①]。此书共379枚简,篇幅较大,除部分内容同于甲种,还有以下一些内容(各类细目暂依何文所定):

(1)门忌。是讲置立室门的宜忌。

(2)日忌。是以干支记日,杂列某日宜于干什么和不宜于干什么。

(3)月忌。是按“四孟”(正、四、七、十月)、“四仲”(二、五、八、十一月)、“四季”(三、六、九、十二月)讲起盖屋室的方向吉凶。内容应属“室忌”(详见下文两种日书)。

(4)五种忌。是讲种获五谷的宜忌。

(5)入官忌。“入官”即后世所谓“拜官”,是讲拜官赴任的宜忌。

(6)天官书。是讲二十八宿的宿度。

(7)五行书。是讲十二辰位的五行相生和阴阳牝牡。

(8)律书。是讲钟律,并附标注八方风位的图表。内容应属以钟律候气定音的风角家说。

(9)巫医。是按时辰所当律名和属相占病的巫医之说,内容应属“占病”。

(10)占卦。是讲六十律的卦气吉凶,内容亦属以钟律候气定音的风

① 补注:今已发表。甘肃省文物考古研究所编《天水放马滩秦简》,中华书局,2009年。

角家说。

(11)牝牡月。是以正、二、六、七、八、十二月为牡月,三、四、五、九、十、十一月为牝月,讲各月宜忌。

(12)昼夜长短表。是讲一年12月每日的昼夜长短,办法是将一日16分,看昼夜各占多大比例,《论衡·说日》称为"岁日行天十六道"。

(13)四时啻(帝)。是讲四时起盖屋室的方向吉凶。其方向是以式图所见的干支之位来表示,即春:甲、乙和寅、卯、辰;夏:丙、丁和巳、午、未;秋:庚、辛和申、酉、戌;冬:壬、癸和亥、子、丑。内容亦属"室忌"。

(三)睡虎地秦简《日书》甲种。

可参看《睡虎地秦墓竹简》(文物出版社,1990年)所收释文和注释,饶宗颐、曾宪通《云梦秦简日书研究》(香港中文大学出版社,1982年)。此书共160枚简,双面书写,形式内容与放马滩秦简《日书》相似,但种类繁多,排列混乱,内容重复,这里重加排比,介绍如下:

(甲)建除。分两类,一种题为《除》(1～13正:壹),是按濡、赢、建、陷、彼(破)、平、宁、空、坐、盖、成、甬排列,不注宜忌,估计是楚地的建除;另一种题为《秦除》(14～25),同放马滩秦简(不但名称略同,所述宜忌也大体相似),应是秦地的建除。

(乙)丛辰。也分两种,一种无标题(1～13正:贰),是按结、阳、交、害、阴、达、外阳、外害、外阴、击、夬光、秀十二个名称排列,只述宜忌,未记日辰;一种题为《稷(稷)辰》(26～31正:壹、32～46正)。"稷(稷)辰"即《史记·日者列传》提到的"丛辰"[①],则是按秀、正阳,危阳、敫、萬、阴、彻、结八个名称排列,兼记日辰和宜忌(四名配单日,四名配双日)。后者无"外害"、"外阴"、"击"、"夬光",但"正阳"、"危阳"相当"阳"、"外阳","敫"与"交"、"萬"与"害"古音相近[②],"彻"与"达"义通互训,说明应是类似的系统。丛辰之说,后世失传,据此可知,实与建除类似。

---

① 参看《睡虎地秦墓竹简》后记。

② 参看裘锡圭《释蚩》,《古文字学论集》初编,香港中文大学,1983年。

（丙）选择和杂忌。包括：

（1）星占。分招摇、玄戈、岁、二十八宿、天李（理）等多种。招摇、玄戈是代表斗建（斗柄所指），其占辞见于《玄戈》（47～58 正：壹），是以二星相对于二十八宿的位置定各月的方向吉凶。岁之占见于《岁》（64～67 正），是以太岁所在定各月的方向吉凶，并附秦楚月名对照和各月的日夕十六分比（昼夜之比）。楚的正月到十二月是叫中（终）夕、屈夕、援夕、刑夷、夏夷、纺月、七月、八月、九月、十月、爨月、献马，分别相当秦的十至十二月和正月至九月。二十八宿之占见于《星》（68～75 正：壹），是讲二十八宿所主的吉凶。天李（理）之占见于简 145～148 背，亦与斗建有关。

（2）反支。见简 47～60 正：贰、叁和《反枳（支）》（153～155 背）。前者有图（图 3-4），作倒置的梯形（接近于三角形），上布 30 个小圆圈，由一中分线平分成左右两半，右半 15 个小圆圈表示从朔到望，左边 15 个小圆圈表示从既望到晦。中分线上有 5 个 U 形饰，用以连接夹持中分线的圆圈。下附文字曰："此所胃（谓）艮山，禹之离日也。从上右方数朔之初日及枳（支）各一日，数之而复从上数。□与枳（支）刺（夹）艮山之胃（谓）离日。离日不可以家（嫁）女、取妇及入人民畜生，唯利以分异。离日不可以行，行不反（返）。"是一种据"反支"以推"离日"的图。所谓"离日"，是分离之意，相传是夏禹离家外出之日。这种日子主分不主合，故不宜嫁女娶妇，入人民畜牲和出行，利于分家。这段话后面还有一段讲分家（"异"）、赁房

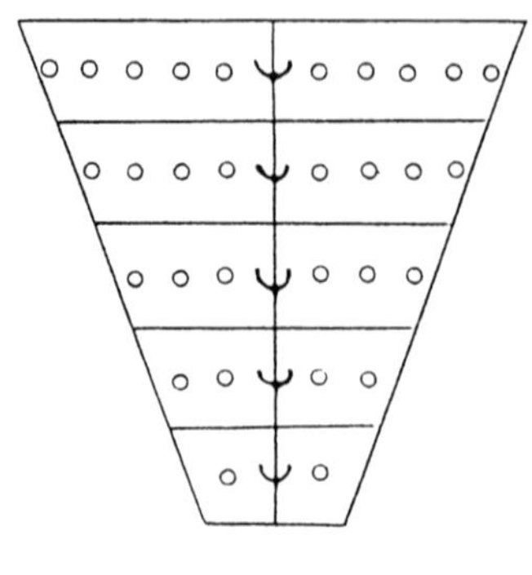

图 3-4 《艮山图》
（睡虎地秦简）

（"僦"）、借寓（"入寄"）之忌的话，是连类而及。依据图下文字，此图可称为《艮山图》。后者是讲"反支"的推定。其规定是，每月第一反支，子丑朔为该月第六日，寅卯朔为该月第五日，辰巳朔为该月第四日，午未朔为该月第三日，申酉朔为该月第二日，戌亥朔为该月第一日。第一反支确定后，每隔六日为一反支，全月共有五个反支（原文"一月当有三反枳（支）"，"三"是"五"之误）。并述每月的朔、望、晦日之忌。银雀山汉简《元光元年历谱》详列各月反支，可参看。据李学勤先生考证，前者之所谓"艮山"，是取于《易·说卦》"艮为山"之说，并且图形左右两边和中分线，加上底边，形似"山"字，图中的"反支"，是以右上角的圆圈为朔日，按竖读的顺序，从右向左依次推算。"离日"当指在中分线两侧，与"反支"对称的日子。李先生以《元光元年历谱》的十月为例，画有示意图（图 3-5），可参看[①]。

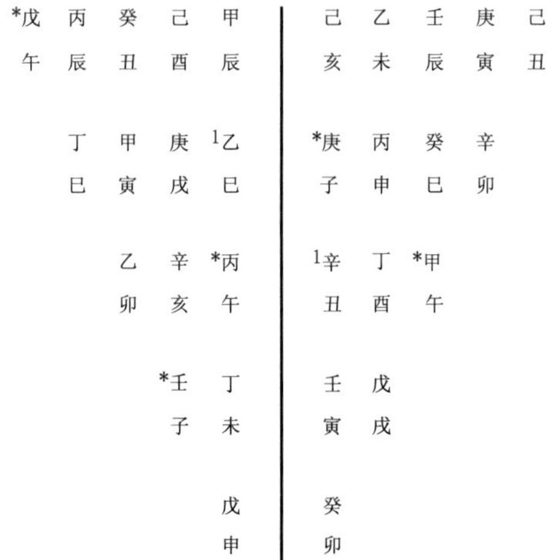

图 3-5　推"离日"法示意

（3）日夕十六分比。除见于《岁》（64～67 正），也见于简 60～68 背：叁和 60～62 背：肆。

（4）视罗。见简 83～90 背：贰，是一种按四方中央，从内向外旋转，排

① 李学勤《睡虎地秦简中的〈艮山图〉》，《文物天地》1991 年 4 期。

列十二月和十二支的图(图 3-6:1)。图的中央漏画(或泐去)纵分线。这种图也见于乙种(但方向不同,此图是左南右北侧置,类似楚帛书)。据后者可知,此图应题为《视罗图》,下、左、上、右的空格是代表东、南、西、北(丑位应与右边的空格互换),分别与寅、卯、辰,巳、午、未,申、酉、戌和亥、子、丑相接。估计是用来顺数支日的五行相生。

(5)五行。见简 83~91 背:叁和 92 背:贰,是讲五行相胜和其所配方向。

(6)直心。见简 83~91 背:肆、92 背:叁和 93~94 背:贰,是讲各月的“直心”之日(含义不详,可能与前者有关)。

(7)五子。见简 27 正:贰。简文说“五辰不可以兴乐□,五丑不可以巫”,内容应属“古五子”之说,即按五子到五亥排列的择日表(详见下文乙种)。

八酉月		九戌月	十亥月
七申月	三辰月	二卯月	
	四巳月	正寅月	二子月
六未月	五午月	十二丑月	

1

未六月	方南	申七月	酉八月
午五月	己四月	辰三月	西方
東方	寅正月	卯二月	戌九月
丑十二月	子十一月	北方	亥十月

2

图 3-6 《视罗图》(睡虎地秦简):
1. 甲本所附 2. 乙本所附

(8)臽(陷)日和敫日。见简 136～139 正:肆至捌(附于《到室》内),是两种忌,前者忌娶妇嫁女和出行,后者忌渔猎、请谒、责人、捕盗、祠祀、杀生,皆属凶日。

(9)生子。见《生子》(140～149 正:壹至陆),与放马滩秦简《日书》不同,不是按一日之内的时辰,而是按产日(按六十甲子排列)推产子吉凶,如"庚寅生子,女为贾,男好衣佩而贵"。

(10)人字。见《人字》(150～154 正:壹、贰和 150～152 正:叁)。"字"是产乳之义,附图作两小儿形(图 3-7),分别标十二支日于头顶、颈两侧、双肩、双腋、双手、双足和胯下。一图为秋、冬二季,一图为春、夏二季,支日起迄不同,也是用来按产日推产子吉凶,即"其日在首,富难胜殴(也)。夹颈者(颈两侧)贵。在奎(胯下)者富。在掖(腋)者爱。在手者巧盗。在足下者贱。在外者(双肩)奔亡"。

图 3-7 《人字图》
(睡虎地秦简)

(11)娶妻、嫁女。即后世术家所谓"嫁娶"或"婚嫁"。见《取妻》(155

正)、《作女子》(156 正)和简 1～12 背。主要是讲娶妻、嫁女的择日。如牵牛娶织女之日、女娲死日、禹娶涂山女之日都是凶日,而牝月牡日则是吉日。简 11～12 背提到牝牡日和牝牡月的划分。前者是以子、寅、卯、巳、酉、戌为牡日,丑、辰、申、午、未、亥为牝日,同于放马滩秦简《日书》甲种的男女日;后者见于放马滩《日书》乙种。比较可知,这里的牡月缺二、六月,牝月缺五、十一月。

(12)占病。见《病》(68～77 正:贰),是以按五行分配的干月(甲乙木,丙丁火,戊己土,庚辛金,壬癸水)占问病因、病情。病因或因死者(祖父母、父母、外鬼)为祟,或因某种食物。病情则分“有间”(病情见好)、“酢”(病情痊愈)、“烦”(情况不好)和“死”四等,术语与楚占卜竹简所用相似,后者也有“有间”,但“酢”作“瘥”,“烦”是用“忧”字代替(详见第四章第三节)。

(13)占死。见简 83～96 背:壹,是按十二支排列死日,以占生者之咎。每个死日下皆注“某也”,表示该日所主。如“巳,翼(异)也”,是说此日主分异,所以下面说“其后必有别,不皆(偕)居,咎在恶(垩)室”,意思是该日死,家人将不合,孝子将有咎。

(14)占梦。见《梦》(3、14 背:壹),是讲禁祝恶梦之法。其祝辞所说的“豹䝙”是一种食梦之鬼,已见第一章介绍。此类未涉日辰。

(15)禁除鬼怪妖祥。见《诘》(24～59 背:壹至叁),篇幅很长,除涉及各种鬼怪,如哀鬼、暴鬼、饿鬼、夭鬼、不辜鬼等等,还包括飘风、雷电、哀思、忧愁,以及造成不祥的鸟兽虫豸等。此类亦不涉日辰。

(16)人日。见简 30～31 正:贰和 80～81 正:贰,包括人良日和人忌日。人日又分男日和女日,同于放马滩秦简《日书》(但只讲葬日,未讲病日),并附男女忌日。

(17)马日。见简 82～83 正:贰,也分马良日和马忌日。

(18)牛日。见简 84～85 正:贰,也分牛良日和牛忌日。

(19)羊日。见简 86～87 正:贰,也分羊良日和羊忌日。

(20)猪日。见简 88～89 正:贰,也分猪良日和猪忌日。

(21)犬日。见简 90～91 正:贰,也分犬良日和犬忌日。

(22)鸡日。见简 94 正:贰,也分鸡良日和鸡忌日。

(23)蚕日。见简 94 正:贰,只记蚕良日。

(24)马禖。见《马禖》(156～160 背),是为祈求马匹繁殖的祝告之辞,所告之神为先牧(畜牧业的祖师爷)。此类亦不涉日辰。

(25)禾日或五种日。见简 17～23 正:叁和 151～152 背,是讲五谷种获和枲籴的择日,也分良日和忌日。

(26)田忌。见简 149～150 背,是讲田作之忌。

(27)囷日。见简 24～25 正:叁,是讲修造粮仓(囷是圆的粮仓)的择日,只讲囷良日。

(28)衣日。见《衣》(26 正:贰),简 113～117 背和《衣》(118～122 背),是讲裁衣的择日,也分良日和忌日。简文提到丁酉日裁衣,朝西又朝东走,坐而饮酒,可以避兵。

(29)土日。见《土忌》(104～105 正:壹、106 正、107～109 正:壹)和《土忌》(129～142 背),是讲"土事"或"土功"(指修盖或拆毁房屋墙垣和植树等事)的择日,也分良日和忌日,但以讲忌日为主。

(30)室忌。见《啻》(96～99 正:壹、贰、95 正:贰、96～99 正:叁、100 正、101 正:壹)和《室忌》(102～103 正:壹),是讲起室(起盖屋室)、穿门(开立门户)、筑垣(修筑墙垣)的择日和方向吉凶。有"啻(帝)"、"剽"、"杀"、"四废"等术语。

(31)置室门。见《直(置)室门》(114～126 正:壹至叁),附图(图 3-8)是一上北下南的宅院,院北面有"大厩(殿)",殿右有羊圈,殿左有猪圈和仓囷,上下各六门,左右各五门,内容是讲这 22 个门各主的吉凶和应过多少年再翻盖。

(32)门忌。见《门》(143～144 背),是讲"四敫"之日不可穿门户和动土杀生。

(33)鼠襄户。见简 28～29 正:贰,是讲见到鼠上户何日为吉,何日为不吉。

(34)分异和入寄。见简 54～60 正:叁和 127 背,是讲同室分家或外

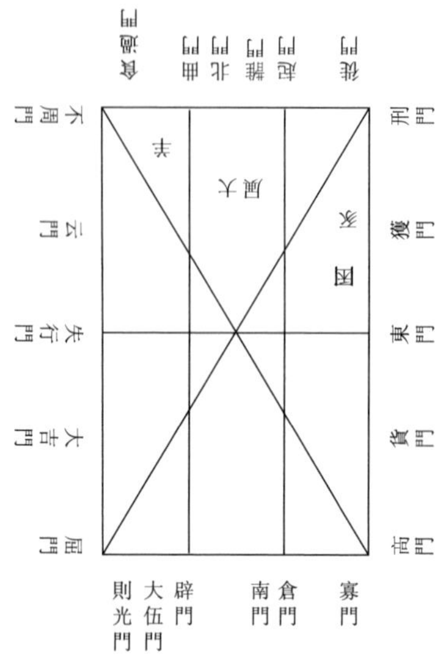

图 3-8 《置室门图》
（睡虎地秦简）

人借寓的择日。简文说前者择日不当会贫病交加，后者择日不当会“代居其室”（客代主位）。

（35）归行。见《行》（127～130 正）、《归行》（131～135 正）、《到室》（134～139 正），简 107～112 背、简 127～128 背，是讲出行和还归的择日。前者也叫“去室”或“行”，后者也叫“到室”、“入室”或“入”。其中《到室》列有禹须臾行日、十二支日的方向吉凶和各月的臽（陷）日、敫日。简 111～112 背亦述禹步之法。简 128 背并述及“船行”的择日。

（36）禹须臾。除上所引禹须臾之法，简 97～99 背：壹和 100～101 背也列有禹须臾行日表，内容与放马滩秦简《日书》大体相同，也是以出行的择日为主。

（37）见人。见《吏》的前半部分（157～166 正：壹至伍），比放马滩秦简《日书》所述为详，可以说明此类是指以卑见尊，请谒言事。其时辰作朝、晏、昼、日虒、夕。

（38）入官。见《吏》的后半部分（157～166 正：陆），是讲拜官的择日。

(39)亡盗。见《盗者》(69～82背),与放马滩秦简《日书》相似,也是分干、支两种,但干日之占只述亡盗可能使用的私名(内容更丰富),十二属相为鼠、牛、虎、兔、〔龙〕、虫、鹿、马、环、水、老羊、豕。

(40)祷祠。见简78～79正:贰,包括祠父母和祠行(道路)。简125背还提到"祠史先"的忌日。

(41)市良日和金钱良日。见简89正:贰和93正:贰,皆与做买卖有关。

(42)作事。兴办某事叫"作事"。见《作事》(110正:壹),简文只讲了各月利于动土的方向。

(43)毁弃。与前者相反。见《毁弃》(111～113正:壹),是讲各月不可作事的方向。

(44)生杀。见简102～106背,是讲忌杀之日。

(45)移徙。见简59～60正:壹、61～63正,是讲各月移徙的方向吉凶。其术语有"大吉"、"少吉"、"击"、"刺离"、"精"、"毁"、"困"、"辱",前两种是表示吉利,其他似是表示不利。其中"击"是死义,"刺离"指家人分离,"精"、"毁"、"困"、"辱"不详。简124、126背也有类似内容,但属于讲日而不是月,并且以"死"代"击"。

(46)求人。见简153～154正:叁,是讲哪些日子求人才能如愿。

(47)日忌。见简101～113正:贰和124～126正:叁。前者提到子忌卜筮,丑忌打扫门户,寅忌祭祀和打井,卯忌沐浴,辰忌埋葬,巳忌祷祠,午忌出入臣妾、马牛,未忌伐大树,申忌出入臣妾、马牛、财货,酉忌冠、带剑,缺戌、亥。后者只提到未忌种树和戌忌造床,并附燔粪忌日。

(四)睡虎地秦简《日书》乙种。

参考书同上。此书简数较多,共260枚,但只一面书写,并且字体较大,所以字数实际上要少于甲种。它的内容与甲种接近,但略有不同,包括(顺序亦经重新整理):

(甲)丛辰。分两种,一种无标题,见简1～17和18～25:壹,是按窞结、赢阳、建交、窨罗、作阴、平达、成外、空外、𨑖外、盍绝、成决、复秀十二个名称排列，兼有日辰（地支）和宜忌，估计是楚地的丛辰；一种题为《秦》（47～52：壹，53～63），也兼有日辰（地支）和宜忌，应是秦地的丛辰。其名称虽与甲种的两种丛辰不尽相同，但两相对照，明显仍是类似系统。

（乙）建除。只有一种，见于《除》（26～46：壹），是按建、余（除）、吉、实、窞、徼、冲、剽、虚、吉、实、闭排列，兼有日辰（地支）和宜忌，与甲种的两种建除都不同，说明古代的建除有很多种。

（丙）选择和杂忌。包括：

（1）星占。只有二十八宿一种，见简 80～107：壹，内容与甲种相似，并且配有月名。

（2）日夕十六分比。见简 18～29：贰（附于第一种丛辰之后），内容与甲种相似。

（3）视罗。见简 206～218：贰（图 3-6：2），后有图题“视罗”二字（223：贰）。银雀山汉简《元光元年历谱》把干支一览表称为“视日”，这里的“视”字可能是同一含义。“罗”字则可能是指其网格式的图式。其图式与甲种相似，但甲种是作上西下东、左南右北排列，此图是作上南下北、左东右西排列。估计应与顺数五子有关。

（4）五子。见简 224～237：壹。古“五子”之说是按五子到五亥排列六十甲子，这里顺序比较混乱，是按申、酉、卯、寅、丑、子、午、亥、巳、未、戌、辰排列，并有脱文。简文提到按清旦、食时、日则（昃）、莫（暮）、夕排列的一日五辰，可能也与“五子”有关。《汉志・六艺略》易类有《古五子》十八篇，班固注：“自甲子至壬子，说《易》阴阳。”其说亦见于《管子・五行》和《淮南子・天文》，是一种按五行分配的干支表。

（5）五行。见简 79～87：贰，是以十干和十二支配五行讲五行相胜，但十干脱“甲乙木，木胜土”，十二支“丑巳金”应作“丑巳酉金”，简 84：贰缺文应作“寅午戌火”。

（6）直心。见简 95～106：贰，内容与甲种相似。

（7）臽（陷）日。见简 88～94：贰，95～97：叁，是用十干表示的一种凶日，每月都有。

(8)天閻(陷)。见简88～94:叁、95～99:肆、100～106:叁和107:贰,似与前者有关,也是一种每月都有的凶日(多在每月十三、四日或二十七、八日)。这种凶日是一种不宜出行之日,所以简文提到禹符、禹步和有关祝辞。

(9)赤啻(帝)临日。见简132～137,是一种用十二支表示的凶日,也是每月都有。逢赤帝临日,百事不宜。

(10)生子。见《生》(238～248),大体同于甲种。

(11)娶妻、嫁女。见《家(嫁)子□》(197～201,第三字似作"刑"),与甲种不同,是讲各月迎娶的方向吉凶,有"尽"、"夬丽","执辱"、"郄逐"、"续光"、"吉富"、"斗"等术语,其中除"续光"、"吉富"是表示吉利,其他多是表示不吉。

(12)占病。分两种,一种见简157～180,是以支日占病,先占方向吉凶,次占朝夕启闭,再占还入吉凶,然后才占病情病因,前几项皆为甲种所无;另一种见《有疾》(181～187),是以干日占病,与甲种相似。此外,简188:壹讲酉、午、巳、寅日不可看望病人,也与此类有关。

(13)占死。见简202～205和206～223:壹,是占各月干日(按五行之序排列的干日)之死及所主方向吉凶,与甲种占支日之死不同。

(14)占梦。见《梦》(189～195:壹),是按干日(按五行之序排列)所梦鬼怪的衣色等占其吉凶,并有与甲种所述十分相似的禁祝恶梦之法。

(15)人日。见《人日》(108)、《男子日》(109),内容与甲种相似。

(16)马日。见《马日》(68、69),内容与甲种相似。

(17)牛日。见《牛日》(70、71),内容与甲种相似。

(18)羊日。见《羊日》(72),内容与甲种相似。

(19)猪日。见《猪日》(73),内容与甲种相似。

(20)犬日。见《犬日》(74～75:壹),内容与甲种相似。

(21)鸡日。见《鸡日》(76:壹),内容与甲种相似。

(22)五种日。见简46～51:贰、64～65,内容与甲种相似。

(23)田忌。见简30:贰,内容与甲种相似。

(24)木日。见《木日》(66、67),是讲种树的良日、忌日和干日(按五行之序排列)忌种的树种。

(25)衣日。见《褺(製)》(129),是以五丑为裁衣利日,丁巳为裁衣忌日。

(26)室忌。见《室忌》(110)、《盖屋》(111～112)、《盖忌》(113)。其中《室忌》与甲种所述相似。

(27)圂日。见简188～190:贰,是讲修盖厕所的择日,分良日和忌日,为甲种所无。

(28)毁垣。见简195～196:贰,是讲拆除墙垣的忌日,属于甲种所述的“土忌”。

(29)穿户。见简196:壹,是以丑日为穿门忌日,亦属甲种所述“土忌”。

(30)除室。见《除室》(115、116,重出),是讲扫除屋室的择日,为甲种所无。

(31)入寄。见《寄人室》(131),内容见于甲种,但无关于分异的择日。

(32)失火。见《失火》(249～252),是讲失火之日所主吉凶,为甲种所无。

(33)归行。见《行日》(139)、《行者》(140)、《入官》(141)、《行忌》(142、143)。《行日》是讲宜出之日,《行者》、《入官》是讲忌入(到室)之日,《行忌》是讲出行之忌。

(34)见人。见《见人》(153～156),是讲见人的择日,除列各月见人的吉日(用干支表示),还附有一套一日12时的名称,即〔鸡鸣丑〕、〔平旦〕寅、日出卯、食时辰、莫(暮)食巳、日中午、槼(日昳)未、下市申、舂日酉、牛羊入戌、黄昏亥、人定〔子〕。这些名称应是用于占问一日之内请谒言事的吉凶,与甲种用五个时辰只是繁简不同。

(35)入官。见《入官》(224:叁和225～237:贰),内容与甲种相似,并使用“临官立政”一词,可见“入官”即后世术家所谓的“临官莅政”。

(36)冠。见《初寇(冠)》(130),是讲冠礼(男子成丁礼)和乘车的择日。

(37)亡盗。见《亡日》(149、150)、《亡者》(151、152)和《盗》(253～259)。《亡日》、《亡者》是讲宜于追捕亡盗之日。《盗者》是占干日如何追捕亡盗,没有支日之占，而且比较简略，也不述盗名，但内容大体同于甲种。

(38)祷祠。分两种，一种是祠五祀，即祭室中、户、门、行、〔灶〕，见简32～42:贰；一种是祠亲，即祭祖考，见于《祠》(148)。后者并提到祠室、户等，亦属祠五祀。另外，简文于述归行宜忌后有《行祠》(144)、《行行祠》(145、146)、《□祠》(147)，专讲五祀中的“行”这一项，是与归行择日直接有关的祷祠。祖考和五祀在楚占卜竹简中也是常见的祷祠内容(详见第四章第三节)。

(39)日忌。见简191～193:贰，提到辰忌哭、挖墓穴和卜筮、盖屋，辛卯、壬午忌看望亲友，酉、午、巳、寅和辛亥、辛卯忌探视病人。

(五)磨咀子汉简《日书》残简。

参看《武威汉简》(文物出版社，1964年)136～139页陈梦家先生所做的释文考证。此书只有11枚简，原题“日忌杂占木简”，现在看来亦属日书的范围。其中第一简的简背记有“河平□〔年〕四月四日诸文学弟子出谷五千余斛”，知简文钞于西汉成帝时。内容主要是讲十干日和十二支日所忌。干日：甲忌“治宅”，乙忌“内(纳)财”，丙忌“直(置)衣”，丁忌“威□”，戊忌“度(渡)海”，己忌“射侯”，庚以下缺。支日：子至卯缺，辰忌“治丧”，巳缺，午忌“盖屋”，未忌“饮药”，申忌“财(裁)衣”，酉忌“召客”，戌忌“内(纳)畜”，亥忌“内(纳)妇”。简文述日辰之忌只择一项，并且一律作四字一句，两句一韵，具有口诀性质。这类内容也见于睡虎地秦简《日书》，但除辰日所忌，两者往往并不相同。

以上五种日书，所占内容涉及古代日常生活的各个方面，对民俗学的研究有一定参考价值。但这种价值主要在其指标。因为日书都是世代相传、反复使用的手册，内容完全是设计好的和程式化的，几千年来很少变化。它们并不是实际的占卜记录，更不是社会生活的写实[①]。

---

① 西北大学《日书》研读班在《文博》杂志发表系列论文《秦简日书研究》，把秦简日书当“秦国社会的一面镜子”，可商。参看《文博》1986年5期，1988年3、4期，1989年3、6期，1990年2期所载各文。

三、附论:十二生肖的起源

十二生肖或十二属相,在中国几乎无人不知,但却很少有人了解它的来源和本来含义。过去,讲十二生肖,从文献追溯,最早是到东汉时期,再早只能寄希望于地下出土物。但以往的发现,年代一般都比较晚,而且是属于形象表现的实物,如生肖壁画(图 3-9)、生肖俑(图 3-10)、生肖镜(图

图 3-9　山西太原北齐娄叡墓生肖壁画

3-11)、生肖墓志，除少数可以早到南北朝时期[①]，多是隋唐以来的东西[②]。因此，上述日书所见的十二生肖是相当重要的，它们不仅年代早得多，可以上推到战国末期和秦代，而且有文字内容，为探索其起源提供了重要线索。

图 3-10　唐生肖俑
（湖南长沙牛角塘 M1 出土）

在后世数术书中，生肖的主要功能是与年相配，用以标志生年，供人推测年命。但在上述两种日书中，十二生肖却是用来配日，即与记日干支的十二支相配，用以标志生日，和取名直接有关。

① 如山东临淄北朝崔氏墓地 M10 出土的生肖俑（6 件）和山西太原北齐娄叡墓的生肖壁画（仅存鼠、牛、虎、兔），见《临淄北朝崔氏墓》（《考古学报》1984 年 2 期）和《太原市北齐娄叡墓发掘简报》（《文物》1983 年 10 期）。

② 参看《笔谈太原北齐娄叡墓》（《文物》1983 年 10 期）中的史树青发言。

1

2

图 3-11 隋唐生肖镜：

1. 陕西永寿孟村出土

2. 孔祥星、刘一曼书插图

在上述两种日书中，十二生肖主要见于讲抓“亡盗”的简文（放马滩秦简《日书》乙种还有以生肖问病的内容）。在这类简文中，生肖都是用来推“亡盗”的重要依据。如以睡虎地秦简《日书》甲种的《盗者》篇为例，其讲法一般是，子日生肖为鼠，则是日亡盗必有鼠相，“兑（锐）口，希（稀）须，善弄，手黑色，面有黑子焉，疵在耳”；藏匿之所也与鼠有关，是在“垣内中粪蔡下”，等等。这类简文后往往缀以“名某某”等辞，颇费索解，向来无人解说。这几年，经反复考虑，才终于明白，它也是推“亡盗”的一种依据，即该日亡盗的私名。简文所列之名有多种，应是该日生子可供选择的一些名字，亡盗之名应在这一范围之内。也就是说，生肖不但和生日有关，还与由生日而定的私名有关。这是值得注意的现象。

为了讨论的方便，我们先把两种日书中的生肖和盗名列表示意如下：

（一）放马滩秦简《日书》甲种《亡盗》，其生肖和盗名是：

支日	生肖	盗名
子	鼠	
丑	牛	
寅	虎	辄、耳、志、声
卯	兔	
辰	虫（“龙”之误）	
巳	鸡（“虫”之误）	
午	马	
未	羊	
申	猴	环（猿）、远、所
酉	鸡	灌
戌	犬	
亥	豕	

〔案：表中“生肖”与今略同，“盗名”残缺不全。〕

（二）睡虎地秦简《日书》甲种《盗者》，其生肖和盗名是：

支日	生肖	盗名
子	鼠	鼠、鼷、孔、午郢（或午、郢）
丑	牛	徐、善、趱、以未（或以、未）
寅	虎	虎、犴、貙、豹、申
卯	兔	兔、灶、陉、突、垣、义酉
辰	一	擢、不图、射、亥戌（或亥、戌）
巳	虫	西、茞、亥旦（或亥、旦）
午	鹿	彻、达、禄、得、获、错
未	马	建、章、丑吉（或丑、吉）
申	环（猿）	责、环（猿）、貉、豺、干、都寅（或都、寅）
酉	水（隹）	多酉（或多、酉）、起、婴
戌	老羊	马童、奔、思（勇）、辰戌（或辰、戌）
亥	豕	豚、孤、夏、穀、□亥（或□、亥）

〔案：表中“生肖”午为鹿而非马，未为马而非羊，申作环（猿），酉作水（隹），戌为老羊而非犬，与今不同，“盗名”所列较详。〕

另外，此篇除支日盗名，还有干日盗名，是作：

干日	盗名
甲	耤、郑、壬、鐖、强、当良（或当、良）
乙	舍、徐、可、不詠、亡恖（忧）
丙	鐇、可、癸上（或癸、上）
丁	浮、妾、荣、辨、仆、上
戊	匽、为胜（或为、胜）、既
己	宜食、成、怪、目
庚	甲、郢、相、卫、鱼
辛	秦、桃、乙、忌、慧
壬	黑、疾、齐、谨
癸	阳生、先智（或先、智）、丙

上述内容，对研究古代姓名制度有重要价值。古代姓名比今日复杂，包括姓、氏、名、字、谥等多种称谓。姓、氏互为本枝，是表示血缘所出；而名、字、谥是用以称呼个人。人生而有名，成而有字，死而有谥，彼此是不

大一样的。据《礼记·内则》，名是子生三月，在“接子”仪式上，由父取之。简文所见之“名”就是属于这种“名”，相当现在所说的“小名”。

古代取名有很多讲究，如《左传》桓公六年记申繻对鲁桓公之间，有所谓“五以”、“六不以”：

> 名有五，有信，有义，有象，有假，有类。以名生为信，以德命为义，以类命为象，取于物为假，取于父为类。不以国，不以官，不以山川，不以隐疾，不以畜牲，不以器币。

“五以”是五种取名方法，即可用表示出生、道德、形象、物品、父亲的字为名。“六不以”是六种取名禁忌，即不可用国名、官名、山川名、疾病名、畜牲名、礼器、礼品名为名〔案：《礼记·曲礼下》有类似说法，但无第二、五、六项，多出“不以日月”。〕。这里“五以”以“名生”为第一类，很值得注意，简文所记应即属于这一类。但申繻所说的“六不以”，验之文献记载和出土文字材料，例外太多[①]；在古代是否为通则，很可怀疑。简文有以生肖为名的一类，其中包含“六畜”，按之“六不以”，也应属于“犯规”。可事实上，这类名称在古代早已有之，如春秋有南宫牛（见《左传》庄公十二年），战国有乐羊（见《战国策》等书），都是很明显的例子[②]。

古人如何以生日取名，是简文向我们透露的重要信息。上述两种《日书》都有讲“推产”、“求子”的《生子》篇，是以生日干支推生子的吉凶祸福，与这类内容是有关系的。我们怀疑，古代取名当有专书，形式也是按日排列，简文所述只是其中的一部分。

在上述三表的前两种当中，取名用字的规律比较明显。虽然这里有些字的用法仍不能确知，我们的断读也不一定准确（有些连读的字或应分读，有些分读的字或应连读），但其命名之则似不出于以下五类：

---

① 杨伯峻《春秋左传注》（中华书局，1981 年）115～116 页举了一些例子。同样的例子还有很多。

② 西周铜器训匜有“牧牛”，学者多以为是官名，参看李学勤《岐山董家村训匜考释》，《古文字研究》1 辑，中华书局，1979 年。但从铭文中“牧牛”是见于呼唤之辞来看，恐怕还是以“牧”为其官氏，“牛”为其私名更合适。

(1)用生肖本身为名。如子日名“鼠”,寅日名“虎”,卯日名“兔”,申日名“环(猿)”。

(2)用与生肖有关的动物为名。如鼷(一种小鼠)与“鼠”有关,“犴”(一种野狗)、“貙”(似狸,亦名貙虎)、“豹”与“虎”有关,“玃”(一种猴)与“龙”有关,“貉”、“豺”与“环(猿)”有关,“豚”与“豕”有关,可分别用为子、寅、辰、申、亥日之名。

(3)用生日(支日)本身为名。如酉日名“多酉”,亥日名“□亥”。

(4)用生日(支日)的冲日为名。如子日名“午郢”,丑日名“以未”,寅日名“申”,卯日名“义酉”(疑读为“宜酉”),辰日名“亥戌”,巳日名“亥旦”,未日名“丑吉”,申日名“都寅”,戌日名“辰戌”,就是因为子与午,丑与未,寅与申,卯与酉,辰与戌,巳与亥互为冲日。

(5)用其他含义相关之字为名。如子日生肖为鼠,鼠善穿穴,故可以“孔”为名。午日,午字有交午(交叉、交错)之意,并象街衢四达,故可以“彻”、“达”、“错”为名,并由“达”义引申,又可以“禄”、“得”、“获”为名。

上述三表中的最后一种是以干日为名,规律不很清楚,但有些似与表示日辰宜忌的字有关,如“可”、“亡忧”、“为胜”、“宜食”(此是汉代常用的吉语)、“成”、“忌”等等。还有一些则类似支日取名的第四类,如在式图上,甲与庚相对,乙与辛相对,丙与壬相对,丁与癸相对,或甲乙与庚辛相对,丙丁与壬癸相对。简文丙日名“癸上”、庚日名“甲”、辛日名“乙”、癸日名“丙”,似属这一类(但甲日名“壬”似是另一规律)。“以日为名”(即以十干为名)在古代很有传统,从传世文献和出土铭文看,夏、商、周均有之,特别是商用日名尤为普遍。这种日名,现在学者多推测是死后所用[①],但简文所记却是生日。疑早期日名属“诞辰”类。

上述三表中的人名用字,在古书(如《左传》、《国语》、《战国策》、《史记》、《汉书·古今人表》)中有不少例证,如以生肖或与生肖有关的动物为名,除上举南宫牛、乐羊二例,还有司马牛、竖牛、召穆公虎、柏虎、阳虎、箴

① 见李学勤《评陈梦家〈殷虚卜辞综述〉》,《考古学报》1958年1期。

虎、公孙龙、甘龙、司马狗、西门豹、郗子玃且(读为玃狙);以干支为名,有江乙、师乙、郑康公乙、鲋里乙、孟丙、公孙丁、颜丁、师己、郥公辛、剧辛、庄辛、楚王子壬夫、石癸(字甲父)、公孙丑、郑共公丑、中行寅、少正卯、富辰、大成午、祁午、楚王子午(字子庚)、楚王子申、斗宜申、向戌、沈尹戌、申亥、朱亥、胡亥;以其他字为名,有卫出公辄、灵辄、张耳、裨灶、郑厉公突、蒯彻、陈得、乌获、猛获、司马错、楚太子建、屈建、齐王建、锺建、楚惠王章、薳章、白起、吴起、观起、程婴、灌婴、吕马童、熊勇、国夏、庆郑、周襄王郑、齐君舍、鲁公子偃、宋康王偃、徐王偃、白公胜、公孙胜、陈胜、苦成、棘子成、诸稽郢、公之鱼、史鱼、苏秦、邹忌、师慧、齐悼公阳生,等等。在古文字材料中,这类例证也很多,这里不再一一列举,读者从有关工具书很容易找到①。

简文十二生肖与后世十二生肖有何不同,也是个值得研究的问题。过去,于豪亮先生和饶宗颐先生对这一问题曾有所讨论②,指出古书中仍保存着某些与简文相似的说法,对我们很有启发。特别是饶先生指出,简文以鹿代马应即"指鹿为马"故事的来历,尤为有趣。不过,有个很重要的问题,他们没有谈到,即古人对这种系统的安排是与"生数奇偶"和"辰位冲破"有关。这里补充一下。

《淮南子·地形》提到:

> 凡人民禽兽,万物贞虫,各有以生,或奇或偶,或飞或走,莫知其情,唯知通道者能原本之。天一,地二,人三。三三而九,九九八十一,一主日,日主十,日主人,人故十月而生。八九七十二,二主偶,偶以承奇,奇主辰,辰主月,月主马,马故十二月而生。七九六十三,三

① 参看吴镇烽《金文人名汇编》,中华书局,1987年;罗福颐《古玺汇编》,文物出版社,1981年;《古玺文编》,文物出版社,1981年;高明《古陶文汇编》,中华书局,1990年;高明、葛英会《古陶文字徵》,中华书局,1991年;罗福颐《古玺印概论》,文物出版社,1981年,第十二章;盛冬铃《西周铜器铭文中的人名及其对断代的意义》,《文史》17辑,中华书局,1983年。

② 于豪亮《秦简〈日书〉记时记月诸问题》,收入《云梦秦简研究》,中华书局,1981年;饶宗颐《云梦秦简日书研究》,香港中文大学出版社,1982年。

主斗，斗主犬，犬故三月而生。六九五十四，四主时，时主彘，彘故四月而生。五九四十五，五主音，音主猿，猿故五月而生。四九三十六，六主律，律主麋鹿，麋鹿故六月而生。三九二十七，七主星，星主虎，虎故七月而生。二九十八，八主风，风主虫，虫故八月而化。

同样的记述也见于《大戴礼·易本命》和《孔子家语·执辔》(文字略有不同)。其所言生月，皆与所配九九数的末位数相应。但他们都未提到一、二月和九、十月，今并补出，示意如下：

	生月	九九数	主
人	十一月(子)	9×9=81	日
马	十二月(丑)	9×8=72	辰
—	〔一月〕(寅)	[9×9=81]	—
—	〔二月〕(卯)	[9×8=72]	—
犬	三月(辰)	9×7=63	斗
彘	四月(巳)	9×6=54	时
猿	五月(午)	9×5=45	音
鹿	六月(未)	9×4=36	律
虎	七月(申)	9×3=27	星
虫	八月(酉)	9×2=18	风
—	〔九月〕(戌)	[9×1=9]	—
—	〔十月〕(亥)	[9×0=0]	—

〔案：《易本命》"犬"作"狗"，"彘"作"豕"，"猿"作"猨"，"斗"误为"升"。《执辔》"犬"作"狗"，"彘"亦作"豕"。〕

这一表中有"猿"、"鹿"、"虫"，同睡虎地秦简《日书》甲种。其辰位，据《五行大义》卷五《论三十六禽》，有不少与十二生肖的辰位是对冲[①]。按对冲关系解释，马为丑月生，丑冲未，故于十二生肖为未；犬(狗)为辰月生，辰冲戌，故于十二生肖为戌；彘(豕)为巳月生，巳冲亥，故于十二生肖为亥；虎为申月生，申冲寅，故于十二生肖为寅。另外，上表虽未提到鼠，

① 对冲，即十二辰位的四孟对四孟，四仲对四仲，四季对四季，《淮南子·天文》称为"六府"。

但《吕氏春秋·达郁》“周鼎著鼠，令马履之”，《论衡·物势》“子亦水也，其禽鼠也；午亦火也，其禽马也。火为水所害，故马食鼠屎而腹胀”，也是以子、午对冲。不过这里也有一些例外，如猿，萧吉解释说：“猿五月生，午中有沐浴金，杀气未壮，至申金王，杀气始强。又言在火中未有音声，出火其音方成，故并在申”；鹿，萧吉解释说：“故鹿六月生，未与午合，故亦在午”（鹿于“三十六禽”和马是一组）；虫（蛇），萧吉引《拭经》云：“巳有螣蛇之将，因而配之。蛇，阳也，本在南。龟，阴也，本在北。以蛇配龟，为玄武，二虫共为一神。以阴偶，故从数，在北方。”这些解释可以帮助我们理解，睡虎地秦简《日书》甲种何以把鹿安排在午位，马安排在未位。但老羊在戌仍不得其解，饶宗颐先生引《古今注》“狗一名黄羊”，可备一说。另外此书提到“酉，水也”，可以估计“水”是与“鸡”相近的一种动物。于豪亮先生读“水”为“雉”（水是书母微部，雉是定母脂部），饶宗颐先生读“水”为“隼”或“鷲”（心母文部），但从读音和字义判断，也有可能是读为“隹”或“雏”（章母微部），即今所谓鹁鸪。还有表中一月、二月和九月、十月，原文没有提到，推测一月、二月可能是牛、羊，或者为鸡[①]，九月可能是龙（龙于十二生肖为辰，辰冲戌），十月可能是鼠或兔。即前一半为人和五畜，后一半为六兽。又表中“人主日”、“犬主斗”，可能与古式例（1）四门的“天虡己”、“土斗戊”、“人日己、”“鬼月戊”有关。《说卦》以艮为狗象，而艮于五行属土，“土斗戊”或缘于此。而“天虡己”，“虡”或读为规矩之矩。但这仅仅是推测。

最后，由简文所见与生肖有关的其他动物，我们还想顺便讲一下“十二生肖”与“三十六禽”的关系。

关于“三十六禽”，我们在上一章已指出，它是十二生肖的扩大，即以十二生肖为主，每一辰位增加两种有关动物。研究“三十六禽”，过去的一般印象，上海博物馆藏六朝铜式就算是最早的实例了。比它年代晚一些，

① 《五行大义》卷五引《考异邮》：“鸡火畜，近寅，寅阳，有生火，喜故鸣，武事必有号令，故在西方。巽为鸡，亦为号令，辰巳并与酉合，故在酉。”似鸡的生月在卯，与酉对冲。

还有《五行大义》卷五《论三十六禽》和《太白阴经》卷十《推三十六禽法》等书的记载，这里可列为对照表：

	六朝铜式	《五行大义》	《太白阴经》
子	蝮(蝠)、鼠、鷰	鷰、鼠、伏翼	燕、鼠、蝠
丑	牛、蟹、鳖	牛、蟹、鳖	蟹、牛、鳖
寅	豹、狸、虎	狸、豹、虎，一作生木、虎、狸	狸、虎、豹
卯	猬、兔、貉	蝟、兔、貉(或狐)	兔、貉、蛟
辰	龙、鲸、鱼	龙、蛟、鱼	龙、鱼、虾
巳	蟫(蚓)、蝉(鳝)、蛇	蟮(亦作蝉)、蚯蚓、蛇(或龟)，一作赤土、蛇、蝉	蚓、蛇、狚
午	鹿、马、獐	鹿、马、獐，一作马、鹿、麞	□、鹿、獐
未	羊、鹰、鴈	羊、鹰、雁(或老木)	雁、羊、鹜
申	狙、猨、猴	猫(或玉)、猨、猴(或死石)	猿、犺、猴
酉	鸡(雉)、鸡、乌	雉、鸡、乌(或死石、死土、鸾)，又旦或为鸡	乌、鸡、犬
戌	狗、豺、狼	狗、狼、豺(或死金、死火)	豕、豺、狼
亥	象(豕)、豚(豚)、猪	豕、玃、猪，一作生木、豕、蛱蝓，一作豘(豚)、豗、朽木	熊、猪、罴

上表所见，应是比较成熟的"三十六禽"体系。六朝铜式与《五行大义》比较接近。《太白阴经》则略有差异，并有若干讹误，如卯位似脱"猬"，"蛟"应与下文"龙"字连读。

另外，比上述材料更早，我们还想指出，《抱朴子·登涉》提到山中鬼怪各有与日(支日)相配的名号，都是由动物变成，只要知其当日的名号，则鬼怪不能为害，亦可列表，示意如下：

支日	鬼怪原形及其名号
子	鼠(社君)、伏翼(神人)
丑	牛(书生)
寅	虎(虞吏)、狼(当路君)、老狸(令长)
卯	兔(丈人)、麋(东王父)、鹿(西王母)
辰	龙(雨师)、鱼(河伯)、蟹(无肠公子)
巳	社中蛇(寡人)、龟(时君)
午	马(三公)、老树(仙人)
未	羊(主人)、麞(吏)
申	猴(人君)、猿(九卿)
酉	老鸡(将军)、雉(捕贼)
戌	犬(人姓字)、狐(成阳公)
亥	猪(神君)、金玉(妇人)

这里所列禽名虽然还不是完备的“三十六禽”。但与上比较,一致性是很明显的。差异只是在于狼在寅不在戌,麋、鹿在卯不在午,蟹在辰不在丑,老树在午不在未,麞在未不在午,狐在戌不在卯,金玉在亥不在申、戌。

简文所见的各种动物,与“十二生肖”并列,寅位有犴、貙、豹,辰位有玃,申位有猿、貉、豺,亥位有豚,从上述线索看,很可能就是“三十六禽”的雏形。

后世演禽,以三十六禽配合二十八宿,推测年命,是一种与西方占星术(astrology)类似的占卜,据《五行大义》卷五《论三十六禽》,十二生肖原来也有类似性质,所谓:

> 其十二属,并是斗星之气,散而为人之命,系于北斗,是故用以为属。《春秋运斗枢》曰:“枢星散为龙、马,旋(璇)星散为虎,机(玑)星散为狗,摧(权)星散为蛇,玉衡散为鸡、兔、鼠,闿阳散为羊、牛,摇光散为猴、猿。”此等皆上应天星,下属年命也。

从萧吉所述,我们不难看出,所谓“十二生肖”者,其源出于天文。

第四章　早期卜筮的新发现

卜、筮在商、周两代极为流行，曾是当时王室占卜的主要形式。但战国秦汉，随着日者之术的兴盛，式占的地位变得更为突出。如《汉志·数术略》是把"蓍龟"排在以式法为主的"五行"类之后。汉代以来，卜、筮的关系也发生变化，由相袭而用变成两个各自独立的门类。卜是呈逐渐衰落的趋势，筮是呈逐渐上升的势头。卜法的衰落原因不明，而筮占的渐盛则有迹可寻。汉代盛行象数之学，易占往往配合式法或模拟式法，用阴阳五行讲天象灾异和人事之变，形成卦气、六日七分、飞伏纳甲等种种名堂[①]，能顺乎数术发展的主流而再度激扬波澜。加之《周易》又是儒传六艺的经典，随着儒家地位的上升，也扩大了筮占的影响。故唐以来，在数术之学中，说易之书终于成为最有影响的一类，往往总是列在五行类之首；以至今天，只要一讲占卜，人们马上想到的就是"算卦"。

由于古代的卜筮书大多失传，现存的卜筮书又年代偏晚，我们对早期卜筮的了解非常贫乏，所以利用出土材料以弥补我们在这一方面的知识不足就显得特别重要。

一、商周甲骨和早期卜法

商代甲骨是本世纪初轰动一时的所谓"三大发现"之一(另外两大发

① 参看朱伯崑《易学哲学史》上册，北京大学出版社，1986年，第三章。

现是西域汉简和敦煌文书)[1],积累现存发现,数量已达 10 万多片[2],研究之作甚多,形成专门学科。现在只要一讲甲骨,人们马上就会想到商代甲骨(特别是殷墟甲骨),但是随着考古发现的增多,我们已经知道,它还有更早的来源和更晚的延续,在时间上要远远超出商代甲骨的范围。

早于商代甲骨,我们已知,约 5300～3500 年前,还有过一段专用动物肩胛骨占卜的发展时期,可列表示意如下:

文化类型	年代	种类	钻凿	文字
富河文化和马家窑文化石岭下类型	约 5300～5200 年前	骨卜	无	无
淅川下王岗仰韶三期遗址	约 5000～4500 年前	骨卜	无	无
龙山文化和齐家文化	约 4300～3900 年前	骨卜	有钻无凿	无
二里头文化	约 3800～3500 年前	骨卜	有钻无凿	无

这种早于商代甲骨的发展可以反映:此类占卜是从单用骨卜发展到龟、骨并用,从无钻凿发展到有钻和钻凿并用,从无文字发展到有文字;并足以说明商代甲骨的真正特色只是在于:

(1)它发展出龟卜,并且用龟逐渐多于用骨;

(2)它发展出规范化的钻凿形态;

(3)它发展出系统的占卜记录,即甲骨刻辞。

① 参看王国维《最近二三十年中中国新发见之学问》,收入《王国维遗书》第五册,上海古籍出版社,1983 年。

② 陈梦家《殷虚卜辞综述》(科学出版社,1956 年)47～48 页曾估计出土甲骨约十万片,并推测这十万片甲骨应该是由几千个整甲和完骨碎裂而成。李学勤《古文字学初阶》(中华书局,1985 年)23 页也说:“已发现的究竟有多少片,学术界有不同的估计,我们的意见是约十万片左右。”

这一发展几乎用了2000年的时间。

晚于商代甲骨，目前数量较多主要是西周甲骨。西周甲骨是50年代以来才被人们认识，比商代甲骨的发现晚了半个世纪。

关于地下可能出土西周甲骨，早就有人提出推测。如1940年，有一位叫何天行的学者发表过一篇题为《陕西曾发现甲骨之推测》的文章(刊于《学术》1辑，上海发行)，根据《诗·大雅·绵》述古公亶父卜居周原、《诗·大雅·文王有声》述武王卜居镐京，推测陕西周原(在扶风、岐山两县)和西安附近很可能出土西周甲骨。果然，1951～1960年陕西、河南和山西便出土了一些西周甲骨。它们包括：

(1)1951年陕西邠县(今作彬县)出土的卜骨(1片)①；

(2)1952年河南洛阳泰山庙遗址出土的卜甲(1片)②；

(3)1954年山西洪赵坊堆遗址出土的卜骨(2片，1片有字)③；

(4)1955年陕西长安客省庄遗址出土的卜骨(9片)和卜甲(1片)④；

(5)1955年陕西扶风齐家出土的卜骨(2片)⑤；

(6)1956～1957年陕西长安张家坡遗址出土的卜骨(25片，2片有字)和卜甲(10片)⑥；

(7)1957年陕西扶风齐家出土的卜骨(1片)⑦；

(8)1960年陕西扶风齐家出土的卜骨(1片)⑧；

---

① 山西大学地质系发掘。见陈梦家《解放后甲骨的新资料和整理研究》(《文物参考资料》1954年5期)和《殷虚卜辞综述》25～26页，图版八：左。

② 郭宝钧、林寿晋《一九五二年秋季洛阳东郊发掘报告》，《考古学报》第9册，图版二：1。

③ 畅文斋、顾铁符《山西洪赵坊堆出土的卜骨》，《文物参考资料》1956年7期，拓本见20页，摹本见27页。

④ 《沣西发掘报告》，文物出版社，1962年，27页。

⑤ 见陈梦家《殷虚卜辞综述》28页。

⑥ 《沣西发掘报告》第111页图七〇，图版六三：2～6。

⑦ 《陕西岐山、扶风周墓清理记》，《考古》1960年8期(无图)。

⑧ 《陕西扶风、岐山周代遗址和墓葬调查发掘报告》，《考古》1963年12期，655页：图四。

当时，有些学者很敏感，如陈梦家早在1954年就已猜测泰山庙所出有殷末、周初两属的可能[①]，李学勤也于1956年指出坊堆所出是西周初年之物[②]，但人们对西周甲骨的特点却是自70年代以来才取得共识。

70年代以来，地下出土的西周甲骨，数量要远远超过从前，如：

(1)1971～1974年河南淅川下王岗遗址出土的卜骨(1片)和卜甲(5片)[③]；

(2)1972～1976年陕西扶风齐家出土的甲骨(5～6片)[④]；

(3)1975年北京昌平白浮西周墓(M2、M3)出土的卜甲(100多片，4片有字)[⑤]；

(4)1975～1979年河南洛阳北窑西周铸铜遗址出土的卜甲(24片)和卜骨(11片)[⑥]；

(5)1977～1979年陕西岐山凤雏甲组建筑基址内西周窖藏(H11、H31)出土的甲骨(17000多片，多用卜甲，卜骨只有300多片)[⑦]；

(6)1979～1987年陕西扶风齐家、强家、齐镇、云塘、召陈、李家等地出土的卜骨(46片，6片有字)和卜甲(16片，1片有字)[⑧]；

---

① 陈梦家《解放后甲骨的新资料和整理研究》，《文物参考资料》1954年5期。

② 李学勤《谈安阳小屯以外出土的有字甲骨》，《文物参考资料》1956年11期。

③ 《淅川下王岗》，文物出版社，1989年，331页：图三一二，图版一二二：10、11。

④ 罗西章、王均显《周原扶风地区出土西周甲骨的初步认识》，《文物》1987年2期。

⑤ 北京市文物管理处《北京地区的又一重要考古收获》，《考古》1976年4期；《北京考古四十年》，北京燕山出版社，1990年，49页。有字甲骨共4片，见王宇信《西周甲骨探论》，中国社会科学出版社，1984年。

⑥ 《1975年～1979年洛阳北窑西周铸铜遗址的发掘》，《考古》1983年5期。

⑦ 《陕西岐山县凤雏村发现周初甲骨文》，《文物》1979年10期；陈全方《周原与周文化》，上海人民出版社，1988年，下编第一章；徐锡台《周原甲骨文综述》，三秦出版社，无出版年月。甲、骨数量的比例，见李学勤《西周甲骨的几点研究》，《文物》1981年9期。

⑧ 《扶风齐家村西周甲骨发掘简报》，《文物》1981年9期；罗西章、王均显《周原扶风地区出土西周甲骨的初步认识》，《文物》1987年2期；又陈全方《周原与周文化》，徐锡台《周原甲骨文综述》。

(7)1983年河南洛阳立交桥工地出土的卜甲(2片)[①]；

(8)1983～1986年陕西长安张家坡西周墓地(M2、M121、M129、M152、M157、M165，M170、M196、M204等)出土的卜甲(件数不详)[②]；

(9)1984年河南洛阳郑铁一段宿舍楼工地出土的卜骨(13片)[③]。

截止目前，虽然西周甲骨的数量仍大大少于商代甲骨，但其发现地点已涉及西周的各主要都邑(岐周、宗周、成周)和若干诸侯国(晋、燕、楚)[④]；它使人们认识到，西周甲骨是商代甲骨之外的又一批重要甲骨资料。

另外，属于年代更晚的东周时期，也有一些有关的重要发现：

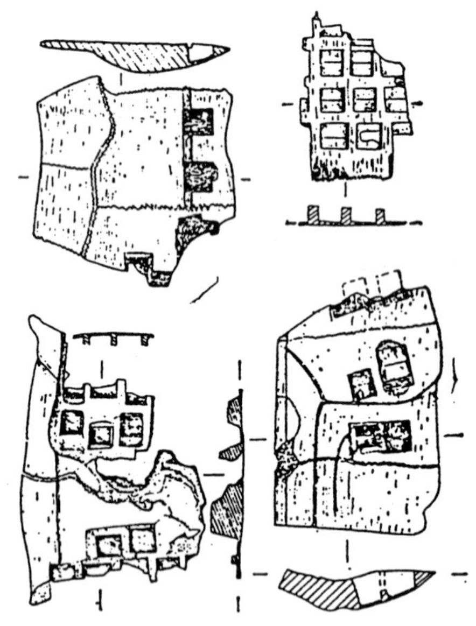

图4-1　东周甲骨
(河南洛阳东周王城遗址出土)

① 赵振华《洛阳两周卜用甲骨的初步研究》，《考古》1985年4期。

② 叶祥奎《陕西长安沣西西周墓地出土的龟甲》，《考古》1990年6期；张长寿《说"王君穴"》，《文物》1991年12期。

③ 赵振华《1984年洛阳出土卜骨的特征与时代》，《考古与文物》1989年4期。

④ 上述出土地点，扶风、岐山为古岐周所在，长安为古宗周所在，洛阳为古成周所在，坊堆遗址在古晋国境内，白浮遗址在古燕国境内，下王岗遗址可能是早期楚国之地。

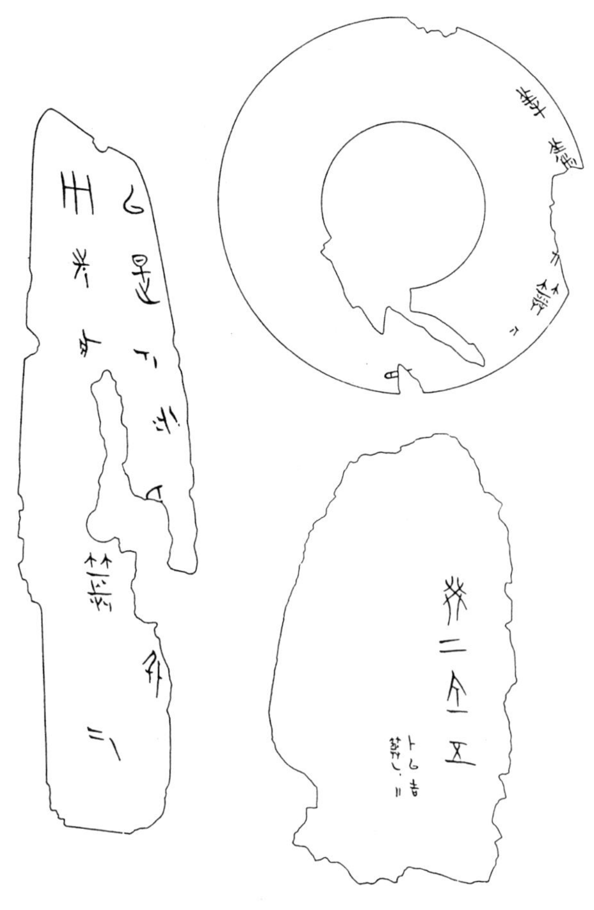

图 4-2　侯马盟书中的卜筮类玉片

(1)东周卜骨。1955 年陕西凤县龙口出土(件数不详)①。

(2)东周卜甲。1982 年河南洛阳东周王城遗址出土,共 5 片(图 4-1)②。

(3)侯马盟书中的“卜筮类”玉片。1965 年山西侯马盟誓遗址出土,共 3 片(图 4-2)③。铭文作(□表示缺文,〼表示残文,」表示分行):

---

① 《殷虚卜辞综述》,28 页。

② 赵振华《洛阳两周卜用甲骨的初步研究》。

③ 《侯马盟书》,文物出版社,1976 年,288～289 页。

(a)"毕〼□〼箅〼□〼"(17：1)；

(b)"癸二百五。」卜以吉，」箅〼〼」"(303：1)〔案：第一行为大字，余为小字。〕；

(c)"以是〼〼〼□〼」用先疸□□箅□〼"(340：1)。铭文既提到"卜"又提到"筮"，应与盟誓有关。

(4)楚占卜竹简(图 4-3)。有 3 批：

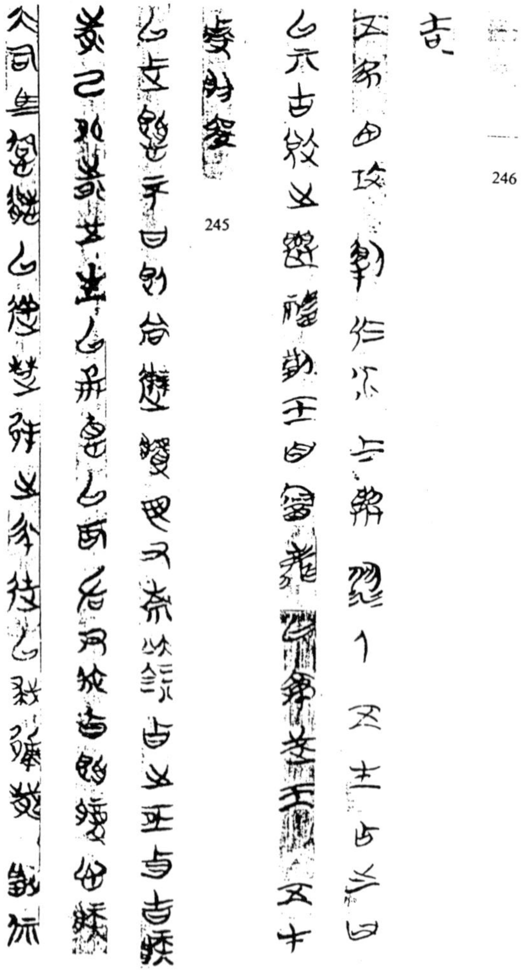

图 4-3　包山楚简中的占卜记录

(a)1965 年湖北江陵望山 M1 所出[①];

(b)1978 年湖北江陵天星观 M1 所出[②];

(c)1986 年湖北荆门包山 M2 所出[③]。

这种简文也是兼记“卜”、“筮”,记“卜”有各种龟名,记“筮”也有各种蓍类工具,并缀以用数字表示的卦名。卜问内容主要与墓主的病情有关。

这些发现说明,直到战国时期,卜、筮仍然是结合在一起,商代和两周时期,龟卜一直很发达。

古代龟卜由盛而衰,汉代似乎是关键时期。据《史记·龟策列传》,汉代从高祖建国,曾沿袭秦制,设立太卜之官,但“孝惠享国日少,吕后女主,孝文、孝景因袭掌故,未遑讲试,虽父子畴官,世世相传,其精微深妙,多所遗失”。及武帝即位,“博开艺能之路,悉延百端之学”,“数年之间,太卜大集”,对龟卜才有所恢复。武帝迷信龟卜,对善卜者“赏赐至或数千万”。当时有个叫丘子明的,便是以此而“富溢贵宠,倾于朝廷”。丘子明挟卜筮之术,射蛊道颇中,乘机报复素所不快者,使许多人破族灭门,造成“百僚荡恐,皆曰龟策能言”。但后来“事觉奸穷,亦诛三族”,也没有什么好下场。这事对卜法之衰大概有一定影响。

汉唐以来的龟卜之书,史志时有著录,如《汉志·数术略》有《龟经》、《夏龟》、《南龟书》、《巨龟》、《杂龟》,《隋志》有《龟经》(题“晋掌卜大夫史苏撰”。“史苏”见《左传》僖公十五年,是春秋时晋国掌卜筮的史官)、史苏《沉思经》、《龟卜五兆动摇决》,以及梁《龟决》(题“葛洪撰”)、管郭《近要决》、《龟音色》、《九宫蓍龟序》、《龟卜要决》、《龟图五行九亲》、《龟亲经》(题“周子曜撰”),两《唐志》也有柳彦询、柳世隆、刘宝真、王弘礼、庄道名、孙思邈等人的《龟经》,但这些书除有个别佚文保存,都已失传[④],目前我们所能参考的早期文献主要是:(1)《周礼·春官》的《大卜》、《卜师》、《龟

① 《湖北江陵三座楚墓出土大批重要文物》,《文物》1966 年 5 期。

② 《江陵天星观 1 号楚墓》,《考古学报》1982 年 1 期。

③ 《荆门市包山楚墓发掘简报》、《包山 2 号墓竹简概述》,《文物》1988 年 5 期。

④ 详见第一章第六节。

人》、《華氏》、《占人》五篇和其他儒经子籍中的片断记载;(2)《史记·龟策列传》所载褚少孙"之大卜官,问掌故文学长老习事者"所了解到的西汉卜法。另外,现存讲卜法的书,还有宋邵平轩《玉灵照胆经》、王洙《玉灵聚义》和清胡煦《卜法详考》等书。其中部分内容似可上溯到唐代。但这些书年代偏晚,与前者比较,差距很大,参考价值是比较有限的。

下面,我们即参考有关文献,对上述出土材料反映的早期卜法试做讨论:

(一)卜龟的选取(取龟)。

中国古代的卜,从出土发现看,本来包括甲、骨两类,而且骨卜从年代上讲还早于龟卜。但由于龟卜后来淘汰了骨卜,战国以来的史籍都是只讲龟卜,这里我们也只论龟卜①。《龟人》说"取龟用秋时",是在秋季,以渔取龟,献之大卜。古人取龟有很多种类。如:(1)《龟人》有"六龟",包括"灵"(天龟,玄色,行时头仰,用于祭天)、"绎"(地龟,黄色,行时头低,用于祭地)、"果"(东龟,青色,行时甲前掩,春用)、"雷"(西龟,白色,行时头朝左,秋用)、"猎"(南龟,赤色,行时甲后掩,夏用)、"若"(北龟,黑色,行时头朝右,冬用);(2)《尔雅·释鱼》也有与《龟人》略同的"六龟",但"绎"作"谢","果"作"诸果","猎"作"诸猎","雷"作"不类","若"作"不若",并有另外一套龟名,包括"神龟"、"灵龟"、"摄龟"、"宝龟"、"文龟"、"筮龟"、"山龟"、"泽龟"、"水龟"、"火龟"10种;(3)《龟策列传》则有"八名龟",包括"北斗龟"、"南辰龟"、"五星龟"、"八风龟"、"二十八宿龟"、"日月龟"、"九州龟"、"玉龟",名称似与式占有关;(4)《唐六典》卷十四则有"九龟"和"五色龟","九龟"包括"石龟"、"泉龟"、"蔡龟"、"江龟"、"洛龟"、"海龟"、"河龟"、"淮龟"、"旱龟","五色龟"包括"青灵"(春用)、"赤灵"(夏用)、"白灵"(秋用)、"黑灵"(冬用)、"黄灵"(四季之月用)。这些龟名,由于古代龟经、龟图失传,已难以做种属的判别,现已出土的商代卜龟,经鉴定,主要是4

① 商代甲与骨的关系还值得进一步研究,董作宾《商代龟卜之推测》和沈启无、朱耘菴《卜法通考》都主要是讲龟。

种，即花龟（*Ocadia sinensis*，分布于我国的闽、粤、台和北印度支那）、金龟（*Geoclemys reevsii*，分布于我国的冀、鲁、豫、陕、甘、川、滇、桂、粤和朝鲜、日本）、水龟（*Clemmys mutics*，分布于我国南方和日本、越南）和亚洲大陆龟（*Testudo emys*，分布于东南亚和马来半岛）①。殷墟卜辞所见的龟种有“雷（灵）”、“戠”两种（见《合集》8996 正），并往往记其取龟、贡龟之所和数量，曰“乞灵自某若干”（求取灵龟若干于某地，如《合集》9395）〔案：卜辞还常提到“乞骨若干自某”，如《合集》35214。〕，曰“某入若干”（某地贡纳龟若干，例极多，如《合集》12487 反）等等，龟的数量往往是以“屯（纯）”计②。楚占卜竹简也提到各种龟名，有些似与文献记载的龟名有关。如简文中的“丞脝”可能即《龟人》之“绎”，“保豪”可能即《释龟》之“宝龟”，“黄灵”、“白灵”可能即《唐六典》的“五色龟”。这些龟名，要以“灵”最出名，不但殷墟卜辞用之，楚占卜竹简用之，汉以来使用也很普遍。自《龟策列传》称龟为“玉灵”或“玉灵夫子”，后世卜书多以“玉灵”作为书名用字。龟的大小，古书有“天子龟尺二寸，诸侯八寸，大夫六寸，士民四寸”之说（《太平御览》卷九三一引《逸礼》），证之考古发现，似是后起之制③。

（二）杀龟取甲（衅龟）。

《龟人》说：“上春衅龟，祭祀先卜”，即于岁首杀龟④。杀龟前要选择时日和卜问采用何种祭牲。《龟策列传》有很长一段是讲宋元王（或以为是战国晚期的宋王偃）与博士卫平讨论应不应该杀龟和怎样杀龟⑤，褚少

---

① David N.Keightley, *Sources of Shang History*, *Appendix* 1（by James F. Berry）。据叶祥奎先生说，这四种龟的最后一种国内尚无定名，可暂时称为“亚洲大陆龟”（“大陆龟”应读“大/陆龟”，而不是“大陆/龟”）。

② 上述内容，请参看《殷虚卜辞综述》18～19 页。“屯”字之释，见于省吾《释屯》（《辅仁学志》八卷二期），旧释“包”。“纯”是表示一束。

③ 董作宾《商代龟卜之推测》曾选择 19 件殷墟卜龟，测其尺寸大小，按古尺推算，足一尺二寸者仅 1 版，而五寸至八寸者占 13 版，证明“商代犹无此等差之分”。案：《龟策列传》亦有“龟甲必尺二寸”之说。

④ 参看孙诒让《周礼正义》卷四八。

⑤ 宋元王或即宋王偃，参看泷川资言《史记会注考证》，上海古籍出版社，1986 年。

孙说老百姓不可以杀龟，杀之会有不祥，但“以往古故事言之，古明王圣主皆杀而用之”，整个故事就是用来论证这一说法。可见杀龟之制已不大为人所知。这个故事大概是战国时期的流行故事，也见于《庄子·外物》和《淮南子·说山》。故事托名于宋元王也许并非偶然，因为殷尚龟卜，宋为殷后。《龟策列传》提到“择日斋戒，甲乙最良。乃刑白雉，及与骊羊。以血灌龟，于坛中央。以刀剥之，身全不伤”，就是讲衅龟仪式。故事之后并附有卜禁，包括一个全年的月表和若干有关卜龟、杀龟和祓龟的禁忌。

(三)修治龟甲(属攻龟)。

商周甲骨在占卜前皆经修治[①]。《龟人》说“攻龟用春时，各以其物入于龟室”，应即承于衅龟之后。《龟策列传》说汉代“太卜官以吉日剔取其腹下甲”，《大卜》“则眡高作龟”句郑注也说“卜用龟之腹骨”，都只说剖取腹甲。但出土商周卜甲除用腹甲，也有少量背甲，或作对半分之，或对半剖分后再截去近脊和近首尾处，使成鞋底状。古书不提背甲有两种可能，一种是后世只用腹甲不用背甲，一种是虽有而省略不提。因为即使商周卜甲，背甲也数量较少，只用于记事，不载卜辞。

(四)钻凿(亦属攻龟)。

钻凿是在修治好的甲骨的背面钻孔开槽，以供施火占卜。钻是直接施火之孔，凿则是钻旁或钻中所开之槽。《史记·太史公自序》说：“三王不同龟，四夷各异卜。”不同时期和不同地区的甲骨形制有异，钻凿常是重要的区别标志。如龙山卜骨往往只灼不钻，或虽有钻，但没有凿；商代甲骨多用圆形钻，旁有梭形凿(但有个别是作圆钻包摄长凿)；西周甲骨，卜甲多用方形钻，在钻内的一侧开长方形凿，卜骨多用圆形钻，亦在钻内的一侧开长方形凿(图4-4)。传世文献对钻凿记载不详，往往只笼统说“钻龟”(《荀子·王制》)、“凿龟”(《韩非子·饰邪》)、“造灼钻”(《龟策列传》)等等，使人无法详其形制，即使是卜书也不讲钻凿，使人误以为是在卜甲上直接施灼，所以在这一方面，考古发现的重要性就显得更突出。方形钻凿是周人的特色(钻凿

---

① 参看《殷虚卜辞综述》10～11页，其中包括卜骨的修治。

相含也以西周甲骨为突出)。《卜师》有“开龟之四兆”,为“方兆”、“功兆”,“义兆”、“弓兆”,因汉代卜书已不传其法,郑玄注说“未闻”。李学勤先生指出,“开龟”应指钻凿,“方兆”就是方形的钻凿[①]。

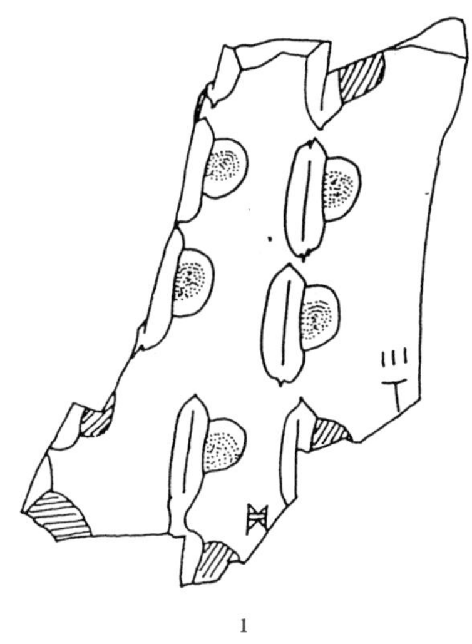

1

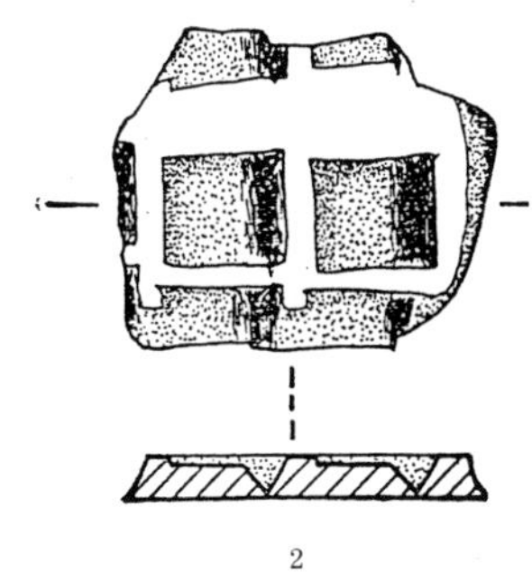

2

图 4-4　钻凿:
1. 商代　2. 西周

(五)灼兆(作龟)。

即施火于钻凿,令甲骨的正面呈兆。钻凿的配合在于控制兆纹的走

① 李学勤《西周甲骨的几点研究》,《文物》1981 年 9 期。

向。早期骨卜无钻凿或有钻无凿，兆纹可上可下，可左可右，没有一定。商周甲骨钻凿并用，兆纹是呈规则的“卜”字形。兆纹的纵纹(即兆干)，古人叫“墨”(《占人》)；横纹(即兆枝)，古人叫“坼”(同上)。卜兆的分布是兆干在外，兆枝朝内，即居左者，兆枝均向右；居右者，兆枝均向左，很有规律。《卜师》说“扬火以作龟，致其墨”，《菙氏》说：“凡卜，以明火爇燋，遂龡(吹)其焌契”，意思是要用明火燃炬，而以荆枝就之，点燃后边吹边灼，以灼出卜兆，就是讲作龟的过程。卜兆是判断吉凶的依据：所谓卜法，最关键的内容就是对兆象的解释。《龟策列传》讲汉代卜法，虽不必合于商周，但二者可能仍有相似之处。这里试提出我们的理解(原书无图，下面的解释仅是推测)。《龟策列传》讲兆象分两种情况，一种是按卜求之事排列吉凶之兆，一种是按兆象排列举事宜忌，与日书分为“以日类忌”和“以忌类日”两种相似。其术语分两类，一类是以“首”(或“头”)、“身”(或“身节”)、“足”称之，疑指兆干的上、中、下三段；一类是以“内”(或“中”)、“外”称之，则指兆枝的内、外两段(图4-5)〔案：此与通常的理解正好相反。〕。兆干，“首”上露叫“见”，向内倾斜叫“俯”，向外倾斜叫“仰”；“身”正直叫“正”，弯曲叫“折”，长叫“长大”，短叫“挫折”；“足”下露叫“发”(或“作”，或“诈”)，下延叫“开”，上收叫“肣”(与“开”相反，是“敛”的意思)。兆枝，短叫“有内无外”，平叫“内外相应”，一头高一头低叫“内高外下”或“外高内下”，两头翘或两头垂

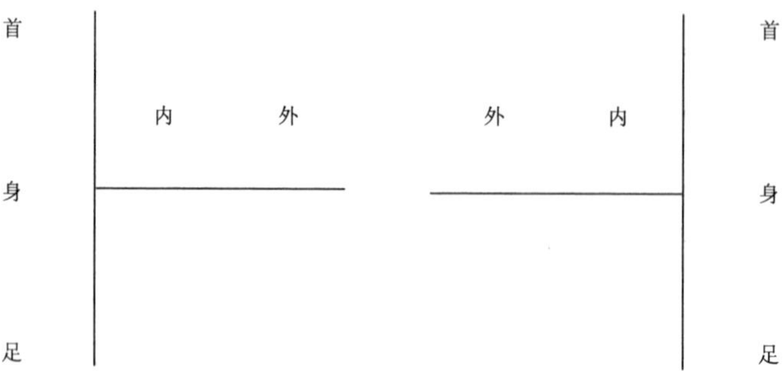

图4-5 《龟策列传》卜兆术语示意

叫"内外自桥"(或"外内自举")或"内外自垂",一头翘一头垂叫"内自桥,外自垂"或"内自垂,外自桥"。另外还有一些术语,"呈兆"似主要与兆干有关,"横吉"(或"横吉安")似主要与兆枝有关。这些术语也为后来的卜书所宗,并往往画有兆形图,但理解却似乎很成问题,好像根本不知道兆形是分兆干、兆枝,并与钻凿相对应;卜兆的分布只限于腹甲 12 方中的当中 4 方[①],也与商周甲骨不同[②]。可见这些卜书与古法的差距是很大的[③]。

(六)刻辞。

文献对甲骨卜辞绝少涉及。我们在这方面的知识几乎全是来自出土发现。现在考古学家多把商代的甲骨卜辞分为以下六类:

(1)兆辞。是记卜兆吉凶及其先后次第。

(2)署辞。是记贡龟来源、数量和置用之所等。

(3)前辞。是记占卜时间和贞人名,如"××(干支)卜,×(贞人名)贞"。"贞"是卜问、定夺之义[④]。

(4)命辞。也叫"贞辞",即贞人告龟之辞。其所卜问,包括日常生活的各种问题,是卜辞的主体。古书对"命龟"偶有提及,如《书·洪范》"乃命卜筮,曰雨,曰霁,曰蒙,曰驿,曰克,曰贞,曰悔",《大卜》"以邦事作龟之八命,一曰征,二曰象,三曰与,四曰谋,五曰果,六曰至,七曰雨,八曰瘳",涉及征伐、天象、赠与、谋议、事之成与不成、人之至与不至,以及下雨不下雨、疾病愈不愈等等。这些内容在甲骨卜辞中均有所反映[⑤]。由于卜问之事往往有两种可能,甲骨卜辞多采用对贞形式。

(5)占辞。是对照卜书所做出的吉凶判断。

(6)验辞。是追记占辞的效验。

---

① 《卜法详考》卷四有此说。

② 《庄子·外物》:"乃刳龟,七十二钻而无遗策。"《商代龟卜之推测》考殷墟卜龟的钻凿之数,以为近之,并画有"七十二钻图",可参看。

③ 《龟策列传》于述施灼之后有三段卜祝之辞。后世卜书多有类似祝辞。

④ 《说文解字》:"贞,卜问也。"《释名·释言语》:"贞,定也。"

⑤ 参看《商代龟卜之推测》对文献所见卜事分类的考证及其与殷墟卜辞的比较。

(七)卜龟的入档(藏龟)。

《龟人》提到“龟室”,《占人》提到“凡卜筮既事,则系币以比其命;岁终,则计其占之中否”,都是反映藏龟之俗。《龟策列传》也说:“略闻夏殷欲卜者,乃取蓍龟,已则弃去之,以为龟藏则不灵,蓍久则不神。至周室之卜官,常宝藏蓍龟”,则是以夏、商与周异制,似乎藏龟只是周以来才有(并提到汉高祖庙也有“龟室”之设)。研究藏龟之制,现在还缺乏直接的考古材料,但关于废弃占卜档案的处理,却有不少线索。现已出土的甲骨,其埋藏分几种情况,一种是出土于窖藏,往往集中埋入,龟是龟,骨是骨,存放有一定规律[①]。另一种是墓中随葬,如张家坡西周墓地,凡规模较大的墓,往往都随葬卜龟。类似情况也见于其他商周墓地[②]。还有一种是灰坑或墓葬填土中的废弃物。这三种情况,第一种应是古人处理过期占卜档案的主要形式。从考古发现看,《龟策列传》所述商周异制的传闻似乎并不可靠。

二、“奇字”之谜:中国古代的数字卦

中国古代的筮占从根本上讲是一种数占。它是以一定数量的蓍草作算筹,按特殊方法排列(揲蓍),将所得余数易为卦爻(布卦),用来占断吉凶。从目前的考古发现看,这种占卜方法比骨卜出现要晚,而与龟卜约略同时,都是从商代就已存在,肯定是在《周易》产生之前。也就是说,还应有一个“前《周易》”的发展时期。尽管据文献传说,在《周易》之前还有所谓夏代的《连山》和殷代的《归藏》,也都是说易之书,但以往人们的易学知识,无论是从经学的传统向上追溯,还是从数术的传统向上追溯,都很难超出今本《周易》经传的范围。如很多人都熟知所谓“大衍之数”、阴阳二爻和八八六十四卦这类内容,但却很少有人知道这些卦

① 石璋如《殷墟最近之发现附论小屯地层》,《中国考古学报》2册(1947年),已指出此点。

② 张长寿《说“王君穴”》,《文物》1991年12期。

爻的本来面目。特别是由于缺乏背景的了解，人们对《周易》本身的理解也存在许多问题。如近代弗洛伊德学说传入，学者往往把阴阳二爻当作男女性器的象征[①]。还有西哲莱布尼茨受宋代易图的启发，创立二进制数学和导致计算机的发明，人们遂以为《周易》卦爻之变原来就是一种“二进制数学”[②]。因为从近年来古文字学家对一种所谓“奇字”的破译，我们已了解到《周易》的易卦本是来源于一种用十进数位表示的数字卦，不但原先未见用横画断连表示的阴阳二爻，而且就连这种阴阳二爻最初也是用数字表示。

那么，这里所说的“奇字”或数字卦究竟是怎么一回事呢？这个问题现在了解的人还不多，或虽有所闻，但知之不详，存在某些误解，恐怕有必要把它的认识过程做一简短交待。

首先，这里我们所说的“奇字”并不是今天才发现，也不是一下子就被破译出来。

早在北宋重和元年(1118 年)，湖北孝感县出土过一组重要的西周铜器。铜器铭文是记一个名叫“中”的将领从周昭王伐楚，立有战功，这就是有名的“安州六器”。六器中有一件中鼎，铭文末尾缀以[illegible][illegible]两个符号。当时宋代学者释为“赫赫”或“十八大夫”、“八大夫”(《博古图》2：19，《历代钟鼎彝器款识法帖》89～90，《啸堂集古录》10 背)，纯属臆测。宋以后，虽然又有一些类似发现，见于著录，但多视为奇字不可识，很少加以重视。一直到 20 世纪 30 年代，才有人提出新的理解。1932 年，郭沫若首创“族徽说”，用以解释殷末周初铜器常见的图形化文字，推而广之，怀疑这两个

① 钱玄同《答顾颉刚先生书》(收入《古史辨》第一册，上海古籍出版社，1982 年)说：“‘乾’、‘坤’二卦即是两性的生殖器的符号。”郭沫若《中国古代社会研究》(人民出版社，1954 年)第一篇第一章也说：“八卦的根柢我们很鲜明地可以看出是古代生殖器崇拜的孑遗。画一以象男根，分而为二以象女阴，所以由此而演出男女、父母、阴阳、刚柔、天地的观念。”

② 参看周士一、潘启明《〈周易参同契〉新探》，湖南教育出版社，1981 年，4～10 页。

“奇字”也是中的族徽[①]。此说对后来有一定影响，但郭氏对“奇字”本身未做考释。

人们对上述“奇字”做新一轮的讨论，主要是从50年代才开始。1950年河南安阳四盘磨发现的商代卜骨和1956年陕西长安张家坡发现的西周卜骨，上面都有类似的“奇字”[②]，是解放以后新发现的这类文字。这些材料一发表，就引起某些古文字学家的重视。早在1956年，李学勤先生就已猜测，这些符号似与《周易》的九、六之数有关[③]，可谓独具只眼，可惜的是他没能将问题展开论证，在很长时间里未能引起学者注意。次年，唐兰先生也出来讨论这一问题[④]，第一次搜集有关材料（凡得13例），把这类文字当重要现象来讨论，对问题的研究起了推动作用。唐先生的重要贡献是，他已正确指出，这种文字是由一、五、六、七、八构成（但他所释“二”是错误的），除当时尚未发现的“九”，已奠定这类文字的考释基础。但他却未能指出这些数字与易卦的关系，反而把它们当做一种与巴蜀文字类似、久已失传的少数民族文字，作用类似族徽，这也是很可惜的。

对上述“奇字”的认识取得重大突破是在70年代末。1977年陕西岐山凤雏村发现的大批西周甲骨可以说是起了一种新的刺激作用[⑤]。因为在人们的头脑中，“易”总是和“周”连在一起，特别是“文王演八卦”的传说更是深入人心。而这些甲骨恰恰是发现于周原故地和宫室遗址中，很容易使人联想到前者。次年，即1978年12月，中国古文字研究会在吉林长春召开第一届会议，会议头天，陕西省参加周原发掘工作的徐锡台先生报

---

① 郭沫若《两周金文辞大系图录考释》，科学出版社，1957年，考释16页。

② 郭宝钧《一九五〇年春殷墟发掘报告》，《中国考古学报》第五册；《长安张家坡村西周遗址的重要发现》，《文物参考资料》1956年3期。

③ 李学勤《谈安阳小屯以外出土的有字甲骨》，《文物参考资料》1956年11期。

④ 唐兰《在甲骨金文中所见的一种已经遗失的中国古代文字》，《考古学报》1957年2期。

⑤ 陕西周原考古队《陕西岐山凤雏村发现周初甲骨文》，《文物》1979年10期。

告上述凤雏甲骨，最后讲到“奇字问题”，引起与会者的极大兴趣[1]。当天散会后，很多人不断问张政烺先生这是什么字，希望这位博闻多识的学者能给予满意的解答。次日，张先生果然不负众望，在会上做了《古代筮法与文王演周易》的发言，论证这种“奇字”是由五、六、七、八构成，即由老阴、少阳、老阳、少阴四爻构成的“卦”，并且属于六爻组成的“重卦”，认为它为文王重卦的历史传说提供了实证，并把这些“奇字”按用数的奇偶阴阳译成《周易》卦形[2]，第一次为我们揭开了长达800多年的“奇字”之谜。

这次会后，张先生对上述数字卦做了进一步研究。他对自己在客次之中无书可查的临时发言并不满意，相继发表三篇文章，全面阐述了他对这一问题的各种看法。这三篇文章是：(1)《试释周初青铜器铭文中的易卦》(1980年在美国纽约大都会博物馆召开的“伟大的中国青铜时代”会议上的发言，中文稿收入《考古学报》1980年4期)；(2)《殷墟甲骨文中所见的一种筮卦》(《文史》24辑，1985年)；(3)《易辨》(第一次《周易》讨论会上的发言，收入《周易纵横录》，湖北人民出版社1986年)。其中(1)共收集出土数字卦32例(以一卦为一例)，若加上脚注和追记中的补充，可扩大到64例(唐文13例尽收在内)，除把这些数字卦译成今本《周易》的卦形，分析其用数，还涉及古代筮法、变卦、连山易等问题；(2)是以“互体说”解释殷代的四爻卦(包括卜骨2和鼎铭1；补记并增入巴黎基美博物馆收藏的一件卜甲)[3]，并申论前文对筮法的拟测；(3)除综合上述研究，还做了若干补充，如补进1980年陕西扶风齐家出土卜骨上的5个卦和1987年湖北江陵天星观楚占卜竹简上的16个卦(皆两卦为一组)，讨论了“九”的使用和阴阳二爻的来历。作者认为，出土数字卦，商代只用一、五、六、

① 见《吉林大学古文字学术讨论会纪要》，收入《古文字研究》1辑，中华书局，1979年。又张政烺《试释周初青铜器铭文中的易卦》(《考古学报》1980年4期)和《易辨》(收入《周易纵横录》，湖北人民出版社，1986年)中的回忆。

② 同上。

③ 补记所增有误，参看饶宗颐《法京吉美博物馆甲骨(708号)释文正误》，《文史》29辑，中华书局，1988年。

七、八，周人增加九，都没有二、三、四。古人不用二、三、四，是因为二、三、四皆积横画为之，竖写则与一重复无别。卦画略去二、三、四，并非没有二、三、四，而是将二、四归六，三归一。商之用数止于八，估计应是来自“以八为纪”的伏牺氏，后来从东方传到西方的周人那里，才有了九。并且古人以用一、六最多，后世的阴阳二爻，阳爻是脱胎于一，阴爻则是从六即∧变成」L，再变成--，正是从一、六演变。〔案：此说也见于他的《帛书〈六十四卦〉跋》(《文物》1984 年 3 期)。〕

受张先生启发，1979～1983 年，学界对数字卦展开了热烈讨论，参加者有徐锡台、张亚初、刘雨、李学勤、丁骕、管燮初、饶宗颐、徐中舒等人[①]，其中既增加了不少新材料，也提出了不少新见解。如张亚初、刘雨的文章，所收材料比较丰富，有 6 例是张政烺先生所未收(但他们未见张文(1)，张文(1)所收，也有 5 条是他们所未收，彼此可以互补)。另外，他们指出现已发现的数字卦是分属于商代晚期和西周(还有属于战国时期的，但作者未提到)，可以证明“文王发明重卦”之说并不可信，对张政烺先生最初的发言也有所订正。

1986 年以来，出土数字卦又有不少新材料发表，如：(1)1982 年安阳苗圃北地 M80 出土的刻有数字卦的磨石(上有 6 卦)[②]；(2)1973 年安阳小屯南地出土的带数字卦的卜甲(上有 4 卦)[③]；(3)1987 年陕西淳化县石

---

① 徐锡台《西周卦画探原》，收入《中国考古学会第一届年会论文集》，文物出版社，1979 年；张亚初、刘雨《从商周八卦数字符号谈筮法的几个问题》，《考古》1981 年 2 期；李学勤《西周甲骨的几点研究》，《文物》1981 年 9 期；丁骕《说周原契数》，《中国文字》新五期；管燮初《商周甲骨和青铜器上的卦爻辨识》，《古文字研究》6 辑(中华书局，1981 年)；饶宗颐《上代之数字图案及卦象以数字奇偶表示阴阳之习惯》，收入《选堂集林・史林》(香港，1982 年)；饶宗颐《殷代易卦及其有关占卜诸问题》，《文史》20 辑(中华书局，1983 年)；徐中舒《数占法与〈周易〉的八卦》，《古文字研究》10 辑(中华书局，1983 年)。

② 《1980～1982 年安阳苗圃北地遗址发掘简报》，《考古》1986 年 2 期；郑若葵《安阳苗圃北地新发现的殷代刻数石器及相关问题》，《文物》1986 年 2 期。

③ 肖楠《安阳殷墟发现“易卦”卜甲》，《考古》1989 年 1 期。

桥镇出土的带数字卦的西周陶罐（上有 11 卦）[①]。此外，曹定云还重新讨论了四盘磨卜骨，附有新的拓本和摹本[②]。

这十余年来的研究，以大量事实证明，由李学勤、唐兰开辟道路和张政烺详加论证的数字卦之说基本上是正确的。但是应该指出的是，上述讨论也还存在不少值得商榷或应做进一步探讨的地方。如：

第一，现已发现的数字卦，尚未发现早于商代晚期的材料，学者所说属于新石器时代的材料都有问题。如张文（1）所举 1979 年江苏海安青墩遗址出土的两卦，承张先生告，是据错误信息，他已放弃此例；饶宗颐先生所举辛店陶器上的数字卦其实全是纹饰。这些都不是数字卦。

第二，现已发现的商代数字卦，其用数除包括一、五、六、七、八，据新发表的小屯南地数字卦卜甲，还有九，可见张文（1）所说“商不用九”之说应予修正。另外此版卜甲的“九”是用数字“九”字表示，也很重要。它使我们怀疑张先生所说齐家卜骨上的“九”字，并非由“八”字变形，而就是“八”字，中间的斜笔乃骨面裂纹或羡画。〔案：近核原物，摹本有误，原文仍是“九”字。〕

第三，现已发现的数字卦，是以中鼎最先被人讨论。由于该器是以数字卦缀在铭末“惟臣尚中臣”之后，很容易使人误以为是作族徽使用。如受郭沫若影响，唐兰、张政烺都相信铜器铭文中的数字卦是作族徽。张亚初、刘雨已指出此器的数字卦应与前面的“惟臣尚中臣”分读[③]。近来李学勤更指出铭文“惟臣尚中臣”是占问昭王赐褔臣于中的命辞，后面的两卦即占筮所得[④]。这些意见都很正确。赵振华也指出“洛阳西周甲骨多出自周王室直接控制的铸铜作坊遗址，铸造铜器与甲骨占卜也许有一定的内在联系”[⑤]。它使我们考虑，彝铭铸卦可能皆与占问铸器之由有关，而与族

① 姚生民《淳化县发现西周易卦符号文字陶罐》，《文博》1990 年 3 期。

② 曹定云《殷墟四盘磨“易卦”卜骨研究》，《考古》1989 年 7 期。

③ 张亚初、刘雨《从商周八卦数字符号谈筮法的几个问题》，《考古》1981 年 2 期。

④ 李学勤《中方鼎与〈周易〉》，《文物研究》6 辑（1990 年）。

⑤ 赵振华《洛阳两周卜用甲骨的初步研究》，《考古》1985 年 4 期。

徽无涉。另外，张文(1)据疾钟铭文“以五十颂处”推测古以卦名为邑名，并进而用作族氏之说亦可商。因为此铭之“颂”，据唐兰先生考证，应是古代计地单位“通”的假借字①，原文是讲“舍寓(宇)”即赐地，这样解释更合适。

第四，天星观楚简的16个数字卦现在尚未全部发表，但从张文(2)引用的8个卦例来看，用数为一、六、七、八、九，大体同于商代和西周。饶宗颐先生仅据这16例中用一、六表示的一组卦(简文皆以两重卦为一组)而断定当时是用一表阳爻，六表阴爻，并不正确(此说显然是受张先生“古人多用一、六”之说的影响)。

第五，马王堆帛书《周易》是用一表示阳爻，」L表示阴爻，张先生据使用频率的统计，形成古人用数以一、六为主的说法，然后又根据《阜阳汉简简介》(《文物》1983年2期)的错误报导，遂推论阴爻是由∧变」L，再变--而成。近承双古堆汉简整理者韩自强先生告，《简介》所说“阴爻作‘∧’形，与今本《易经》、马王堆帛书《易经》等皆不同”是受张文(1)影响产生的错觉，下文所述临卦之象才是正确的，二者矛盾，发稿时未能统一，双古堆汉简《周易》的阴爻比马王堆帛书《周易》更明显是用“八”字表示。也就是说阳爻是源于“一”，阴爻是源于“八”。

经以上修正，我们似可对中国古代的数字卦做如下认识：

(1)中国早期的易筮，从商代、西周到春秋战国，一直是以一、五、六、七、八、九6个数字来表示，由于二、三、四是被故意省略，十是下一进位的一，所以可以认为它们代表的乃是十进制的数位组合。

(2)用一、八表示的卦爻，即今本《周易》卦爻的前身，到西汉初年仍在使用。

(3)现在对早期筮法和变卦的看法还多属推测，但可以估计，早期筮法的蓍数和分扐程序应与后世有不少差异。这也许就是“先《周易》时期”可能存在不同易说(如《连山》、《归藏》)的原因。〔案：现在看来，《连山》、《归

① 唐兰《略论西周微史家族窖藏铜器群的重要意义》，《文物》1978年3期。

藏》也不一定比《周易》早。〕

另外，既然中国早期的易筮是用十进数位来表示，我们还可以就筮法与算法的关系做一点探讨：

例如，第一，这些数字卦的用数与当时流行的数字在形式上是一致的，可列表比较如下：

	1	2	3	4	5	6	7	8	9	10
数字卦	一				𠄡	∧	+	)(	九	
数字	一	二	三	亖	𠄡	介	+	)(	九	丨

这些数字除“九”是用文字表示，其他皆与算筹表示的数（1～10）作𝍩、𝍪、𝍫、𝍬、𝍭、𝍮、𝍯、𝍰、𝍱、丨或丨、𝍡、𝍢、𝍣、𝍤、𝍥、𝍦、𝍧、𝍨、一有相近之处[①]。其中“一”至“四”为一类，皆积横画为之，与算筹表示的第一类形式相同；“五”至“八”为一类，是以二画交午或分合为之，应亦本之布筹，“五”与“七”相似，“六”与“八”相似；“九”为一类，《说文》以为“九”有“究竟”之义，应是表示“数之极”（古人以“九”为数位中的最大一位，“十”是下一进位的“一”）；“十”为一类，是变横画之“一”为竖画之“丨”，亦与算筹表示的第一类形式相同。

第二，汉代推历，“其算法用竹，径一分，长六寸，二百七十一枚而成六觚，为一握”（《汉书·律历志上》），也是模仿《周易》大衍之数进行推算。这说明算法与筮法在工具和操作上也有相似之处，只不过算法概念更宽泛，包含的内容更复杂，而筮法只是利用算法中的数位组合进行占卜。而且也正因为筮法源于算法，所以它从一开始就有多向发展的潜能，而不一定局限于《周易》大衍之数这一种（十进数位的组合可以有多种形式，因为总的算筹数和分组形式可以不同）。

第三，古代凡举大事，照例都要占卜。这些“占”都与“算”有密切关系。如古人所谓“国之大事”中的“戎”即军事，就与“算”有不解之缘。古代兵家有“庙算”之说，讲究“计必先定于内，然后兵出乎境”（《管子·七

① 参看杜石然等《中国科学技术史稿》，科学出版社，1984年，上册130～133页。

法》),以出兵前在庙堂上"运筹决策"为兵家第一要义[①]。这种出兵前的"庙算"既是敌我实力的真实计算,也带有预测占卜的性质。

所以从根本上讲,我们要想理解古代易学,有两点必须抓住,一是"数",即卦如何由数而变成,这是筮法的关键;二是"象",即上述由数而变成的卦,作为占断依据,只有象征意义,后面有特定的理解和解释系统。但这两个方面,很多线索都已失传,这里所论主要是前一方面。

附录:出土数字卦举例(共 94 例)

一、商代(24 例)。

(甲)甲骨。

(1)卜骨(《殷虚文字外编》,448):

上甲六六六

(2)卜骨(《甲骨文合集》,29074):

……〔于〕桑,亡𢦏

……吉。六七七六　　(倒书)

(3)卜骨(《中国考古学报》,5 册,图版四一:1,《考古》1989 年 7 期 638 页:图一,1950 年河南安阳四盘磨出土,见图 4-6:1):

七八七六七六,曰甶(思)女(?)　　(上)

八六六五八七　　(中,与上倒)

七五七六六六,曰甶(思)女　　(下,与中倒)

〔案:原辞侧书,三行互倒,学者多将上、下两行的末两字视为一字。〕

(4)卜骨(《小屯南地甲骨》,4352,1973 年河南安阳小屯南地出土。见图 4-7):

八七六五

(5)卜甲(《考古》1989 年 1 期,67 页:图一、二,69 页:图三,1973 年河南安阳小屯南地出土):

① 李零《读〈孙子〉札记》,收入《孙子新探》,解放军出版社,1990 年。

六七一六七九　　（后右甲）

六七八九六八　　（前右甲）

彡六，彡九　　（中甲）

七七六七六六，贞吉　　（前左甲）

双||　　（左甲桥下端）

（乙）铜器。

（1）父戊卣（《商周全文录遗》，253。见图 4-6：2）：

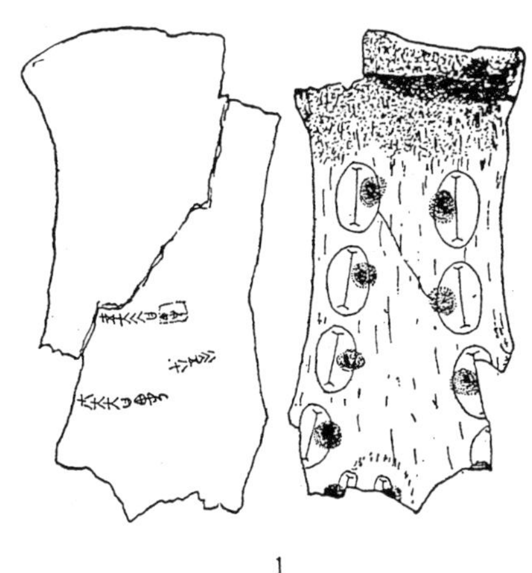

1

2

图 4-6　商代数字卦：

1. 卜骨（河南安阳四盘磨出土）　2. 父戊卣

图 4-7　商代数字卦：卜甲
（河南安阳小屯南地出土）

□六六六，父戊

（2）鼎（《续殷》上 7）：

八八六八

（3）父乙盉（《中日欧美澳纽所见所拓所摹金文汇编》，8 册 730 页，1125 号）：

父乙□（器）

七六七六七六　　（盖）

（丙）陶器。

（1）簋（《考古》1961 年 2 期，74 页，图十二：2，1958～1959 年河南安阳出土）：

七七八六六七

(2)簋(同上,74 页,图十二:3,出土同上):

六六七六六八　　(右)

六六七六七五　　(左)

(3)罐(同上 93 页图九:3、8,1958～1959 年山东平阴朱家桥 M9 出土):

一八八六一一

(丁)其他。

(1)陶爵范(《邺中片羽》上 47):

五七六八七七

(2)磨石(《考古》1986 年 2 期,118 页,图一一;《文物》1986 年 2 期,49 页,图二至四,1982 年河南安阳苗圃北地 M80 出土):

六六七六六八　　(侧)

七六六六六七　　(正右)

七六八七六七　　(正中)

六六五七六八　　(正左)

八一一一六六　　(背右)

八一一一一六　　(背左)

二、西周(50 例)。

(甲)甲骨。

(1)卜骨(《文物参考资料》1956 年 3 期,40 页,图一和图二;《考古学报》1957 年 2 期,34 页,图一,1956 年陕西长安张家坡出土):

六八一一五一

五一一六八一

(2)卜骨(同上):

六六八一一六

一六六六六一

(3)卜骨(《沣西发掘报告》,111 页,图七〇,1956～1957 年陕西长安张家坡出土):

一一六一一一

(4)卜甲(陈全方《周原与周文化》,图版 58、107、108 页;徐锡台《周原甲骨文综述》,18、56、60、62、63、92、388、411、413、415 页,1977 年陕西岐山凤雏甲组建筑基址西厢房 2 号基址 H11 出土):

1

2

图 4-8　西周数字卦:

1. 卜甲(陕西岐山凤雏出土)　2. 中方鼎(宋代安州出土)

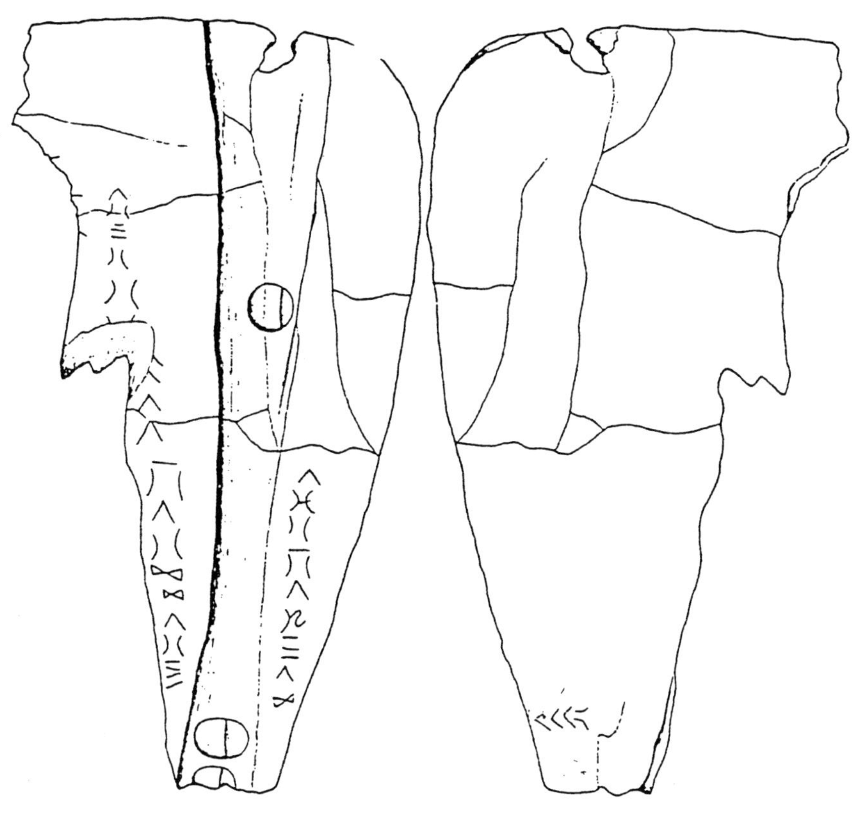

图 4-9　西周数字卦：卜骨
（陕西扶风齐家出土）

　　八七八七八五　　（H11：7）

七六六七六六　　（H11：81）

七六六七一八　　（H11：85。见图 4-8：1）

六六七　　（H11：90）

六六七七六□　　（H11：91）

七六六六七七　　（H11：177）

六六七　　（H11：235）

七六六　　(H11:263)

〔案:H11:90,第一个"六"字上部略残,明显不是"八"字,"七"下有界划符号,徐书误释为"□八六七七一"。H11:177,徐书释为"七六八六七六",亦误。H11:235、263,陈书有摹本,但徐书125页云无字,不录。〕

(5)卜骨(上引徐书,124、446页,1980年和1982年陕西扶风齐家村采集。图4-9):

一六一六六八　　(正,侧书)

六八八一八六,九一一一六五　　(背右)

六八一一一八,八八六六六六,一八六八五五,六八一一一一

(背左)

〔案:此骨是由1980年采集的标本108号(下半部)和1982年采集的标本46号(上半部)缀合而成[①],《文物》1981年9期的简报只有标本108号的摹本,即张文(2)所附。张文(2)释背右第二字为"九",徐书从之,上文已谈到。〕

(乙)铜器。

(1)中方鼎(《博古图》2.17,《啸堂集古录》10。见图4-8:2):

……惟臣尚中臣:七八六六六六,八七六六六六。

(2)召仲卣(《西清古鉴》15.32):

七五六六六一,召仲。

(3)史斿父鼎(《三代吉金文存》(下简称《三代》)3.18.4):

史斿父作寶尊彝。貞:七五八。

(4)堇伯簋(《三代》6.39.5):

堇伯作旅尊彝。八五一。

(5)效父簋(《三代》6.46.3,《日本蒐储支那古铜精华》106):

休王賜效父:三,用作寶尊彝。五八六。

(6)召卣(《三代》12.45.1,《商周彝器通考》图613):

六一八六一一(倒书),召。

---

① 见罗西章、王均显《周原扶风地区出土西周甲骨的初步认识》,《文物》1987年2期。

(7)盘(《三代》17.1.2,《美帝国主义劫掠的我国殷周青铜器集录》A821):

六六一一六一

(8)鼎(Jessica Rawson, *Western Zhou Ritual Bronzes from the Arhur M. Sacker Collections*, Havard University Press, 1990, Vol. ⅡB, No.14):

八五一

(9)盘(同上,No. 121):

八一六

(10)甗(上引陈全方书,图版7页上,1978年陕西岐山凤雏村出土):

六六一六六一

(丙)陶器。

(1)罍(周原博物馆展品):

一一一一八一

(2)瓮(同上):

一一一一八一

(3)残器圈足(同上):

六六六

一一八

一六六

(4)罐(《文博》1990年3期,56页,图三,1987年陕西淳化石桥镇出土。见图4-10):

一一六八八一

一八八一一一

八一一八一六

六八五六一八

一八一六一一

一一六一八五

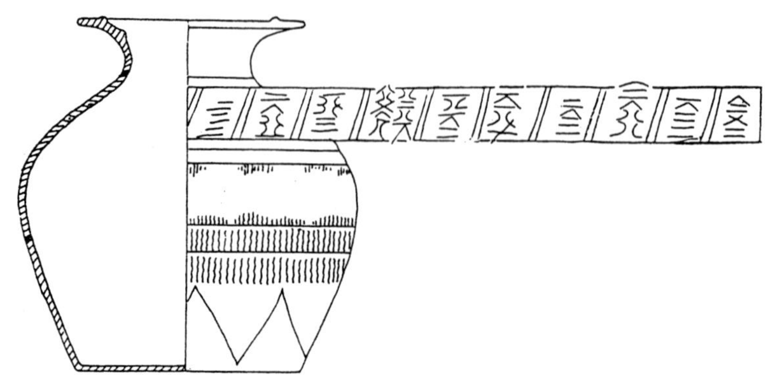

图 4-10 西周数字卦:陶罐
(陕西淳化石桥镇出土)

一一六一一一

一一一六八八

一六一一一一

六一一五一一

一一一一一一

(丁)玉器。

“周琥”(《历代钟鼎彝器款识法帖》,192):

六七七一一一

(戊)骨器。

(1)骨镞(《沣西发掘报告》,92 页,图 60:13,1956～1957 年陕西长安张家坡出土):

五一一

(2)骨镞(同上,图 60:15):

一六一

三、战国(20 例)。

(1)占卜竹简(《周易纵横录》,184～185 页,1978 年湖北江陵天星观

M1 出土，皆两卦一组）：

一一一一一六/六六一六一六

一一一六七六/八一一一六六

一六一六六一/九一一一一一

一六六六六六/六六六六六六

(2)占卜竹简(《包山楚简》，简 201、210、229、232，239、245，1987 年湖北荆门包山 M2 出土，皆两卦一组）：

六六一六六六/六一一六一一

一六六八一一/六六六八一一

一六六一一六/一五五八六六

六一一六六一/一六一一六一

一六六八六一/一一一六六一

六六一一一八/八一六一一一

〔案：以上所列金文图录的出版年月，可查孙稚雏《金文著录简目》(中华书局，1981 年)。但孙书未收《中日欧美澳纽所见所拓所摹金文汇编》(该书是台北 1978 年出版)和 Rawson 书。〕

三、楚占卜竹简

从 20 世纪 50 年代到现在，楚简发现已有 13 批[①]，但过去发表只是其中的 4 批[②]，而且这 4 批全是 50 年代所出，保存情况很差，数量也少。60 年代以来出土的楚简[③]，目前发表只有包山楚简。

---

① 米如田《战国楚简的发现与研究》，《江汉考古》1988 年 3 期。

② 1954 年湖南长沙五里牌、仰天湖、杨家湾出土的 3 批，1957～1958 年河南信阳长台关出土的 1 批。见注①引米如田文。

③ 1965 年、1973 年和 1978 年湖北江陵望山、藤店和天星观出土的 4 批，1980 年河南临澧九里出土的 1 批，1981 年湖北江陵九店出土的 1 批，1984 年湖南常德德山出土的 1 批(仅两枚)，1986 年湖北荆门包山出土的 1 批，1987 年湖南慈利石板村出土的 1 批。见前注①引米如田文。

包山楚简是1987年湖北荆门包山2号墓出土。墓主名邵㰤，官居左尹。尸骨鉴定，他死时只有35～40岁左右。而据简册纪年推算，他是下葬于楚怀王十三年（前316年）。所以可以估计，他的一生是在前355～前316年之间，约当战国中期之末[①]。

这批简册，内容丰富，整理者把它们分为三类：

（1）文书。应与墓主生前所掌官守有关，内容涉及户籍登记和狱讼案例。年代范围约在前322～前317年这6年之间。前316年的纪年，简文未见，殆因墓主病重，不能视事。

（2）卜筮祭祷记录。即这里称为“占卜”类的简文。它们应是摘录自墓主临死前3年（前318～前316年）间的占卜记录。这些记录不同于一般的占卜记录，内容是以求问病情为主，属于古人所说的“卜瘳”（见《书·金縢》、《周礼·春官·大卜》），可在某种程度上视如病案，从中了解死者的病情。死者病重是在前317年，死是在前316年。因此简文多数属于这两年，特别是最后一年。

（3）遣册。是死者下葬的随葬品清单。其中简267提到前316年“享月丁亥之日”左尹葬车，是简文最晚的纪年，说明死者是在最后一次占卜的次月下葬。

这三类简文彼此独立，但各自反映了墓主“生老病死”的一个侧面。这里我们所要讨论的是其中的第二类简文。这类简文，过去曾见于望山和天星观所出，但都未公布，现在还不能做综合讨论。但包山简与它们在格式和术语上十分相似，而简文的完整和丰富要超过它们。所以我们对包山占卜简的讨论，它的很多结论同时亦适用于望山和天星观的两批占卜简（下面为排印方便，引文一律用宽式，并尽量用通假字代替难字）。

（一）内容与格式

包山简的占卜类是分为三年。简文所占是以身体状况和病情为主，

---

① 《包山楚简》，文物出版社，1991年。

但也偶尔涉及后世占卜所谓的“临官涖政”(简 202、204)和“居家室”(简211、229)两类内容。这里先讲一下简文的基本内容。

(甲)宋客盛公𩽬聘于楚之岁(简 198～204,又 202 反)。

此年为前 318 年。所记占卜,只限于楚四月(刑夷)乙未这一天,是由盬吉、石被裳、应会(“应”字原从邑旁)三个贞人连续占卜,形式为卜/卜/筮。每次占卜都是先问“躬身”(即身体),曰“出入事王,尽卒岁躬身尚毋有咎”,即从今年此月至明年此月,整整一年内身体是否不出毛病。占卜结果相似,都是“恒贞吉”,只是“少有忧于躬身”,或“志事少迟得”,“爵位迟践(“践”字原从辵旁),必须用祠禳“夺之”。所以接着是占祠禳。而再占的结果也都是“吉”,曰“期中有喜”,“享月、夏夷有喜”,“至九月喜爵位”。看来墓主只是身体欠安,还没有明显的不适,仍在盼望官爵的升迁。

(乙)东周之客许绖归胙于莪郢之岁(简 203～225)。

此年为前 317 年。所记占卜,开头结尾各有两次祷祠。开头两次是在楚正月(冬夕)癸丑(简 205～206),是由卲吉莅祭,祈求邵氏之祖邵王(即昭王)和墓主的四世祖考“致福”(赐福)。结尾两次是在楚十月(爨月)丙辰(简224、225),是由臧敢莅祭,祈求墓主的祖父司马子音和亲属东陵连嚣子发“致命”(赐命)。这之间共有分属于三天的七次占卜:

(1)楚三月(远夕)癸卯(简 207、208)。只有一次,贞人是苛光,形式为卜。先问“病腹疾,以少气,尚毋有咎”,占卜结果是“贞吉,少未已”。看来墓主已开始发病。再占祠禳,结果是“吉,刑夷且见王”,即次月可以康复,入见楚王。

(2)楚五月(夏夷)乙丑(简 209～217)。凡三次,贞人是五生(“五”即“伍”)、盬吉、苛嘉,形式为筮/卜/卜。先问身体,情况尚好,只是“少有忧于躬身与宫室,且间有不顺”(简文“且”字皆从虘从又),或“少有恶于王事”。再占祠禳,结果是“吉。三岁无咎,将有大喜,邦知之”,或神祖“皆城(成),期中有喜”。看来墓主的病还是很重,也未好转,视政恐不支,仍在盼望康复。

(3)楚十一月(爨月)己酉(简218～223)。凡三次,贞人是许吉、苛光,弄簄("弄"字原从邑旁),形式为卜/卜/卜。求问是因"下心而疾,少气"和"不入食",看来病重。但三人所占不同,许吉所占,谓"甲寅之日,病良瘥",即五天后病可大愈,但仍有凶祟,应择良辰吉日送璧琥给"太"[①],并献佩玉和猳给"巫"和"地主",用白犬赛祷"行",送冠带给"二天子",并于"甲寅之日,逗于疋阳"("疋"字原从邑旁,"阳"字原无阜旁)。苛光之占,谓"庚辛有间,病速瘥,不逗于疋阳,同夺",则是说一两天内病就会好起来,不必"逗于疋阳"(二"逗"字疑应读为"斗",指驱除邪魅),其他同于上述禳除之法。弄簄之占,是问"爨月期中尚毋有恙","夺"的办法又不同,是以戠牛馈享"新(亲)王父殇"(简221与简222应是一条,后者第七句似读为"殇因其尝牲")。看来墓主急切希望病情好转。另外,承第三次占卜,简223还有屈宜的一条"习占",是再占该卜之问。

(丙)大司马悼髋将楚邦之师徒以救甫("甫"字原从邑旁)之岁(简226～250,又249反)。

此年为前316年。所记占卜,只限于两天之内的11次占卜:

(1)楚四月(刑夷)己卯(简226～248)。凡十次,是由同样的5个贞人,即盬吉、陈乙、观绷、五生、许吉,在同一日内做两轮占卜,每轮形式都是卜/筮/卜/筮/卜,交替进行。前一轮是问"躬身",形式与前318年的占卜相似,还看不出病情严重。但后一轮是问"既腹心疾,以上气,不甘食,旧(久)不瘥,尚速瘥,毋有柰",占卜结果是"恒贞吉",但"疾难瘥","疾变,有瘨,递瘥","疾变,病窔",却说明墓主已病入膏肓。

(2)楚五月(夏夷)己亥(简249～250,又249反)。只有一次,也是最后一次,贞人为观义,形式为卜。先问"有瘇(肿)病,上气,尚毋死",占卜结果是"不死",但"有夺,见于绝无后者与渐木立"。因此接下来是问如何馈享"绝无后者"和解于"渐木立","且徙其居而梪之"("徙"字原从辵从尾从少,"梪"字疑亦

① 原文"太见琥",似指太欲献琥,故下文献之。简文"壁琥"应读"璧琥","归之"是馈送之义。

读为"鬥"),占卜结果是"吉",但不知"渐木立"所在的州名。

简文到此结束,而墓主也在一个月后死掉了。

下面我们再讲一下上述占卜简的格式。这种格式虽然不完全是固定的,但仍然有一些基本的形式特点和规律,可以试加归纳。

过去,我们已经指出,楚简的占卜之辞是分为两种,一种记年月日,较详;一种不记年月日,直接以"某某习之"开头,较略。这两种简文大多是分简书写,但也有抄在同一简上,可以证明后一种都是接在前一种后面:记年月日的简是对某事的第一次占卜,而不记年月日的简则记同一日内对同一事的重复占卜,两者是一个整体。后者不记时间,是承上省略。我们不妨把前者叫"初占",后者叫"习占"①。

这里先解释"初占"。

首先,我们应注意的是,这里简文通常都包括前后两问,第一次占卜,主要是卜躬身或病瘳,并总是用"以其故夺之"为结语,以引出后面的"夺";第二次占卜,就是问"夺",所谓"夺"又分"祠"、"禳"两部分,"祠"是祭祷、馈享神祖,求其致福,"禳"是解除妖祥之害,两者都是用以除病。

其一般的格式是:

(甲)第一次占卜。包括:

(1)前辞。

××之岁(以事记年),××之月(用楚月名),××之日(用干支),××(贞人名)以××(占卜工具)为××(墓主名)贞(以下可点冒号,以引出命辞)。

(2)命辞。

自××之月(用楚月名)以就××之月(用同样的楚月名),出入事王,尽卒岁(或"集岁")躬身尚毋有咎(或病情如何)。

---

① 见拙作"Formulaic Structure of Chu Divinatory Bamboo Slips",Translated by William G.Boltz,*Early China* No.15(1990),71～86页。此文对楚占卜简有初步讨论,其中凡与本节矛盾之处,皆应以本节为准,予以纠正。

(3)占辞。

占之恒贞吉,少有忧于躬身(或"宫室"),且间有不顺(或其他不利)。以其故夺之。

(乙)第二次占卜。包括:

(1)命辞。

a. ×祷(翌祷、与祷、赛祷)××(神祖名,种类很多),××(祭物,种类很多)馈之(或"郊之",或"享祭",或"郊祭之")①。

b. 思攻解于××(各种鬼怪妖祥)。

(2)占辞。

××占之,曰吉(或还缀以神祖"既成","期中有喜","期中尚毋有恙","无咎无夺"等语)。

简文把"夺"法相同,称为"同夺",而"夺"的内容相关,前后相承,称为"与××(贞人名)之夺"或"移××(贞人名)之夺"("移"原作"迻")。

简文中的"习占",只有简223一条,格式是:

(甲)第一次占卜。包括:

(1)前辞。

××(贞人名)习之以××(占卜工具),为××(墓主名)贞。

(2)命辞。

问病情如何。

(乙)第二次占卜。包括:

(1)命辞。

与××(所承占卜的贞人名)之夺。

(2)占辞。

××(贞人名)占之曰:吉。

这种占卜属于重复占卜,故形式简略。其中"与××之夺"也见于简203、241、243,都是属于同一日内的连续占卜。另外,前318年的第三次

① 整理者把"×祷××"与下祭物名连读,而把"馈之"等语断开,可商。

占卜还提到“凡此敝也，既尽移”(简 204)，把该日的卜、筮相袭称为“移”；前 317 年的第二、三次占卜还提到“移应会之夺”(简 211)和“移故敝”、“移石被裳之夺”(简 213、214)，则是指与前 317 年的占卜相承。“移”字的用法与“与”字相似。

“习占”在望山简和天星观简中出现很多，但包山简却少见。是否上述标有“与”，“移”字样的简文亦属“习占”，值得注意。

据上可知，简文内容虽有“祷祠”，但除简 205、206 和简 224、225 是属记录“祷祠”，其他都是占问“祷祠”，并且“祷祠”只是两次占卜中第二次占卜的内容之一(简文除“祠”还有“禳”)。此外，据望山简和天星观简，这类“祷祠”前面还往往标有“择良日”一类词(这批简，简 218 也有之)，也说明“祷祠”是预卜中事。所以我们的看法是，这类简文最好还是叫“占卜简”，而不宜称为“祷祠简”或“卜筮祭祷记录”。同样，整理者把简文格式分为前辞、命辞、占辞、祷辞和第二次占辞(12 页)也值得商榷。

(二)术语考证(卜瘳部分)

简文卜瘳部分的术语主要有：

(甲)岁名。

简文记年是采取“以事记年”。但这种记年之事不会正好都是发生在岁首，而是该年的一种代表性事件。也就是说，其岁名都是后来清抄时补加。

简文所见三种岁名，涉及客使来访、天子致胙和战争。客使，简文称“客”，“客”上一字是其国名。来访，简文称“聘”(原从由从可)，望山简和天星观简也作“闻(问)”，都是访问之义。“莪郢”是楚都所在。“归胙”，简文也作“至(致)胙”(简 209)，指致送祭肉。“将”(原从辵从羊)，是率领之义。

(乙)月名。

简文所见月名，除七、八、九、十 4 个月，皆有楚历特有的月名。这类月名是：

春:冬夕(正月),屈夕(二月),远夕(三月);

夏:刑夷(四月),夏夷(五月),享月(六月);

秋:夏夕,八月(亦作"秋二月"),九月(亦作"秋三月");

冬:十月,爨月(十一月),献马(十二月)。

上述月名,"夕"字原从示从亦,"刑"字原从田从刑,"夷"字原从示从尸,"爨"字原从火从允从田,这里为排印方便,姑据睡虎地秦简《日书》甲种《岁》篇的楚月名而录写[①]。

(丙)占卜周期。

简文常用"自××之月以就××之月","尽卒岁"如何来表示卜问的时间范围,说明当时的占卜往往是以一年为周期,并且上一年的占卜记录和下一年的占卜记录是连在一起,可以相互对照。

"就",原作亯,与庚字有别[②],从文义看应是表示到达之义。此字也见于鄂君启节,辞例作"自鄂市就"某地,同样是表示从某地到达某地[③]。

"卒岁","卒"(原从爪旁)可训终、训尽,是满一岁的意思。简文亦作"集岁"。"集"(原从宀旁)可训合,是同样的意思。

另外,简文还有"期中"一词("期"字原从日从几,"中"字原从宀从中),是表示所问时段之内,与上"自××之月以就××之月"的概念相应,都是指占卜当月与来年此月之间。如简 221 是属于"爨月"的占卜,后面说"爨月期中尚毋有恙",即应理解为今年与明年两个"爨月"之间是否有恙,而不是指当月之内是否有恙。

(丁)占卜工具和占卜方式。

古代占卜,用龟曰卜,用策(或蓍)曰筮。但简文所见占卜工具,哪些是龟,哪些是策,需要识别。一般说,简文记有卦爻的是策,不记卦爻的是龟。这里可试做分类:

---

① 《睡虎地秦墓竹简》,文物出版社,1990 年。以下引文出此,不再注。

② 原书注 342 释"庚",但比较简文"庚"字(干支用字),可知其误。

③ 补注:旧释皆误,参看拙作《古文字杂识(两篇)》,收入《于省吾教授百年诞辰纪念文集》,吉林大学出版社,1996 年,270～274 页。

(1)龟。有宝家(简197、212、218、226、236、249,“家”字原从爪旁)、训蘢(简199)、长则(简207、216、220,“则”字或从心旁)、少宝(简221)、彤答(简223)、长灵(简230、224,“灵”字原作“霝”)、驳灵(简234、247,“灵”字同上)。

(2)策。有央笤(简201)、丞德(简209、232、245,“德”字原从心从直)、共命(简228、239)。

上述龟名要以“宝”、“灵”两类最突出。“宝家”,可能即古书所说的“宝龟”(《书·大诰》、《尔雅·释鱼》等)。望山简和天星观简“宝家”亦作“宝室”(“室”字亦从爪旁,据朱德熙先生说,二字音近相通)。“宝”,简文往往从宀从保,或写作“保”,似取谐音读为“保家”,是一种吉语。“少宝”,则可能与天星观简的“长保”相反,“长”是体型较长者,“少”是体型较短者。它们都是龟而不是策[①]。“长灵”、“驳灵”,可能是“灵”中体型较长者和颜色驳杂者。望山简和天星观简除“长灵”还有“黄灵”、“白灵”等其他种类的“灵”。“灵”作为龟名很古老,如殷墟卜辞已有之。《周礼·春官·龟人》和《尔雅·释鱼》称龟之俯者为“灵”,但《史记·龟策列传》则以“玉灵”为龟之通名(后世卜书多以“玉灵”题名)。策名,古书绝少记载,简文所见,“央笤”似与天星观简所见“大央”有关,后者也是策名。而“丞德”、“共命”,则可读为“承德”、“恭命”,似与“保家”相类,也是一种吉语。当然,楚占卜简所见龟策之名,仍有许多苦无对证,难明所指。

由上述龟策分类,我们可把简文所见贞人分为两组:

(1)卜人。宝家:盬吉、许吉、观义;训蘢:石被裳;长则:苛光、苛嘉;少宝:弄羞;彤答:屈宜;长灵:观绷;驳灵:许吉。

(2)筮人。央笤:应会;丞德:五生;共命:陈乙。

归纳简文占卜,凡有5种情况:(1)卜;(2)卜/卜/筮;(3)筮/卜/卜;(4)卜/卜/卜(外加“习占”,也是卜);(5)卜/筮/卜/筮/卜。说明简文虽属

---

① 原书注339把“宝家”读为“苞蓍”,解释成筮具,可商。

卜、筮兼用,但更主要是用卜。

(戊)吉凶占验。

卜瘳命辞总是由"贞"字引起。"贞"字古可训"问"、训"定"[①],有求问和定夺之义。近年来,中外学者曾就殷墟卜辞是否问句的问题展开争论[②]。西方学者认为命辞是"指令"(charge)而非"问句"(question),因而连"贞,问也"的古训也怀疑是错误的[③]。但我们认为,这种怀疑包含了一些误解。在英语中,"问句"与"指令"是完全不同的两种概念,但在汉语中,我们却可以把需要做出判断(肯定或否定)的"命题"(proposition)称做"问题"(problem),虽然这种"命题"或"问题"并不一定是"问句"。古文字"问"、"闻"同源(二者皆作"闻")[④],区别只在主动和被动,我之所"问"也就是我之所欲"闻",问题和答案,差别只在未决和已决。正是在这种意义上,古人把"访问"(visit)也叫"问"(即"聘问"之"问")。同一个"问"字,不仅可以包含英语中的多种词义,而且与它的"指令"概念亦可兼容。中国古代占卜,命辞叫"命"(如《周礼·春官·大卜》所说的"八命"),本来就指提出问题,类似计算机的指令(instruction)输入(占辞回答问题,则类似计算机的指令输出)。这类指令,都是用以"决嫌疑,定犹与(豫)"(《礼记·曲礼上》)。可见按我们的习惯,训"贞"为"问"和训"贞"为"定",二者并无矛盾。

"贞"字以下的命辞是讲待决之事,其中有表示这种语气的"尚"字,意思是庶几,义如当。另外,命辞最后一句通常都是"以其故夺之",其中的"夺"字也很关键。"夺"原作"敚",有时还加有示旁,或从示从兑。后一种

---

① 《说文》:"贞,卜问也。"《释名·释言语》:"贞,定也。"

② 见 *Early China* No.14(1989)所收裘锡圭、David S.Nivison 文和范毓周、饶宗颐、David N.Keightley、Jean A.Lefeuvre、李学勤、David S.Nivison、Edward L.Shaughnessy、王宇信的评论以及裘锡圭对这些评论的答覆。裘文的中文原稿名《关于殷墟卜辞的命辞是否问句的考察》,载见《中国语文》1988 年 1 期。

③ 参上注引西方学者文。

④ 如楚占卜简的"问"皆作"闻"。

写法的“夺”字(简 211)与“祝”字相似,但并非“祝”字[①]。这种用法的“夺”,古书亦作“说”(《周礼·春官·大祝》)或“兑”(《淮南子·泰族》)。睡虎地秦简《日书》乙种也提到“说孟(盟)诈(诅)”(简 23:壹),整理者注为“解除”。这种解释不能说错,但“说”本来并非解脱义,而是来自夺取、夺去之义,早期写法是作“敚”。《说文》:“敚,彊取也。”经典作“夺”。包山简“文书类”的《疋狱》提到“以夺其后”(简 93)、“以夺其妻”(简 97),字亦作“敚”。这些都可说明,简文此字只能读为“夺”,是禳夺之义[②]。〔案:“禳”的本义就是攘夺。〕

简文占辞的“占”字是据卜筮结果判断吉凶的意思。《说文》:“占,视兆问也。”《广雅·释诂》:“占,……譣(验)也。”皆其义。

另外,简文还有表示吉凶的一套术语,既见于命辞,也见于占辞。如表示吉利,有“吉”(常见)、“贞吉”(亦常见,指有求必应)、“(志事)得”(简 198、200,指心想事成)、“有喜”(简 190、200、204、211,“喜”字原从心旁)等。表示不利和凶,有“有忧”(常见,“忧”字原从心从人从页)、“有咎”(常见)、“有恶”(简 213,“恶”字原作“亚”)、“有夺”(简 218、223,“夺”字同上,是指有凶咎夺人)、“不顺”(简 211、217,“顺”字原作“训”,或加心旁)等。另外,简文还常常在这类词的前面加上表示程度的字,如“贞吉”前加“恒”(常见,永久之义),“得”前加“少迟”(简 198,稍迟之义)或“速”(简 200),“喜”前加“大”(简 211),“有忧”前加“少”(常见,稍微之义)或“少间”(简 199,也是稍微之义),“不顺”前加“间有”(简 211、217,略有之义)。简文“间”多作“外”。

(己)病情。

简文占病,主要术语有:

(1)病(简 207、218、221、223、245、247、249)。写法比较怪,是从爿从方。情况如同《仪礼》、《周礼》等书把“柄”写成“枋”。包山简“文书类”的

① 原书注 408 以为“祝”字,可商。

② 见孙诒让《周礼正义》卷十四“女祝”。

《疋狱》有讲田产继承的案例，提到某人“食田病于债”而卖田（简 152），“病”字同此。

（2）疾（简 207、218、220、221、223、236、239、245、247）。与“病”略有不同，“病”可以作动词，也可以作名词，但简文“疾”字都是名词。

（3）有间（简 220）。表示病情好转。

（4）瘥（简 218、236、239、240、242、243、245、247）。原从疒从虘，也是表示病情好转。“病良瘥”是病大愈，“旧不瘥”是久不愈[①]，“尚速瘥”是当速愈，“递瘥”大概也是渐愈（但“递”不一定是“遞”字，“遞”作“递”乃是后世俗体），“难瘥”是难愈。

（5）已（简 207）。辞例是“（病）少未已”，“已”也是痊愈之义。

（6）有恙（简 221、223）。“恙”字原从羊从永，简文“尚毋有恙”也属占问病情。意思是庶几无忧无病。

（7）（疾）变（简 239、240、245）。原作㚒，指病情恶化。

（8）有瘨（简 240、247）。亦属病情恶化。

（9）（病）窔（简 245）。似指病情加深。

（10）死（简 249）。简文最后一简问“尚毋死”，占卜结果是“不死”，其实墓主还是未能免于一死。

望山简和天星观简也有类似术语，其中表示病愈，还有“瘳”、“愈”二字。

楚占卜简的占病术语可与睡虎地秦简《日书》甲种《病》和乙种《有疾》两篇做比较。后者提到“有间”和“不间”、“大瘳”和“小瘳”、“酢”和“不酢”。其中的“酢”（精母铎部字）显然就是这里的“瘥”（精母鱼部字）。乙种《有疾》篇整理者注认为“酢”可读为“作”，是起床之义（但甲种《病》篇注说“酢”是报祭之义，与之矛盾）。《方言》卷三：“差、间、知，愈也。南楚病愈者谓之间，或谓之知。知，通语也。……或谓之瘳。”“间”、“愈”、“瘳”皆见于楚占卜简，“差”即“瘥”[②]。

---

① 《诗·大雅·抑》：“告尔旧止。”郑笺：“旧，久也。”《书·无逸》：“时旧劳于外”，《史记·鲁周公世家》引作“久劳于外”。《小尔雅·广诂》亦以“久”训“旧”。

② 原书注 428 读阻训止，注 462 以为借作瘥，指疾病。

（三）术语考证（卜夺部分）

简文卜夺部分的术语主要有：

（甲）三种祷祠。

（1）翌祷（简200、203、205、206）。仅见于前318年的第二、三次占卜和前317年初的两次祷祠。“翌”字原从羽从能，能是之部字，翌是职部字，此以音近暂读为翌。“翌”是表示次年、次月、次日。鄂君启节也有此字，文例作“岁～返”。

（2）与祷（简202、210、217、222、224、225、227、229、233、237、240、243、244、246、248、249、250）。简文所见祷祠绝大多数是这一种。“与”字原从犬旁或止旁。

（3）赛祷（简210、213、214、219）。在简文中出现也较少。

这三种祷祠，其中只有赛祷可与文献对证，知其含义为报神之祭，其他两种还有待探讨。我们怀疑，“与祷”可能是始祷，与“赛祷”的“赛”是报答之义正好相反，两者有对应关系，而“翌祷”则是来年的祷。殷墟卜辞有周祭制度，简文所述或与之相似。

（乙）祷祠对象。

（Ⅰ）神祇。

（1）太（简210、213、215、219、227、237、243）。原作□、□，有时还加有示旁（其中简219、243从示从大）。这里释为“太”[①]。简210、227也称“蚀太”（“蚀”字原从饮从蚀）。此神在简文中是列于众神之首，从地位看，应即太一。《楚辞·九歌》所祝者首为“东皇太一”，《史记·封禅书》和《汉书·郊祀志》记汉代祷祠也以“太一”最尊。“太一”居斗极，为众星所拱，《史记·天官书》开篇就是讲它，式法中的太乙术也是以“太一”为核心。

① 我在1990年已指出此点，见216页注①引文。古文字中的“蔡”、“叕”等字象人形而钳其手足，字形皆从大字分化，读音也与大字相近（皆月部字）。估计与钛字的含义有关。中山王鼎：“尔毋大而泰”，“泰”字从心从蔡字的古体。中山王方壶：“昭缀皇功”，“缀”字写法亦近“蔡”。

这些都可说明它的重要性。

(2)司命(同上)。《史记·天官书》:“斗魁戴匡六星曰文昌宫:一曰上将,二曰次将,三曰贵相,四曰司命,五曰司中,六曰司禄”,其中第四星为“司命”。《楚辞·九歌》也有“大司命”、“少司命”,分为二神。

(3)司禍(简213、215)。次字是楚文字中的祸字。祸可读为过。《开元占经》引《黄帝占》谓文昌六星的第五星为司中,“主司过诘咎”,《抱朴子·微旨》引《易内戒》、《赤松子经》、《河图记命符》也提到“天地有司过之神,随人所犯轻重,以夺其算。算减则人贫耗疾病,屡逢忧患;算尽则人死。诸应夺算者有数百事,不可具论”[①]。此神与司命有关。或前者即大司命,此即少司命。

(4)后土(简213、215、237、243)。原作“侯土”,即司地之神。

(5)社(简210、248)。即社主,也是地神。

(6)地主(简219)。又分宫地主(简202、207)和野地主(简207)。前者应是司宅地之神。

(7)宫后土(简214、233)。也应是司宅地之神。

(8)大水(简213、215、237、243、248)。大川。《楚辞·九歌》有“河伯”掌“九河”。整理者认为“大水”即《史记·封禅书》的“天水”(注417)。

(9)五山(简240)。应指五大名山,但具体不详。

(10)坐山(简214、215、237、243)。上字原或从人,或从山,整理者引裘锡圭先生说释坐(注419)。

(11)高丘、下丘(简238、241)。“丘”字原从土,盖指高丘和矮丘。

(12)宫(简210)。指宫室、住宅。《史记·封禅书》说汉高祖立祠,梁巫所祠有“房中”、“堂上”,似即这类神。

(13)行(简210、219、233)。指道路,字或从示。

(14)大门(简233)。古书“五祀”曰“户”、“灶”、“中霤”、“门”、“行”

① 参看饶宗颐《老子想尔注校证》(上海古籍出版社,1991年)71页述道教夺算之说。

（如《礼记，月令》），其中有“门”、“行”。睡虎地秦简《日书》乙种简40：贰提到“祠五祀日”，“中霤”作“内中土”。包山2号墓所出394号竹笥内也有记户、灶、室、门、行五神的木牌[①]。“五祀”是配五行。

(15)南方（简231）。属四方之神。《墨子·迎敌祠》有以四方设坛，祭青、赤、白、黑四神以迎敌之法。

(16)二天子（简213、215、219、237、243）。简文列于“大水”和“坐山”之间，似属地祇。

望山简和天星观简也有这类神，并提到“五差”和“云君”。前者应即《史记·天官书》的“五佐”（水、火、金、木、填五星），后者应即《楚辞·九歌》的“云中君”。

（Ⅱ）祖考及亲属（死者）。

(1)楚先老僮、祝融、鬻熊（简217、237）。“鬻”字原从女从二虫，“熊”字原从今从酉（这里是代用字），李学勤先生考为鬻熊[②]。三人，皆《世本》所记楚之远祖。

(2)荆王自熊鹿以就武王（简487）。“荆”字原从田从刑，“熊”字（亦代用字）写法同上。“鹿”，释文作“绎”，字形不合。“熊鹿”，应是鬻熊之子熊丽，亦楚之远祖。

(3)邵王（简200、203、205、214、240、243）。即楚昭王。整理者指出墓主即由邵王而得氏（注360）。

(4)文坪夜君子良、部公子春、司马子音、蔡公子家及夫人（简200、202、203、206、214、224、240、248）。“文”字以下是墓主的四世祖考和配偶。西周金文常见“文祖”、“文考”和“前文人”一类字眼，“文”字都是用于死去的先人。“坪夜君”是封地在平夜（即平舆，今河南汝南东南）的封君[③]，字子良。“部公”是部邑（今山东泗水东南）的县公，字子春。“司马”

① 见《荆门市包山楚墓发掘简报》，《文物》1988年5期。

② 李学勤《论包山简中一楚先祖名》，《文物》1988年8期。案：楚熊氏，铭文皆从今从酉，这里的“熊”字是代用字，并不意味铭文此字即“熊”字。

③ 见湖北省博物馆《曾侯乙墓》，文物出版社，1989年，519页注145。

是楚国司马，字子音。“蔡公”是蔡邑（今安徽凤台县）的县公，字子家（“家”字原从爪旁）。子良是高祖辈，子春是曾祖辈。子音，简文称为“新（亲）王父”（简222、224），是墓主的亲祖父。子家，简文称为“新（亲）父”，配偶称为“新（亲）母”（简202反、214），则是墓主的亲父母。其中子音，简222称为“新（亲）王父殇”，可能是非正常死亡。

（5）东陵连嚣子发（简202、210、211、225、243）。东陵是地名，见于浙江省博物馆收藏的楚东陵鼎（《录遗》70著录），连嚣是该地所设的职官。子发是墓主的什么亲属，情况不明。简225称为“殇东陵连嚣子发”，似亦属于非正常死亡。

（6）兄弟无后者邵良、邵乘（“乘”字原从车）、县貉公（简227）。应是墓主兄弟中绝嗣无后者，简249所说“绝无后者”，可能亦指此。

此外，简219、244还提到祭“巫”。

（丙）祭物。

（Ⅰ）祭牲。

（1）牛（简200、202、203、205、214、222、224、240、243）。多为“戠牛”，只有简222为“直牛”，整理者都读为“特牛”（注361、441），以为一牛[①]。〔案：古书还有以雄兽或三岁兽为“特”的说法。〕简246有“五牛”，是很隆重的祭礼。

（2）豢（简200、202、206、210、214、227、237、238、240、241、248）。简文称豕为“豢”[②]，分“戠豢”和“全豢”。“戠”字用法同上。简246有“五豕”，与“五牛”同用。

（3）腊（简200、202、210、215、244、248、250）。分“戠腊”、“全腊”、“肥腊”。“戠”字用法同上。“腊”字原从豕从昔，应是用豕肉制成的腊[③]。

---

① 《说文》：“朴特，牛父也。”《诗·魏风·伐檀》：“胡瞻尔庭有悬特兮”，毛传：“兽三岁曰特。”《广雅·释兽》并以兽四岁为特。

② 见原书注366。

③ “腊”，是干肉，字亦作“昔”，见《说文》、《广雅·释器》。

(4)豬(简202、203、211、225、227、243)。劁过的猪[1]。

(5)豭(简207、208、219)。公豕[2]。原从豕从古。

(6)牂(简217、237、243)。牝羊，一说三岁牝羊[3]。简205有"大臧"("臧"字原从立)，整理者以为"臧"亦"牂"(注388)。

(7)羖(简214、233、237、243)。黑色公羊[4]。原从羊从古。

(8)羺(简237、243)。可能也是黑羊[5]。

(9)白犬(简208、210、219、229、233)。主要用于祭宫室、门、行。

(10)牺马(简248)。用以祭大水。

(Ⅱ)其他。

(1)酒食(简200、202、204、208、211、227、229、243)。"酒"字原作"酉"。

(2)俎豆(简244)。"俎"原从虘从又，"豆"原从木旁。

(3)佩玉(简213、214)。以"环"、"珏"为计。"佩"字原作"備"。

(4)冠带、衣裳(简219、231、244)。衣裳是以"称"计。"带"字原从糸旁[6]。

(丁)表示祷祠效果的词。

简文把祷祠完成称为"既祷"(简205、206、224、225)，并把神祖歆享其祀，称为"既城(成)"(简202反、215)。

(戊)禳除。

简文中的"禳"比"祠"简略，主要是问解除哪些妖祥之害。这类占卜

---

① 补注：原误，今据白于蓝《包山楚简考释(三篇)》(《吉林大学古籍整理研究所建所十五周年纪念文集》，吉林大学出版社，68～76页)改正。

② 《说文》："豭，牡豕也。"

③ 《尔雅·释畜》："羊，……牝牂。"但《说文》作"牂，牡羊也"。段玉裁《说文解字注》以为"牡"是"牝"字之误。《广雅·释畜》又以三岁牝羊为牂。

④ 《说文》："羖，夏羊牡曰羖。"《诗·小雅·宾之初筵》："俾出童羖。"郑笺："羖羊之性，牝牡有角。"是黑羊牝牡皆得称羖也。

⑤ 古文字多以"膚"为"卢"，古书并假"卢"为"旅"，《说文》："旅，黑色也。"

⑥ 简231于"冠带"上有"緖取"二字，不详。

之辞一般都是以表示愿望语气的词“思”(简198、211、217、229、238、241、246、248)来开头,只有简250是以“命”字开头。简文“思”字绝大多数都是写成“甶”,不带心旁,但简198是作“思”。简129也有“思”字,与此写法相同,整理者释作“思”,但把简198的“思”字误释为“悤”,读为“鬼”(注353)。“甶”字,过去也见于商代和西周的文字[①],但长期得不到正确的释读。近年来,李学勤、夏含夷注意到此字在商周卜辞中是一种关键术语,并猜测此字应释为“思”[②]。简文“甶”、“思”互用对他们的猜测是有力支持。

简文表示禳除的词是“攻解”(简198、211、217、238、241、246、248、249反)或“攻叙(除)”(简229)、“攻夺”(简231)(“攻叙”读“攻除”,是从刘钊说,见所著《包山楚简文字考释》,中国古文字研究会第九届学术讨论会(1992年11月2～6日,南京)论文。

简文禳除的对象有:

(1)人害(简199)。“害”字原从心从禹。子弹库楚帛书和睡虎地秦简《日书》甲种《稷(稷)辰》“害”字作“禼”,乙种《秦》作“惪”,皆从禹,这里释为“害”。

(2)盟诅(简211)。本指誓告于神,诅其不信者(参看《周礼》的《春官·诅祝》和《秋官·司盟》),这里则指由诅咒造成的不祥。“盟”字原从示从明,“诅”字原从示从虘。简241也单称为“诅”。

(3)不辜(简217、248)。是无罪而死的冤鬼。“辜”字原从歹从古。

(4)殇(简222、225)。简文称“殇”者有司马子音和东陵连嚣子发。古书所说“殇”,或为“夭死”(也叫“不壮死”)[③],或为“兵死”。如《楚辞·九歌》有“国殇”,即属为国捐躯,战死沙场者。

(5)兵死(简241)。即被兵刃杀死者。

---

① 如四盘磨卜骨、长甶盉和周原甲骨。

② 李学勤、王宇信《周原卜辞选释》,《古文字研究》第4辑;夏含夷《试论周原卜辞甶字,兼论周代贞卜之性质》,《古文字研究》第17辑。

③ 《仪礼·丧服》:“年十九至十六为长殇,十五至十二为中殇,十一至八岁为下殇;不满八岁以下,皆为无服之殇。”

(6)水上与溺人(简246)。指淹死的人。前者浮于水上,后者沉于水底。

(7)岁(简238)。太岁。

(8)日月(简248)。太阳和月亮。

(9)渐木立(简248)。不详。

这些鬼怪妖祥,很多都是死者的冤魂。简219、220的"逗"、简249反的"梪",很可能都是驱鬼仪式,疑应读为"鬥"。这种"鬥"要卜问地点,如简219、220所占,地点是"疋阳";简249所占,曰"不知其州名",看来是不知凶祟所在。

(四)楚占卜简的研究价值

楚占卜简是战国中期末的占卜记录,但形式与较早的占卜记录仍保持着很多一致性,对研究古代占卜有重要价值。

占卜在古代是属于数术之学。数术是古人以为可以通天地鬼神的"技术",内容包括三类东西,一类是与天文历算有关的占卜(如星占、式占),一类是假动植物之灵为媒介的占卜(如龟卜、筮占),一类是占梦等杂术和驱邪巫术(如厌劾、祠禳)。楚占卜简主要属于第二类,但所占祠禳则涉及第三类,可以反映祭必先卜、卜祭相袭的早期传统。另外,简文讲祷祠择日,也与第一类有关。

占卜是古代的"预测学"。其预测范围很广,大至祭祀征伐,小至头疼脑热,种类异常繁多。现存楚占卜简因系墓中所出,有很大局限性,内容只限占病。但它也有一个优点,是性质比较单纯,可以使我们更多注意其形式特点。过去,研究商周甲骨,罗振玉、董作宾、沈启无、朱耘菴等学者都曾专门致力于卜法的研究[①],把卜法视为必要的入门知识,但是随着

① 罗振玉《殷周贞卜文字考》,玉简斋石印本,1910年;《殷墟书契考释》,东方学会石印增订本,1927年。董作宾《商代龟卜之推测》,《董作宾先生全集》3,台北:艺文印书馆,1977年。沈启无、朱耘菴《卜法通考》,《国立华北编译馆丛刊》卷1:1～3,金华印书馆,1942年。

研究的深入，人们往往得鱼忘筌，舍卜法而专谈社会历史内容，终使这一领域无人问津。其实，占卜方法的研究始终是深入理解各种占卜记录的不二法门①。

楚占卜简与早期占卜记录的关系是多方面的。如：

第一，早期占卜，过去大家注意较多的只是“卜”，特别是商代甲骨的研究。甚至形成印象，好像一说甲骨，就一定是商代甲骨。但是现在，我们却不仅发现了西周甲骨②，也发现了东周甲骨③。大大扩大了甲骨学的概念。现已发现的东周甲骨，数量还很少，皆无刻辞，但楚占卜简却兼记卜、筮，并且以卜为主，可以弥补其不足，使我们对东周龟卜有了更为直接的认识。另外，楚占卜简提到多种卜龟，也是重要知识。殷墟卜辞所记卜龟只有两种④，与之相比，楚占卜简的分类要更为详细。

第二，早期占卜中的“筮”，只是近年来由于商周“数字卦”的破译⑤，才开始被人们认识。这种“数字卦”是用十进数位的一、五、六、七、八、九6个数字来表示。并且从马王堆帛书和双古堆汉简两种《周易》的发现，我们还了解到，当时是用一、八两个数字来表示阴阳爻。但是介于商代西周和西汉早期，情况如何呢？楚占卜简正好回答了这个问题。它所记录的卦画，仍与商代、西周相似，是用多种数字表示，说明“数字卦”的简化那是很晚的事情。另外，楚占卜简提到多种筮策，也是商周甲骨和后世文献都没有提到的。

第三，楚占卜简的占卜格式与商周卜辞也颇多相似。如它也包含前辞、命辞和占辞等构成要素（但无验辞，则同于周而别于商），并且具有表

---

① 见李学勤《古文字学初阶》，中华书局，1985年，82页；《古文字学的基础工作》，收入《李学勤集》，黑龙江教育出版社，1989年。

② 见陈全方《周原与周文化》，上海人民出版社，1988年，下编第一章；徐锡台《周原甲骨文综述》，三秦出版社，无出版年月。

③ 赵振华《洛阳两周卜用甲骨的初步研究》，《考古》1985年4期371～379页。

④ 《甲骨文合集》，8996正。

⑤ 见张政烺《试释周初青铜器铭文中的易卦》，《考古学报》1980年4期，403～415页。

示待决语气的“尚”字和愿望语气的“思”字[①]，表示连续占卜的“习”字（义如“袭之”）[②]，以及各种作用相似的吉凶占断，对理解商周卜辞的形式，以及解决“卜辞命辞是否问句”的争论很有启发。

另外，正如上文介绍，简文所述祷祠及有关神祇，对于理解《史记·封禅书》和《楚辞》的内容也很有帮助。楚占卜简的研究价值还不仅是在占卜方面。

我们希望今后能有更多的有关材料发表，使这一讨论得到验证、补充和修正。

四、马王堆帛书和双古堆汉简中的两种《周易》

上面我们已经提到，马王堆帛书和双古堆汉简中的两种《周易》已具有用一、八两数表示的阴阳爻。这是出土材料中可与今本《周易》做比较研究的宝贵资料。

（一）马王堆帛书《周易》。

以《六十四卦》为题发表于《文物》1984 年 3 期，后附张政烺《帛书〈六十四卦〉跋》和于豪亮《帛书〈周易〉》二文，可参看。这种《周易》除经

① 思字，李学勤读“斯”似不如夏含夷读如本字更合适。《诗经》中的“思”字用于句首，郑玄的解释是“愿也”。

② 连劭名《望山楚简中的“习卜”》（《江汉论坛》1986 年 11 期）、李学勤《竹简卜辞与商周甲骨》（《郑州大学学报》1989 年 2 期）曾把简文“习占”理解为“先筮后卜”，但事实上简文“初占”和“习占”都是既用龟也用策。关于甲骨卜辞中的“习卜”，裘锡圭《读〈安阳出土的牛胛骨及其刻辞〉》（《考古》1972 年 5 期）推测是骨卜与龟卜相袭，近宋镇豪《殷代“习卜”和有关占卜制度的研究》（《中国史研究》1987 年 4 期）和胡厚宣、宋镇豪《苏联国立爱米塔什博物馆所藏甲骨文字考释》（《出土文献研究续集》，文物出版社，1989 年）提出商榷，指出“习卜”只是对同一事的连续占卜，这是对的。但他们以为“习卜”必是隔日占卜则非，因为简文“习占”即往往是同日占卜。另外，他们把《左传》襄公十三年的“先王卜征五年而岁习其祥”解释为隔年习卜亦可商，传文实际是指连年卜征都吉，而不是讲“习卜”。总之，“习卜”之义只是袭卜（见《书·大禹谟》孔颖达疏），并不一定要隔日或隔年。

文与今本互有异同，最大特异之点是它的卦序。今本卦序是按“二二相偶，非覆即变”（《易·序卦》孔颖达疏）排列，即将六十四卦分成32组，每组或者两卦卦爻完全相反，如乾（䷀）、坤（䷁）；或者两卦卦爻上下互倒，如屯（䷂）、蒙（䷃）。前者为“变”，后者为“覆”。而帛书卦序是按乾、艮、坎、震、坤、兑、离、巽的顺序分为八组，每组上卦相同，顺序取这八卦中的一卦为上卦；每组下卦则顺序排列这八卦。正如张政烺先生所指出，它与北周卫元嵩的《元包》所述相同。如果把这一卦序用第二章采用的交叉十字图表示，我们可以看出它是从先天图变化而来，即将先天卦序中的天数不动，地数右旋一位而得，它与先天图不完全相同，但从大的系统上看仍属先天卦位系统，即以天数、地数排列的系统。

另外，此书后面还附有《易传》，其内容包括：《系辞》、《二三子问》、《易之义》、《要》、《缪合》、《昭力》。

其中《系辞》，见《马王堆汉墓文物》（湖南出版社，1992年），相当今本《系辞上》的1～7、9～12章，《系辞下》的1～3章，第4章和第7章的一部分，还有第9章；今本《系辞下》第4章的其他文字见于帛书《要》篇，第5、6章和第7章的一部分，还有第8章则见于帛书《易之义》。其中没有今本《系辞上》的第8章，即讲“大衍之数”的一段。

《二三子问》、《易之义》、《要》、《缪和》、《昭力》，内容属于孔门师弟研习《周易》的问答，为今本所无，现在尚未发表。

（二）双古堆汉简《周易》。

现在尚未发表。《阜阳汉简简介》（《文物》1983年2期）做有内容介绍，可参看。这种《周易》只有经文，不附传文，由于简文残损较甚，卦序已不可复原。其特点是每卦经文后皆附“卜事之辞”，涉及“晴雨、田渔、征伐、事君、求官、行旅、出亡、嫁娶、疾病等等”。它与马王堆帛书《周易》不同，不是六艺经典，而是数术家使用的实用书籍，经文后所附“卜事之辞”都是采用当时占家通行的术语，带有通俗化和“古为今用”的色彩。《简介》指出：“《汉志·六艺略》有《易经》十二篇，而《数术略》中另有《周易》三十八卷、《於陵钦易吉凶》二十三卷、《大次杂易》三十卷等属于筮龟家的

《易》。阜阳简《周易》当属此类。”中国古代易学一直有儒门易和数术易两种，马王堆帛书《周易》是代表前者，双古堆汉简《周易》是代表后者，都是研究汉代易学的宝贵材料。

下篇　方技考

第五章　炼丹术的起源和服食、祝由

本书下编所要讨论的主要是与人体有关的古代知识体系。这种知识体系在古代是叫“方技”。“方技”一词大概与“医方”和“医技”的概念有关，它是以医学做基础，但“方技”并不等于医学，范围要比医学更广，除实用的医药知识，还包括许多内容复杂的养生术，与古代的神仙家说有不解之缘，仍然带有巫、医不分的原始特点。

在《汉志·方技略》的四个门类中，“医经”和“经方”主要属于实用医学的范畴，“房中”是与房事有关的养生术，而“神仙”则是与求仙有关的“服食”、“行气”、“导引”等术。由于本书研究的重点是思想史而不是科技史，并且医学又是古代方技中研究最多的领域，所以本书不打算讨论与狭义医学有关的出土发现，而只讨论与服食、行气、导引和房中有关的出土发现。

下面我们先讨论与神仙家说关系最大的服食，并附论古代医学中与驱邪巫术有关的祝由术。

一、服食的概念：它与医术的联系和区别

中国古代的方技是医药养生和神仙家说杂糅不分的体系。虽然汉唐以后，医药养生与神仙家说逐渐分化，形成两个不同领域，但最初二者却是紧密地结合在一起[①]。特别是医术中的“药”这一项与神仙方术关系最大。古代医术有“内治”与“外治”之别，所谓“毒药治其内，针石治其外”

① 在汉代和隋唐史志中，医籍和服食、行气、导引、房中等方面的内容是结合在一起，而宋以来，后一方面的内容往往只在道教内部流传。

(《素问·移经变气论》)。“内治”是以内服药物为主,与神仙家说中的服食相似。二者都是在“药”上做文章。它是联结医术和神仙家说的主要纽带。

服食也叫服饵(“饵”也是食的意思),主要是一种内服外物,通过口腹与外部自然界进行物质交换的方术。古人服食,内容极广,从植物、动物到矿物和化学制剂,几乎无所不包。如果仅从成分上看,似乎与古代医术中的方药也没有太大区别。古代医家有所谓草(草本植物)、木(木本植物)、虫(动物)、石(矿物)、谷(粮食)“五药”(见《周礼·天官·疾医》“五药”郑玄注。后世本草家分类更细,但仍不出这五类),也包含这些种类。我们要想理解二者的区别,恐怕还是要从它们的用药目的和药物体系入手。

《抱朴子》内篇有《仙药》篇是讲服食药饵,对理解服食的概念很有帮助。葛洪本《神农四经》分入药之物为上、中、下三品:上药是升仙之药,据说能“令人身安命延,升为天神,遨游上下,使役万灵,体生毛羽,行厨立至”;中药是“养性”之药(即养生之药),虽不能仙,亦足以补虚羸,防病患,维持不死;下药是“除病”之药,只能消极治病。篇中所述只限上药,即篇名所说“仙药”。葛洪所说“仙药”是以金石矿物为主,首推丹砂、黄金、白银、诸芝、五玉,其次为云母、明珠、雄黄、太乙禹余粮、石中黄子、石桂、石英、石脑、石硫黄、石粭、曾青等物(都是矿物),再其次才是草木之药,包括松柏脂、茯苓、地黄、麦门冬、木巨胜、重楼、黄莲、石苇、楮实、象柴(一名托卢)、苟杞(即枸杞,又名仙人杖、西王母杖、天精、却老、地骨)、天门冬、黄精、朮,以及桂、甘菊、松叶、松实、菖蒲、五味子、远志等,可以反映服食的大致范围。在葛洪看来,广义的服食虽可兼赅五谷以外的所有内服药饵,但狭义地讲,它却主要是指少数有所谓特殊药力的“仙药”,特别是上述矿物质的药物,不包括一般的“草木之药”。

葛洪所述仙药,是以丹砂、金银为最重要,而且视人工炼制的“还丹”、“金银”(包括药金、药银)远胜于自然状态的丹砂、金银。炼制“还丹”属于炼丹术,而炼制“金银”属于黄白术。《抱朴子》内篇有《金丹》、《黄白》两篇述之,可参看。据化学史专家研究,葛洪推崇的“金丹大药”即“还丹金液”，主要成分是紫红色晶态硫化汞（HgS）和金汞齐（黄金的汞溶液），后者即鎏金技术所用的涂料；而药金、药银则多为色泽类金类银的假金、假银，如氧化汞（HgO）与氧化砷（As_2O_3）或氧化铅（PbO）的合金，以及各种铜砷合金，皆属化学制剂[①]。

在《抱朴子》内篇中，葛洪对方技四门皆有论述。他总是强调博采众术以求长生，反对专守一术，“各仗其所长，知玄素之术者，则曰唯房中之术可以度世矣；明吐纳之道者，则曰唯行气可以延年矣；知屈伸之法者，则曰唯导引可以难老矣；知草木之方者，则曰唯药饵可以无穷矣”（《微旨》）。但他所说与“房中”、“行气”、“导引”并列的“药饵”主要是指属于中、下品的“草木之药”，不包括“金丹大药”。在他看来，金丹一成，则余可尽废；不成，才不妨兼修。

在葛洪所述仙药中，仅次于丹砂、金银的是“五芝”。“五芝”分石芝、木芝、草芝、肉芝、菌芝。石芝大抵为石珊瑚、钟乳石和石笋一类矿物，木芝、草芝、菌芝是“长寿型”木本、草本和菌类植物，肉芝则为“万岁蟾蜍”、“千岁蝙蝠”、“千岁灵龟”、“风生兽”、“千岁燕”等“长寿型”动物。五类各120种，种类繁多（《抱朴子·遐览》有《木芝图》、《菌芝图》、《肉芝图》、《石芝图》，即识别各种芝菌的图谱）。但葛洪把石芝列为第一类，描述最详，可见仍是推重矿物。

从上所述，我们可以看出，古代的神仙服食与实用方药在倾向上是有所不同的。同样，它们在体系的安排上也有差异。实用方药虽亦包含不少神仙服食的内容，但中国古代的药物学是叫“本草”，从古至今都是以“草木之药”为主。例如上引《神农四经》，研究者多以为即《神农本草经》[②]。但今本《神农本草经》，其上、中、下药的定义是：上药“为君，主养命以应天，无毒，久服多服不伤人，欲轻身益气，不老延年者”；中药“为臣，

① 参看陈国符《道藏源流考》，中华书局，1963年，下册379～385页；胡孚琛《魏晋神仙道教》，人民出版社，1989年，239～254页。

② 马继兴《中医文献学》（上海科学技术出版社，1990年）246～257页对《神农本草经》早期传本的复杂性和差异性有专门讨论。

主养性以应人，无毒、有毒斟酌其宜，欲遏病补羸者”；下药“为左（佐）使，主治病以应地，多毒，不可久服，欲除寒热邪气，破积聚愈疾者”，与葛洪理解的上、中、下药并不相同。它主要是按养命延年、养性补益和治病除病，以及毒性大小来分类，并无飞行升仙一类内容；且上、中、下药都是杂用“五药”，并不像葛洪那样贵金石而贱草木。可见要么是葛洪所引《神农四经》与今本《神农本草经》在分类上并不相同，要么是葛洪对《神农四经》做了新的解释。它反映了服食与方药在分类体系上的基本差异。

葛洪之所以贵金石而贱草木，乃是来自一种机械推理：吃什么就变什么或以形补形。他注意到草木易朽，不如金石永固，认为“服金者寿如金，服玉者寿如玉”（《仙药》篇引《玉经》）。在《金丹》篇中，他把这一思想表达得更为明确。他说“草木之药，埋之即腐，煮之即烂，烧之即焦，不能自生，何能生人乎”，“金丹之为物，烧之愈久，变化愈妙。黄金入火，百炼不消。埋之，毕天不朽。服此二物，炼人身体，故能令人不老不死。此盖假求于外物以自坚固，有如脂之养火不可灭。铜青涂脚，入水不腐，此是借铜之劲以捍其肉也。金丹入身中，沾洽荣卫，非但铜青之外傅矣”。

按后世丹鼎派的分类，葛洪一派的炼丹术应属外丹术，它是以“假求于外物以自坚固”为特点。这里葛洪讲“炼人身体”，讲“铜青涂脚”，处处都是以冶金术为喻，可以代表服食派最极端的想法。

正像婴儿是用嘴来认识世界，古代服食家也以服食外物来追求与天地齐一。在葛洪看来，人周围寿且久者莫过于天地，其次为金石，又其次为钟灵天地之气的某些动植物，年寿愈久之物，服之愈能延年。而用铅汞等物烧制“金丹”、“黄白”，不但原料是天地精华，生成物也超过自然之物，更在众药之上。所以他是以“金丹”、“黄白”和“五芝”为上，而以其他金石之药和草木之药次之。这和医术中的方药是有所不同的。医家虽然也以益身之效作评价标准，以治病次于养生，养生次于延年，但它毕竟是以治病为主，强调“对症下药”，更主要地是以所治之病作为分类标准，并且对药物的选择也是以无毒和少毒为上。

服食与医术都讲服药，但服食之药是以金石为主，而医术之药是以草术为主，这是二者的一个基本区别。它们分别代表了古代药物体系的两个极端。医术是以治病为出发点，进而追求养生与延年；而服食则是以追求长生、不死和成仙为目标，退而求其次，才求诸医药养生。这是研究古代服食首先应当注意的一点。

二、炼丹术的起源：尸体防腐和冶金术

古代外丹术是以服食“金丹”、“黄白”为大道至要。服食“金丹”、“黄白”与古人对人体和生命的特殊理解有关。这种理解来源很古老，但炼丹（包括炼金）要靠复杂的化学技术，在古代要算“高科技”，并不是随便就能产生。

现在化学史专家多认为，中国的炼丹术可能是发轫于战国和秦代齐燕方士的求“不死之药”（见《史记·封禅书》）[①]。但这种“不死之药”到底是什么东西，现在还不是很清楚。我们只是从《盐铁论·散不足》说秦代齐燕方士争趋咸阳，“言仙人食金饮珠，然后寿与天地相保”这些话去估计，这些药大概与“金丹”、“黄白”有一定关系。早期炼丹，眉目清楚一点，还是在西汉时期。汉武帝时，齐方士李少君自称能以“祠灶”化丹砂为黄金，“以为饮食器”，令人益寿，甚至得见海上神仙，封禅不死（见《史记·封禅书》）。而淮南王刘安也写过一本《枕中鸿宝苑秘书》（《抱朴子·遐览》有《鸿宝经》），亦言“神仙黄白之事”（《汉书·淮南王安传》和《刘向传》）。另外，《汉志·方技略》有《太一杂子黄冶》，所谓“黄冶”，据《汉书·郊祀志》晋灼注“冶丹砂令变化，可铸作黄金”，也是讲这类技术。特别是桓谭《新论》（《抱朴子·黄白》引）记史子心为傅太后作金当延年药服用，更明确讲到服金之事。这些皆属西汉时期。但截至目前，我们还未发现任何早于这一时期或相当于这一时期的直接考古材料（有关遗物或出土文献）。现在我们见到最早的炼丹设备是1970年10月西安市南郊何家村

① 参看陈国符《道藏源流考》，中华书局，1963年，下册371～375页；张子高《中国化学史稿》（古代之部），科学出版社，1964年，65～66页。

出土的唐代银石榴罐（图 5-1）四件和玛瑙研钵（配玉杵）一套[①]；最早的炼丹文献，则是传世的《太清金液神丹经》、《黄帝九鼎神丹经》等书，据考约出现于两汉之际[②]。

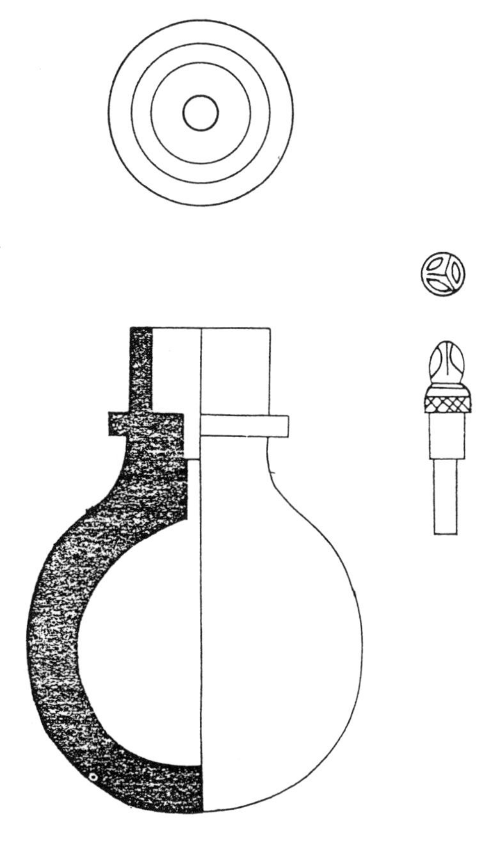

图 5-1　炼丹用的唐代银石榴罐
（陕西西安何家村出土）

① 参看陕西省博物馆文管会写作小组《从西安南郊出土的医药文物看唐代医药的发展》，《文物》1972 年 6 期；耿鉴庭《西安南郊唐代窖藏里的医药文物》，同上；吴德铎《何家村出土医药文物补证》，《考古》1982 年 5 期。

② 参看陈国符《〈道藏经〉中外丹黄白法经诀出世朝代考》，收入《中国古代化学史研究》，北京大学出版社，1985 年。

对于研究早期炼丹术的起源,有两个问题很值得注意。一是尸体防腐,二是冶金术。前者有助于理解炼丹术的实用目的,后者有助于理解它的技术背景,下请分别述之。

在中国古代墓葬的研究中,尸体防腐是个大问题。对这个问题,如果仅从技术上考虑,你会觉得它涉及面很窄,没有几个能算成功的例子。但是如果能把眼界放宽一点,连那些技术上并不成功,但在观念上仍属追求这种效果的尝试也考虑在内,那你就会发现,这个问题还是带有一定普遍性。

我们先讲成功的例子。

现在一讲尸体防腐,人们马上就会想到马王堆女尸(马王堆 M1 所出)和凤凰山男尸(凤凰山 M168 所出)[①]。这些当然都是很成功的例子。现在有关专家已写出详细的报告。报告表明,中国的防腐技术和世界其他地区的防腐技术有所不同,上述二例既不属于低温保存的冻结尸,也不属于风干类型的干尸(木乃伊),或者尸蜡和鞣尸,而是利用若干综合措施保存的软尸,学者定名为“马王堆尸”。这些措施是:

(1)及早入敛。入敛前先用香汤酒醴洗浴尸身和用冰块降温(出于推测),并以琀、瑱等物封堵七窍(或九窍)和用衣衾严密裹尸。

(2)深埋密闭。除棺椁密闭和积炭,并用白膏泥或青膏泥封墓,造成缺氧和产生可燃气体(沼气),延缓腐败。

(3)棺液(据考是由周围土壤中的水分透过白膏泥或青膏泥而扩散于墓室内)含有杀菌抑腐物质,如朱砂、低级胺和酶抑制剂等。

(4)尸体中含有铅、汞、砷等杀菌抑腐物质。

另外,湖南长沙和湖北江陵的地理气候条件也对尸体保存起了一定作用。

这两个例子可以代表中国防腐技术的基本传统。一直到宋明,很多

① 《长沙马王堆一号汉墓(古尸研究)》,文物出版社,1980 年;《江陵凤凰山一六八号墓西汉古尸研究》,文物出版社,1982 年。

软尸也是因采用糯米浆拌砂石(或者还加上桐油和石灰)封墓(称为"浇浆墓")和用水银灌尸而保存下来①。

在上述防腐措施中,朱砂的使用很值得注意。因为古代墓葬使用朱砂,从新石器时代到战国秦汉极为普遍②。如属于龙山文化陶寺类型的墓葬,凡见板灰(即有葬具者),几乎均有朱砂(有些无葬具的墓也有),并且往往把朱砂撒遍全身,很厚③。还有二里头文化的墓葬,铺垫朱砂也很普遍④。如1980年秋在偃师二里头遗址Ⅲ区发掘的M2,墓底铺垫朱砂竟厚达6厘米⑤。商代和西周,规格较高的墓也往往如此。

马王堆女尸和凤凰山男尸,使用朱砂分两类,一类是棺液所含,一类是尸体所含。棺液所含是来自棺具和尸衣。如马王堆女尸,其内棺所髹朱漆含有朱砂,所穿朱红罗绮锦袍也是用朱砂浸染。尸体所含,马王堆女尸是生前长期服食,而凤凰山男尸则是死后灌入。

在这两个例子中,朱砂虽非尸体保存的惟一原因,也不是惟一起杀菌抑腐作用的物质(墓中还用了很多香料),但它是古代最有传统的防腐剂,这点是没有问题的。

其次,并非真正有效,但以古人的观念理解也有防腐作用,我们还应讲一下"敛玉"。

玉器随葬在中国也很有传统。据考古发现,玉器要比青铜器的出现

---

① 明代软尸,见扬州明太仆寺卿盛仪夫妇墓,《南通医学院学报》1956年1、2期;广州明南京工部尚书戴缙夫妇墓,《考古学报》1972年3期。宋、元软尸,见《江苏金坛南宋周瑀墓发掘简报》,《文物》1977年7期;《邹县元代李裕庵墓清理简报》,《文物》1978年4期。

② 但很多墓葬中的红色痕迹未做认真鉴定。

③ 见《山西襄汾县陶寺遗址发掘简报》,《考古》1980年1期;《1978～1980年山西襄汾陶寺墓地发掘简报》,《考古》1983年1期。

④ 见《偃师二里头遗址新发现的铜器和玉器》,《考古》1976年4期;《1980年秋河南偃师二里头遗址发掘简报》,《考古》1983年3期;《偃师二里头遗址1980～1981年Ⅲ区发掘简报》,《考古》1984年7期;《1982年秋偃师二里头遗址九区发掘简报》,《考古》1985年12期。

⑤ 《1980年秋河南偃师二里头遗址发掘简报》,《考古》1983年3期。

还要早得多。如属于约7500年前的辽宁阜新查海遗址，8000～7000年前的内蒙古赤峰敖汉旗兴隆洼遗址，以及7000年前的浙江余姚河姆渡遗址就已出土璜、玦等小型玉器[①]。由于中国古代的玉器出现早，分布广，种类多，水平高，现在大家都已公认，它是中国文明的特点之一。

古代玉器有很多种，如圭、璋、璧、琮、琥、璜等等。它们既可是生人所佩，也可用于死后敛尸。如据《周礼·春官·典瑞》所述，同是"六瑞"，用途却有多种：

（1）作服饰，用以标志身份等级（属"舆服制度"中的"服"，乃朝聘会享所必备）；

（2）用于祭祀、军礼等国之大事；

（3）用于敛尸（所谓"驵圭璋璧琮琥璜之渠眉，疏璧琮以敛尸"，"大丧，共饭玉、含玉、赠玉"）；

（4）其他（如和难、聘女等）。

现在学者多分玉器为礼器、兵器、工具和装饰等类[②]，但不论原来用途如何，凡用于墓葬，其实皆可称为"敛玉"。

古代以玉器敛尸，新石器时代要以良渚文化最有代表性，学者称为"玉敛葬"[③]。墓中往往以大批玉器作成组佩饰垫覆尸身和陈于墓室（图5-2）。对这种现象，学者解释不一，多以为是祭祀礼器，但也有人推测是巫师沟通天人的法器[④]，或财富象征[⑤]。

---

① 见闻广《中国古玉的研究》，《科技史考古论丛》，中国科学技术大学出版社，1992年；《兴隆洼聚落遗址发掘获硕果》，《中国文物报》1992年12月13日；《河姆渡遗址第一期发掘简报》，《考古学报》1978年1期；《浙江河姆渡遗址第二期发掘的主要收获》，《文物》1980年5期。

② 夏鼐《商代玉器的分类、定名和用途》，《考古》1983年5期。

③ 汪遵国《良渚文化的"玉敛葬"——兼谈良渚文化是中国古代文明的渊源之一》，《南京博物院集刊》7辑（1984年）。

④ 张光直《谈"琮"及其在中国历史上的意义》，收入《文物与考古论集》，文物出版社，1986年。

⑤ 安志敏《关于良渚文化的若干问题》，《考古》1988年3期；牟永抗《良渚玉器三题》，《文物》1989年5期。

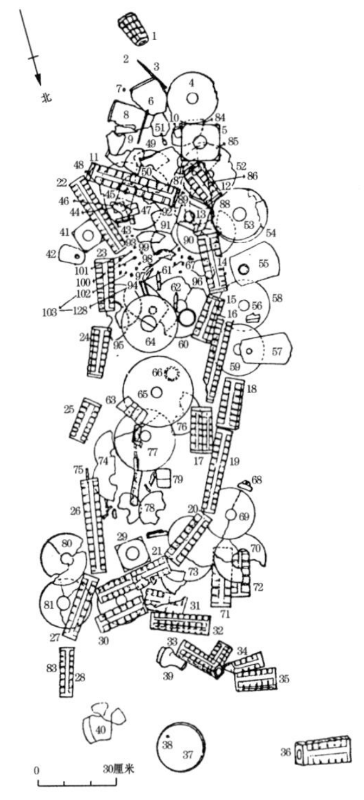

图 5-2　良渚玉敛葬
(江苏武进寺墩 M3)

降至商周，玉器的制造更发达。如殷墟妇好墓，仅一墓就出土玉器 755 件[①]。而西周时期，许多公侯一级的墓葬，如宝鸡茹家庄的𢐗伯墓[②]，长安张家坡的井叔墓(M157)[③]，还有最近发掘的三门峡上村岭的虢公墓(M2001)[④]，出土玉器也很丰富。

但这些玉器，除琀、瑱类封堵七窍之玉，学者称为“葬玉”[⑤]，其他仍是当礼器等物看待。

① 《殷墟玉器》，文物出版社，1982 年。

② 《宝鸡𢐗国墓地》，文物出版社，1988 年。

③ 《长安张家坡西周井叔墓》，《考古》1986 年 1 期。

④ 《中国文物报》1991 年 1 月 6 日：《虢国墓地再次出土大量珍贵文物》。

⑤ 《长安张家坡西周井叔墓》，《考古》1986 年 1 期。

玉器与防腐观念有关，只是到汉代才比较明朗。例如现已发现的汉代诸侯王墓，相当普遍都发现用金丝、银丝或铜丝编缀、类似甲衣的“玉衣”（古人称为“玉匣”），据统计已有 37 例[①]。特别是满城汉墓，除出土玉衣（图 5-3）、玉九窍塞（图 5-4）等物，其中的窦绾墓（M2），还出土了内壁镶满玉版，外壁嵌饰玉璧的精美棺具（图 5-5）[②]。这类发现，因有文献印证，学者多已承认，它们应与当时认为玉能防腐的“迷信”有关[③]。

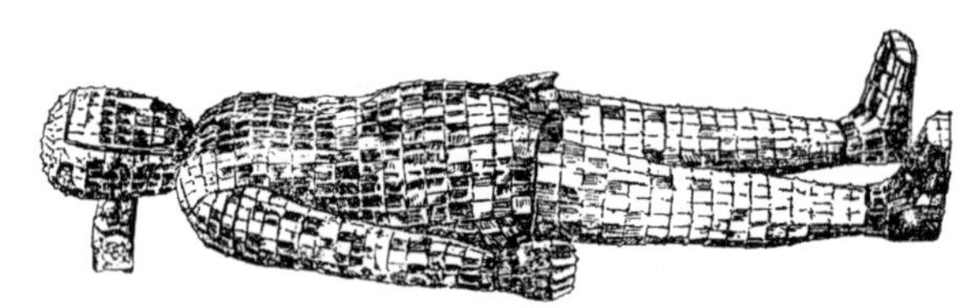

图 5-3　汉代玉衣
（河北满城汉墓 M1 出土）

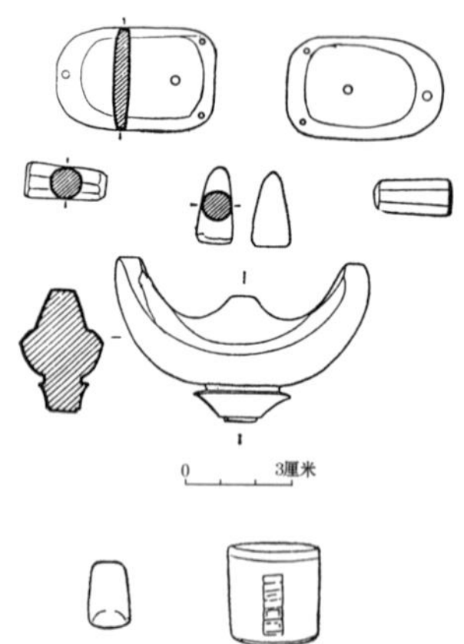

图 5-4　汉代玉九窍塞
（河北满城汉墓 M1 出土）

① 见卢兆荫《试论两汉时期的玉衣》，《考古》1981 年 1 期；《再论两汉的玉衣》，《文物》1989 年 10 期。

② 《满城汉墓发掘报告》，文物出版社 1980 年，上册 243 页图 159。

③ 见上注引书 356～357 页。又王仲殊《汉代考古学概论》，中华书局，1984 年，91 页。

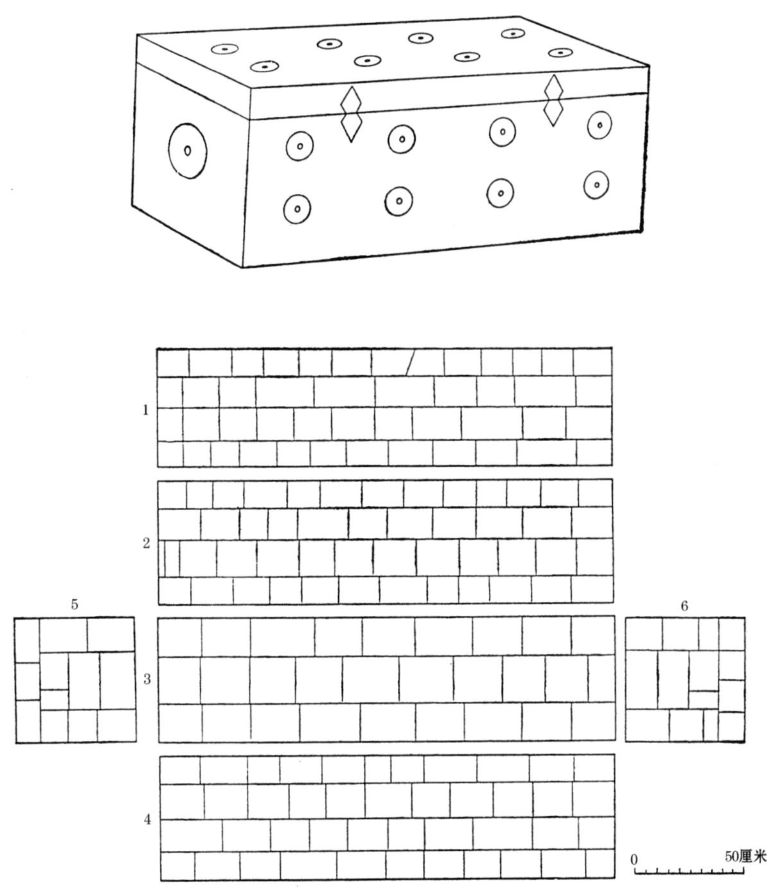

图 5-5 汉代镶玉棺
（河北满城汉墓 M2 出土）

对于上述“玉衣”的来源，学者推测，东周时期的“缀玉面罩”和“缀玉衣服”可能是它的雏形[1]。但是再早一点呢？大家就不再追究。其实如果我们注意到上述张家坡井叔墓已出土推测是缀于幎目上的像人眉、目、口形的玉器；而且上村岭虢公墓，其棺盖铺玉器有上百件之多，尸身则佩

① 见卢兆荫《试论两汉时期的玉衣》，《考古》1981 年 1 期。

"人形玉组饰"(从头到脚都有玉饰,并含"缀玉面罩",说明西周时期也已具备"玉衣"的早期形态[①],那么恐怕就应考虑,"敛玉"从散佩于身到整合成衣也许是一种连贯的发展,向上可以一直追溯到良渚墓葬。

另外,还可顺便指出的是,在良渚墓葬中,我们已碰到两个佩玉而焚,然后再下葬的例子[②]。它令我们联想到武王伐纣、纣王佩玉而焚的传说。《史记·周本纪》说纣王是"蒙衣其殊玉,自燔于火而死",据说就是把4000块玉缝在一起,穿在身上(见《史记正义》)。这一传说虽与一般土葬有别,但也透露出早期玉佩是有类似"玉衣"的作用。

对于理解朱砂、敛玉在古代防腐术中的地位,道家服食是一种重要参考,因为这两样东西恰好也是服食家相信可以令人不老成仙的"上药"。

在现存最早的药学经典,也是服食家奉为依据的《神农本草经》中,"丹沙"(即朱砂)是被列为众药之首,其次是"云母",又其次是"玉泉"(用玉屑制成的饮料)。而古代丹鼎派代表人物葛洪在其《抱朴子·仙药》中说"仙药之上者丹砂,次则黄金,次则白银,次则诸芝,次则五玉……",也是把丹砂和玉列为最重要的服食之物。

关于黄金、白银,下文还要讨论,而云母、诸芝与本章主题关系不大,这里只着重讲一下丹砂和玉。

古人重视丹砂,除认为它"主身体五藏百病,养精神,安魂魄,益气明目,杀精魅邪恶鬼,久服通神明"(《神农本草经》卷一),有养神益气和驱邪(古人往往以丹砂书符)等功效,还有一个原因是它对治疗痈疮有效。如《周礼·天官·疡医》说"凡疗疡,以五毒攻之",所谓"五毒",其中就有"丹砂"(参郑玄注)。古人认为痈疮属于人体腐败,衰老、死亡是同类现象。所以推而广之,也把丹砂当"活人防腐剂",以为即使服食无效,终归死亡,也能起预先防腐的作用。像上述马王堆女尸就是明显的例子。

而玉,也是古人追求"金石之寿"、"假外物以自坚固"(《抱朴子·金

① 《中国文物报》1991年1月6日:《虢国墓地再次出土大量珍贵文物》。

② 1982年寺墩M3和1985年金山坟M1,见《1982年江苏常州武进寺墩遗址的发掘》,《考古》1984年2期;《上海青浦县金山坟遗址试掘》,《考古》1989年7期。

丹》)的“仙药”之一。他们除常常佩玉,说是“君子无故,玉不去身”(《礼记·玉藻》);还常常饵玉,或化其屑而为浆,或抟其粉而为丸。如汉镜铭文屡见“上有仙人不知老,渴饮玉泉饥食枣”(图5-6),铭文所谓“玉泉”就是用玉屑制成的饮料。《神农本草经》说玉泉“主五藏百病,柔筋强骨,安魂魄,长肌肉,益气,久服耐寒暑,不饥渴,不老神仙,人临死服五斤,死三年色不变”(见卷一),不仅提到“玉泉”令人“不饥渴”,也说它有防腐的功效。葛洪《抱朴子·对俗》亦云“金玉在九窍,则死人为之不朽”,甚至把金、玉入敛比作用“盐卤”腌制“脯腊”(尸体防腐受食物防腐的启发很多)。

图5-6 带“渴饮玉泉饥食枣”铭文的汉镜

这些都说明,在古人心目中,丹砂、金玉都是既可用于活人服食,又可用于死尸防腐的“通用”药物。他们服食这类药物,上者是求不老成仙,次者是求却病延年，下者是求死后不朽，整个是一个连续过程。

作为古代服食的一种，中国古代的炼丹术是药物学和冶金术的混合物。它所用的原料，像丹砂、雄黄、白矾、曾青、慈石等，本来都是药物（多为兼有提神、美容和治外伤效果的“毒药”）。但古人不满足于这些自然状态的药物，还想把它们配伍成方，从中提炼所谓“还丹金液”一类化学制剂。从技术的角度讲，这要依赖于复杂的冶金技术。

中国早期的冶金术是以青铜冶炼为主体。青铜冶炼是以铜、锡、铅、锌、砷的化合为主要内容。古代炼丹一向重视铅的使用，而且有些药金、药银也是属于铜合金。这些均与青铜冶炼有一定关系。但炼丹又不同于青铜冶炼，它是以“抽砂炼汞”，用汞来制造金汞齐和药金、药银为主要内容，从观念上讲，是模拟金银冶炼。因此，对于探讨炼丹术的起源，金银冶炼是更直接的背景。

金器，从目前的考古发现看，早期出土物往往与北方草原青铜文化有关。如辽西和河北北部，属于夏家店下层文化或与夏家店下层文化有关的商代方国（可能与燕亳、肃慎有关）往往出金耳环、臂钏和发笄一类饰物[①]；而与内蒙古伊克昭盟相接，沿石楼、保德一线，夹黄河而处的商代方国（或以为鬼方）也往往出金耳环和“弓形饰”[②]；另外，近年四川广汉三星堆遗址一号祭祀坑出土了包金木杖和用金箔模压的面罩及虎形饰[③]，时间也属商代。中原地区，商周时期也有一些零星发现，如藁城台西 M14 出土的金箔片，是其年代较早者（商代）[④]；而上村岭虢公墓出土的金带饰，是其年代较晚者（西周末）[⑤]。

而银器，比金器出现要晚，主要是东周以来，而且数量也比同时的金器要少得多，比较多还是见于错嵌金银的器物，与金一起使用。

---

① 《新中国的考古发现和研究》，文物出版社，1984 年，240～241 页。

② 见上注引书 241 页。

③ 《广汉三星堆遗址一号祭祀坑发掘简报》，《文物》1987 年 10 期。

④ 《藁城台西商代遗址》，文物出版社，1985 年，图版一〇二和 136 页图八一：2。

⑤ 《中国文物报》1991 年 1 月 6 日：《虢国墓地再次出土大量珍贵文物》。

金银冶炼和制造工艺的发达，主要是东周以来，特别是战国时期。这一时期，除属于北方草原青铜文化，即学者称为东胡、山戎和匈奴部族的分布区，使用黄金仍是一种传统，往往出土金耳环、项圈和动物牌饰[①]，中原地区的金银制品也骤然增多。它们包括：

(1)金银容器。如曾侯乙墓出土的金盏、金杯[②]，洛阳金村出土的银耳杯、银匜[③]，故宫博物院收藏的楚室客银匜[④]；

(2)错嵌金银的器物。礼器、兵器、车器、符节、玺印、镜鉴、带钩均有之，数量很多[⑤]；

(3)鎏金银的器物。如信阳长台关楚墓 M1 出土的鎏金铜削(图 5-7)[⑥]；

(4)包金的器物。如辉县琉璃阁 M60 出土的包金剑[⑦]；

(5)金银货币。如楚地流行的金版(以安徽寿县出土最多)和银布币(1974 年河南扶沟古城出土)[⑧]。

以上器物，除(4)属于商代以来的传统工艺，多是新出现。特别是鎏金工艺最值得注意，降至汉代更发达，可以反映金汞齐合成技术的成熟。另外，这一时期，代替朱砂，用水银敛尸估计也已出现[⑨]，因为紧接在战国

① 李学勤《东周与秦代文明》，文物出版社，1984 年，第二十一章。

② 《曾侯乙墓》，文物出版社，1989 年，下册，彩版一七和一八。

③ 梅原末治《洛阳金村古墓聚英》，京都小林出版部，1943 年，图版 37～45。其中图版 37、41、42、44 是鎏金银器。

④ 承河南省文物研究所郝本性先生示。

⑤ 史树青《我国古代的金银工艺》，《文物》1973 年 6 期。

⑥ 《信阳楚墓》，文物出版社，1986 年，图版七三：8、9。又可参看叶小燕《我国古代青铜器上的装饰工艺》(《考古与文物》1983 年 4 期)所举各例。但叶文所举鲁城乙组东周墓 M3 出土的猿形银饰，据已发表的《曲阜鲁国故城》(齐鲁书社，1982 年)159 页是"贴金"而非鎏金。

⑦ 陈瑞丽《战国时代的一把包金剑》，《历史语言研究所集刊》37 本。又可参看上注引叶文所举各例。

⑧ 《河南扶沟古城村出土的楚金银币》，《文物》1980 年 10 期。

⑨ 《括地志》卷三、《艺文类聚》卷八引《吴越春秋》佚文说齐桓公和吴王阖庐墓皆有水银池。

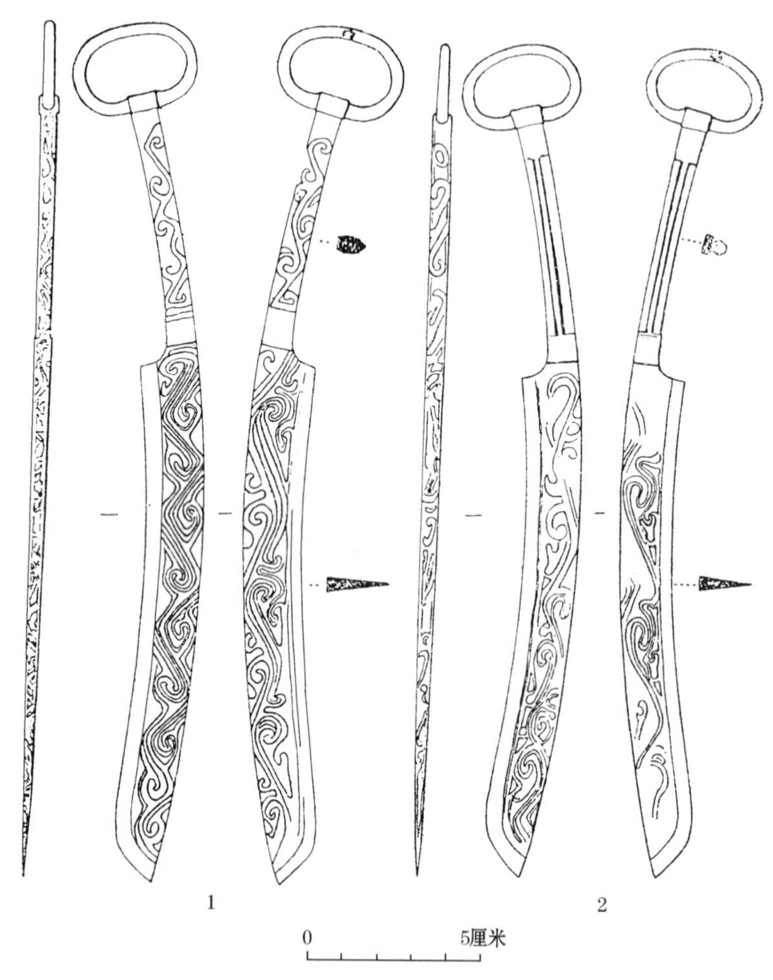

图 5-7 战国鎏金铜削
（河南信阳长台关楚墓 M1 出土）

之后，现已探明，尚未发掘的秦始皇陵，其下就分布有大片水银[①]，可与《史记·秦始皇本纪》的记载相印证。

这些事实，除对了解当时的冶金技术有帮助，还可指示炼丹术出现的时间范围。

① 常勇、李同《秦始皇陵中埋葬汞的初步研究》，《考古》1983 年 7 期。

过去研究炼丹术的起源，从文献查考，只能追溯到汉武帝时的齐方士李少君[①]。

李少君以“祠灶”之术从丹砂提炼水银，制造金汞齐，为器皿镀金，相信用这种器皿饮食可以增寿(《史记·封禅书》)。这一事实暗示，战国时期金银器的骤然增多，也许并不纯然是财富或艺术的需求，可能还与当时的服食有关。既然人们已经掌握了鎏金，即金汞齐的合成技术，那么若说这种“祠灶”之术在当时就已出现，也并不算是大胆的估计。

三、出土本草、医方中的服食之说

在《抱朴子》内篇中，讲授“金丹”、“五芝”之法皆有专书(见《金丹》、《遐览》所列)，更早的《汉书·艺文志》也有《太一杂子黄冶》和《黄帝杂子芝菌》，但目前出土的方技文献还未发现这类书籍。

在现已出土的方技文献中，我们可以接触到的主要是葛洪视为较低层次的一些内容，下请分别述之。

首先，我们先来讲一下出土本草类书籍，即双古堆汉简《万物》中的服食之说[②]。此书篇首有“〔天〕下之道不可不闻也，万物之本不可不察也，阴阳〔之〕化不可不智(知)也”(001)一段话，整理者即拈取其中的“万物”二字题篇。它的内容主要是讲药物的药性、疗效以及如何采药等，但也包含某些神仙服食的内容。整理者把此书内容区分为两类，一类是医药方面的内容，包括(1)关于各种药物的效用，(2)关于各种疾病的成因，(3)与神仙家相关的内容；另一类是物理、物性方面的内容，包括(1)某物致某用的，(2)讲某些物理现象或自然现象的，(3)有关动、植物养殖与捕获的，并与《山海经》、《博物志》、《淮南万毕术》和《神农本草经》进行比较，确定此书是一部早期“本草、方术书”[③]。但他们所说的第一类，其中(2)并非脱

---

① 陈国符《道藏源流考》下册 370～375 页。

② 《阜阳汉简〈万物〉》，《文物》1988 年 4 期。

③ 胡平生、韩自强《〈万物〉略说》，《文物》1988 年 4 期。

离药物单讲病因，而是讲药物的主治，即其疗效，(3)乃神仙服食之说，为本草书所常见；而第二类，(1)(2)两项都是因讲药性连类而及，(3)则属于采药，实际上是一个整体，都属于本草的范围。古代本草不只是单纯的药物学，还包括与采药有关的各种实际知识，不但同旅行、地志密不可分，还带有博物学的性质。当时的物理学(除与机械有关的力学)和化学知识很多都是包含在药学之中。我们都知道，达尔文写《物种起源》就与旅行和采集标本有关，具有博物学(natural history)的背景。西方的博物学也是结合着旅行，与"神农尝百草"有类似之处。《山海经》是一种"神仙地志"，不但兼有本草式的博物内容，还具有不少志怪性质的方术之说；《博物志》记四方山水、异域风俗、奇禽异兽、物性物理、药物服食，与前者相近；《淮南万毕术》是讲神仙服食。它们皆与本草书可以相通，故与《万物》有相近之处。但更准确地说，《万物》还是与《神农本草经》最相近，是一部含有神仙服食内容的本草书。

在《万物》一书中，属于神仙服食或与神仙服食有关，主要有下述简文：

(一)疾行善趋类。

(1)乌喙与螟之已节(疖)也〔·〕令马□〔□□□也〕(006，又005背、058背反印文)；

(2)〔·〕服乌喙百日，令人善趋也(032)；

(3)乌喙与□(卑?)使马益走也(060)；

(4)·智(蜘)蛛令人疾行也(030，又096背反印文)。

(二)明目登高类。

(1)·□相登高之□(025)；

(2)牛胆晳目，可以登高也(035，又036背反印文)；

(3)草以元根也·轻軆(体)以越山之云也(038，又010背反印文)。

(三)潜水行水类。

(1)马胭，潜居水中使人不弱(溺)死也(004)；

(2)昌(菖)蒲，求(泅)游波也(031)。

(四)避蛊类。

如:□已蛊也(037)

(五)悬镜类。

如:□事到,高县(悬)大镜也(070,又088背反印文)

(六)控制寒热类。

(1)见(贝)母已寒□(热)也(005)

(2)□姜叶使人忍寒也。

另外,简文还提到一些可能与金、银类药物有关的内容,如"□玉者,以越金也"(048)、"□金可以□□"(108)、"□为银也"(118)、"·钔可以"(121,又120背反印文),或与炼丹术有关,也是值得注意的。

上述内容,大抵皆在《抱朴子》内篇之《杂应》和《登涉》二篇所述的范围之内。(一)(二)(三)属《杂应》的"登峻涉险、远行不极之道"、"明目之道"和《登涉》的"步行水上,或久居水中之法";(四)属《杂应》的"入瘟疫秘禁法"和《登涉》的"辟毒恶之道";(五)相当二篇的"用明镜之法";(六)相当《杂应》的"不寒之道"、"不热之道"。

在上述内容中,第一类所述服乌喙或蜘蛛令人(或马)疾行善趋尤其值得注意。这类内容也见于马王堆帛书,如《养生方》有《走》和《疾行》就是讲这类方术。《走》包括九个方子,前面四个方子都是以乌喙为主药,其中第一个方子是用"非廉、方葵、石苇、桔梗、茈威各一小束"与"乌豙(喙)三果(颗)",外加"白螣蛇若苍梗蛇长三四寸"等,和以"枣脂"等做成丸药,"五十里一食";第二个方子是用"乌豙(喙)五、龙慨三,石苇、方(防)风、伏兔(菟)"配成,第三个方子是用"乌豙(喙)二、北南陈阳□骨一"配成,第四个方子是用"□□犬三"和"乌□豙(喙)"配成,后面五个方子是用"女子布"或祝由术,如其中第九个方子说"走疾欲善先者,取女子未尝男子者〔布〕,县枲,怀之,见旋风以投之。风止,即□□带之",竟是借处女月经带的神力(《五十二病方》也有六方是以"女子月事布"入药)。《疾行》只有两方,一方是"取牛车枲綦(枲)带之,欲疾,一约之",是把牛车套绳系在腰间,想走得快一点就往紧勒一下;另一方是用禹步和祝由术,并纳灶突灰等物于鞋中,以为靠这些方法就能避免脚痛,也是比较怪诞的。此外,《养生方》还以乌喙作轻身益力和壮阳之用,与疾行善趋也有关。

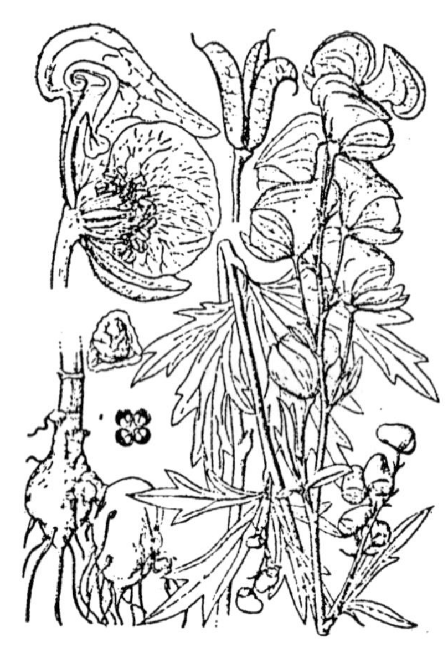

图 5-8 乌喙(*Aconitum carmichaeli*)

上述轻身益力、疾行善趋之方往往使用乌喙(图 5-8),这是比较值得注意的。乌喙是一种有剧毒的块根植物(学名叫 *Aconitum carmichaeli*),古人往往按其生长期的不同或形状的不同把它分为若干种,如《博物志》卷四"乌头、天雄、附子一物,春秋冬夏采各异也",《广雅·释草》"蘸、奚毒,附子也。一岁为萴子,二岁为乌喙,三岁为附子,四岁为乌头,五岁为天雄",皆其异名。乌头是其母根,较大;附子是其子根,较小;天雄是其尤为长大者。《神农本草经》卷三也收有附子、乌头和天雄,就是按从小到大排列。该书除指出这类药可以治关节炎、咳嗽哮喘、外伤等病,也提到它有"强筋骨,轻身健行"的功效,这种药能令人或马跑得快,主要是因为它含有一种叫乌头碱的成分,对神经系统有刺激作用,就像加拿大短跑运动员本·约翰逊服用的药物，也是一种兴奋剂。乌喙有剧毒（古人煎其汁做毒箭，名“射罔”），服之宜慎，要有特殊的配方，并备有解药（《博物志》卷四引《神农经》是以大豆解之。《五十二病方》有《毒乌豙（喙）者》也讲这类解药，其中第四方亦用大豆），故《神农本草经》入于下药（下药都是有毒的药）。但《淮南子·缪称》云：“天雄、乌喙，药之凶毒者也，良医以活人”，《太平御览》卷九九〇引《神农本草经》佚文也说附子是“百药之长”。现已出土的医方，像马王堆帛书《五十二病方》、《养生方》和旱滩坡医方简，各种方子都常常配有乌喙（用于治外伤、内痔、痈疽、疮痂、疥癣、溃疡，并可壮阳、止咳平喘、除风寒湿痹和溃疡）。可以说明这种药在古代是相当重要的。

古代的轻身益力、疾行善趋之方与飞行升仙有密切关系。

我们都知道，古代服食的最高目标是成仙。但战国秦汉时期所说的“仙人”或“神仙”都不是自古相传的那些天神地祇，而是由人经特殊修炼，除病、却老、延年，渐觉身轻力健，然后才终于飞升。古人所谓“仙”（字本作僊），与“迁”（繁体作“遷”）本是同一个字，如马王堆帛书《天下至道谈》“潼（踵）以玉闭，可以壹迁（仙）”，只是表示一种可以升迁飞越之人。这种超人有点像美国影片《超人》（*Superman*）中的男主角一样，也是会飞的。战国秦汉的方士常常是把仙人想像成如同飞鸟一样，身上长有毛羽。这种“羽人”的形象不仅见于汉代的艺术品，如洛阳东郊出土的鎏金羽人铜饰（图版五：2）；也见于商代的艺术品，如江西新干大洋洲出土的玉佩饰（图版五：1）。一个人如果体生长毛，或者健步如飞，在他们看来便大有“欲仙”之意。所以轻身益力、疾行善趋和“飞行”的概念是有直接关系的。

在《周易参同契》上篇中，我们可以读到“服食三载，轻举远游”这样的话，而《抱朴子·杂应》更有所谓“登峻涉险、远行不极之道”，分疾走飞行之术为四种：

（1）服食法。“惟服食大药，则身轻力劲，劳而不疲矣。若初入山林，体未全实者，宜以云珠粉、百华醴、玄子汤洗脚。及虎胆丸、朱明酒、天雄鹤脂丸、飞廉煎、秋芒、车前、泽泻散，用之旬日，不但涉远不极，乃更令人行疾，三倍于常也。”

(2)乘跻法。“若能乘跻者，可以周流天下，不拘山河。凡乘跻道有三法：一曰龙跻，二曰虎跻，三曰鹿卢跻。”

(3)服符精思法。“或服符精思，若欲行千里，则以一时思之。若昼夜十二时思之，则可以一日一夕行万二千里。亦不能过此，过此当更思之，如前法。”

(4)乘飞车法。“或用枣心木为飞车，以牛革结环剑以引其机，或存念作五蛇六龙三牛交罡而乘之，上升四十里，名为太清。太清之中，其气甚刚，能胜人也。师言鸢飞转高，则但直舒两翅，了不复扇摇之而自进者，渐乘刚气故也。龙初升阶云，其上行至四十里，则自行矣。此言出于仙人，而留传于世俗耳，实非凡人所知也。”

这四种方法，(1)属服食，(2)与仿生导引(详见第六章)有关，(3)是以服符加存想，(4)是乘坐一种类似直升机的飞车，直接飞升，上升到一定高度(四十里)，就能像鸢一样借助气流而自由滑翔，也具有仿生的性质[①]。四者当中，最后一种当然最了不得。(2)(3)两种，据葛洪说，只有三跻中的龙跻(“五龙跻”)在服符精思的前提下可以“行最远”，其他两种“不过千里也”，次之。第一种只能“三倍于常”，是其下者。但这段话可以表明，身轻力健、疾行善趋毕竟是与飞行之术属于一大类。

葛洪所述服食方，其中“天雄鹤脂丸”，属于服食乌喙类药物，与《养生方·走》的前四方相近，“飞廉煎”则与《养生方·走》的第一方一样，也用飞廉做主药，是其沿袭之迹尤著者。

另外还可顺便说一下，马王堆帛书虽然没有一种是专门的炼丹书，但《五十二病方》却有丹砂、水银、消石、礜、空青(作“青”)、灌青(疑指曾青)、戎盐、雄黄等矿物质的药物，这些药物都是炼丹所常用，也是值得注意的。

---

① 王振铎《葛洪〈抱朴子〉中飞车的复原》，《中国历史博物馆馆刊》1984年6期。

四、出土医方中的祝由术

祝由是一种用咒禁治病的巫术（“祝”是诅咒之义）。上古医术不发达，人多迷信鬼神，故而巫术会在治疗中起很大作用。

例如《素问·移精变气论》就讲到这一点：

> 黄帝问曰：“余闻古之治病，惟其移精变气，可祝由而已。今世治病，毒药治其内，针石治其外，或愈或不愈，何也？”
>
> 岐伯对曰：“往古人居禽兽之间，动作以避寒，阴居以避暑，内无眷慕之累，外无伸官之形。此恬憺之世，邪不能深入也。故毒药不能治其内，针石不能治其外，故可移精、祝由而已。当今之世不然，忧患缘其内，苦形伤其外，又失四时之从，逆寒暑之宜，贼风数至，虚邪朝夕，内至五藏骨髓，外伤空（孔）窍肌肤，所以小病必甚，大病必死，故祝由不能已也。”

《素问》认为上古治病全靠“祝由”，通过“移精变气”，改变人的精神状态，效果蛮不错，不像后世专恃医术，虽“毒药”、“针石”并用，反而治好治坏没有准。这固然属于贵古贱今的古代理想，但它对这一现象的解释倒也不是完全没有一点道理。其合理性在于，上古缺医少药，人们不仅必然要求助于医术之外的治疗手段，而且当时人们对环境的适应能力、体质心理状态也与后世不一样。一方面，他们会更倾向于行气、导引一类养生方法，强调人体自身的预防能力和恢复能力；另一方面，在观念上，他们也更注重人与自然的协调，特别是对那些据说可以沟通天人的巫术会有更大偏爱。巫术的治疗作用虽然大多是想像的，但在古代却具有心理治疗的意义。心理治疗总要取决于被治疗者的心理状态，这点和一切巫术都强调“信则灵，不信则不灵”其实是一样的。古人迷信，与巫术在心理上可以密合无间，因此效力自然也比后世更大。所以即使是从医学的观点看问题，我们也不能忽略它在古代具有的特殊意义。

中国古代的巫、医从很早就已经有明确分工，如《周礼》一书是把医官

（医师、食医、疾医、疡医、兽医）列在《天官》，主要与宫廷内官有关；巫师（司巫、男巫、女巫）列在《春官》，主要与祭祀、占卜一类活动有关，分属不同系统。但尽管如此，中国的医事制度却始终保留着医师要兼通祝禁的古老传统，反映出它与巫术的历史联系。如唐制，太医署分四科，其一为咒禁科（《旧唐书·职官志》），元明太医院分十三科，其中也保留着祝由科（《元史·百官志》、《明史·职官志》）。

现已出土的西汉医方，如马王堆帛书《五十二病方》、《养生方》和《杂疗方》，都有不少用祝由术治病的方子，特别是《五十二病方》，保存这类方子尤多，下请分别述之：

（一）《五十二病方》（以下各题后面的数字是表示题内各方的顺序，下同）。

（1）《诸伤》（外伤）8："伤者血出，祝曰：'男子竭，女子截。'五画地□之。"〔案：祝辞之义是令男女血止，"画地"是一种巫术动作。〕

（2）《婴儿瘛》（小儿惊风）1："婴儿瘛：……取屋荣蔡，薪燔之而□匕焉。为湮汲三浑，盛以棓（杯）。因唾匕，祝之曰：'喷者虞（剧）喷，上如簟（彗）星，下如脂（衃）血，取若门左，斩若门右，为若不已，磔薄（膊）若市'，因以匕周揟婴儿瘛所，而洒之棓（杯）水中，候之，有血如蝇羽者，而弃之于垣。更取水，复唾匕彖（浆）以揟，如前。毋征，数复之，征尽而止。"〔案：此方是以草灰涂匕（饭匙），并以泥浆水（"湮汲"）唾匕，然后祝之。祝辞大义是令瘛鬼停止作祟，否则将杀之，陈尸于市。祝已以匕刮摩婴儿患处，置匕泥浆水中，见血则泼之墙上，再取泥浆水，反复操作。·属之部。〕

（3）《巢者》（未详）1："巢者，侯（候）天甸（电）而两手相靡（摩），乡（向）甸（电）祝之，曰：'东方之王，西方〔之□〕，□□主冥冥人星。'二七而□。"〔案：此方是以双手摩擦向闪电祷告，所祈之神可能为东王公、西王母和雷电之神。祝凡十四遍，末字应是"毕"或"止"字。〕

（4）《虿》（蝎子螫伤）2："涶（唾）之，贲（喷）：'兄父产大山，而居□谷下，□□□不而，□□□〔不〕而，凤鸟□□□，□□□寻寻，豕（喙）且贯而心。'"〔案：此方是唾、喷而祝，祝辞大义是说伤若不愈，将有凤鸟啄食蝎心。·属鱼、

之合韵；△属侵部。〕

(5)《蚤》3："父居蜀，母为凤鸟蓐，毋敢上下寻，凤〔贯〕而心。"〔案：祝辞与上相似。•属屋部，△属侵部。〕

(6)《蚖》(蛇伤)5："吹：'诶(嗟)，年，蚩(蠚)杀人今兹。'有(又)复之。"〔案：吹，吐气。此方是以呼痛而禁蛇毒。"年"字含义不详。〕

(7)《蚖》8："贲(喷)吹：'伏食，父居北在，母居南止。同产三夫，为人不德。'已。不已，青傅之。"〔案：此方是喷、吹而祝，祝辞含义不详，"伏食"指蛇，蛇是伏地而食。"父"、"母"可能指蛇父、蛇母。"青"，指空青(即铜青)；"傅"，犹敷。•属之、职通韵。〕

(8)《蚖》9："湮汲一音(杯)入奚蠡中，左承之，北乡(向)，乡(向)人禹步三，问其名，即曰：'某某年□今□。'饮半音(杯)，曰：'病□□已，徐去徐已。'即复(覆)奚蠡，去之。"〔案：此方是以水瓢盛泥浆水饮病者，祝辞"某某"是患者之名，"年"字同(6)，末字也可能是"兹"字。其术用禹步。•属之部。〕

(9)《疣》(疣病)2："令尤(疣)者抱禾，令人嘑(呼)曰：'若胡为是？'应曰：'吾尤(疣)。'置去禾，勿顾。"〔案：此方令病者抱禾，设为问答，问何以抱禾，答以疣故，然后弃禾不顾。〕

(10)《疣》3："以月晦日之丘井有水者，以敝帚骚(扫)尤(疣)二七，祝曰：'今日月晦，骚(扫)尤(疣)北。'入帚井中。"〔案：此方于晦日用敝帚扫疣十四遍，然后投帚井中。•属之、职通韵。〕

(11)《疣》4："以月晦日日下餔时，取凷(块)大如鸡卵者，男子七，女子二七。先〔以〕凷(块)置室后，令南北〔列〕，以晦往之凷(块)所，禹步三，道南方始，取凷(块)言曰〈凷言曰〉：'今日月晦，靡(磨)尤(疣)北。'凷(块)一靡(磨)□。已靡(磨)，置凷(块)其处，去勿顾。靡(磨)大者。"〔案：此方是以土块磨疣，祝辞类前，于晦日行之亦同。〈〉号内为衍文。•属之、职通韵。〕

(12)《疣》5："以月晦日之内后，曰：'今日晦，弱(搦)又(疣)内北。'靡(磨)又(疣)内辟(壁)二七。"〔案：类前。"内北"，寝室之北。据此可知前两方之"北"也是指寝室之北，即"室后"。•属之、职通韵。〕

(13)《疣》6："以朔日，葵茎靡(磨)又(疣)二七，言曰：'今日朔，靡(磨)又(疣)以葵戟。'有(又)以杀(榝)本若道旁蒲(莿)根二七，投泽若渊下。

除日已望。”〔案:此方是以葵茎磨疣十四遍,祝之,又以梌根或蕑根投于泽渊。·属铎部。〕

(14)《疣》7:“祝尤(疣),以月晦日之室北,靡(磨)宥(疣),男子七,女子二七,曰:‘今日月晦,靡(磨)宥(疣)室北。’不出一月宥(疣)已。”〔案:此方与(10)(11)(12)类似。·属之、职通韵。〕

(15)《癃病》(淋病)6:“□□三湮汲,取桮(杯)水欶(喷)鼓三,曰:“上有□□□□□□□□□□锐某□□□□□饮之而复(覆)其桮(杯)。”〔案:此方是以泥浆水喷、鼓(击鼓)而祝,祝毕覆杯。〕

(16)《穨(癞)》(腹股沟疝)1:“穨(癞):操柏杵,禹步三,曰:‘贲(坟)者一襄胡,濆(坟)者二襄胡,濆(坟)者三襄胡。柏杵臼穿,一母一〔父〕,〔子〕独有三。贲(坟)者潼(肿),若以柏杵七,令某傼(癞)毋一。’必令同族抱□穨(癞)者,直(置)东乡(向)窗道外,改椎之。”〔案:“改”是驱鬼。此方是以柏杵击鬼父鬼母。“坟”指疝肿,即鬼父鬼母所生(详下)。“毋一”犹“无一”。其术亦用禹步。·属鱼部;△属质部。〕

(17)《穨(癞)》3:“痵,以月十六日始毁,禹步三,曰:‘月与日相当,日与月相当。’各三;‘父乖母强,等与人产子,独产穨(癞)九。乖已,操葮(碫)石毄(击)而母。’即以铁椎改段(碫)之二七。以日出为之,令穨(癞)东乡(向)。”〔案:此方是于既望之日禹步而祝,祝毕以铁椎击鬼父鬼母十四遍。祝辞“月与日相当,日与月相当”盖指望日,望日日升于东,月沉于西,可以相望;“父乖母强,等与人产子,独产穨(癞)九”是指鬼父鬼母乖张强良,如人生子,生出此病;“乖已,操葮(碫)石毄(击)而母”是指用铁椎击鬼父后,复用磨刀石击鬼母。其术亦用禹步。·属阳部;△属之部。〕

(18)《穨(癞)》7:“以辛巳日古(辜)曰:‘贲(坟)辛巳日’,三;曰:‘天神下干疾,神女倚序听神吾(语),某狐叉(爪)非其处所,已;不已,斧斩若。’即操布(斧)改之二七。”〔案:此方是以斧斩杀狐疝(?)之鬼。“辜”即辜磔,是一种用肢解动物来禳灾的巫术。·属鱼、铎通韵。〕

(19)《穨(癞)》8:“以日出时,令穨(癞)者屋霤下东乡(向),令人操筑西乡(向),祝曰:‘今日〔望〕,某穨(癞)九。今日已,某穨(癞)已。□而父与母，皆尽柏筑之颠。父而冲，子胡不已之有？'以筑冲穨（癞）二七。已备，即曰：'某起'。穨（癞）〔已〕。"〔案：此方是以柏筑（即柏杵）击疝鬼十四遍，与上(17)略同。祝辞第一句，参上(12)"今日晦"和(13)"今日朔"，应作"今日望"，与下句谐韵。"□而父与母"等句，是说令鬼父鬼母皆毙于筑下，鬼父既可冲去，其子（指疝病）又何不可止。"某起"，指患者愈。·属阳部；△属之部。〕

(20)《穨（癞）》9："以辛卯日，立堂下东乡（向）日，令人挟提穨（癞）者，曰：'今日辛卯，更名曰禹。'"〔案：祝辞含义不详。〕

(21)《穨（癞）》11："令穨（癞）者北首卧北乡（向）庑中，禹步三，步嘑（呼）曰：'吁！狐麃'，三；若智（知）某病狐〔麃〕"〔案：祝辞含义不详。"狐麃"或与上"狐叉"有关。〕

(22)《□阑（烂）者方》（烧伤）3："热者，古（辜）曰：'肸肸诎诎，从灶出毋延，黄神且与言。'即三涶（唾）之。"〔案："肸肸诎诎"为呼叫声。下两句应是禁火延烧之义（"从灶出"指火）。·属元部。〕

(23)《痈》（痈病）5："身有痈者，曰：'睾（皋），敢大山陵，某幸病痈，我直（值）百疾之□，我以明月炻若，寒□□〔若〕，□〔若〕以柞棆，桯若以虎叉（爪），抉取若刀，而割若苇（尾），而刖若肉，〔为〕若不去，苦。'涶（唾）□□□□□朝日未□，□乡（向）涶（唾）之。"〔案："敢"下脱"告"字，"幸"上脱"不"字。祝辞所祈为大山陵，所诅者为痈鬼。·属鱼、铎通韵；△属宵部。〕

(24)《髼（漆）》（漆疮）1."髼（漆）：唾曰：'歕，桼（漆）'，三，即曰：'天啻（帝）下若，以桼（漆）弓矢，今若为下民疕，涂若以豕矢'。以履下靡（磨）抵之。"〔案：祝辞中的"歕"应是呼叫声，所诅者为漆王。大义是说天帝只命漆王你漆弓矢，没让你害人生疮，你既害人生疮，我要用猪屎涂你。祝毕以鞋底磨疮。·属脂、质通韵。〕

(25)《髼（漆）》2："祝：'啻（帝）右（有）五兵，壐（尔）亡。不亡，泻（卸）刀为装（戕）。'即唾之，男子七，女子二七。"〔案：此亦诅漆王之辞。祝辞大义是帝有五兵，叫你滚开，不滚开就杀掉你。祝毕而唾。·属阳部。〕

(26)《髼（漆）》3："歕，桼（漆）王，若不能桼（漆）甲兵，令某伤，奚（鸡）矢鼠襄（壤）涂桼（漆）王。"〔案：此亦诅漆王之辞，所说用鸡屎、鼠壤（鼠挖洞所出

土)涂漆王，亦与上(24)相近。·属阳部。〕

(27)《身疕》(疮疡)9:“其祝曰:‘浸浸熇熇虫，黄神在灶中。□□远，黄神兴☐”〔案:祝辞含义不详。·属冬部。〕

(28)《鬾》(由小儿鬼引起的病)1:“鬾:禹步三，取桃东枳(枝)，中别为□□□之倡，而笄门户上各一。”〔案:此方无祝辞，但亦用巫术，是以东向的桃枝插于门户上以驱小儿鬼。〕

(29)《鬾》2:“祝曰:‘渍(喷)者鬾父鬾母，毋匿□□□北，□巫妇，求若固得，□若四醴(体)，编若十指，投若〔于〕水，人殹(也)人殹(也)而比鬼。’每行□，以采蠡为车，以敝箕为舆，乘人黑猪，行人室家，□□□□□□□□□□若，□□徹胠，鬾[父]鬾[母]，□□□所。”〔案:此方是以水瓢为车，破扫帚为车箱，骑黑猪行于别人的院落，以驱小儿鬼。祝辞所诅为鬾父鬾母。·属之、职通韵;△属脂部;◦属微部;▲属鱼、铎通韵。〕

(二)《养生方》。

(1)《走》(疾行善趋之方)7:“行宿，自謼(呼)‘大山之阳，天□□□，□□先□，城郭不完，□以金关。’即禹步三，曰以产荆长二寸周昼〈画〉中。”〔案:《抱朴子·登涉》有暮宿山中避虎狼之禁方，曰:“以左手持刀闭气，画地作方，祝曰:‘恒山之阴，太山之阳，盗贼不起，虎狼不行，城郭不完，闭以金关。’因以刀横旬日中白虎上，亦无所畏也。”与此方相近。·属元部。〕

(2)《走》8:“东乡(向)謼(呼):‘敢告东君明星，□来敢到画所者，席彼裂瓦，何人?’有(又)即周中。”〔案:类前，亦用画地之法。〕

(3)《走》9:(略)〔案:已见上节引用。〕

(4)《疾行》2:“行欲毋足痛者，南乡(向)禹步三，曰:‘何水不截，何道不枯，气我□□。’末即取突墨□□□□□内(纳)履中。”〔案:上节已述之。〕

(三)《杂疗方》。

如第35方:“即不幸为蜮虫蛇蠭(蜂)射者，祝，唾之三，以其射者名名之，曰:‘某，女(汝)弟兄五人，某索智(知)其名，而处水者为鲛，而处土者为蚑，栖木者为蠭(蜂)、蟨斯，蜚(飞)而之荆南者为蜮。而晋□未□，壐(尔)效(教)为宗孙。某贼，壐(尔)不使某之病已，且复□□□□□□□□□

□□□□□□□。”〔案：祝辞所诅为蜮虫蛇蜂一类有毒之虫。〕

上述各方包括的巫术，可以归纳如下：

(1)喷。喷水。往往以“湮汲三浑”为之。“湮汲”，帛书整理者疑即《名医别录》所载的“地浆”，陶弘景注：“此掘黄土地作坎，深三尺，以新汲水注入搅浊，少顷取清用之，故曰地浆，亦曰土浆”；“三浑”，帛书整理者疑即澄清三次。

(2)唾。吐唾沫。唾液可以已伤。

(3)吹。呼气。

(4)呼。呼号。

(5)鼓。击鼓。击鼓、呼号皆用以驱鬼。

(6)戉。也叫毅戉，是一种驱鬼之术。《说文》卷三下说毅戉是用“大刚卯”(一种厌劾用的玉器)，本书则以椎、杵、斧、碬石等物。

(7)揞。以匕(饭匙)刮摩患处。

(8)摩。以土块或某些药物摩擦患处。

(9)涂。以泥土或猪屎、鸡屎涂沫患处。

(10)弃。将施术时染有血污病毒之水或他物(帚、禾等)扔掉，表示将病毒除去。

(11)覆。将施术时使用过的杯、奚蠡(水瓢)等器皿反扣，表示不再使用。

(12)禹步。是行巫术时常用的一种舞步。参看《抱朴子》内篇的《仙药》和《登涉》。

(13)画地。画地为防，置身其中，用以禁避鬼怪、虎狼、盗贼的伤害。

(14)桃枝。古人相信用东向桃枝可以避邪。

(15)祝。主要内容是祈告神祇(天神、神女、黄神、东方之王、西方之□、太山、东君明星等)和诅咒致病的鬼怪(往往既包括病本身，也包括生之的鬼父鬼母)，威胁这些鬼怪如不停止作祟，则将以某种手段残之、杀之。祝辞前有时会有表示呼叫之声的“歕”、“皋”等字。前者是祷，后者是禳。祝的遍数多为七遍或十四遍。

(16)辜。辜磔,即一种用磔杀(肢解)之物禳除凶咎的方术。

(17)其他。如骑扫帚或骑黑猪等。

这些内容与日书中的病忌和禳除鬼怪妖祥,还有楚占卜简中的占病、祷祠和解除密切相关,可以对照参看。特别是此类巫术还往往涉及择日和方向,也与日书密切相关。

第六章　出土行气、导引文献概说

近年来，中国社会上掀起一股很大的“气功热”。现在人们所说的“气功”，概念非常宽泛，不仅包括古代的“行气”、“导引”，还附会易理，掺杂数术，融合医、儒、释、道，旁涉武术技击和“幻化之术”[①]，甚至连国外的同类研究也包括在内[②]，吸收了现代科学的概念和术语[③]。但严格地讲，现在人们所用的“气功”一词，不仅概念与古代不尽相同，而且就连词汇本身，也是从20世纪50年代刘贵珍（1920～1982年）在河北唐山和北戴河创建气功疗养院才大行于世[④]，原来使用不广[⑤]。所以本书不用“气功”一词，而仍使用古代流行的“行气”、“导引”二词，并限制其概念为原有的含义。

一、《行气铭》与丹田学说

古人认为“人之生，气之聚也。聚则为生，散则为死”（《庄子·知北游》）[⑥]，“夫人本生混沌之气，气生精，精生神，神生明”（王明《太平经合

① 《抱朴子·对俗》：“若道术不可学得，则变易形貌，吞刀吐火，坐在立亡，兴云起雾，召致虫蛇，合聚鱼鳖，三十六石立化为水，消玉为粭，溃金为浆，入渊不沾，蹴刃不伤，幻化之事，九百有余，按而行之，无不皆效，何为独不肯信仙之可得乎！”古代道家往往以“幻化之术”为劝众向道的宣传手段，其中有些是魔术，有些是化学技术，并非所谓“特异功能”。

② 如印度瑜珈术等。

③ 如“场”、“能量”，“分子结构”、“基因”等。

④ 见李志庸《中国气功史》，河南科学技术出版社，1988年，417～420页。

⑤ 《云笈七签》卷五九引《延陵君修养大略》和卷六〇引《中山玉柜服气经》等书已使用“气功”一词。

⑥ 马王堆帛书《养生方·□》“有气则产，无气则死”，义同。

校》,中华书局,1960 年,739 页),只有炼气化神才能形神相葆。

呼吸吐纳之术,古称“行气”。行气是以口鼻,通过呼吸天地之气以调节体能和神经系统。此术曾见于《庄子》、《素问》、《灵枢》、《难经》等战国秦汉文献,学者多所讨论[①]。作为讲行气之术的出土物,《行气铭》是最早的一例。

《行气铭》是刻于一圆柱形十二面体的小型玉器上,高 5 厘米、径 4 厘米左右(图 6-1)。这件玉器旧为安徽合肥李木公收藏,过去著录于邹安《艺賸》和罗振玉《三代吉金文存》20.49.1,被误称为“玉刀珌”或“剑珌”

1

2

图 6-1　战国《行气铭》:
1. 器形　2. 铭文

① 参看上页注④引李志庸书第一章至第三章。

(后书是以拓本入录,误为铜器)。另外,黄濬《古玉图录初集》4.12 也收有此铭,则属伪刻[①]。现在此器收藏于天津博物馆,从器形观察,与剑珌绝不相类[②]。它下端有孔上通,但顶端并未穿透,作筒状,原先可能是套于木柄上,其侧有一小圆孔,可以穿钉固定,似是杖首(李学勤先生则怀疑是画轴)。在缺乏自名和用途不明的情况下,按考古学界的命名惯例,我们可以按器形暂时称之为"觚形玉器"。"觚"是一种与简牍类似的书写工具,形状作多棱圆柱体,正与此器相似。

此器铭文凡 12 行行 3 字,共 36 字,外加重文 9 字,则有 45 字。铭文字体,郭沫若先生以为与洛阳金村出土的韩国铜器羼羌钟相似,定为三晋器物,近是,但他以为此器出土于洛阳金村古墓却不一定,因为金村古墓的盗掘是在 1928～1931 年间,而此器的著录是在其前。器物年代,从字体看应属战国时期[③]。

现在,经于省吾、郭沫若和陈邦怀等学者考释[④],此器铭文已可通读,兹录于下:

行炁(气):实(吞)则適(畜),適(畜)则神(伸),神(伸)则下,下则定,定则固,固则明(萌),明(萌)则张(长),张(长)则復(复),復(复)则天。天丌(其)沓(本)才(在)上,墬(地)丌(其)沓(本)才(在)下。巡(顺)则生,逆则死。(•属鱼、阳通韵)

铭文应属行气之方,开头"行气"二字即方题。后面的内容可分为两段,"吞则畜"至"定则固"一段是讲吸气下行的过程;"固则萌"至"地其本在下"是讲呼气上行的过程。大义是:下吞吸气,使气积聚,气聚则延伸,延伸则下行,下行则稳定,稳定则牢固,牢固则萌发,萌发则生长,

① 见郭沫若《〈行气铭〉释文》,收入《沫若文集》16 册,人民文学出版社,1962 年。

② 参看孙机《玉具剑与璏式佩剑法》,《考古》1985 年 1 期。

③ 于省吾《双剑誃吉金文选》(1934 年)定为晚周之物,郭沫若《古代文字之辩证的发展》(《考古》1972 年 3 期)定为战国初年物,陈邦怀《战国〈行气玉铭〉考释》(《古文字研究》7 辑,中华书局,1982 年)定为战国后期物。

④ 注①引郭沫若文、注③引于省吾、陈邦怀文。

生长则返行，返行则通天。天的根在上（对下行而言），地的根在下（对上行而言），顺此程序则生，逆此程序则死。其句式与《史记・乐书》"易直子谅之心则乐，乐则安，安则久，久则天，天则神。天则不言而信，神则不怒而威"（・属元、真、微合韵）相似，可以证明"复则天"的"天"应读如本字而不必破读为"颠"①。铭文"天之本"应指上丹田，即泥丸；"地之本"应指下丹田，即脐下的丹田。整个功法应属沿任、督二脉行气的小周天功。

古行气家使用的丹田学说形成于何时是个值得探讨的问题。汉桓帝延熹八年(165年)边韶《老子铭》"存想丹田，大一紫房"（《隶释》卷三引）和同年蔡邕《仙人王子乔碑》"或弦歌以歌太一，或谭思以历丹思（田）"（《水经注・汳水》引），以及《抱朴子・地真》引《仙经》称丹田为"一"，说"一有姓字服色，男长九分，女长六分。或在脐下二寸四分下丹田中；或在心下绛宫金阙中丹田也；或在人两眉间，却行一寸为明堂，二寸为洞房，三寸为上丹田也"，是较早的记载②。这种丹田说应是模仿外丹术而来。在没有"丹田"一词之前，"丹田"亦称"原"。如《难经》第六十六难"齐下肾间动气者，人之生命也，十二经之根本也。故名曰原"，杨玄操注："齐下肾间动气者，丹田也。丹田者，人之根本也，精神之所藏，五气之根元，太子之府也。男子以藏精，女子主月水，以生养子息，合和阴阳之门户也。在齐下三寸，方圆四寸，附著脊脉两肾之根，其中央黄，左青右白，上赤下黑。三寸法三才，四寸法四时，五色法五行。"即以"肾间动气"或"原"指下丹田。在《难经》中，下丹田也叫"命门"（见第三十六和第三十九难）③。《行气铭》没有提到"丹田"二字，但它使用的"天其本"和"地其本"二语，"本"

① 原文"天"与"地"相对，是指上下。读"颠"则与"地"无法相对。郭沫若《〈行气铭〉释文》读"颠"不可从。

② 《素问》有《刺法论》和《本病论》二篇，久佚，宋明以来有所谓"遗篇"复出。这种《本病论》也提到："心为君主之官，神明出焉。神失守位，即神游上丹田，在帝太一帝君泥丸宫下。"

③ 《黄书》佚文述男女合气之术也有所谓"开命门，抱真人"之说，见释道安《二教论》和释法琳《辩证论》，《广弘明集》卷八、十三。

和“原”含义是一样的，也是古人对丹田的一种早期表达。这是《行气铭》特别值得注意的地方。

二、马王堆帛书《却谷食气》：辟谷与食气

除上述《行气铭》，现已出土的行气文献主要有两种，一种是马王堆帛书《却谷食气》，收入《马王堆汉墓帛书》〔肆〕（文物出版社，1985年）；另一种是双古堆汉简《行气》，尚未发表。这里只讨论前者。

“却谷”，也叫“辟谷”、“断谷”或“绝谷”，是指停食五谷。五谷主要是碳水化合物。服食家认为，谷气留于肠胃，则令人不寿。他们所谓辟谷，并不是什么也不吃，而是在不食或少食五谷的同时，另有服食之法，有点类似西方所谓的 diet（特殊规定的饮食，常用于减肥）。

《抱朴子·杂应》对辟谷之效曾有比较客观的评价。葛洪指出“道书虽言欲得长生，肠中当清；欲得不死，肠中无滓。又云，食草者善走而愚，食肉者多力而悍，食谷者智而不寿，食气者神明不死。此乃行气者一家之偏说耳，不可便孤用也”，认为辟谷之效只是在于：(1)“可省肴粮之费”；(2)“差少病痛，胜于食谷时”；(3)“若遭荒世，隐窜山林，知此法者，则可以不饿死也”；(4)可以减肥，“身轻色好，堪风寒暑湿”，如此四端而已。但如果服食不得其法，则往往“体力不任劳也”。即使服食得法，又兼行气，可以渐生气力，最终也还是不能达到延年的目的。可见即使是在迷信神仙方术的葛洪看来，辟谷的效用也十分有限。他主张，如果不是出于不得已，也断不了口腹之欲，最好还是“无致自苦，不如莫断谷而节量饥饱”，认为过于压抑食欲，往往适得其反，甚至导致弄虚作假。如当时有些“浅薄道士”名为不食，却每天饮酒，“日中斗余，脯腊粘糒枣栗鸡子之属，不绝其口。或大食肉而咽其汁，吐其滓，终日经口者数十斤，此直是更作美食矣”。

《却谷食气》篇首先是讲“却谷”。书中“却谷”并不是什么都不吃，而是“食石苇”，即一种补药，服食程序是“朔日食质，日驾（加）一节，旬五而

〔止;旬〕六始铫(匡),日〔捐一〕节①,至晦而复质,与月进退”。“匡”是亏的意思,即每月上半月递增,下半月递减,食量与月亮盈亏相应。这就是所谓“食〈却〉谷者食质而〔已〕”(“食”是“却”字之误)。原文“食质”,整理者认为是指吃有形体的东西,看来是把“质”当作与“气”相反的东西。但在古代训诂中,“质”还有精要之义,这里也可能是指作为代用食品的精华之物。另外《韩诗外传》卷八:“食有质,饮有仪”,“质”与“仪”相对,这里的“质”也有可能是指服食的程序规定。

古人所食精华之物,除神仙家是服食“金丹”、“黄白”、“五芝”等物,一般是以有滋补作用的草木之药为主,如菖蒲、菊花、人参、天门冬、地黄、朮(分白朮、苍朮)、菟丝子、麦门冬、薯蓣(山药)、意苡仁、泽泻、远志、黄连、蒺藜子、黄芪、肉苁蓉、防风、续断、飞廉、五味子、松脂、桂、枸杞、柏实、茯苓、蔓菁子、藕实、大枣、芡实、蓬蘽、胡麻。

这些药物,大抵皆属“久服轻身延年,耐寒暑,不饥渴”之药,并且无毒,故《神农本草经》列为上药。古书如刘向《列仙传》、葛洪《神仙传》对服食这类药物多有描述,往往把它们的功效吹得神乎其神。上引汉镜铭文“上有仙人不知老,渴饮玉泉饥食枣”,以玉泉已渴,食枣止饥,正是此类思想的表达。玉泉已渴,已见上述;食枣止饥,也是汉代流行的说法。如《史记・封禅书》载李少君之言,谓“臣尝游海上,见安期生,安期生食臣枣,大如瓜”,就是把仙人与食枣联系在一起。《神农本草经》卷一:“大枣,味甘平,主心腹邪气,安中养脾肋十二经,平胃气,通九窍,补少气、少津液,身中不足,大惊,四肢重,和百药,久服轻身长年……”,也说枣有补气安神之效。“石苇”在《神农本草经》中只是中药(见卷二),特点是“味苦平,主劳热邪气,五癃闭不通,利小便水道”,但这里也被用作辟谷的代用食物。

古代辟谷的代用食物虽被用于服食修炼,当初却往往是用于对付饥

① 帛书整理组的注文说“此句当为日捐一节”。按《养生方・治力》最后一方提到“日益一垸(丸),至十日;日后日捐一垸(丸),至十日”,可参看。

饿，并没有什么神秘之处。古代老百姓饿肚子是家常便饭，道士入山也时有此厄。在正常情况下，人都不愿放弃美食，但饿极了就会盼望“不饥丸”一类药物。古代辟谷之方多见于《救荒本草》一类书，原因就在于此。

本篇所述辟谷，断食之后虽有代用食品，但难免“首重足轻體（体）轸（胗）”，觉得乏力不适，所以还要配合行气，“则昫（呴）炊（吹）之，视利止”。故接下去是讲行气之法。

篇中述行气之法，内容包括六个片段：

（一）行气时间。“食〔气〕者为昫（呴）炊（吹），则以始卧与始兴。”

〔案：即在一早一晚起床后和上床前为之。“呴”是呵出暖气，“吹”是吹出冷气。〕

（二）行气频率。“凡昫（呴）中息而炊（吹）。年廿〔者朝廿暮廿，二日之〕莫（暮）二百；年卅者朝卅莫（暮）卅，三日之莫（暮）三百，以此数谁（推）之。”

〔案：即吐气吐到一半再呼气。年龄20岁的人，早晚各20息（一呼一吸为一息），二日之暮200息；年龄30岁的人，早晚各30息，三日之暮300息，以此类推。〕

（三）四时所避所食之气。“春食一去浊阳，和以铣光、朝暇（霞），昏清可。夏食一去汤风，和以朝暇（霞）、行（沆）暨（瀣），昏〔清可。秋食一去〕□□、霜霚（雾）、霜霚（雾），和以输阳、铣，昏清可。冬食一去凌阴，［和以端］阳、铣光、输阳、输阴，〔昏清可〕。”

〔案：即春天应避“浊阳”，而食“铣光”、“朝霞”之气（上午之气）；夏天应避“汤风”，而食“朝霞”、“沆瀣”之气（后半夜之气）；秋天应避“□□”、“霜雾”（下“霜雾”二字是衍文），而食“输阳”、“铣光”（省作“铣”）之气（白日之气）；冬天应避“凌阴”，而食“端阳”、“铣光”、“输阳”、“输阴”之气（白日之气）。四时所避为“浊阳”、“汤风”、“□□”、“霜雾”、“凌阴”五气，所食为“朝霞”、“铣光”、“端阳”、“输阳”、“输阴”、“沆瀣”六气。〕

（四）解释“五避”（四时所避之气）。即：

（1）□□、霜雾（秋所避）。“□□□□□［者，黑］四塞，清风折首者也。”“霜霚（雾）者，□□□□□□□。”

（2）浊阳（春所避）。“浊阳者，黑四塞，天之乱气也，及日出而霚（雾）也。”

（3）汤风（夏所避）。“〔汤风者〕，□风也，热而中人者也，日□。”

(4)凌阴(冬所避)。“〔凌阴〕者,入骨□□〔也,此五〕者不可食也。”

〔案:“霜雾”、“浊阴”是天气昏蒙不爽之气,“汤风”是热风,“凌阴”是寒气,皆不可食。〕

(五)残缺较甚。疑是解释“六气”中的“朝霞”、“铫光”、“输阳”、“输阴”四气,即:

(1)朝霞。“朝暇(霞)者,……”

(2)铫光。(缺)

(3)输阴。“〔输阴〕者,日出二千,春为浊〔阳,不可食,□〕云如盖,蔽□□□□者〔也〕。”

(4)输阳。“〔输阳〕者,苑□□□□□□夏昏清风也。”

(六)残缺较甚。疑是解释“六气”中的“沆瀣”、“端阳”二气。前者是“地气”,后者是“天气”。可补为“凡食〔端阳、沆瀣,□□□。端阳者,天气也。沆瀣者,地气也。地气者食方,天〕气者食员(圆)。员(圆)者天也,方〔者地也。食地气〕者北乡(向),〔食天气者南向〕,□□多食。”

(七)残缺较甚。前半有“端阳”、“夏气暇(霞)”、“多阴,日夜分”等字,后半可补为“〔朝得气为〕青附,青附即多朝暇(霞)。朝失为白(附),白[附]即多铫光。昏失气为黑附,黑附即多输〔阴。昏得为□附,□附即多输阳〕,食毋……。”

帛书所述食六气之法,据考即《陵阳子明经》佚说[1]。陵阳子明是楚地传说中的仙人(见《列仙传》)。战国秦汉时期楚地有陵阳县(在今安徽青阳县东南),传说就是子明得仙之处(见《楚辞·九章·哀郢》王逸注、《汉书·地理志》、《续汉书·郡国志》等书)。帛书出楚地,载其佚说,不为无因。现存文献保存《陵阳子明经》的遗文佚说,主要有下述几条:

(1)《楚辞·远游》:“餐六气而饮沆瀣兮,漱正阳而含朝霞”,王逸注引《陵阳子明经》:“春食朝霞。朝霞者,日始欲出赤黄气也。秋食沦阴。沦阴者,日没以后赤黄气也。冬饮沆瀣。沆瀣者,北方夜半气也。夏食正

---

① 饶宗颐《马王堆医书所见“陵阳子明经”佚说》,《文史》20 辑,中华书局,1983 年。

阳。正阳者，南方日中气也。并天地玄黄之气，是为六气也。”（他书征引略同，不具引）

（2）《汉书·司马相如传》引司马相如《大人赋》：“贯列缺之倒景兮”，张揖注引《陵阳子明经》：“列缺气去地二千四百里，倒景气去地四千里，其景皆倒在下也。”此二气似即上“天地玄黄之气”。

（3）《广雅·释天》“常气”：“赤霄、濛澒、朝霞、正阳、沦阴、沆瀣、列缺、倒景。”后六种即上《陵阳子明经》所引。

（4）《庄子·逍遥游》：“若夫乘天地之正，而御六气之辩”，李颐注：“平旦朝霞，日午正阳，日入飞泉，夜半沆瀣，并天地二气为六气也。”也提到类似的“六气”。

这里可把传世文献中的“六气”与帛书“六气”列为对照表，以互见异同[①]。

	《却谷食气》	《陵阳子明经》佚文	《广雅·释天》	《庄子·逍遥游》李颐注
北方夜半气	沆瀣	沆瀣	沆瀣	沆瀣
东方平旦气	朝霞	朝霞	朝霞	朝霞
日出气（与天相配）	铫光	天气、玄气、列缺	列缺	天气
南方日中气	端阳	正阳	正阳	正阳
西方日入气	输阴	淪阴	淪阴	飞泉
黄昏气（与地相配）	输阳	地气、黄气、倒景	倒景	地气

上表除“铫光”、“输阳”与传世文献名称不同，其他大抵相同（“端”、“正”同义，“输”、“淪”字形相近）。

《抱朴子·遐览》有《食六气经》，可能是《陵阳子明经》的别名或其中的一部分。这种食六气之说在古行气之说中是很重要的一种类型。据

① 饶宗颐《马王堆医书所见“陵阳子明经”佚说》亦列有对照表，把“输阳铫”理解为一词（应读为“输阳、铫”，“铫”是“铫光”之省），列于“西”下，缺“铫光”、“端阳”和“输阴”三气。

《子都经》佚文(《医心方》卷二八《房内》引),汉武帝时的方士巫炎(字子都)即受术于陵阳子明,也把其行气之术用于房中。

三、马王堆帛书《十问》中的食气之说

马王堆帛书《十问》是以房中养生为主题,亦收入《马王堆汉墓帛书》〔肆〕。它由十组问对而组成:

(1)黄帝、天师问对;

(2)黄帝、大成问对;

(3)黄帝、曹熬问对;

(4)黄帝、容成问对;

(5)尧、舜问对;

(6)王子巧父、彭祖问对;

(7)盘庚、耈老问对;

(8)禹、师癸问对;

(9)齐威王、文挚问对;

(10)秦昭王、王期问对。

其中与房中有关的内容将于下章讨论,这里只着重讲一下与行气有关的内容。

在上述十组问对中,大部分问对都是把房中术视为"食气",或称之为"接阴食神气之道"(如(1)(7)(8)),或称之为"接阴治神气之道"(如(3)(5)),或称之为"合气"(如(3))〔案:《养生方·□语》也提到"合气"。〕,只有(2)所说"君必食阴以为当(常),助以柏实盛良,饮走兽泉英","鱻(继)以蜚虫,春對(爵)员骀,兴坡(彼)鸣雄,鸣雄有精,诚能服此,玉筴(策)复生"属于服食,(8)所说"觉侵(寝)而引阴"和"毁(既)信(伸)有(又)诎(屈)"属于导引,(9)所说食贵"淳酒毒韭",卧贵"蚤(早)卧蚤(早)起,莫(暮)卧莫(暮)起"属于服食兼导引,(10)所说"朝日月而翕其精光,食松柏,饮走兽泉英"属于食日月之光和其他一些东西的特殊服食之说。《抱朴子·遐

览》有《食日月精经》就是讲食日月之光。

《十问》所说的“食气”大部分都是指房中术，而不是指狭义的行气。但其中的(4)即《黄帝问于容成》章却比较特殊，主要是讲行气，讲房中的话反而比较少，很值得注意。

此篇文辞古奥，这里只能试做解释：

首先，本篇开头一段是讨论“食气”与人生寿夭的关系。作者认为“天地之至精，生于无征，长于无刑(形)，成于无體(体)，得者寿长，失者夭死”，人之初生好比熔铸金锡，从无形的熔液凝固成一定的器形(称为“布淳流形”)①，也是从无形的气而来，得气则生，失气则死。所以黄帝向容成请教“民气赢屈施(弛)张之故”，容成劝他“顺察天地之道”，模仿月有盈亏、岁有寒暑，一呼一吸，一张一弛，积气成精，最后达到“精生而不厥。尚(上)下皆精，塞(寒)温安生”。〔案：不寒不热，是一种“欲仙”的标志，参看《抱朴子·杂应》。〕

接下来是讲食气的要领。包括：

(1)吐故纳新。作者把人体原有的气称为“宿气”，吸进的气称为“新气”，认为“宿气”会使人衰老，“新气”会使人长寿，所以主张呼吸要深长徐久，吐故纳新，使“宿气”在夜间散去，“新气”在早晨吸进，并遍布全身，下文也叫“出死入生”。

(2)食气之禁。即“食气有禁，春辟(避)浊阳，夏辟(避)汤风，秋辟(避)霜湣(雾)，冬辟(避)凌阴，必去四咎，乃棎(深)息以为寿”。

(3)一日四时的呼吸要领。即“朝息”要深，呼出要“湣(务)合于天”，吸入要“楑(揆)坡(彼)闺诵，如臧(藏)于渊”，使“陈气日尽，而新气日盈”；“昼息”要弱；“莫(暮)息”要深长徐久，微弱到“使耳勿闻”，利于睡眠；“夜

① 原文“蒲(布)淳溜(流)刑(形)”，是指人的结胎成形。“流形”一词亦见马王堆帛书《胎产书》，是指怀胎一月。帛书整理组的注文引《淮南子·缪称》，指出“流形”一词本是冶金术语，这点很值得注意。因为这一表达已包含以天地为鼎炉的思想。参看敦煌卷子唐白行简《天地阴阳交欢大乐赋》：“玄化初开，洪鈩耀奇，铄劲成雄，镕柔成雌，铸男女之二体，范阴阳之二仪。”

半之息”则强调醒来要保持原有的睡姿，并且也要深长徐久。

(4)讲究用腠理呼吸。即“将欲寿神，必以奏(腠)理息”。

(5)积精。认为“治气”的目的在于“抟精”或“积精”，但“精盈必写(泻)，精出必补”，补泻要合乎生理周期，并讲究卧姿和营养补充。

上述内容，有许多地方值得注意。一是它对“吐故纳新”有具体描述，可与《庄子·刻意》的“吹呴呼吸，吐故纳新”和《吕氏春秋·先己》的“用其新，弃其陈”相互印证；二是它所强调的“去四咎”，内容也见于《却谷食气》，与“食六气”之说有关；三是它讲“朝息之志”的一段，提到呼气要上合于天，吸气要如藏于渊，也与《行气铭》的要求相似；四是它主张以腠理呼吸，应属胎息之说。

《抱朴子·释滞》曾论行气之要，说“其大要者，胎息而已。得胎息者，能不以鼻口嘘吸，如在胞胎之中，则道成矣。初学行气，鼻中引气而闭之，阴以心数至一百二十，乃以口微吐之及引之，皆不欲令己耳闻其气出入之声，常令入多出少，以鸿毛著鼻口之上，吐气而鸿毛不动为候也。渐习转增其心数，久久可以至千，至千则老者更少，日还一日矣。夫行气当以生气之时，勿以死气之时也。故曰仙人服六气，此之谓也。一日一夜有十二时，其从半夜以至日中六时为生气，从日中至夜半六时为死气。死气之时，行气无益也。”观帛书可知，此说由来久矣。

帛书此章为黄帝、容成问对。容成是古代著名的房中家。《汉志·方技略》有《容成阴道》，列为房中类第一。据《后汉书·方术列传》，东汉末有冷寿光、甘始、东郭延年和封君达传其术。《广汉魏丛书》本《神仙传》卷十《封衡传》提到封衡(即封君达)有二侍者，“一负书笈，一负药筒”，书笈内“有《容成养气术》十二卷”。二书均佚，但从帛书此章看，其房中术与行气之术有密切关系。

四、马王堆帛书《导引图》中的导引术式

导引是一种“导气令和，引体令柔”(《庄子·刻意》李颐注)，类似健身

操的运动。它是以形体的屈伸俯仰(即“引体”)为特点,但也伴随有呼吸吐纳(即“导气”)。所以常常与行气相提并论(如《抱朴子》内篇)。二者都是不假外物(当然偶尔也使用辅助器械,详见下文),简便易行的养形炼气之术。它们的区别仅仅在于,行气是呼吸吐纳之术,不一定配合形体运动;而导引是二者结合在一起。用现代气功术语讲,就是前者是“静功”,后者是“动功”。

按《素问·移精变气论》的说法,古代医术不发达,治病主要靠两种办法,一种是上面提到的“祝由”之术,主要是起心理治疗作用;另一种就是行气、导引之术(所谓“动作以避寒,阴居以避暑”)。早期的行气、导引之术似乎是以“导引”一词兼赅。如《庄子·刻意》:“吹呴呼吸,吐故纳新,熊经鸟伸,为寿而已矣。此导引之士,养形之人,彭祖寿考者之所好也”,就是把“吹呴呼吸”和“熊经鸟伸”一起列入“导引”的概念。《素问·异法方宜论》述五方宜治之法有砭石、毒药、灸焫、九针、导引按跻,也是以“导引按跻”与其他医术并列,没有单独的“行气”。《移精变气论》说古代居民“动作以避寒”,《吕氏春秋·古乐》也说“陶唐氏之始”,人民为了避寒,“故作为舞以宣导之”,皆推导引之源为避寒,可以说明导引的起源很古老。上述行气之法反而可能是从导引中分化出去的。

古代导引,往往是靠图来传授,如马王堆帛书《导引图》就是现存最早的一幅导引姿势的示意图。

《导引图》是分四列画在一幅横宽竖窄、长方形的帛上。帛书残损严重,1979 年文物出版社出版的《导引图》一书除帛书照片,还附有带有一定想像成分的复原图,1985 年文物出版社出版的《马王堆汉墓帛书》〔肆〕也收有此书,但未收原来的复原图。此图共有 44 式,可粗分为三类:

(一)禽戏类。

(1)□(?)狼(螂)。上字,帛书整理小组释“螳”,以为模仿螳螂〔案:此说可疑,详见本章第七节。〕(原书图 8)。

(2)鹯(鹤)□。模仿鹤(原书图 25)。

(3)蛮(龙)登。模仿龙腾(原书图 27)。

(4)䍃北(?)。下字,帛书整理小组读“背”,以为模仿鹞〔案:此说可疑,详见本章第七节。〕(原书图 31)。

(5)木(沐)猴讙引热中。模仿猕猴喧呼,并兼有“引热中”之效(原书图 35)。

(6)猨嫭(呼)。模仿猿啼叫(原书图 40)。

(7)熊经。模仿熊的动作(原书图 41)。

(8)鹯。模仿鹯(一种猛禽)(原书图 44)。

(二)除病类。

(1)折阴。待考(原书图 6)。

(2)痛明。待考(原书图 13)。

(3)引穨(癞)。治癞病(疝气)(原书图 15)。

(4)覆中,待考(原书图 18)。

(5)引聋。治耳聋(原书图 20)。

(6)〔引〕烦。治心烦(原书图 22)。

(7)引厀(膝)痛。治膝痛(原书图 23)。

(8)引胠责(积)。治胠下满(胸腹胀)(原书图 24)。

(9)僪(俛)欮。待考(原书图 28)。

(10)引项。活动颈部(原书图 29)。

(11)以杖通阴阳。借助杖做导引,以疏通体内的阴阳(原书图 30)。

(12)信(伸)。疑有脱文,多以为“鸟伸”〔案:此说可疑,详见本章第七节。〕(原书图 32)。

(13)仰謼(呼)。昂首挺胸而呼(原书图 34)。

(14)沐猴讙引热中。已见上“禽戏类”。“引热中”是以这种姿势治内热(原书图 35)。

(15)引温病。治一种发热性传染病(原书图 36)。

(16)坐引八维。《楚辞・七谏・怨思》“引八维以自道兮,含沆瀣以长生”,王逸注:“言己乃揽持八维,以自导引,含沆瀣之气,以不死也。”即这种导引(原书图 37)。

(17)引俾痛。可读为"引脾痛"(治脾脏痛)或"引髀痛"(治大腿外侧痛)(原书图 39)。

(18)□恨。待考,或以为是模仿龟〔案:此说可疑,详见本章第七节。〕(原书图 42)。

(三)缺残题目。

有原书图 1～5、7、9～12、14、16、17、19、21、26、33、38、43。

五、张家山汉简《引书》中的导引术式

张家山汉简《引书》比《导引图》发现要晚。《导引图》有图和图题,但没有文字说明;《引书》有详细的文字说明,但没有图,两者可以相互发明的地方很多。特别是此书所见术式内容更丰富,数量要大大超过《导引图》,重要性显得更大。

《引书》的释文发表于《文物》1990 年 10 期,已有学者对它与《导引图》的关系做比较研究①,但值得探讨的问题仍很多。

《引书》的内容包括五部分,这里可试加归纳和译述:

(一)论四时起居之宜。

大意是说,人应顺应"春产、夏长、秋收、冬臧(藏)"的节令来安排起居,即:

(1)春天。早起:泼水(洒扫庭除,清洁环境),洗脸,漱口,叩齿,披发散步于堂下,迎朝霞,呼吸新鲜空气,饮水一杯(可以益寿)。入睡:"从昏到夜大半止之",即从下午 7 点 30 分至次日凌晨 3 点,共 7 个半小时,不可超过,超过会伤气。

〔案:《引书》所用应属十六时制。十六时制的每小时当今 90 分钟。据此推算,这

---

① 彭浩《张家山汉简〈引书〉初探》,《文物》1990 年 10 期;李学勤《〈引书〉与〈导引图〉》,《文物天地》1991 年 2 期;连劭名《江陵张家山汉简〈引书〉述略》,《文献》1991 年 2 期。

里的“昏”相当今下午7点30分至9点,“夜大半”相当今次日凌晨1点30分至3点。〕

(2)夏天。应勤洗头,少洗澡,不可晚起,要多吃蔬菜。早起:泼水,洗脸,漱口,刷牙,披发散步于堂下,饮水一杯。入睡:“从昏到夜半止”,即从下午7点30分至次日凌晨1点30分,共6小时,不可超过,超过会伤气。

〔案:“夜半”相当今凌晨0点0分至1点30分。〕

(3)秋天。应勤洗头也勤洗澡,饮食饥饱可以比较随便。入睡:只说“以身所利安,此利道也”,即只要睡得舒适,怎么样都行。看来这是规定最少的一个季节。其中未讲是否要早起,也不提睡眠时间。

(4)冬天。应勤洗头也勤洗澡,手和脸要凉,脚和身要热,可以晚起,“卧信(伸)必有趾(正)也”(似指伸懒腰要小心)。入睡:“从昏到夜少半止之”,即从下午7点30分至晚上12点,共4个半小时。

〔案:“夜少半”相当今晚上10点30分至12点。原文既说“卧欲莫(暮)起”,又说“入宫从昏到夜少半止之”,似乎矛盾。也许作者的意思是说睡得要少,但起得要迟。〕

(二)基本导引术式(共36式)。

(甲)下肢运动。

(1)交股。指小腿交于大腿。其式作立姿,轮流用一腿站立,另一腿的小腿盘在这条腿的大腿上,反复进行,共30遍。

(2)尺汙(蠖)。模仿尺蠖爬行。其式作立姿,轮流用一腿站立,另一腿先屈膝再前蹬,蹬时勾脚尖。

(3)佥(敛)指。是把双脚绑起,跳跃,共30遍。

(4)埤堄。本指城上女墙。其式是作直腿,脚掌着地,跳跃,共30遍。

(5)累足。指一脚踩另一脚。其式是轮流用一脚踩在另一脚上跳跃,共30遍。

(6)袭前。意为交替向前。其式是双腿一前一后蹬踏,共30遍。

(7)靡(摩)胻。是用脚心脚背按摩小腿内外侧各30遍。

(8)引阳筋。指活动腿正面的筋。其式是正伸双足各30遍。

(9)摩(摩)足跗。“足”指脚心,“跗”指脚背。其法是按摩脚心脚背各

30遍。

〔案:(3)～(5)属于直腿跳,(7)～(9)属于按摩;所有各式均30遍,应是一套动作。〕

(乙)头颈运动。

(1)引𦙶。字书无“𦙶”字,从下文“利项尼(𦙶)”看,应指颈部。其式作反背双手,五指交错而握,前俯,用以活动颈部。

(2)阳见。指正面朝上。其式作反背双手,五指交错而握,后仰,反顾,与上式正好向反,也是活动颈部的运动。

(3)穷视。指极目而视。其式作五指交错而握,前俯,向后看脚后跟,活动眼部。

(4)则(侧)比(睥)。指侧视。其式作反背双手,五指交错而握,斜视双肩,也是用以活动眼部。

(5)凫沃。模仿凫雁浴水。其式作反背双手,五指交错而握,左右回顾,也是用以活动眼部。

(6)旋信(伸)。指上举而回旋。其式作五指交错而握,向上和向后挥。

(7)臬栗。“臬”与“啮”古音相同,“栗”与“垔”字形相近,疑是“啮咽”之误。其式作反背双手,五指交错而握,缩头颈,用以活动颈部。

(丙)腰背和上肢运动。

(1)折阴。指向内折身。其式作前伸一足,双手五指交错而握,俯身,用手掌够脚面。

(2)回周。指回旋。其式作五指交错而握,俯仰回旋。

(3)龚(龙)兴。模仿龙腾。其式作双手五指交错而握,按前膝,然后挺胸,双手向斜上方伸展。

(4)引𦢊(脢)。“脢”是背部。其式作双手五指交错而握,上举,绕背回环,用以活动背部,动作与“旋信(伸)”相似。

(5)蛇垔(咽)。模仿蛇的吞咽。其式作反背双手,五指交错而握,咬牙缩头颈。类似上“臬栗”。

(6)□□。简文残缺，篇题已失，只剩下“……傅尻，手傅……”几字，内容不详。

(7)大决(蹶)。指剧烈的蹬踏(“蹶”有踏意)。其式作两手撑地，两脚前后蹬踏，膝过于肩。

(8)支(肢)落。简文残缺，提到“以手□要(腰)，挢一臂与足□而屈(?)”。

(9)受(复)据。据下文“复据以利要(腰)”，“受”是“复”之误。其式作俯身，右手摸左脚，左手后举，然后反之。

(10)参倍(背)。指双手分推。其式作双手合掌前平举，然后翻腕，用掌心向外分推，类似蛙泳的划水动作。

(11)县(悬)前。指俯身垂臂。其式作俯身，两臂下垂，然后挺胸，两臂上举，下划，成左右平举。

(12)榣(摇)弘(肱)。指摇手臂。其式作摇臂搏击状。

(13)反指。指手反向。其式作两手平托上举，如同今八段锦的“仰手托天理三焦”。

(14)其下。可能指俯身。与下式相反，其式作弓箭步，斜伸一臂，极力引之。

(15)虎引。模仿虎的动作。其式亦作弓箭步，斜伸一臂，仰身。

(16)引阴。属于俯身导引。其式作反背双手，五指交错而握，仰身，极力引之。

(17)引阳。属于仰身导引。其式作双手五指交错而握，俯身，极力引之。

(18)复(覆)鹿。模仿鹿俯首。其式作弯腰低头，反举双手，如今所谓“坐飞机”。

(19)虎匽(偃)。模仿虎仰。其式作两臂一齐向左右挥动。

(20)甬莫。含义不详。其式作两臂一齐左右上下挥动。

(21)复(覆)车。含义不详。其式作两臂左右斜挥和上下正挥。

(22)鼻胃。含义不详。其式作俯身，抬举两臂。

(23)度(螳)狼(螂)。模仿螳螂。其式作两手置腋下,左右转动胸部。

(24)武指。可能指在步行中伸臂。其式作迈左脚,伸右臂前指;迈右脚,伸左臂前指。

(三)除病导引(包括养生导引)。

所除之病有:

(1)内瘅。属内热之症。

(2)项痛不可以雇(顾)。属落枕一类病。

(3)瘅病之台(始)。瘅病初起。包括“急治八经之引”、“急呼急呴”和“引阴”等法。

(4)病肠。属肠道疾病。仅以行气中的“吹”治之。

(5)病瘳(?)瘦。不详何病。治法借助于杖和壁。

(6)诎(屈)筋。肌肉或韧带拉伤。

(7)苦两足步不能钧而厀(膝)善痛,两胻善塞(寒)。腿脚麻痹和膝关节痛。是以木棍做成的秋千治之。

(8)踝痛。脚踝痛。

(9)厀(膝)痛。膝关节痛。

(10)股厀□□痛。大腿和膝部痛。

(11)苦两手少气,举之不钐(钧),指端湍湍(惴惴)善畀(痹)。双手乏力、麻痹。

(12)肠辟(癖)。肠中有肿块。治法是让人踩按患者之腰。属按摩之法。

(13)北(背)痛。提到“熊经”、“前据”二式。

(14)要(腰)痛。提到二法,一法是用双手捏脊,亦属按摩之法。

(15)支(肢)尻之上甬(痛)。提到用“木鞠谈(蹋)”(木制的圆球)垫在患处下,进行按摩。

(16)益阴气。此非除病之方,而属养生之方。其式作骑马蹲裆式,左手撑地,右手端饭,用吸饭气的办法来收缩生殖器和提肛,与房中术有密切关系。

(17)疝。不详何病。除导引亦兼用按摩。

(18)足下筋痛。足下肌肉或韧带拉伤。

(19)蹶。似是脚趾抽筋。

(20)瘁(癃)。淋病。

(21)□□上□。不详何病。简文提到“敦(顿)踵”、“引阴”等法。

(22)瘚。即厥,属气血上逆之病。

(23)病名缺。主要是以“凫沃”、“虎顾”二法治之。下文说:“凫沃以利首辆”、“虎雇(顾)以利项尼(胒)”,似属头颈方面的病。

(24)瘠(膺)痛。胸痛。

(25)夜日卧厥,学(觉)心腹及匈(胸)中有痛者。因睡卧不适引起的厥症。

(26)心痛。也是用荡秋千治之,但与上不同处是以大绳系板为之,下(29)称“累版”。

(27)引阴。姿式与上“益阴气”相似,但无端饭、吸饭气一类内容。

(28)颓(癞)。包括“肠颓(癞)”和“筋颓(癞)”,可能是指小肠疝气和腹股沟疝。

(29)腹甬(痛)。也是用荡秋千治之,称为“累版”。“累”指秋千的二绳,“版”指秋千的踏板。

(30)苦腹张(胀)。提到“治八经之引”,并且也借助于墙壁。

(31)虖(呼)及欬(咳)。咳喘。也借助于墙壁。

(32)肩痛。肩部疼痛。提到“爰(猨)行”、“前据”、“后复”、“支落”四式。

(33)瘛。抽风。

(34)辟(癖)。腹有积聚而成块。提到“厕(侧)比(睥)”、“阳见”、“凫沃”三式。

(35)睺(喉)痹。

(36)鼽。流泪。提到“无(抚)心”。

(37)口痛。提到“乇(吒)而勿发”。

(38)失欲。口不合。此是使下颚脱臼复位之法。

(39)肘痛。提到两种导引术式,作“□□三百,□□三百”,惜名称缺去。

(40)目痛。是以按摩眼眶周围和面部、颈部的穴位以治之。

(41)瘚(瘘)。

(42)聋。

(43)耳痛。

(44)苦頯(?)及颠(颜)痛。颧骨和额头痛。亦用按摩法。

(45)涿(啄)齿。即叩齿。亦非除病之方而属养生之方。

(四)各种导引术的益身之效(每种各做三遍)。

(1)闭息。利交筋。上文未见。

(2)堂(螳)落(螂)。利恒脉。疑即上文的“度狼”。

(3)蛇甄(咽)。利距脑。见上文。

(4)凫沃。利首辐。见上文。

(5)周脉循奏(腠)理。利踵首。似指按摩之法。

(6)厕(侧)比(睥)。利耳。见上文。

(7)阳见。利目。见上文。

(8)启口以卬(仰)。利鼻。上文未见。

(9)秅(吒)而勿发。利口。见上文。

(10)抚心、举颐。利䐂(喉)胭(咽)。见上文。

(11)臬栗。利柎项。见上文。

(12)虎雇(顾)。利项尼(胒)。见上文。

(13)引倍(背)。利肩绘。上文未见。

(14)支(肢)落。利夜(腋)下。见上文。

(15)鸡信(伸)。利肩婢(髀)。上文未见。

(16)反榣(摇)。利腹心。上文未见。

(17)反旋。利两胠。应即上文“旋信(伸)”。

(18)熊经。利腜(脢)背。见上文。

(19)复据。利要(腰)。应即上文“受据”和“前据”、“后复”。

(20)禹步。利股间。上文未见。

(21)前厥(蹶)。利股䣛(膝)。疑即上文“大决(蹶)”。

(22)反擥(腕)。利足蹄。也可能即上文“反指”。

(23)跌指。利足气。疑即上文“佥(敛)指”和“累足指”。

(24)敦(顿)踵。利匈(胸)中。见上文。

(五)论适应燥湿寒暑之道。

作者认为疾病之起在于不能与燥湿寒暑相应。特别是换季时,“乱气相薄遝”,尤易患病。要想防止疾病,应注意:

(1)“治八经之引,炊(吹)昫(呴)虖(呼)吸天地之精气”,伸腰弯腿,活动手足,起要缓慢,卧要“巨引”。

(2)春天要两呴一呼一吸,夏天要两呼一呴一吹,冬天要两吹一呴一呼(无秋天的有关规定,疑有脱文)。

(3)“能善节其气而实其险(阴)”,喜则急呴,怒则猛吹。劳累饥渴、大汗淋漓不可入水。卧寒湿之地,要注意添衣。干燥应频呼、频卧,潮湿应频吹、不卧、“实阴”,炎热应“精娄(屡)昫(呴)”,寒冷应经常活动身体。

以上所述是以导引为主,但也包括少数按摩方法;可见是以导引、按摩并叙。此书是以“此彭祖之道也”开头,可见内容应属彭祖养生之道。《隋志》和两《唐志》有《彭祖养性》(或《彭祖养性经》)一书。可能与此有关。

六、“引阴”考

在《引书》所述各式中,有以“引阴”为名的两种不同术式,一种是与“引阳”并列,含义相反。“引阳”的规定是“前昔(错)手而印(仰),极之”,而“引阴”的规定是“反昔(错)挢手而俯,极之”,区别在于仰身或俯身,双手交错在前或在后。这种“引阴”只是普通的上肢运动,属于导引的基本术式。而另一种"引阴"则与"益阴气"含义相同，属于男性保养性质的房中导引，与下章所述有密切关系，是一种非常重要的导引术式，值得专门讨论。

在《引书》中，"益阴气"的概念是：

恒坐夸(跨)股，勿相悔食，左手据地，右手把饭，垂到口，因吸饭气，极，因饭之。据两股，折要(腰)，信(伸)少(小)腹，力极之，乃欱(歠)咽，有(又)复之，三而已。

〔案："悔食"，据下引马王堆房中书，似应读作"诲食"，指"教诲"和"饮食"，详见下文。〕

而"引阴"的概念是：

端坐，张两股，左手承下，右手无(抚)上，折要(腰)，信(伸)少(小)腹，力引尻。

两相对照，其相似性十分明显。

这后一种"引阴"，虽然动作要领讲得很清楚，但其内涵，即与房中术的关系，单从《引书》看，是不大容易明白的，需要与马王堆房中书做比较，才能理解。

在马王堆房中书(详见第七章)中，很多地方都讲到一种"益气"之法或"治阴之道"。这类技术也叫"引阴"。如：

(1)《养生方·食引》："〔利〕益气，食饮恒移音(阴)撞(动)之，卧有(又)引之。故曰：饮〔食之〕，教谋(诲)之。右引而曲左足。"

(2)《十问》"尧问于舜"章，尧问治阴之道于舜，舜曰："必爱而喜之，教而谋(诲)之，饮而食之，……"

(3)《十问》"王子巧父问于彭祖"章，彭祖论"朘气"云："人气莫如竣(朘)精。……竣(朘)之葆爱，兼予成駭(佐)，是故道者发明唾(垂)手循(揗)辟(臂)，靡(摩)腹从阴从阳。必先吐陈，乃翕竣(朘)气，与竣(朘)通息，与竣(朘)饮食，饮食完竣(朘)，如养赤子。……"

(4)《十问》"帝盘庚问于耇老"章，耇老述治阴之道为五节："一曰垂枝(肢)，直脊，桡(挠)尻；二曰疏股，动阴，缩(缩)州；三曰合走(睫)毋听，翕气以充膶(脑);四曰含亓(其)五味,饮夫泉英;五曰群精皆上,翕亓(其)大明”。

(5)《十问》“禹问于师癸”章,师癸教禹以治身之法,提到“故觉侵(寝)而引阴,此胃(谓)练筋;既(既)信(伸)有(又)诎(屈),此胃(谓)练骨。动用必当,精故泉出。”

(6)《天下至道谈》第七章述“治八益”之法,其头两条是:“旦起起坐,直脊,开尻,翕州,印(抑)下之,曰治气;饮食,垂尻,直脊,翕周(州),通气焉,曰致沫。”

归纳上述引文,并参以《引书》所述,我们可以大致了解这种“引阴”的实际含义。即古人是把男性保养比作“养赤子”,强调人们应当珍惜和爱护自己的生殖器和性能力(更准确地说,是生命力),要像养育婴儿一样,不但要“饮食之”,还要“教诲之”。其动作要领是,第一,要于早起之后、睡卧之前和饮食之际进行;第二,姿势一般是作垂臂直脊,跨股撅臀,折腰伸腹,如坐桩式;第三,要配合行气,提肛动阴,通过收缩肛门来活动生殖器。原文所说“教诲”和“饮食”,似乎多指以提肛动阴、闭目存想、吸气充脑、含漱津液来“与竣(朘)通息,与竣(朘)饮食”,带有意念想像的成分(即想像在喂养他和教诲他),但也有于饮食之际行之。如《引书》所述“益阴气”就是端着碗坐桩,边做导引,边吸饭气,吸过饭气还真的吃饭。这种“饮食”就是实际的“饮食”。

在下一章的讨论中,我们将要提到,魏晋以来的房中术是以“还精补脑”为最重要的秘诀。所谓“还精补脑”,其要领是在按抑屏翳穴或“缩下部闭气”(见《医心方》卷二八《房内》和《千金要方》卷二七《房中补益》引《仙经》),《素女妙论》称为“撮住谷道,凝定心志”,都是把肛门括约肌的控制看作关键。而肛门括约肌的控制又与呼吸方法有很大关系。由此,我们不难明白,为什么古人十分重视上述导引术式,并且在房中书中总是屡屡提到。

在马王堆房中书中,虽然“还精补脑”的具体描述还未见到,但上述控制训练的存在却可说明,当时这类技术大概已经出现。

七、上村岭铜镜和古代禽戏

1956～1957年在河南三门峡上村岭发掘的“虢国墓地”是个很重要的墓地[①]。这一墓地的1612号墓出土过一件花纹奇特的铜镜[②]，往往被学者引用。这件铜镜背面的花纹包含四种动物：左边是龙，上边是鹿，右边与左边的动物相似，但形体较大，下边是鸟（图6-2）。报告称此镜“饰

图6-2　上村岭铜镜
（河南三门峡上村岭虢国墓地M1612出土）

虎、鹿、鸟纹”，似以左、右二兽俱为虎[③]。由于这面铜镜上的动物正好是四个，而汉代又有以青龙、白虎、朱雀、玄武为主题的“四神镜”，所以使人联想，它也许是与四象类似的一种主题[④]。但是如果我们把此镜的鸟纹

① 《上村岭虢国墓地》，科学出版社，1959年。

② 见《上村岭虢国墓地》图版四十：2（照片）和27页图二一（拓本）。

③ 见注②引书27页。

④ 冯时《中国早期星象图研究》，《自然科学史研究》第9卷2期（1990年），117页。

当作朱雀，虎纹当作白虎，那么右边的动物就该是青龙，上边的动物就该是玄武，后面两种显然不合。还有，我们也考虑过它与十二生肖的关系。现在我们使用的十二生肖，古代或有异名，如睡虎地秦简《日书》甲种的午位是鹿而不是马，就很不一样（详见前第三章）。可是即使按后一系统，虎、鹿的位置可以相合，其他两种却对不上号。

那么铜镜上的动物到底意味着什么呢？最近我有一个想法，就是它与华佗所传的“五禽戏”或许有某种联系，起码是在种类上比较接近。

《后汉书·方术列传》载华佗授吴普“五禽之戏”：“一曰虎，二曰鹿，三曰熊，四曰猨，五曰鸟”。我们看铜镜上的花纹，正好左边是虎，上边是鹿，右边的动物头部硕大，符合熊的特点[①]，下边是鸟。镜中没有猨，也许是因猨居中央之位，适当纽的位置而被略去，或者原来就是只有四种。

华佗所传的“五禽戏”属于养生术中的导引，但古代导引，据上所述是分两种，一种是模仿动物，名称是由动物名加其动作名而构成；一种是用以除病。有学者称前者为“仿生功”，后者为“治疗功”[②]。更准确地说，“五禽戏”是属于前一种。古代的仿生导引，传统泛称为“禽戏”。这里可把传世和出土文献中的早期“禽戏”摘录如下：

（一）《庄子·刻意》。

（1）熊经。从司马彪和成玄英的注释看，其动作是模仿熊攀树。

（2）鸟申。司马彪读“申”为“嚬呻”之“呻”，以为像鸟鸣叫。成玄英读“申”为“屈伸”之“伸”，以为像鸟飞而伸脚。下《淮南子·精神》和《抱朴子·杂应》俱作“鸟伸”。

（二）马王堆帛书《导引图》（图6-3）。

（1）鹳（鹤）讥（原书图25）。图作双臂平举，一手手心向上，一手手心向下，是模仿鹤翔。

（2）蛮（龙）登（原书图27）。图作双臂向斜上举，是模仿龙飞升。

---

① 参看沈从文《说“熊经”》，《中国文化》2期，1990年春季号。

② 周世荣《马王堆养生功》，湖北科学技术出版社，1990年，第六章至第八章。

图 6-3　马王堆帛书《导引图》中的禽戏

(3)木(沐)侯(猴)讙(原书图 35)①。图作呼气(或呼叫)状,是模仿猕猴喧呼。

(4)猨嫭(呼)(原书图 40)。图作一臂向斜上举,手心向上;一臂向斜下伸,手心向下,是模仿猿啼叫。

(5)熊经(原书图 41)。图作弓背敛胸状,是模仿熊站立时的动作。

(6)鸇(原书图 44)。图作弓步,双臂向斜上举,是模仿鸇飞。

〔案:原书图 8:☐狼,帛书整理小组释"螳狼",但上字残画不能肯定是"螳"。图 27:喬北,帛书整理小组释"鹞北(背)",但也有可能是读为"摇背"。图 32:信(伸),不能肯定是"鸟伸"。图 42:"恨"上一字非"龟"字。这些暂不列入。〕

---

① 原图此名下还有"引热中"三字,是表明疗效。

（三）张家山汉简《引书》（动作、疗效详见前文）。

（1）尺汙（蠖）。是模仿尺蠖（尺蠖蛾的幼虫）爬行，一屈一伸。

（2）凫沃。是模仿野鸭浴水，摇头摆尾。

（3）𢁾（龙）兴。是模仿龙腾。此式与上“龙登”相似，但动作不同，也许是同一套路的两个动作。

（4）蛇垔（咽）。是模仿蛇吞咽。

（5）虎引。是模仿虎伸展腰身。

（6）复（覆）鹿。是模仿鹿俯首，角朝上。

（7）虎匽（偃）。是模仿虎仰面朝天，双蹄乱刨。

（8）度狼或堂落。疑读为“螳螂”，可能是模仿螳螂的动作（是一种活动胸部的动作）。

（9）熊经。是模仿熊的动作（是一种活动背的动作）。

（10）虎顾。是模仿虎回头。

（11）鸡信（伸）。是模仿鸡的肩颈动作，一伸一缩。

（四）《淮南子·精神》。

（1）熊经。高诱注以为“经”是“动摇”之义。

（2）鸟伸。高诱注以为“伸”是“频（嚬）伸（呻）”（鸣叫）之义，同司马彪。

（3）凫浴。疑即《引书》“凫沃”。“沃”（浇水）与“浴”（洗身）含义相近。

（4）蝯（猨）躩（据）。即下《杂应》“猿据”，是模仿猿攀树。

（5）鸱视。或即《后汉书·方术列传》引华佗语所说“鸱顾”，李贤注：“鸱顾，身不动而迴顾也。”但下文有“虎顾”，此式也可能是模仿猫头鹰瞪视。

（6）虎顾。唐兰先生引曹丕《典论》“鸱视狼顾”，以为应作“狼顾”①，据《引书》可知不确。

（五）《抱朴子·杂应》。

（1）龙导。可能与《导引图》“龙登”、《引书》“龙兴”有关。

---

① 见《导引图》一书所收唐兰《试论马王堆三号墓出土导引图》。

(2)虎引。见《引书》。

(3)熊经。见上各书。

(4)龟咽。可能与"蛇咽"相似。

(5)鹭飞。应是模仿燕飞。

(6)蛇屈。应是模仿蛇的蟠屈。

(7)鸟伸。见上各书。

(8)猿据。见于马王堆帛书《养生方》、《合阴阳》、《天下至道谈》,是模仿猿攀树①。

(9)兔惊。"惊"是"骛"之讹,应据马王堆帛书《养生方》、《合阴阳》、《天下至道谈》改正,是模仿兔奔。

以上术式可概括为 10 类:

(1)龙类。有龙导、龙登、龙兴。

(2)虎类。有虎引、虎偃、虎顾。

(3)鹿类。有覆鹿。

(4)熊类。有熊经。

(5)猿类。有沐猴讙、猨呼、猨据。

(6)鸟类。有鸟伸、鹤䜣、鹯、凫沃、凫浴、鸡伸、鸱视、鹭飞。

(7)龟蛇类。有蛇咽、龟咽、蛇屈。

(8)兔类。有兔骛。

(9)狼类。有狼顾。

(10)虫类。有尺蠖、螳螂。

这些动物,(1)(2)(6)(7)见于四象系统,(1)(2)和(5)中的"猴"、(6)中的"鸡",(7)中的"蛇"还有(8)见于十二生肖系统。后者发展为包括"三十六禽"的演禽戏,动物种类更多。"三十六禽"的雏形最早见于《抱朴子·登涉》,全套名称则见于上海博物馆藏六朝铜式和隋萧吉《五行大义》卷五、

① 此名相当《医心方》卷二八引《玄女经》"九法"中的"猿搏"和《洞玄子》"卅法"中的"吟猿抱树",可由后者推定其含义。

唐李筌《太白阴经》卷十等书，各书所载略有不同。其中包括“鸢”和“熊”（后者仅见于《太白阴经》）。在演禽戏中，“禽”是与“星”相配，代表天象，这点与四象是一样的。它们都有很古老的象征含义。古人常以动物做装饰主题，如《周礼·春官·司常》提到“交龙为旂，……熊虎为旗，鸟隼为旟，龟蛇为旐，……”，《六韬》是取名于用龙、虎、豹、犬为饰的弓套。龙、虎、鸟纹也是商周铜器的常见纹饰。“五禽戏”是以上述十类中的(2)～(6)类为主[①]，是否也有配合天象的含义，值得注意。

中国古代的“禽戏”除用于强身健体，还对房中术、神仙家说和后来的武术有深远影响。这里不妨略做提示：

首先，华佗授“五禽戏”，强调人体应经常活动，但不可过度：认为适度的活动可以利消化，通血脉，却病延年，犹如户枢不朽。而古代房中术也强调“玉茎不动，则辟死其所，所以常行以当导引也”（《医心方》卷二八引《素女经》），认为性交与导引有相通之处。例如马王堆帛书《养生方》、《合阴阳》、《天下至道谈》有所谓“十节”或“十势”，是讲性交体位，包括：(1)虎游；(2)蝉附；(3)尺蠖；(4)麕角；(5)蝗磔；(6)猨据；(7)蟾蜍；(8)兔骛；(9)蜻蛉；(10)鱼嘬。其中虎、尺蠖、麕(鹿)、猨、兔5种见于上述“禽戏”，有些连名称都完全相同(如(3)(6)(8))〔案：“鱼”见于“三十六禽”。〕。用仿生导引的术式来表示性交体位，这在中国古代房中术中始终是一种传统。如《医心方》卷二八引《玄女经》有表示性交体位的“九法”，即与“十节”或“十势”有很大相似性，而明钞本《素女妙论》“九势”又是来自于“九法”，线索始终未断。至于《医心方》卷二八引《洞玄子》“卅法”，虽然种类增加了许多，但万变不离其宗，正像“十二生肖”之扩展为“三十六禽”，也是从“九法”变化而来。

其次，中国古代的神仙是一种养生境界。属于方技之术的行气、导引和房中同时也都是登仙之术。如华佗授“五禽戏”，不仅讲到健身去病，也提到“古之仙者”行导引以却老。特别是他还提到“兼利蹏足”，与上一章

① 参看陶弘景《养生延命录》卷下《服气疗病篇》所述“五禽戏”。

提到的"疾行善走"有密切关系。《抱朴子·杂应》所述"登峻涉险、远行不极之道",其中有乘跻之法,分龙跻、虎跻、鹿卢跻三种。前几年,张光直先生写过一篇文章[①],也提到此类神仙之术中的"乘跻"。这种"乘跻"好像很神秘,但从方技学的分类考虑,仍属导引之一种。如《素问·金匮真言论》:"冬不按跻",王冰注:"按谓按摩。跻,谓如跻捷者之举动手足,是所谓导引也",就已指出这一点。乘跻是模仿龙、虎、鹿三种动物,这与导引也是一致的。

最后,中国古代的武术本来是叫"技击"[②]。《汉志·兵书略》列入技巧类。这种技巧类是军事技术的统称,其中包括:(1)军事器械的研究(特别是攻城器械和守城器械的研究)[③];(2)射法;(3)剑道;(4)手搏;(5)蹴鞠(一种类似足球的运动)。这里面射法、剑道和手搏都属于后世所谓的"武术"。前两种是使用器械,后一种是属于徒手,应当包括角抵(摔跤类)和拳法。武术用于实战格斗,固属军事技术,但在平时还有体育和表演的性质。其中拳法一项,因为是徒手,作为套路的训练,实与导引相近,二者有不解之缘。今世所传拳法,虽然较早的授受源流已难追寻,但像少林五拳(龙拳、虎拳、豹拳、蛇拳、鹤拳),形意十二形(龙形、虎形、猴形、马形、鼍形、鸡形、鹞形、燕形、蛇形、骀形、鹰形、熊形),还有其他各种象形拳,很多都是模仿动物,以"禽戏"为基础,可以肯定是来自相当古老的传统。

八、行气导引与内丹术

在道教文献中,人们常把服食金丹黄白称为外丹术,而把模拟炼丹的

① 张光直《濮阳三跻与中国古代美术上的人兽母题》,收入张氏所著《中国青铜时代》二集,三联书店,1990年,原载《文物》1988年11期。

② 康戈武《中国武术实用大全》,今日中国出版社,1990年,2页。

③ 刘歆《七略》原收《墨子》城守各篇于此类,即包含这类研究,班固出之,并入《诸子略》。

行气、导引和房中术归入内丹的范畴，因而形成用炼丹的概念来统括一切神仙方术。二者中，外丹术当然起源很早，据上一章考证，至少应形成于战国时期，但内丹术是什么时候出现的呢？这个问题也值得研究。

道教方技分为外丹和内丹，旧多以为始自隋苏玄朗（号青霞子）。《罗浮山志》说他“隋开皇中，来居罗浮”，“乃著《旨道篇》示之。自此道徒始知内丹矣”[①]。但近有学者考证，这种分别其实在南北朝时期就已有之，如陈代僧人慧思就已提出“借外丹力修内丹，欲安众生先自安”（《大正藏》卷四六引《南岳思大禅师立誓愿文》）[②]。外丹术传到唐代臻于极盛，但很多皇帝都因服食外丹而中毒身亡（有五六个皇帝）[③]，所以降至宋代，很多人都不再相信外丹，甚至直斥金丹术为妖妄邪术，转而把内丹术当作真正古老的东西，其实这并不符合实际。

内丹术的技术本身，像行气、导引、房中术当然都起源甚早，并不晚于炼丹术，而肯定早于炼丹术。但其概念术语是模仿外丹，必须出现于外丹术形成之后，这点是没有办法改变的。特别是它把天地视为大鼎炉，人身视为小鼎炉，把炼气化神比作炼丹，这类基本想法显然是源于炼丹术。

对于研究内丹术的起源，我以为丹田学说的提出是一种关键。“丹田”之称，据上考证，更早是见于东汉桓帝时的《老子铭》、《仙人王子乔碑》和《抱朴子·地真》。这类名称的出现要早于慧思和苏玄朗，它们应是内丹术形成之真正标志。

另外，应当指出的是，后世内丹术，多宗《周易参同契》，以为此书是模仿外丹讲内丹术，性质纯属内丹术，这并不正确。实际上，此书是既讲外丹也讲内丹[④]，性质应属糅合内外丹之术的早期经典。内丹源于外丹，又模仿外丹，并与外丹形成统一的体系，这是中国古代炼丹术拓展的基本轨迹。

---

① 参看陈国符《道藏源流考》，中华书局，1963年，下册438页。

② 参看胡孚琛《魏晋神仙道教》，人民出版社，1989年，238页。

③ 参看陈国符《道藏源流考》下册389页。

④ 参看胡孚琛《魏晋神仙道教》附录《中国科学史上的〈周易参同契〉》（摘要）。

第七章　马王堆房中书研究

房中术[①]，也叫“接阴之道”，或“御妇人之术”[②]，在古代属于方技之学。过去，研究者对房中术很少涉及，材料既乏，禁忌独多。即使偶有讨论，所用材料也年代偏晚，零散不成系统，特别是缺乏对其术语系统的归纳和整理。故本章试以现已发现年代最早的马王堆房中书为例，对中国古代房中术做初步探讨，并略论它对中国古代文化研究的重要性。

一、古房中书的著录和遗存

（一）有关著录

房中书是关系到“人之大欲”的实用书籍，作用有些类似现代西方供成人参考的各种性生活指南，在古代是流行读物[③]。除中国以外，其他古老文明往往也有类似书籍，如罗马有《爱经》（*Ars Amatoria*）、印度有《欲经》（*Kama Sutra*）都非常著名。

房中术作为职业性的技术传授，可以肯定渊源甚早。但古书最早提到的房中书却是汉文帝时齐临淄名医淳于意从同郡阳庆所授的“接阴阳禁书”（《史记·扁鹊仓公列传》）。下面是史籍可考的有关著录：

（甲）《汉志·方技略》房中类：

① 《礼记·曾子问》：“众主人、卿大夫、士、房中，皆哭，不踊。”注：“房中，妇人。”又《汉书·礼乐志》有“房中乐”、“房中歌”，皆后宫所作。

② “接阴之道”，见马王堆房中书《十问》。“御妇人之术”，见《后汉书·方术列传》注。“房中”、“阴”、“妇人”，皆指女人。这些名称表明，房中术是以男子为对象。

③ 中国和日本都有以房中书做陪嫁之物的习俗，一直保存到很晚。

(1)《容成阴道》二十六卷(佚);

(2)《务成子阴道》三十六卷(佚);

(3)《尧、舜阴道》二十三卷(佚);

(4)《汤、盘庚阴道》二十卷(佚);

(5)《天老杂子阴道》二十五卷(佚);

(6)《天一阴道》二十四卷(佚);

(7)《黄帝、三王养阳方》二十卷(佚);

(8)《三家内房有子方》十七卷(佚)。

这八种书,前六种皆以"阴道"为名。"阴道"即"接阴之道",是房中术的别名。其中(1)"容成"传为黄帝师,老寿,得见周穆王[①],东汉末有冷寿光、甘始、东郭延年和封君达传其术[②],是这一目录中最重要的房中书;(2)"务成子"即巫成昭,相传是尧、舜之师[③];(3)是托名尧、舜;(4)是托名殷王汤和盘庚;(5)"天老"亦传为黄帝师[④];(6)"天一",即太岁,又名太阴、阴德。后两种,(7)"三王"疑指夏禹、商汤、周文王和周武王,"养阳方"属男性保养之方;(8)"三家"未详,"内房有子"属求子方。养阳、求子也是房中术的重要内容[⑤]。

(乙)《抱朴子・遐览》:

(1)《玄女经》(有佚文);

(2)《素女经》(有佚文);

(3)《彭祖经》(有佚文);

---

① 见《世本・作篇》、《庄子・则阳》、《淮南子・修务》、《列仙传》卷上《容成公传》。

② 见《后汉书・方术列传》、《神仙传》卷十、卷七《东郭延传》、《灵寿光传》和卷十《甘始传》、《封君达传》。《博物志》卷五记魏武帝所聚十六方士,其中也有封君达、甘始、冷寿光。《甘始传》说"(甘始)行房中之事,依容成、玄、素之法,更演益之,为一卷",《广汉魏丛书》本《神仙传》卷十《封衡传》说封衡侍者所负书笈,中有"《容成养气术》十二卷"(此条为通行本所无),皆传容成法。

③ 见《荀子・大略》及注引《尸子》、《新序・杂事》。

④ 见《列子・黄帝》、《易纬乾凿度上》。

⑤ 见《医心方》卷二八《房内》的《养阳》、《求子》。

(4)《陈赦经》(佚)；

(5)《子都经》(有佚文)；

(6)《张虚经》(佚)；

(7)《天门子经》(有佚文)；

(8)《容成经》(佚)。

《遐览》所列道经哪些是房中书，原书并未指明，但据同书《释滞》篇"房中之法十余家"，"玄、素、子都、容成公、彭祖之属"，数量应有十几种，其中主要是上述八种。这八种书皆称"某某经"。其中(1)～(3)和(5)见于《医心方》卷二八《房内》引用：(1)是黄帝、玄女问对；(2)是黄帝、素女问对；(3)是采女、彭祖问对；(5)是武帝、子都问对；(4)陈赦不详；(6)张虚疑即《神仙传》卷四的玉子，玉子名张震，震、虚形近易误；(7)天门子名王纲，《神仙传》卷四有传，并录佚文一则[①]；(8)则是《容成阴道》的传本。

(丙)《隋志·子部》五行类和医方类：

(1)《杂嫁娶房内图术》四卷(佚)；

(2)《彭祖养性经》一卷(有佚文)；

(3)《玉房秘诀》十卷(有佚文)；

(4)《素女秘道经》一卷(注："并《玄女经》一卷。"有佚文)；

(5)《素女方》一卷(有佚文)；

(6)《彭祖养性》一卷(有佚文)；

(7)《郯子说阴阳经》一卷(佚)；

(8)《序房内秘术》一卷(注："葛氏撰。"佚)；

(9)《玉房秘诀》八卷(有佚文)；

(10)《徐太山房内秘要》一卷(佚)；

(11)《新撰玉房秘诀》九卷(有佚文)。

---

① 陈国符《道藏源流考》(中华书局，1963年)365～369页已指出《遐览》中的《陈赦经》和《天门子经》也是房中书。

这十一种书,(2)(6)为同书,是《彭祖经》的传本;(4)是《素女经》和《玄女经》的传本;(5)是《素女经》所附经方。其他几种,(1)似是一种附有插图的房中书(列在"五行"类);(3)(9)(11)为同书,见于《房内》引用,是一种杂钞性质的房中书;(7)"郯子"未详,不知是否即《左传》昭公十七年的"郯子";(8)"葛氏"未详,或即葛洪①;(9)"徐太山"即徐文伯,《倭名类聚钞》有徐文伯《房内经》一卷,或即此书②。又此目道家类有"房中"十三部三十八卷,未列书名。

(丁)《日本国见在书目》医方家:

(1)《素女问》十卷(不详);

(2)《素女经》一卷(有佚文)。

《素女问》与《素女经》关系不明。《素女经》,两《唐志》均不载,但这一书目撰于日本宽平年间,当中国唐昭宗时,可以证明唐代仍流传《素女经》。

(戊)《旧唐志·子部》医术类:

(1)《玉房秘术》一卷(注:"葛氏撰。"佚);

(2)《玉房秘录诀》八卷(注:"冲和子撰。"有佚文)。

(1)即上(丙)(8),(2)即上(丙)(3)(9)(11)。

(己)《新唐志·子部》医术类:

(1)《彭祖养性经》一卷(有佚文);

(2)《葛氏房中秘术》一卷(佚);

(3)《冲和子玉房秘诀》十卷(注:"张鼎。"有佚文)。

(1)即上丙(2)(6),(2)即上(丙)(8),(3)即上(丙)(3)(9)(11)。

这些记载反映的是汉晋隋唐时期的情况。各书中影响最大要算《抱朴子》提到的八种书。这八种书成书年代都很早。《容成经》是西汉就有的古书,已见上文。《素女经》、《玄女经》、《彭祖经》,据《列仙传》卷下《女

---

① 《医心方》有《葛氏方》引文。

② 范行准《两汉三国魏晋南北朝隋唐医方简录》,《中华文史论丛》6辑(下省称《简录》)。

几传》及所附赞语，至少是东汉就有的古书[①]。其中《素女经》可能出现在前。《玄女经》，从《医心方》引文看，似是《素女经》续篇，故或附于《素女经》内，合称“玄、素之法”。《彭祖经》，据《女几传》赞，又是在“玄、素之法”的基础上写成[②]。葛洪《神仙传》卷一《彭祖传》和《黄山君传》说黄山君追论彭祖之言“为《彭祖经》”，作者应即黄山君[③]。此三书虽未见于《汉志》著录[④]，但《素女经》，据张衡《同声歌》，似与《天老杂子阴道》有一定关系[⑤]；《彭祖经》是以殷王遣采女问道彭祖的形式写成，与《汤、盘庚阴道》可能有一定关系。剩下的《子都经》，据《通志・氏族略》引《风俗通义》佚文“（巫氏）又有巫都，著《养性经》”，至少也是东汉就有的古书。子都即巫炎，见《神仙传》卷八《巫炎传》，是汉武帝时有名的方士[⑥]。《陈赦经》并上五书，再加上依托黄帝的一种房中书，即《太真玉帝四极明科经》和《洞真太上太霄琅书》所谓的房中“七经”。《张虚经》和《天门子经》则是与“墨子五行术”有关的房中书。它们都是东汉和魏晋所流行。隋唐之际流行的主要是《素女经》、《玄女经》和《彭祖经》，《容成经》似已不传，《子都经》只有少数佚文保存下来，《陈赦经》、《张虚经》和《天门子经》也失传。当时还出现一种杂钞性质的房中书，也很流行。如《玉房秘诀》，有八卷本、九卷

---

① 《列仙传》旧题刘向作，编定年代不晚于东汉。《女几传》提到仙人“以素书五卷为质，几开视其书，乃养性交接之术”，未说素书为何种，但赞语说“玄、素有要，近取诸身。彭聃得之，五卷以陈”，却表明“素书五卷”是指彭祖之书，它是在“玄、素”之书的基础上整理而成。

② 同上。

③ 坂本祥伸《彭祖传说と〈彭祖经〉》（收入山田庆儿编《新发现中国科学史资料の研究》论考篇，1985 年）推测此书出于左慈或鲍靓，非是。

④ 辨伪学家常以著录之有无断定存佚，这是相当危险的。参看余嘉锡《古书通例》，上海古籍出版社，1985 年。

⑤ 《同声歌》：“衣解巾粉卸，列图陈枕张。素女为我师，仪态盈万方。众夫所稀见，天老教轩皇。”当然这里也有可能是指两种书。

⑥ 明嘉靖年间道人陶遐龄所传《修真演义》，书前有邓希贤序，云：“汉元封三年，巫咸（巫炎之误）进《修真语录》于武帝”，自称该书是用来解释发挥《修真语录》，就仍然是假借巫炎之名。

本和十卷本，似不断有续补。《素女经》、《彭祖经》和《子都经》等许多房中书的佚文就是靠这种古书而保存下来（《医心方》引古房中书多出于《玉房秘诀》）。

唐代以后，房中术的流传有显著变化，一是被医药养生的研究所排斥；二是盛行于道教内部的若干派别，带有秘传性质；三是与民间通俗文艺有密切结合。在道教秘传和通俗文艺（皆不见于史志记载）中，虽然仍不难看到早期房中术的许多重要影响，但它们的术语和概念变化太大，作为马王堆房中书的对比材料，我们并没有把它们包括在内。

（二）叶德辉的辑佚

以上所列房中书，五代以后亡于中国，但隋唐之际日本不断遣使中国，带回大量书籍，内中却有不少房中书。公元 984 年（日本永观二年，宋雍熙元年），日本名医丹波康赖撰成《医心方》三十卷[①]，其中卷二八《房内》钞入古房中书多种，就是根据这些东传的汉籍。《房内》引文是过去研究古房中书最宝贵的资料。清代末年，长沙叶德辉发现这些资料，惊叹不已，首先做成辑本，把它们介绍回国，使中国人得以重新获睹自己文化传统的这一侧面。

叶氏所编《双梅景阁丛书》刊有与房中有关的古书五种：

(1)《素女经》一卷（稿成于 1903 年）；

(2)《素女方》一卷（稿成于 1908 年）；

(3)《玉房秘诀》一卷，附《玉房指要》（稿成于 1903 年）；

---

① 有半井本、仁和寺本、宫内廷本、安政本等多种钞本。其中安政本最流行，1955 年人民卫生出版社出版的《医心方》即据安政本缩版影印。参看太田典礼《医心方の的复刻と解说につして》（收入《〈医心方〉解说》，大日本株式会社，1973 年）。《医心方》卷二八《房内》的英译本，除高罗佩在《中国古代房内考》第六、七章的节译，还有 Howard S.Levy 和 Akira Ishihara 的合译本（*The Tao of Sex*，Integral Publishing，Lower Lake，California，1989 年）。其注释本有台湾出版的《素女经今解》（日升出版社，根据的是叶德辉《素女经》辑本）。

(4)《洞玄子》一卷(稿成于1903年);

(5)《天地阴阳交欢大乐赋》一卷(稿成于1914年)。

这五种书,除(2)是在孙星衍辑本(收入《平津馆丛书》)的基础上增辑,(5)是录自伯希和藏敦煌写本(P.2539)(此种属色情文学,非房中书),其他都是辑自《医心方》卷二八《房内》。

叶氏辑本影响很大,中外研究者多奉为依据,舍原书不读,但笔者重新核对叶氏辑本,却发现其中错误很多。

首先,《医心方》的引文是转相钞引,甲书套着乙书,而且表示同书引文的"又云"有时会漏去,书题也不都是另起抬头,有时是接钞在别书的引文之后,极易弄混。笔者核对结果,《房内》引文包括[①]:

(1)《素女经》〔黄帝、素女问对〕(2条);

(2)《玄女经》〔黄帝、玄女问对〕(5条);

(3)《玉房秘诀》〔冲和子辑,张鼎续补〕(58条)[②]:a.《素女经》(15条),b.《彭祖经》〔采女、彭祖问对〕(8条)[③],c.《子都经》〔武帝、子都问对〕(3条)[④],d."青牛道士曰"〔"青牛道士"即封衡(字君达),东汉末方士〕(1条)[⑤],e."冲和子曰"及其他(31条);

(4)《玉房指要》(9条):a.《彭祖经》(2条),b."道人刘京言"〔刘京,东

---

① 参看马继兴《〈医心方〉中的古医学文献初探》,《日本医史学杂志》31卷3号;长泽元夫、后藤志朗《引用书解说》,收入《〈医心方〉解说》。其分类都比较粗疏,未将《彭祖经》、《子都经》、封君达之书等重要房中书列出。

② 注①引马文说张鼎乃唐开元以后人,曾增修孟诜《食疗本草》,道号"脜(悟)玄子"。张鼎是十卷本的增辑者而非初编者,叶德辉以张鼎、冲和子为一人,实误。

③ 参看坂本祥伸《彭祖传说と〈彭祖经〉》。

④ 其第一条(《至理》引)见于《神仙传》卷八《巫炎传》(明末春册《繁华丽锦》引之,称为《汉文帝保命养生秘诀》)。第三条(《治伤》引)"武帝"误为"黄帝"。叶氏把其中第三条辑入《素女经》,其他两条辑入《玉房秘诀》。

⑤ 见《广汉魏丛书》本《神仙传》卷十《封衡传》。《封衡传》说:"(衡)有二侍者,一负书笈,一携药笥。〔笈〕有《容成养气术》十二卷、《墨子隐形法》一篇、《灵宝卫生经》一卷;笥有炼成水银霜、黄连屑等。"

汉末方士〕(1条)[①],c.《仙经》(1条)[②],d. 其他(5条);

(5)《洞玄子》(17条)[③]:a.《素女论》(1条),b. 其他(16条);

(6)《抱朴子》〔出《微旨》、《释滞》两篇〕(2条);

(7)《千金方》〔出孙思邈《千金要方》卷二《求子》、卷三《杂治》、卷十《劳复》、卷二七《房中补益》〕(15条):a.《素女法》(1条),b. 其他(14条);

(8)《产经》〔德贞常撰〕(2条)[④]:a."黄帝曰"(1条),b. 其他(1条);

(9)《大清经》〔玄超撰〕(5条)[⑤]:a."黄帝曰"(1条),b. 其他(4条);

(10)《虾蟆图经》〔徐悦撰〕(1条)[⑥];

(11)《华佗针灸经》(1条)[⑦];

(12)《养生要集》〔张湛撰〕(4条)[⑧]:a."道人刘京言"(1条),b."卜先生云"〔"卜先生",疑即东汉末方士卜式〕(1条)[⑨],c. 其他(2条);

---

① 见《神仙传》卷七《刘京传》。葛洪说刘京"汉孝文皇帝侍郎也",但一直活到魏武帝时,皇甫隆得事之。其年代似应以后者为近是。

② 《抱朴子》屡引《仙经》,《遐览》有《九仙经》、《灵卜仙经》,《道家地行仙经》、《水仙经》。此书所述"还精补脑之术"也见于唐孙思邈《千金要方》卷二七《房中补益》。高罗佩以为此术是受印度密教影响,但《仙经》是西晋就有的古书,年代要早于现存的印度密教经典。

③ H. Maspero(马伯乐),"Les Procédés de *Nourrir le Principe Vital* Dans la Religion Taoiste Ancienne",*Journal Asiatique* No.229(1937年),383页推测"洞玄子"即唐李洞玄,不可信。

④ 见《见在书目》。《简录》列为隋书。马继兴《〈医心方〉中的古医学文献初探》则认为应在西晋之后、隋代以前。其中题为"黄帝曰"的一条,叶氏辑入《素女经》未必可靠,因为《隋志》有《黄帝素问女胎》和《黄帝养胎经》,此条也可能出自这两种书。

⑤ 见《见在书目》。《简录》列为梁书。

⑥ 《隋志》、《旧唐志》、《新唐志》有徐悦、龙衔素《针经并孔穴虾蟆图》,即此书。《简录》列为前汉书。

⑦ 《隋志》有《华佗枕中灸刺经》,即此书。《简录》列为三国书。

⑧ 见《隋志》、《旧唐志》、《新唐志》。《简录》列为东晋书。马继兴《〈医心方〉中的古医学文献初探》谓后汉及南北朝有两张湛,据《医心方》引文看,此书是南北朝张湛所撰。

⑨ 《博物志》卷五记魏武帝"十六方士"有"河南卜式",或即此人。《抱朴子·至理》作"卜成"。但据《后汉书·方术列传》,"卜式"、"卜成"皆"上成公"之误。

(13)《四民月令》〔崔寔撰〕(1条)[①]；

(14)《范汪方》(3方)[②]；

(15)《银验方》(1方)[③]；

(16)《糕要方》(1方)[④]；

(17)《葛氏方》(4方)[⑤]；

(18)《耆婆方》〔耆婆，印度名医〕(1方)[⑥]；

(19)《苏敬本草注》(2方)[⑦]；

(20)《新罗法师流观秘密要术方》〔新罗阿离耶跋摩撰〕(1方)[⑧]；

(21)《录验方》〔甄权撰〕(1方)[⑨]；

(22)《集验方》〔姚僧垣撰〕(1方)[⑩]；

(23)《刘涓子方》〔今《刘涓子鬼遗方》遗此〕(1方)。

叶氏辑本主要采自(1)至(5)项〔外加(7)a、(8)a、(9)a〕，但分类很混乱，实际是以下述方式拼凑而成：

甲《素女经》。包括(1)、(3)a(《素女经》)，(2)(《玄女经》)、(3)b和(4)a的部分(《彭祖经》中题为"采女曰"或采女、彭祖问对的文字)，以及(5)a(《素女论》)、(8)a、(9)a。

---

① 近人有辑本多种，皆收之。

② 《隋志》有《范阳东〈东阳〉方》(注："范汪撰。")，《旧唐志》有《杂药方》(注："范汪方，尹穆撰。")，《新唐志》有《尹穆纂范东阳杂药方》(注："范注〈汪〉。")，并即此书。范汪为西晋人。

③ 不详。

④ 不详。

⑤ 不详。

⑥ 《隋志》有《耆婆所述仙人命论方》，《见在书目》有《耆婆伏苓散方》，或即此书。《简录》列为隋书。

⑦ 《旧唐志》、《新唐志》有《苏敬新修本草》，即此书。《简录》列为唐书。

⑧ 《简录》列为唐书，题新罗阿离耶婆摩撰。

⑨ 《隋志》、《旧唐志》、《见在书目》、《新唐志》有《古今录验方》，即此书。甄权为唐初人。

⑩ 见《隋志》、《旧唐志》、《见在书目》、《新唐志》。姚僧垣为北周人。

乙《玉房秘诀》。包括(3)b 的部分(《彭祖经》中题为“彭祖曰”的文字),(3)c 的后两条(但漏掉第一条),以及(3)d、(3)e。

丙《玉房指要》。包括(4)的全部 9 条。

丁《洞玄子》。包括(5)b。

这里面(丙)、(丁)两种还大体正确,但(甲)、(乙)两种问题就很大。有的是不该分而分(如分《彭祖经》,或入于《素女经》,或留在《玉房秘诀》内),有的是该分而不分(如《玉房秘诀》中的《子都经》和封君达之书)。特别是叶氏把《素女经》理解为黄帝与素女、玄女、采女三人的问对,尤与实际不符:《医心方》中的《玄女经》引文皆别自为书,而彭祖、采女问对与题为“彭祖曰”的引文显然是同一书,即《彭祖经》。

其次,叶氏辑本不但未把《房内》引文中的《彭祖经》、《子都经》以及封君达、刘京等人的书另外辑出,而且也未把《医心方》卷七、十三、二一和二四等处引用的《玄女经》和《玉房秘诀》收入,所收并不是全部佚文。

另外《医心方》原书系钞本,多俗体、异体和衍误,叶氏辑本还有不少录写上的错误。

(三)高罗佩搜集的新资料

继叶氏之后,对古房中书研究有过重要贡献的另一学者是荷兰汉学家高罗佩(R.H.van Gulik,1910～1967)。高罗佩涉及这一领域,主要有两本书:

(1)《秘戏图考》(*Erotic Colour Prints of the Ming Period*,Tokyo,1951 年,Privately Published)。重点讨论明末春册,共三卷。卷一分三部分,卷上是讨论房中文献,卷中是讨论春宫版画,卷下是明末春册《花营锦阵》的注译,并附录《中国房中术语》。卷二是有关材料,叫《秘书十种》,包括卷上:《洞玄子》(略同叶氏辑本)、《房内记》(《房内》除《洞玄子》以外的引文)、《房中补益》(录自《千金要方》卷二七)、《大乐赋》(即《天地阴阳交欢大乐赋》);卷中:《某氏家训》、《既济真经》、《修真演义》、《素女妙论》(皆据日本收藏的明钞本);卷下:《风流绝畅图》题辞、《花营锦阵》题辞;附录:

《旧籍选录》和《说部撮钞》。卷三是《花营锦阵》的影印图版。

(2)《中国古代房内考》(*Sexual Life in Ancient China*,E.J.Brill,Leiden 1961 年)。系由前书之第一卷扩大和改写。全书共分十章,历述先秦两汉至明代的中国古代性生活,并有讨论中、印房中术关系的一个附录。其中第六、七章包括高罗佩对《秘书十种》卷上四书的介绍和摘译,第十章包括高罗佩对《秘书十种》卷中四书的介绍和摘译。

高罗佩的研究有三点很值得注意:第一,他收集了不少新材料。虽然这些材料中,《房中补益》并不是独立的房中书,而是录自《千金要方》的一个片断;《某氏家训》不是房中书;《既济真经》和《修真演义》是明代道教房中派的作品,与汉唐房中书术语迥别,但他发现的《素女妙论》一书却非常重要。此书虽是明代写本,但内容却与早期房中书一脉相承,包含了一些重要的解释线索。第二,他对古房中书的术语做了初步考证(其中有些正确,有些接近于正确,也有些是错误的)。第三,他猜测汉代房中书应与《医心方》中保存的隋唐时期流行的房中书非常相似,这点已被出土发现所证实。但他的理解有一点问题,即《医心方》引书虽然是据隋唐传本,但其中《素女经》、《玄女经》、《彭祖经》却本来就是汉代古书。

二、马王堆房中书的基本内容

1973 年 12 月,湖南长沙马王堆三号汉墓出土了大批帛书及少量竹书,其中与医药养生有关的著作有十四种十五本。这十四种书,属于房中书或与房中有关的有七种:(1)《养生方》,(2)《杂疗方》,(3)《胎产书》,(4)《十问》,(5)《合阴阳》,(6)《杂禁方》,(7)《天下至道谈》。

其中(1)～(3)为帛书,各一卷,钞写年代较早,可能在秦汉之际;(4)～(7)为竹书,各一篇,钞写年代略晚,可能在汉文帝时期(下限不晚于汉文帝十二年,即公元前 168 年),它们的成书年代应当更早,估计有些要早到战国时期。这些书,除去(7),原先都没有书题,现在的书题是由整理者参照隋唐史志的有关著录而补加。其中《养生方》,书后有目录,列有所收各方的题目。

马王堆房中书的整理与发表有一过程。它有两种释文,一种是马王堆汉墓发掘者周世荣先生发表的早期释文(见《马王堆医书研究专刊》2辑,1981年),内容只包括上述(4)～(7)项,当时曾被视为一书,合称为《养生方》;另一种是马王堆帛书整理小组(参加者有古文字学家唐兰、李学勤,医史专家马继兴,以及周世荣先生)发表的晚期释文(收入文物出版社1985年出版的《马王堆汉墓帛书》〔肆〕),内容包括上述七种的全部,书题也同于上列。

以早期释文为基础,湖南中医学院与马王堆医书研究组(有周一谋等参加)曾做过多年研究,其研究成果除少数刊登于《马王堆医书研究专刊》,很多是以油印本的形式发表于第二次马王堆医书学术讨论会(1984年6月)。这一早期释文和有关研究在简文系联、分类、识字、标点和注释方面还不够成熟。1985年4月,古文字学家裘锡圭先生曾就这几方面存在的问题,写成《马王堆三号汉墓"养生方"简文释读琐议》(刊于《湖南考古辑刊》4辑,下简称"《琐议》甲"),纠正了其中的一些错误。另外,有些日本学者对这一释文也进行过研究,如山田庆儿编《新发现中国科学史资料の研究》(译注篇)(京都大学人文科学研究所,1981年)即做有这一释文的注释和日文翻译。该书在词句的查考上面很下功夫,但理解受到释文错误的影响。

比起早期释文,晚期释文在准确性上有很大提高,并且注释也极为审慎(下简称"《帛书》注"),是现在研究马王堆房中书的主要依据。但是这一释文也还存在某些值得商榷的地方,裘锡圭《马王堆医书释读琐议》(《湖南中医学院学报》1987年4期,下简称"《琐议》乙")对这一释文也有所批评,如他指出《养生方》图版215～216行之间有未标序数的一行字漏释,就是一个明显的疏忽。后来,湖南中医学院马王堆医书研究组出版了《马王堆医书考注》(天津科学技术出版社,1988年,下简称"《考注》")一书,就是以这一释文为基础,对原有研究成果重新审核修订而成。另外1987年,美国学者夏德安(Donald J. Harper)在《哈佛亚洲学报》(*Harvard*

Journal of Asiatic Studies, Vol.47: No. 2)发表《公元前二世纪古写本中的中国古代房中术》(*The Sexual Arts of Ancient China as Described in a Manuscript of the Second Century B.C.*)一文(下简称"夏德安文"),着重讨论马王堆帛书《合阴阳》,所据也是这一释文。

下面我们就以后一释文为准,讨论一下马王堆房中书的基本内容:

(一)《养生方》。

此书题为《养生方》,但内容与房中有密切关系。古人所说"养生",概念很宽泛,不但包括一般的养生补益,也包括各种性治疗和保养,分为"养阳"和"养阴"(参看《房内》的《养阳》和《养阴》)。它包括 32 种医方,由于帛书残损,实际只有 27 种保存下来,根据内容,可以分为五类[①]:

(1)用于男性治疗或保养。《老不起》:治疗老年性阳具不举[②]〔案:在古医书中,"不起"是比"阴萎"更严重的性障碍。〕;《不起》:治疗一般的阳具不举;《加》:令阳具长大〔案:相当《房内》治"玉茎小"的"令阴长大方"〕;《洒男》:用药液洗阳具使强;《病最肿》:治疗阴肿;《用少》:治疗性欲衰退、精液稀薄〔案:"用"指行房,详见下节。"少"指"精少",《素女方》和《千金要方》卷十九均有"精少"之说。〕;《食引》:壮阳导引。

(2)用于女性治疗或保养。《勺(约)》:令阴道收敛〔案:相当《房内》治"玉门大"的"令女玉门小方"和"令妇人阴急小热方"。〕;《益甘》:增强快感〔案:"甘"指性快感。〕;《去毛》:去"洫毛"(阴毛)。

(3)用于行房。《戏》:验女子与人有私[③]〔案:"戏"指女子与他人发生性关系。〕;《便近内》:利于行房[④]〔案:"近内",见《五十二病方·诸伤》。"内"指房内,即女人。〕;《图巾》:用药巾擦拭男女性器,以激发性欲。

---

① 《考注》分为七类,把《为醴》归入"治疗阳萎方",《便近内》、《☐巾》归入"一般壮阳方",《用少》归入"一般补益方",《□语》归入"房中补益方",可商。

② 《千金要方》既有治"阴萎方",又有治"阳不起方",可见二者仍有区别。

③ 见《淮南万毕术》(《太平御览》卷七三六、九四六引)、《博物志》及《本草经集注》。《医心方》卷二六《相爱方》引《灵奇方》称为"验淫术"。

④ 《史记·扁鹊仓公列传》"病得之酒且内"、"病得之内","病得之盛怒而接内","内"字皆此义。

(4)一般的养生补益。《为醴》:一种服食法;《筭》:一种服食法[①];《为醪勺(酌)》:一种服食法;《治》:属“治阴”,即壮阳〔案:此题两见。〕;《麦卵》:一种服食法;《茎(轻)身益力》:属轻身益力之方;《醪利中》:一种服食法;《治》:属“治阴”,即壮阳;《折角》:属益力之方;《走》:属疾行善趋之方;《疾行》亦属疾行善趋之方。

(5)房中书引文。《▨》:为汤与“陈□”问对,内容与《合阴阳》、《天下至道谈》相近,但只是一个杂乱无章的节引;《□语》:为禹与“群河”问对,内容是讲“合气之道”[②]。

另外,卷末还附有女性生殖器的平面图(图版六-1,图 7-1),上面标有表示其部位的术语(详见下节),可以题为《牝户图》。

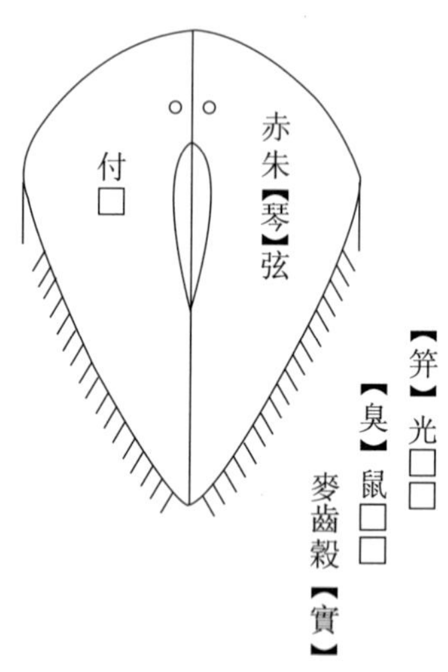

图 7-1 《牝户图》(自绘)

① “筭”与“策”同义,疑与文中“傅跻(策)炊”一语有关。《说文解字》:“匴,渌米薮也。”或即此物。

② 《素问·至真要大论》:“本乎天者,天之气也;本乎地者,地之气也。天地合气,六节分而万物化生矣。”房中以男女交合为通天地之气,故称男女交合为“合气”。东汉末天师道所传《黄书》有“合气释罪”之说(见《广弘明集》引道安《二教论》、甄鸾《笑道论》、释法琳《辩正论》)即源自于此。

（二）《杂疗方》。

此书题为《杂疗方》，但内容亦多涉房中。它的前半部分主要是讲“内加”和“约”。“内加”是用于男性（即《养生方》的“加”），方法是以药巾擦拭阴茎（“中身”）或以药入于尿道口（“中身空（孔）”），以“举”为度；“约”则是用于女性，方法是以药巾擦拭阴户（“前”），以“智（知）”（知，效验，指有反应）为度。所以分别为使阳具增大和使阴道收敛之媚药[①]。它的后半部分是讲藏埋胞胎之法、益内利中之方和避鬼蜮虫蛇之方。

（三）《胎产书》。

主要讲养胎、埋胞和求子之法。这些内容与产科的知识有关，但在古代亦属房中书的研究范围（参看《房内》的《求子》）。此书上方绘有两幅图。右边画的是两个正视的小儿（图 7-2），在头、颈的左右两侧、双肩、双腋、双手、双足和胯下标有十二辰（一个始自右手，一个始自右足），是据小儿产日预卜吉凶所用。它与睡虎地秦简《日书》甲种所附的《人字图》相同，也可题为《人字图》（“字”是生育之义）。左边画的是一个标有四方十二月的方图（图 7-3），中间题有“南方禹臧”四字，“南方”是表示置图的方向，“禹藏”是图题，即前书《禹藏埋胞图法》的插图。此图所标十二月，每月各占一个方格。每个方格内又分 12 位，每一位再十分，积 120 度，每度为 1/4 日。其中相当月建之位的 12 位叫“小时”，相当东、南、西、北的四位叫“大时”。“小时”所在和“大时”所在都是“死位”，被古人视为埋胞所忌。其他各位，在每个“死位”后要重新起算，是利于埋胞的日子，数字愈大愈吉利。此书文字部分，开头一段是禹与幼频的问对，讲的是逐月养胎之法，经考证，即《诸病源候论·妊娠候》与《千金要方》卷二《徐之才逐月养胎方》所本。以下是藏埋胎衣和求生男女之方。

① 《彭祖经》：“或以粉内阴中，或以象牙为男茎而用之，皆贼年命，早老速死。”也谈到媚药的使用。《考注》指出“内加”是用于男性，“约”是用于女性，这是对的，但未能指出“加”是使“玉茎大”之方，“约”是使“玉门小”之方。对“中身”、“中身空（孔）”、“前”的理解也可商。

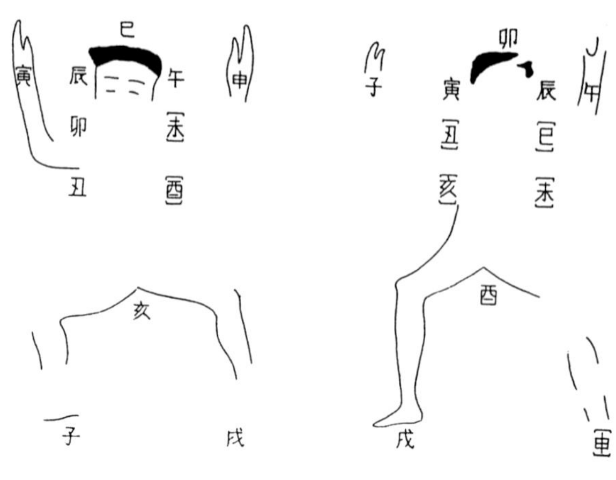

图 7-2 《人字图》

（马王堆帛书）

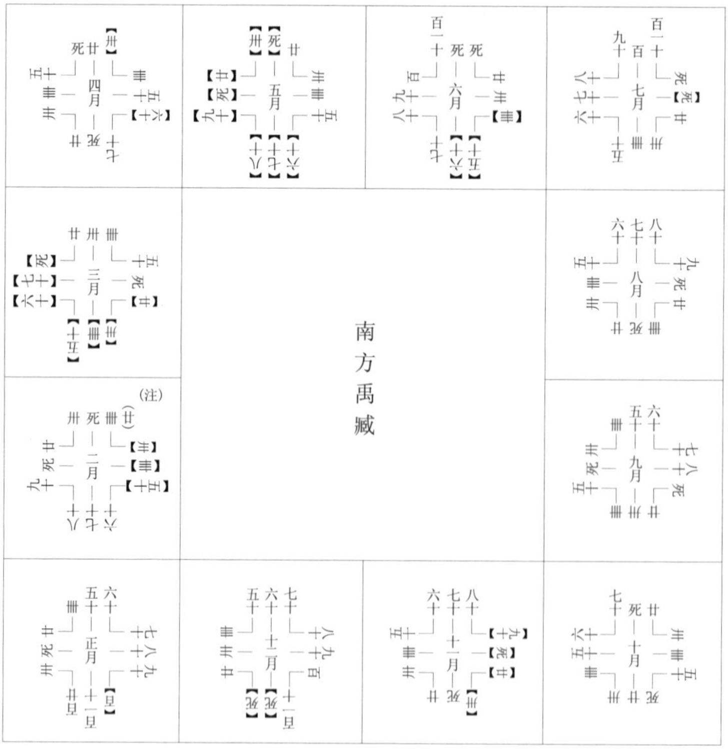

南方禹臧

图 7-3 《禹藏图》

（马王堆帛书）

(四)《十问》。

是以“养阳”为主要内容，包括服食、行气、导引、按摩等多种方法：(1)“黄帝问于天师”（天师即《素问》中的岐伯）章：主要是讲“食气”，即行气[1]，靠行气，达到百脉畅通，女子阴精流溢，男子阳举坚挺，采阴补阳；(2)“黄帝问于大成”（大成，不详）章：主要是讲一种服食法（食柏实、牛羊奶、雀卵、麦芽等），靠服食，恢复气色；(3)“黄帝问于曹熬”（曹熬，不详）章：主要是讲“玉闭”，即一种固精法，要领是所谓“九至勿星”，即以阴茎在阴道内抽动次数愈多反而不泻为上；(4)“黄帝问于容成”章：主要是讲“治气抟精”，即行气和积精，行气讲究深长徐久，吐故纳新，积精讲究精盈必泻，精出必补；(5)“尧问于舜”章：主要是讲养阳，包括与房中有关的服食、导引（指壮阳导引）和固精术；(6)“王子巧父问彭祖”（王子巧父，即《列仙传》卷上的王子乔）章：主要也是讲养阳，特别是保养“朘气”（朘是童子阴，朘气与生俱来，是人的生命力所在），包括导引按摩、行气服食和慎于房事等要领；文中提到“巫成柖”，说他顺应天地阴阳四时，故能长生不死，这个“巫成柖”，也就是古书中的务成昭；(7)“帝盘庚问于耇老”（耇老，耇、老二字均有老寿之义，似是虚构的人名）章：主要是讲“治气抟精”，步骤是以垂臂、直脊、撅臀的姿势，分腿提肛，进行壮阳导引，以及存想、调息、含漱津液等等；(8)“禹问于师癸”（师癸，不详）章：主要是讲大禹治水十年，疲劳过度，造成房事不用，家中大乱，向师癸请教治家之法，师癸建议禹每天坚持早起做壮阳导引和饮牛羊奶，恢复身体，安定家庭；(9)“文执（挚）见齐威王”（文挚是宋国名医，为齐湣王所杀，见《吕氏春秋·至忠》、《论衡·道虚》）章：主要也是讲养阳，但文挚的养阳法很特殊，主要是两条，一条是睡卧的方式，一条是饮食“淳酒、毒韭”（毒韭是辛味很浓的韭菜。二者有利消化、通气血和散药力的功效）；(10)“王期见秦昭王问道”（王期，不详）章：主要是讲“翕气”和“食阴”，“翕气”是取天地之气，即所谓日月精光，如于夏三月阳盛之日用阳燧取火炊食，“食阴”则是指通过性交，采女子之气

① 也叫“服气”或“调气”。

还补已身。

此书似是采自多种古房中书，可能与《汉书·艺文志》著录的古房中书有一定关系。但内容只限于养阳之方，是一种专题摘录。

(五)《合阴阳》。

主要是讲性技巧。此书篇首有“凡将合阴阳之方”一语，整理者拈以题篇。全书包括八章：第一章，讲性交过程，分“戏道”(爱抚)和“接形”(插入性交)。前者包括抚摩(“操揗”)[①]、接吻(“相呴”)[②]、拥抱(“相抱”)和相应的女性性反应(“五欲之征”)，述于此章。后者包括浅刺(“揕”)、深纳(“深内”)、抽拔(“撅”)、节奏(“十动”)、体位(“十节”)、角度、深浅、频率(“十用”)和相应的女性性反应(“八动”、“五音”、“十已之征”)，述于下文。第二章，讲“十动”，是以阴茎在阴道内每抽动十次为一节(叫“一动”)，累进至百。第三章，讲“十节”，即十种性交体位。第四章，讲“十脩”，即插入的角度、深浅和抽送频率。第五章，讲“八动”，即八种反映女性性兴奋的动作。第六章，讲“五音”，即五种反映女性性兴奋的声音(包括嘴的表情)。第七章，讲交合所益。第八章，讲“十已之征”，即“十动”每一“动”结束后，阴茎的触觉和阴道分泌液的状态、气味。

(六)《杂禁方》。

篇幅很短，主要是讲巫诅禁咒。其中半数文字涉于房中，如夫妻反目，则在门楣上方涂泥五尺见方；欲取媚于贵人，则在门户左右涂泥五尺见方；取两雌隹尾制药服饮，可以取媚于人；夫妻相弃，取雌隹与少女左手指甲各四枚制药敷于身上或衣上，或取左眉制药服饮，可以使对方回心转意。这类巫术，古代叫“媚道”。方中“门楣”、“左眉”似取与“媚”谐音(简文“微”，《琐议》甲读“媚”)，“门”、“户”可能也有象征阴户之含义。其内容与《医心方》卷二六《相爱方》最接近。

这种媚道曾盛行于汉代。当时宫中屡禁媚道，于法论为“大逆不道”。

---

① “操”，读为搔(参看《五十二病方·虫蚀》)，和“揗”字都是抚摩之义。

② “呴”，本义指张口呼气，但这里是指接吻。古代房中术强调吸女口中气，咽女口中津，就是靠接吻。《庄子·骈拇》所说“相呴以湿，相濡以沫”，也是指鱼口相吻。

沈家本《历代刑法考·汉律摭遗》卷三“媚道”述之，可参看。另外古书记载媚道，还有更早的例子，如(1)《左传》宣公三年：“初，郑文公有贱妾曰燕姞，梦天使与己兰，曰：‘余为伯鯈。余，而祖也。以兰有国香，人服媚之如是。’既而文公见之，与之兰而御之。辞曰：‘妾不才，幸而有子。将不信，敢征兰乎?’公曰：‘诺。’生穆公，名之曰兰。”杜预注：“媚，爱也。”(2)《山海经·中山经》：“又东二百里，曰姑媱之山，帝女死焉，其名曰女尸，化为䔄草，其叶胥成，其华黄，其实如菟丘，服之媚于人。”(《博物志》卷三：“詹山帝女，化为詹草，其叶郁茂，其萼黄，实如豆，服者媚于人。”略同。)

(七)《天下至道谈》。

主要也是讲性技巧，内容多同于《合阴阳》。共包括 20 章(前 2 章无篇题，后 18 章有篇题《天下至道谈》)：第一章，为黄帝与左神的问对，讲为什么“阴阳(‘阳’是‘与’字之误)九缴(窍)十二节俱产而独先死”(与《十问》5〈指第五章，下同〉相近)。第二章，讲“三诣”，即男性生殖器的勃起状态(与此书第十八章“三至”同)。第三章，讲“审操玉闭”，即固精术，包括行气、服食和掌握“三诣”、“五音”等。其最高境界也是“十动”不泻(相当《合阴阳》2“十动”)。第四至八章，讲“八益”、“七损”，即八种交合所益和七种交合所损。第九章，为一插入语，讲“合男女必有则”，认为人生来就会的事情只有呼吸和饮食，不包括“合男女”，后者要经过学习才能掌握。第十章，讲“十势”，即十种性交体位(相当《合阴阳》3“十节”)。第十一章，讲“十脩”，即性交过程的十个步骤(与《合阴阳》4“十脩”同名，但含义不同)。第十二章，讲“八道”，即插入的角度、深浅和抽送频率(相当《合阴阳》4“十脩”)。第十三章，为十至十二章的总结。它与《合阴阳》相同，也把“十势”、“十脩”、“八道”统称为“接形”。以下是讲性交过程中的女性性反应。第十四章，讲“八动”，即八种反映女性性兴奋的动作，属于插入后的反应(相当《合阴阳》5 的“八动”)。第十五章，讲“五言(音)”，即五种反映女性性兴奋的声音(包括嘴的表情)，也属于插入后的反应(相当《合阴阳》6 的“五音”)。第十六章，讲“八观”，即与“八动”相应的性感受(在《合阴阳》5 中，“八动”和“八观”是被统称为“八动”)。第十七章，讲“五微

〈征〉”和“五欲”，也是女性性反应，但属于插入前的反应（相当《合阴阳》1的“五欲之征”）。第十八章，讲“三至”和“十已”。“三至”是男性生殖器的三种勃起状态。“十已”是“十动”，每一“动”结束后，阴茎的触觉和阴道分泌液的状态、气味（相当《合阴阳》8“十已之征”）。第十九章，讲女性生殖器的十二个部位及“十已”之后女性性高潮的出现。第二十章，为全篇结语，重点是讲如何使女性达到性高潮。

三、马王堆房中书的术语系统[①]

归纳上述七书，可将其术语总结如下：

（一）男性生殖器。

一般称为“阴”或“阳”（如《十问》8“觉寝而引阴”，《天下至道谈》20“阳者外也”）。但这里应注意，古人所谓“阴”有泛指与特指：泛指为生殖器的统称（取其有衣服遮蔽，不示于人，如《天下至道谈》1“其居甚阴而不见阳”），男女皆可称“阴”（后世“阳萎”，古人多称“阴萎”）；特指则男曰阳，女曰阴。其专门术语有：

（1）玉策。见《养生方・〼巾》、《十问》2、《合阴阳》6，指阴茎。这个术语与《房内》引文所用“玉茎”含义相近，策和茎都是棍状。但在马王堆房中书中，它还似乎是一种隐语。如《〼巾》提到用药巾擦拭“玉策”，“马因惊矣”（或“则马骛矣”）[②]，好像是把阴茎比喻为马鞭（古人把马鞭叫策），性伙伴比喻为马，以示“御女”之义[③]。

（2）中身。见《杂疗方》3、7、8，指阴茎的茎部。《孙子・九地》“击其中

① 中国古代的学科术语近代以来有很大变化，旧的术语多被淘汰，惟一例外只有中医。但中医术语中保留房中术语很少，研究这些术语，还得靠房中书本身。

② 原文表示擦拭之义的词是“操”、“揗”、“搢（抿）”，《考注》把“操”做操持解，可商。

③ 《考注》以为“马”即俗语“跑马”（射精）之“马”，是指阳物。《抱朴子・微旨》有“却走马以补脑”之说，“走马”（语出《老子》）也是指射精。但“马”即阳物之说无可考，《〼巾》下文反而有“以巾玩牝，马毚……”一语，是讲女人。

身，则首尾俱至”，中身是与头、尾相区别的部分。明清小说有“肉身”一词，也指阴茎。

(3)中身空(孔)[①]。见《杂疗方》6，指尿道口。上一术语和这一术语，《考注》以为小腹和脐孔，亦误。《素女经》8提到“夫玉茎意欲施与者，仁也；中有空(孔)者，义也；端有节者，礼也；意欲即起，不欲即止者，信也；临事低仰者，智也。”显然“中有空(孔)”是指尿道口，“端有节”是指冠状沟，可为佐证。

(4)最。见《养生方·病最穜(肿)》。应即《五十二病方·穨(癞)》之“朘”，指男性生殖器。《洞玄子》有“疗妇人阴宽，冷(令)急小，交接而快方”，曰：“临交接，内玉门中少许，不得过多，恐最孔合。”疑“最”指龟头，“最孔”指尿道口。

(5)橐[②]。见《天下至道谈》4，今作睾，指阴囊。古人把阴囊叫睾，阴囊中的核叫睾丸。后者见于马王堆帛书《阴阳脉死候》，作“橐(卵)”。

(6)精。古人所谓精与西方医学所谓精有两大不同：第一，它既可指射出体外的精液，也可指存于体内的精气，即尚未形成精液的各种精华之物，特别是先天所秉的生命力(《十问》6把后者叫“朘气”)；第二，它不仅用于男性，也用于女性(《合阴阳》7有“男之精”和“女之精”的说法)，特别是指女性生殖器的分泌液[③]。

(7)玉泉。见《十问》3，这才是真正表示精液的术语。它显然是个隐语。这个词和《房内》所说的“玉浆”不同。“玉浆”是指口中的津液。

(8)赤子。见《十问》6，《老子》以“赤子”喻至德，这里借为男性生殖器的隐语。

(二)女性生殖器。

一般称为“阴”(如《天下至道谈》20“阴者内也”)。“阴”既可是泛指，也可是特指，但不能称为“阳”。因为“阳”只有特指的含义。其专门术

① 马王堆帛书“孔”多作“空”。

② 原作“橐”，此据《琐议》乙改正。

③ 现代性学家或称之为“爱液”。

语有：

(1)前。见《杂疗方》3、9、11、12、18,《考注》指出"前"即前阴是对的。但原文"前"与"中身"相对,更准确地说是指女阴。马王堆帛书《五十二病方·癃病》:"病已,类石如泔从前出。"是讲石淋(泌尿科疾病),"从前出",是指从尿道排出。

(2)玄门。见《合阴阳》1,指阴门。《老子》以"玄牝之门"喻道,《容成阴道》也有"取精于玄牝"之说①。

(3)交筋。《合阴阳》1:"入玄门,御交筋。……交筋者,玄门中交脉也。"《考注》以为阴蒂,非是,因为原文讲得很清楚:交筋是在"玄门中"。另外,"交筋"也见于张家山汉简《引书》,上第六章第五节已提到。

(4)玉窦。见《十问》2,亦指阴门。

〔案:旧作所考凡五条,其中有"前脉",据夏德安(Donald Harper)教授新作《中国古医书》(*Early Chinese Medical Literature*,Kegan Paul International,1998)420页,应改释"筋脉",不是性器部位,故删去。〕

另外,马王堆房中书是以男性为对象,所述详于女而略于男,除上述术语,还有专门表示女性生殖器各部位的一套名称。如《养生方·☐》:云石、拈瓠、濯昏、伏□、□□;《养生方》附图:赤朱(珠)、〔琴〕弦、付□、〔笄〕光、□□、〔臭〕鼠、□□、麦齿、谷〔实〕;《天下至道谈》19:笄光、封纪、涧瓠、鼠妇、谷实、麦齿、婴女、反去、何寓、赤缴、赤豉九、磲石。

又,《合阴阳》8还提到"中极"一词,也是同类术语。这些术语,"云石"可能同于"磲石","拈瓠"可能同于"涧瓠","〔臭〕鼠"可能同于"鼠妇","赤朱(珠)"可能同于"赤豉九"("九"疑是衍文)。其中有些与《房内》引文、《大乐赋》注和《素女妙论》相同或相近(详见下节)。其所当部位如何,《帛书》注无说,《考注》引《房内》为证,但对《房内》引文缺乏理解,几乎全属推测。据笔者研究,要想弄清《房内》引文的这类术语,《素女妙论》是关键线索。上述术语与《房内》引文比较,关系应当如下(详见下节):

---

① 见《列仙传》卷上《容成公传》。

马王堆房中书	《房内》引文
赤朱(珠)〔或赤琝〕	赤珠(阴蒂)
琴弦	琴绂(阴道深一寸)
麦齿	麦齿(阴道深二寸)
笄光	俞鼠(阴道深三寸)
婴女	婴女(阴道深四寸)
谷实	谷实(阴道深五寸)
臭鼠	臭鼠(阴道深六寸)
磔石〔或云石〕	昆石(阴道深七寸)
中极	中极(阴道深八寸)

从这一比较,我们似可认为《养生方》附图上的九个名称可能是最主要的术语。它们也许是完整的,而并不一定像《帛书》注所认为是缺去三个。图上的九个名称,“赤朱(珠)”是阴蒂,“琴弦”是小阴唇,“付□”是大阴唇,皆见于外生殖器,故标于图的平面之内,其他六个名称是在阴道深处,故标于图的平面之外①。

除去这些术语,剩下的是“括瓠”(“涧瓠”)、“濯昏”、“伏□”、“封纪”、“反去”、“何寓”、“赤缴”等名称。这些名称,“封纪”,据《天下至道谈》20:“累滚(哀)者,尻彼疾而蹱(动)封纪。”似乎也是指阴唇②。其他名称还须做进一步研究。

(三)性交过程。

一般常用“用”或“为”表示行房(如《养生方·□巾》的“节(即)用之”、“且为之”)③。这两个词在书中出现很多,有时不注意,往往会与普通含义的“用”或“为”字弄混。它包括两个阶段:

(甲)性交前的爱抚。

① 《房内》引文中表示“浅”的“琴绂”、“麦齿”,表示“深”的“谷实”和表示“极深”的“昆石”较常见。“中极”只一见,似乎很少用。马王堆房中书的“中极”也是罕用词。

② “滚”,原作“哀”,此据《琐议》乙改正。《考注》亦以“封纪”为阴唇。

③ 易建纯《〈天下至道谈·七损八益〉注释》(《马王堆医书专刊》1 辑)引《素问·阴阳应象大论》王冰注,以为“用”指房色。

被称为“戏道”，见《合阴阳》1，包括抚摩（“操揗”）、接吻（“相呴”）、拥抱（“相抱”）。其中抚摩过程有一循行路线，从手开始，终于阴门内，凡14个部位（图7-4）。这里把夏德安文、《考注》和本文的理解列为对照表：

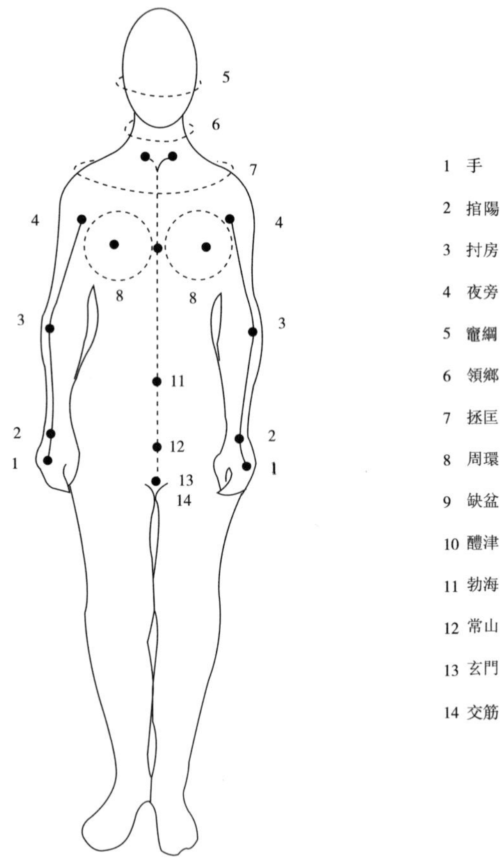

图7-4 “操揗”线路示意

原文	夏德安文	《考注》	本书
1. 手	手	手	手
2. 揗(腕)阳	腕	手腕	腕背
3. 肘(肘)房	肘	肘旁	肘尖
4. 夜(腋)旁	腋	腋	上臂近腋处

5. 灶纲	胸	腋窝之上	头、口
6.领乡	颈背	颈项	颈背
7. 拯(承)匡(筐)	骨盆	承光穴	肩
8. 周环	腹	绕脖项一周	乳
9. 缺盆	缺盆穴	缺盆穴	缺盆穴
10. 醴津	脐	乳晕	乳沟
11. 勃(渤)海	脐下	胸窝或气海	脐
12. 常山	阴阜	曲骨与横骨部位	阴阜
13. 玄门	阴门	外阴	阴门
14. 交筋	阴门	阴蒂	G 点

这 14 个部位,1～4、6、9、12、13 大家理解比较一致,分歧较大的主要是 5、7、8、10、11、14。我们推测,“灶纲”应是头、口的隐语,“承筐”应是双肩的隐语[①],“周环”应是双乳的隐语,“醴津”应是乳沟的隐语,“渤海”应是肚脐的隐语,“交筋”应在阴门内。这样理解,不但切合字面含义,循行路线也比较连贯。

(乙)插入性交。

见《合阴阳》1,被称为“接形”(义为交接之形)。包括浅刺(“揕”)、深纳(“深内”)和抽拔(“撅”),以及“十动”、“十节”(或“十势”)、“十脩”(或“八道”)等内容(详见下文)。

(四)性交的十种体位。

见《养生方・☐》、《合阴阳》3“十节”、《天下至道谈》10“十势”。其中约有一半见于《玄女经》5“九法”,可据以确定其含义:

(1)虎游。相当《玄女经》的“虎步”(女俯首撅臀,男跪其后的后入位),像虎踞(指男)。〔案:“游”或作“流”。〕

(2)蝉柎(附)。相当《玄女经》的“蝉附”(男平伏在上,女平伏在下的后入位),像蝉栖(指男)。〔案:“柎”或作“傅”、“付”。〕

(3)斥(尺)蠖。是尺蠖蛾的幼虫。这种虫每爬行一步,都要弓一下

① 《易・归妹》、《诗・小雅・鹿鸣》皆有“承筐”一词。

背。(《易·系辞下》:“尺蠖之屈,以求信(伸)也。”)〔案:“斥”或作“尺”,“蠖”或作“扜”。〕

(4)囷(麕)桷(角)。像两獐角牴(指男女双方)。《洞玄子》5“卅法”有“麒麟角”一式类似。但“麒麟角”属于“外戏”,是插入前的动作。〔案:“囷”或作“麕”或作“麇”,“桷”或作“槑”。〕

(5)蝗磔。磔有分张之义。〔案:或作“黄柘”。〕

(6)爰(猨)据。相当《玄女经》的“猿搏”(女仰男立,男擎女腿的前入位),像猿猱攀树(指男)。〔案:“据”或作“居”。〕

(7)瞻(詹)诸。即蟾蜍。〔案:“瞻”或作“蟾”,“诸”或作“者”。〕

(8)兔骛。相当《玄女经》的“菟吮毫”(男仰,女反跨男上的后入位),像脱兔奔逸(指女)。〔案:“骛”或作“务”。〕

(9)青(蜻)令(蛉)。即蜻蜓。〔案:“令”或作“灵”。〕

(10)鱼嘬。相当《玄女经》的“鱼接(唼)鳞”(男仰,女正跨男上的前入位),像游鱼嘬物(指女)。〔案:“嘬”或作“纂”,或作“嗾”〕

这些体位与古代导引术有密切关系。因为第一,古代导引术往往模仿动物(参看《淮南子·精神》、《抱朴子·杂应》),这些体位也是模仿动物,并且有完全相同的名称(如“猨据”、“兔骛”)[①];第二,古代导引术除动作之外,还配合有呼吸和意念,《天下至道谈》在上述体位后往往注有“思外”(疑指意念转移)或“息内”(疑指闭气)等字样,正是同一用意;第三,《素女经》3“玉茎不动,则辟死其所,所以常行以当导引也”,也视交接为导引。《考注》把上述十个名称理解为“一组仿生的房中导引术式”,从这种含义讲有一定合理性,但它没有从体位的意义去解释却是不足。

(五)插入的角度、深浅和抽送频率。

见《养生方·▨》、《合阴阳》4“十脩”、《天下至道谈》12“八道”。包括:(1)上之:插入角度朝上。〔案:或作“高之”〕;(2)下之:插入角度朝下;(3)左之:插入角度朝左;(4)右之:插入角度朝右;(5)疾之:抽送快;(6)徐之:抽

① 《抱朴子·杂应》:“能龙导虎引,熊经龟咽,燕飞蛇屈鸟伸,天俛地仰,令赤黄之景,不去洞房,猿据兔惊,千二百至,则聪不损也。”“兔惊”,应是“兔骛”之讹。

送慢;(7)希(稀)之:抽送间隔长;(8)数之:抽送间隔短;(9)浅之:插入浅;(10)深之:插入深。

(六)性交的十个步骤。

见《养生方·☐》、《天下至道谈》11"十脩"(与《合阴阳》"十脩"不同)。原文未做解释,试加讨论如下:(1)致气:"致"是使至之义,《合阴阳》1:"上揕而勿内,以致其气。"《素女经》:"男以致气。女以除病,心意娱乐,气力益壮。"《玉房秘诀》:"致气,以意下也。"都是指使女气自至;(2)定味:"味"疑读为沫,指积精,即下"八益"中"致沫"、"和沫"之"沫";(3)治节:疑指控制节奏〔案:或作"侍(待)节"。〕;(4)劳(劳)实:《玄女经》5:"深内玉茎刺婴女,深浅以度,令中其实。"又:"久与交接,弄其实以感其意。"《彭祖经》4:"玩其丹田,求其口实。"似指真正触及其兴奋点;(5)必时:疑指掌握时机;(6)通才(材):疑指开始插入;(7)微曈(动):《十问》3:"侍(待)坡(彼)合气,而微动其刑(形),以致五声,乃入其精。虚者可使充盈,壮者可使久荣,老者可使长生。"似指轻抽款送;(8)侍(待)盈:"盈"指应有的动作都已完成,《天下至道谈》3:"微出微入,侍(待)盈是常。"这里是指控制射精,等待高潮;(9)齐生:疑指达到高潮;(10)息刑(形):《合阴阳》1"接刑(形)以没",《天下至道谈》13"椄(接)刑(形)以昏","没"和"昏"都是指结束,"十已"(详见下文)之"已"也是这个意思,这里指性交结束。

(七)八种交合所益。

见《天下至道谈》5、7"八益"和"治八益",主要是讲如何以交合益身。原文对其动作要领有简要说明,可译述如下:(1)治气:指调气,要领是在早晨醒来后,跪坐,直脊,张腿,提肛,使气下沉,《十问》4也讲到"治气",可参看;(2)致沫:疑指积精,要领是在饮食之际,垂臀,直脊,提肛,使气畅通;(3)智(知)时:指掌握时机,要领是在插入性交前先爱抚温存,直到双方皆有性交的冲动;(4)畜气:指积气,要领是在插入性交的过程中,放松背部,提肛,使气下沉〔案:或作"蓄气"〕;(5)和沫:疑指男女生殖器的分泌液不断增多,交相混融,要领是在插入性交的过程中,轻抽款送,和谐有致;(6)窃气:《玉房秘诀》3称为"取气",指取女子之气,要领是取卧姿,令对方助己，使阴茎勃起，但在阴茎充分膨胀时，要及时停止〔案：或作“积气”。〕；(7)寺(待)赢：与上“待盈”同义，是指控制射精，等待高潮，要领是在高潮即将来临时，绷紧背部，一动不动，闭气使下沉，静待其至；(8)定顷(倾)：指最后射精，要领是在“十动”结束后才射精，并且在抽出时仍然要保持勃起状态，即《洞玄子》4所说“女当津液流溢，男即须退，不可死还，必须生返。如死出，大损于男，持(特)宜慎之”，《十问》3“必使玉泉毋顷(倾)”之“顷”与此用法相同。

(八)七种交合所损。

见《天下至道谈》6、8“七损”，主要是讲交合所损之状。原文对其情形有简要说明，可译述如下：(1)闭：指气血壅塞，症状是性交时感觉疼痛〔案：或作“内闭”。〕；(2)泄：指走泄精气，症状是性交时汗出不止〔案：或作“外泄”。〕；(3)渴(竭)：指气血枯竭，病因是性交不知节制〔案：或作“楬”。〕；(4)勿：指临事不举，症状是心欲为之而实际不能〔案：或作“帶(弗)”。〕；(5)烦：指心中烦乱，症状是性交时喘息心慌；(6)绝：指断绝精气，病因是心意不欲而勉强行事；(7)费：指气血亏损，症状是每遇房事，必生疾病。

(九)控制射精的技术。

在马王堆房中书中，表示射精的词有多种：(1)施：见《养生方·不起》，施是释放之义，这种用法的“施”字也见于《房内》引文；(2)顷(倾)：见《十问》3，倾是倾泻之义；(3)星：见《十问》3，星是溃散之义；(4)决：见《合阴阳》2，决是决溢之义，《帛书》注读为快，《考注》读如本字，应以后说为是。

控制射精的技术在马王堆房中书中是叫“玉闭”(见《十问》3、《天下至道谈》3)。它是以“十动”才射精或“十动”也不射精为最高标准，认为每一“动”不射精会对身体有如何如何的好处，甚至可以延年益寿，“通于神明”(见《十问》3“九至”、《合阴阳》2“十动”、《天下至道谈》3“十动”)。这种技术也见于《房内》引文，在古代房中术中至关重要，所谓“九浅一深之法”、“还精补脑之术”皆与之有关，但释者多未了其义。其实据《合阴阳》2“十动：始十，次廿、卅、卌、五〔十〕、六十、七十、八十、九十、百”，显然“十动”是以阴茎在阴道内每抽送十次为“一动”，“十动”共包括一百下。但这样解释也有一个问题，即古人是否真的以为只要有这样一百下就可以“通于神明”呢？当然不是。实际上这里的“十动”只是一个“盈数”。中国古代的十进制数学是以10为“小盈”，100为“大盈”，“十动”只是取其满盈之义，并非定数；相应的益身之效也只能悟其大义，无法刻板追求。它所表示的只是一个累进的过程。同样，《十问》3只提到九动（“九至”），《房内》引文经常提到“九九数”或“九浅一深，九九八十一，阳数满矣”，也是一种盈数（阳数的盈数）。后者即包括在前者当中，是以每一“动”包含“九浅”和“一深”作为背景。

理解这一点，我们便可明白，上文提到的“待盈”是什么意思，下文提到的“十已”和“已数以百”是什么意思。

（十）男性性反应。

见《养生方·□》、《天下至道谈》2、18“三脂（诣）”、“三至”。马王堆房中书对男性性反应讲得很少，只提到阴茎勃起的三种状态，即：“怒而不大者，据（肤）不至〔也；大而不坚者〕，筋不〔至也〕；坚而不热者，气不至也。据（肤）不至〔而用〕则腄（垂），筋不至而用则避，气不至而用则隋（惰）。”〔案：“据”或作“肤”，“隋”或作“遺”，“肤”、“避”、“隋”三字位置或互易。〕“肤”应指阴茎的皮肤，“筋”应指阴茎的筋膜和海绵体，“气”应指阴茎的充血膨胀。

（十一）女性性反应。

（甲）插入前的反应。

见《合阴阳》1“五欲之征”、《天下至道谈》17“五征”、“五欲”。其描述如下：“一曰气上面埶（热），徐呴；二曰乳坚鼻汗，徐抱；三曰舌溥（薄）而滑，徐屯；四曰下汐（液）股湿，徐操；五曰嗌干咽唾，徐撼（撼）。”〔案：“呴”或作“昫”，“抱”或作“葆”，“溥”或作“薄”、“汐”或作“夕”，“嗌”或作“益”，“咽”或作“因”，“撼”或作“撼”。〕这里“呴”指接吻，“抱”指拥抱，“屯”指相附，“操”指抚摩，“撼”指摇撼，皆属于“戏道”。

（乙）插入后的反应。

（1）反映性兴奋的八种动作。

见《养生方·□》、《合阴阳》5“八动”、《天下至道谈》14、16“八动”、“八观”。原文有简要说明，可译述如下：(a)接手(拉手)：是想使腹部贴近；(b)信(伸)拊(肘)(伸肘)：是想使阴户上部得到摩擦和顶紧〔案：“拊”或作“绁”。〕；(c)直踵(勾脚尖，使脚脖子绷紧)：是觉得插入不深；(d)侧句(钩)(侧勾腿)：是想使阴户左右得到摩擦〔案：或作“厕枸”。〕；(e)上句(钩)(上勾双腿于男身)：是想使阴户下部得到摩擦〔案：“句”或作“臬”。〕；(f)交股(大腿相交)：是觉得插入太深；(g)平甬(踊)(向上耸身)：是想使插入程度变浅；(h)振动(左右摇摆)：是想让对方长久地与之交合〔案：或作“振铜”、“震撞(动)”。〕。以上八种动作叫“八动”，相应的性感受叫“八观”。

(2)反映性兴奋的五种声音(包括嘴的表情)。

见《养生方・□》、《合阴阳》6、《天下至道谈》15、20“五言(音)”。原文有简要说明，可译述如下：(a)候(喉)息(喉中喘气)：下体精液流溢〔案：“喉”或作“瘊”。〕；(b)楄(喘)息(胸中喘息)：气血上涌，阴户大开〔案：“楄”或作“檓”。〕；(c)累滾(哀)(不断号叫，俗称“叫床”)：臀部扭动，阴户翕动〔案：“滾”或作“瀱”。〕；(d)疢(吹)(呼气)：畅快已极，阴内痒热〔案：“疢”或作“痞”。〕；(e)齘(啮)(咬下唇)：身体摇动，想让对方长久地与之交合。〔案：“齘”或作繁体的“啮”。〕其表示快感的重要词汇是“美”、“痒”、“盐甘”。〔案：《养生方・益甘》之“甘”同。〕

(3)阴茎的触觉与阴道分泌液的状态与气味。

见《合阴阳》8“十已之征”、《天下至道谈》18“十已”。其描述是：“一已而清凉出，再已而臭如燔骨，三已而澡(燥)，四已而膏，五已而芗，六已而滑，七已而迣，八已而脂，九已而胶，十已而缞[1]。缞已复滑，清凉复出，是谓大卒。”〔案：“六已”以下或作“六已而精如黍粱，七已而慸(滞)，八已而肌(脂)，九已而黎(腻)，十已而汽(迄)，汽(迄)而复滑，朝气乃出”。〕这里的“十已”是相应于“十动”，用以表示每一“动”的结束。全部“十动”结束叫“大卒”。

(丙)性高潮。

有如下描述：(1)《合阴阳》1：“接刑(形)已没，遂气宗门，乃观八动，听

---

① 缞，原作“缨”，此据《琐议》乙改正。

五音,察十已之征。"(2)《天下至道谈》13:"椄(接)刑(形)以(已)昏。汗不及走,遂气血门,翕因(咽)榣(摇)前,通辰(脉)利筋。乃祭(察)八嫜(动),观气所存,乃智(知)五言(音),孰后孰先。"(3)《合阴阳》8:"大卒之征,鼻汗脣白,手足皆作,尻不傅席,起而去,成死为薄。当此之时,中极气张,精神入臧(藏),乃生神明。"(4)《天下至道谈》19:"……得之而物(勿)择(释),成死有薄,走里(理)毛,置枖(腰)心,脣尽白,汗留(流)至国(膕),已数以百。"这里面有些话还不大明白,但所谓"接形已没"或"接形已昏",还有"大卒",显然都是讲性交动作结束。"中极",见于《玄女经》,是阴道最深处(深八寸)。"理毛",应即《十问》1 所说的"毛脉",即细小的枝脉。

四、与《房内》引文和《素女妙论》的比较

本章第一节所说的房中书材料,《素女经》、《玄女经》和《彭祖经》等书年代较早,都是汉代的古书;《玉房秘诀》、《玉房指要》和《洞玄子》等书年代稍晚,属于隋唐时期;《素女妙论》最晚,是明代写本,前后时间拉得很长。但这些材料,无论早晚,皆与马王堆房中书保持着术语和体系上的沿袭性。

下面是我们对这批房中书术语系统的归纳总结:

(一)男性生殖器。

《玄女经》1 提到"男有八节",应当是指男性生殖器的部位,但细节不详。《房内》引文最常见的术语是"玉茎",相当马王堆帛书的"玉策"。《素女经》13 提到"囊"、《仙经》提到"阴囊",则是睾的另一叫法。《洞玄子》4 提到"阳锋"(龟头),《大乐赋》注引《交接经》提到"阴干"(龟头),《素女妙论·原始篇》提到"玉槌"、"玉如意"、"金槌"、"郎中"(皆指阴茎)、"玉条",多是晚期术语[①]。

(二)女性生殖器。

《素女经》6 提到"存感九部"、《玄女经》1 提到"女有九宫"(与"男有八

① 《大乐赋》还有表示生殖器部位的许多俚语。

节”相对)，应当是指女性生殖器的部位。《房内》引文提到不少女性生殖器部位的名称，但这些名称的位置和系统，研究者始终弄不明白。对于解决这一问题，《素女妙论》保存了重要线索。它提到“女子阴中有八名，又名八谷”，加上表示阴蒂的术语，一共是九个，正可参照其术语，试做复原(图 7-5)：

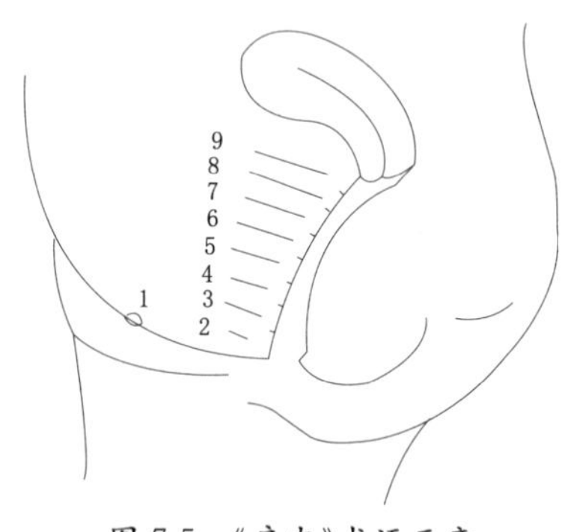

图 7-5 《房内》术语示意

《房内》引文	《素女妙论·浅深篇》	
1. 赤珠	红毬(阴蒂)	浅
2. 琴纮	琴弦(阴道深一寸)	
3. 麦齿	菱(麦)齿(阴道深二寸)	
4. 俞鼠	妥谿(阴道深三寸)	
5. 婴女	玄珠(阴道深四寸)	深
6. 谷实	谷实(阴道深五寸)	
7. 臭鼠	愈阙(阴道深六寸)	太深
8. 昆石	昆户(石)(阴道深七寸)	
9. 中极	北极(阴道深八寸)	

案左栏各名，“赤珠”、“琴纮”、“麦齿”、“谷实”、“昆石”、“中极”可据右栏确定其位置；“臭鼠”，据《子都经》3，是在“谷实”之后、“昆石”之前，亦可确定其位置。惟“俞鼠”、“婴女”二名容或互倒。“寸”，这里是指“手指同身寸”。古代取寸有两种方法，一种是“肤寸”，是以四指宽为“肤”，一指宽

为“寸”(见《大戴礼·主言》、《礼记·投壶》郑注、《公羊传》僖公三十一年何注);一种是针灸学所用的“寸”,是以“关”为界,从“鱼际”到“关”前为“寸”,从“尺泽”到“关”后为“尺”(见《难经》、《针灸甲乙经》)。其长度约在2厘米左右。这里的八寸是指分阴道为八段。

这套术语很重要。《房内》引文提到“九浅一深之法”,其“浅深”概念就是以此为依据。《大乐赋》注引《素女经》:“阴深一寸曰琴弦,五寸曰谷实。过谷实则死也。”把阴深五寸以前和以后区别开来,认为过谷实则太深,有所伤。《子都经》3也说“阴阳之和,在于琴絃、麦齿之间,阳困昆石之下,阴困麦齿之间。浅则得气,远则气散”,认为过谷实会伤于五脏。《素女妙论》的《浅深篇》和《四至九到篇》区分更细,以1～3寸为“浅”,4～5寸为“深”,6～8寸为“太深”,认为“太浅不美快,太深有所伤”,过“谷实”会“伤于五脏”。它们与马王堆房中书应有渊源关系。

在《房内》引文中还有两个术语是“玉门”(外阴)和“朱室”(内阴)。前者地位相当男性的“玉茎”,使用也很广泛,马王堆房中书叫“玉窦”,《素女妙论》叫“红门”(见《九势篇》)。另外,《洞玄子》3、4、5、7还提到“丹穴”(据《素女妙论·浅深篇》是子宫深处当脐下三寸的部位)、“阳台”(丹穴深处)、“神田”(外阴)、“幽谷”(内阴)、“玄圃”(阴阜)、“天庭”(阴阜)、“辟雍”(大阴唇)、“金沟”(小阴唇上部联合)、“玉理”(小阴唇下部联合)、“璿台”(阴蒂)等新的词汇。它们很多都是带有文学色彩的隐语[①]。

(三)性交过程。

《洞玄子》5把性交过程分为“外游”和“内交”两步。“外游”指插入前的爱抚,包括《子都经》4所说的“饮玉浆”(上以口吸吮对方口中的津液)和“弄鸿泉”(下以手抚弄对方的阴户,使流精液)。“内交”指插入性交。

① 高罗佩《秘戏图考》卷一附录《中国房中术语》认为:“玉门”是阴户、阴道,“辟雍”是大阴唇,“玉理”是小阴唇下部联合,这是对的。他以“麦齿”为阴道入口,“幽谷”为子宫,“丹穴”为阴道,亦近是。但他以“璿台”为大阴唇,“金沟”为阴蒂则误。高罗佩后来在《中国古代房内考》中对前书有所订正,据日本藤原公衡《卫生秘要集》注,指出“璿台”应指阴蒂,“金沟”应指小阴唇上部联合。

(四)性交体位。

《玄女经》5有所谓“九法”:(1)龙翻:女仰男伏,前入位,像龙腾于上;(2)虎步:女俯首撅臀,男跪其后,后入位,像虎踞其后;(3)猿搏:女仰男立,男擎女腿,前入位,像猿猱攀树;(4)蝉附:女平伏在下,男平伏在上,后入位,像寒蝉栖树;(5)龟腾:女仰,屈膝抵胸,前入位,像龟缩其首;(6)凤翔:女仰,举双腿,男跪女股间,前入位,像凤翔于下;(7)菟(兔)吮豪:男仰,女反跨其上,后入位,像兔吮其毛(指以阴户吞男茎);(8)鱼接(唼)鳞:男仰,女正跨其上,前入位,像游鱼嘬物(指以阴户吞男茎);(9)鹤交颈:男女相向坐,拥抱而交,前入位,像双鹤交颈。

《素女妙论·九势篇》有“九势”,与此相近,但“龙翻”作“龙飞”,最后三种作“兔吮”、“鱼唼”、“鹤交”,内容也略有不同。特别是“鱼唼”一式改为两女以牝户相摩(俗称“磨镜”),然后由一男居中与两女交,差异尤大。但“鱼唼”一词与马王堆房中书“鱼嘬”同义,所用应是本字,说明“接”应读为“唼”。这套术语与马王堆房中书也有渊源关系。

另外,《洞玄子》5还有“卅法”,包括30种体位,其中4种属于“外游”,26种属于“内交”,对上述体位做了进一步分解,很多类似的名称仍保留其中①。

(五)插入的角度、深浅和抽送频率。

《洞玄子》6、7有所谓“九状”、“六势”述之,性质与马王堆房中书《合阴阳》4“十脩”相近,但描述语言完全不同,富于文学色彩。

(六)八种交合所益。

见《素女经》12,也叫“八益”,包括:(1)固精,(2)安气,(3)利藏,(4)强骨,(5)调脉,(6)畜血,(7)益液,(8)道(导)休。但这八项,除(1)(2)与马王堆房中书“八益”的“致沫”和“治气”有相近之处,其余差别很大,主要不是讲各种益身的技术要领,而是讲益身的功效本身。

(七)七种交合所伤。

---

① 《洞玄子》自称是本“玄女之法”,其“卅法”即出于《玄女经》“九法”。

见《素女经》13，也叫“七损”，包括：(1)绝气，(2)溢精，(3)杂脉，(4)气泄，(5)机关厥伤，(6)百闭，(7)血竭。它与马王堆房中书的“七损”大致相同，其中(1)相当“绝”，(2)相当“勿”，(3)相当“烦”，(4)相当“外泄”，(5)相当“费”，(6)相当“内闭”，(7)相当“竭”。这是讲男子交合所伤。《素女妙论·五欲五伤篇》还有“五伤之候”是讲女子交合所伤。

(八)男性性反应。

见《玄女经》3，叫“四至”。内容是：“玉茎不怒，和气不至；怒而不大，肌气不至；大而不坚，骨气不至；坚而不热，神气不至。”比马王堆房中书的“三诣”、“三至”多出“玉茎不怒，和气不至”。《素女妙论·四至九到篇》也有类似的“四至”。

(九)控制射精的技术。

《素女经》14有“十动不泻”之说，大体同于马王堆房中书的“玉闭”之术。但《玉房指要》引《仙经》还提到一种止精法：“还精补脑之道：交接，精大动欲出者，急以左手中央两指却抑阴囊后、大孔前，壮事抑之，长吐气，并啄齿数十过，勿闭气也。便施其精，亦不得出，但从玉茎复还，上入脑中也。此法仙人(吕)〔口口〕相授，皆饮(歃)血为盟，不得妄传，身受其殃。”又《玉房指要》2云：“若欲御女取益而精大动者，疾仰头张目，左右上下视，缩下部闭气，精自止，勿妄传人。”这种止精法也见于《千金要方》卷二七《房中补益》，所抑部位即“屏翳穴”，出处应当相同，也是《仙经》，在当时被视为秘诀。这种止精法应与上一章所说的“引阴”有关。

(十)女性性反应。

(甲)插入前的反应。

见《素女经》9，叫“五征之候”(《素女妙论·五欲五伤篇》叫“五欲之候”)，内容与马王堆房中书的“五欲之征”或“五征”、“五欲”大体相同。

(乙)插入后的反应。

(1)五欲。见《素女经》10，作：“一曰意欲得之，则并(屏)息并(屏)气；二曰阴欲得之，则鼻口两张；三曰精欲烦者，振掉而抱男；四曰心欲满者，则汗流湿衣裳；五曰其快欲之甚者，身直目眠。”其说未见于马王堆房中书。

(2)十动之效。见《素女经》11,作:"一曰两手抱人者,欲体相薄阴相当也;二曰伸其两胜者,切磨其上方也;三曰张腹者,欲其浅也;四曰尻动者,快喜也;五曰举两脚拘人者,欲其深也;六曰交其两股者,内痒淫淫也;七曰侧摇者,欲深切左右也;八曰举身迫人,淫乐甚也;九曰身布纵者,支(肢)体快也;十曰阴液滑者,精已泄也。"这十条大体与马王堆房中书的"八动"、"八观"相同。第一条相当"接手",第二条相当"伸肘",第三条相当"平踊",第四条相当"振动",第五条相当"直踵",第六条相当"交股",第七条相当"侧钩",第八条相当"上钩"。第九、十两条是新增。这两条的加进,是为了与"十动"相配。

(3)九气。见《玄女经》4,作:"女人大息而咽唾者,肺气来至;鸣而吮男者,心气来至;抱而持人者,脾气来至;阴门滑泽者,肾气来至;殷懃咋人者,骨气来至;足拘人者,筋气来至;抚弄玉茎者,血气来至;持弄男乳者,肉气来至;久与交接,弄其实以感其意,九气皆至。"〔案:原注"今检诸本无一气",缺者应是"肝气",位置在这段话的开头。〕这九条亦为马王堆房中书所无。

(十一)"九浅一深之法"。

《房内》引文对这一方法有许多描述,如《素女经》12 以此配合"八益",有"二九"、"三九"、"四九"、"五九"、"六九"、"七九"、"八九"、"九九"等数;《玄女经》5 也以此配合"九法",有"五九之数"、"六九之数"、"三八之数",等等,但最清楚的解说却是见于《素女妙论》。《素女妙论·四至九到篇》说:"浅插九回,深刺一回,每一回以呼吸定息为度,谓之九浅一深之法也。"其"浅深"概念和以十下为一节,应与马王堆房中书有渊源关系,但具体配数却不见于马王堆房中书。

(十二)"多御少女,而莫数写精"。

主要见于《彭祖经》2,封君达之书,《玉房秘诀》3、4,《玉房指要》1。"多御少女"是指频繁更换性伙伴,性伙伴要选择年少未曾生育的女子;而"莫数写精"是指控制射精的次数和频率,只在一定的时间施泻。其所谓"多御",可以达到"一动辄易女"(《玉房秘诀》4),"一夕易十人以上"(封君达之书),等于把原来用于一个女子的"十动"分配给十个以上的女子;而所谓“少女”，除年龄，还有其他各种标准（见《房内》的《好女》、《恶女》），与后世道家所说的“择鼎”直接有关。其所谓“莫数写精”，也有各种按年龄、身体状况安排的射精周期（见《房内》的《施写》）。《养生方·治》（此题两出）提到“食脯四寸，六十五”，“欲廿用七最（撮），欲十用三最（撮），酒一桮（杯）”，“食脯一寸胜一人，十寸胜十人”，亦属多御之说。

（十三）“还精补脑”之术。

“还精补脑”一词最早见于东汉末的《老子想尔注》（敦煌本：S.6825）。其细节描述则见于《千金要方》卷二七《房中补益》和《房内》引用的《仙经》。要领是以行气法和按抑屏翳穴的方法止精（见上（九）），令未射之精还入脑中。行法者当想像丹田中有赤气，内黄外白如鸡子形，径约三寸，变为日月，入脑中泥垣（即泥丸，在脑中两目相对处），合二而一，作日月相掩之形。这种技术也就是《黄书》所授“黄赤之道，混气之法”，后世也叫“黄河逆流”。它是一种酷似印度密教（Tantrism）的房中修炼[①]。

这种技术在马王堆帛书中尚无系统描述，但有些环节已见于马王堆房中书，如练习“引阴”、控制射精和吸气充脑（《十问》7：“翕气以充膽（脑）。”）。葛洪曾说：“房中之术，近有百余事焉”，“其大要在于还精补脑之一事耳。此法乃真人口口相传，本不书也”、“玄、素、子都、容成公、彭祖之属，盖载其粗事，终不以至要者，著于纸上也。”（《抱朴子·释滞》）可见还精补脑之术主要是靠口诀传授。这种书外的口诀多达“数千言”（《抱朴子·微旨》），在葛洪看来，是远比一般房中书更为重要的东西。

以上十三项，最后三项比较特殊，对后世房中术影响最大。

五、房中术与中国古代文化

马王堆房中书是世界上年代最早的房中书。早在两千多年前，它已

① 高罗佩在《中国古代房内考》一书的附录中曾专门讨论中、印房中术是否存在互相影响的问题。他认为中国的房中经典早于印度的密教经典，后者应是在唐代受前者影响才发展出类似的技术，后又反传于中国。这只是一种假说。

具备相当完备的体系，几乎和现代西方的性学手册并没有太大差异。但这个体系除去一般的技术细节，还硬化着某种观念核心，与中国古代文化的许多侧面和分支都息息相关。它包含三个基本层次：

(1)合天道。与数术之学的背景有关，并从中派生出各种房中禁忌(参看《房内》的《禁忌》)；

(2)养性命。是方技之学的所有分支(医药、房中、服食、行气、导引)共同的目的(参看《抱朴子》内篇)；

(3)和合夫妇，延续子嗣。与家庭、婚姻、求子、优生等内容有关(参看《汉书·艺文志》房中类小序、《房内》的《求子》)。

如果有足够的篇幅来讨论中国古代性文化的发展，我们将不难看到，这一观念是如何展开、分裂和变形，渗透到与房中有关的各个领域。但这里只能举几个例子，略示一二：

第一，早期道教的形成一直是中国思想史研究领域的重要课题。这个问题牵涉到先秦道家，特别是老、庄。过去学术界在讨论"道"、"德"这类范畴时，往往用现代哲学概念生搬硬套，不管学术源流和古人自身的理解。其实先秦道家是个什么样的派别，这点和它的知识背景是有关的：它和阴阳家不同，阴阳家是讲"天道"，即天地四时、阴阳五行；而道家是讲"人道"，即养生延命、通于神明。前者主要与数术有关，而后者主要与方技有关。例如《老子》论"道"，重点不是讲天道运行，而是讲天地万物的生化。它所说的"大道"虽然也是人以外的东西，但却不是天地万物本身，而是一种万有的本源，一种"以无为用"的原始创造力。为了说明这个"道"，它是以一个至大无外、其深无底的生殖器，即"玄牝"为喻(典型的"大地子宫"，即 earth-womb 的概念)，说一切"实有"都是从这个"虚空"产生(包含了某种拟人的开辟神话)。由于有这个基本的看法，所以它总是强调牝胜于牡(或雌胜于雄)，虚胜于实(或谷胜于陵)，下胜于上，静胜于动，柔弱胜刚强。甚至以赤子之精和男女交合为喻，说道德深厚，应像"赤子"一样，"骨弱筋柔而握固，未知牝牡之会而朘怒"；应效"天下之牝"，"天下之交也，牝恒以静朕(胜)牡。为其静也，故宜为下也"(据马王堆帛书《老子》

乙本)。这些概念不仅与一般的养生术有关,而且还从其中的房中术受到直接启发。汉代以来的房中术有许多术语都是《老子》一书所用,如"玄牝"(女阴)、"赤子"(童子阴、元阳)、"握固"(固精),它们不仅流行于东汉末,而且也发现于马王堆房中书,说明二者有密切关系。

第二,东汉末的农民起义是一种道教运动。当时的道教团体是以恢复旧的村社组织为形式。其团结徒众主要靠两条,一条是"敛钱米",一条是"男女合气"。其中"敛钱米"属于经济互助,"男女合气"则是房中术。当时传这种房中术主要是张陵、张鲁的天师道,其经典有《老子想尔注》[①],以房中解老(以道况天地,天地况男女,进而说明阴阳变化,五脏营卫),广为道徒传诵。又有《黄书》,专门传授"黄赤之道,混气之法",有种种仪规,影响也非常大[②]。据《后汉书·方术列传》、葛洪《神仙传》和《博物志》卷五,汉末、魏晋方士往往都与房中有关。这些重要事实皆须参考房中术的流传背景做重新研究(例如"合气"之说即见于马王堆房中书)。

第三,寇谦之清整道教,废除"敛钱米"和"男女合气",但房中术的流传却并未断绝。宋以来道教房中术的流传十分秘密,有许多不立文字之教,所以史志绝少记载,即使《道藏》也删夷略尽。其中与房中有关的派别,受魏伯阳《参同契》影响,很多都是使用炼丹术语,如鼎炉铅汞,等等,在理论上被视为炼丹术的一种(内丹术)。它的许多概念与早期房中术仍有渊源关系,但术语迥别,概念也有变化,带有更多的秘术修炼性质(侧重的是上述观念层次的(1)(2),而不是(3))。

---

① 《老子想尔注》有"张陵作"和"张鲁作"二说,盖陵说鲁述,乃一家之学。《神仙传》卷四《张道陵传》说"其治病事,皆采取玄、素,但改易其大较,转其首尾,而大途犹同归也",而《老子想尔注》说"道教人结精成神,今世间伪技诈称道,托黄帝、玄女、龚子、容成之文相教,从女不施,思还精补脑,心神不一,失其所守,为揣悦不可长宝","行《玄女经》、龚子、容成之法,悉欲贷",似陵术虽本容成、玄、素之法,但与世间所行仍有所不同(龚子,未详)。

② 《黄书》亦陵作(见道安《二教论》、释法琳《辩正论》)。参看饶宗颐《老子想尔注校笺》,《选堂丛书》之二,香港,1956年,第十章"张道陵著述考";陈国符《道藏源流考》,中华书局,1963年,下册365～369页。

第四，中国古代文学状写男女情爱，自《诗经》、《楚辞》、汉唐歌赋，屡见不鲜，即使涉及房帏之事，也不加隐讳。至如《高唐赋》、《美人赋》、《同声歌》、《大乐赋》，更开后世艳情文学之先河，经唐宋传奇而明清小说，自成其发展线索。特别是明末清初小说，以性享乐主义与性禁欲主义，交映成趣，宣传善恶果报，蔚为大观。而中国绘画艺术，也有从房中书插图演变成春宫画册的发展。特别是明末清初，这些春册以套版印刷，制图精美，为研究中国版画史不可或缺。这种性爱文艺的大潮透露出当时市井生活和文人生活追求性快乐的时尚（不但远离了上述观念层次的(1)(2)，而且也超出了(3)的范围），还有着社会史的研究意义。

第五，清代的禁毁之厄，曾被高罗佩视为中国古代性生活的终结。但是我们有更充分的理由相信，中国古代性生活并非像他理解的那样，是“一向开放，忽然禁绝”。与此相反，我们更倾向于认为，中国古代性生活一直是“弛”、“禁”并行，只不过二者作用的时间和范围经常会有许多变化（例如原始民族，常被误认为性绝对开放，但实际上他们的性禁忌却最多）。即使清初以后，中国古代房中术也仍有其延续。

总之，中国古代房中术是一个涉及医药养生、家庭婚姻、宗教、文艺等许多领域的重要研究课题。从房中术看中国古代文化，也是一条不可忽视的线索。

第八章 “祖”名考实及其他

在上一章中,我们讨论了马王堆房中书,内容涉及性技巧、补药、媚药、推产、埋胞和媚道等许多方面,但重点是讲其中的性技巧体系,对其他内容,只在各书提要中顺便提及,未能展开讨论。这里作为前一章的补充,我们还想谈谈考古发现中与房中工具和房中医方有关的内容,其中也包括上述马王堆房中书中的医方。

一、“祖”名考实:生殖崇拜物和“角帽”

在出土物中,有一种模仿男根的器物很值得注意。这种器物使用时间很长,从新石器时代晚期一直到明清,断断续续有不少发现。学者多笼统称之为生殖崇拜物。

生殖崇拜是一种起源古老的原始崇拜。它与自然崇拜、图腾崇拜、祖先崇拜密切相关,在世界各地的原始文化中是带有普遍性的现象。

对生殖崇拜的研究,考古学和民族学的材料都很重要。但这里我们只着重谈一下考古学的材料。因为这类材料与古代直接有关,更有说服力。

在考古材料中,哪些现象与生殖崇拜有关,有些很难断定。比如某种陶器纹饰算不算生殖象征或性器变形,信者说可信,疑者说可疑,往往似是而非。对这类现象,我们最好还是不要管它,只讨论那些比较可靠一点的材料。特别近来讲这类问题有点太滥,近乎“草木皆性”。“热点”往往是“可疑之点”,我们还是谨慎一点好。

现已发现,可能与生殖崇拜有关,比较典型的考古遗物主要有三种:

(1)丰饶女神像(图 8-1)。即象征多育丰产的女神像。如 1979 年

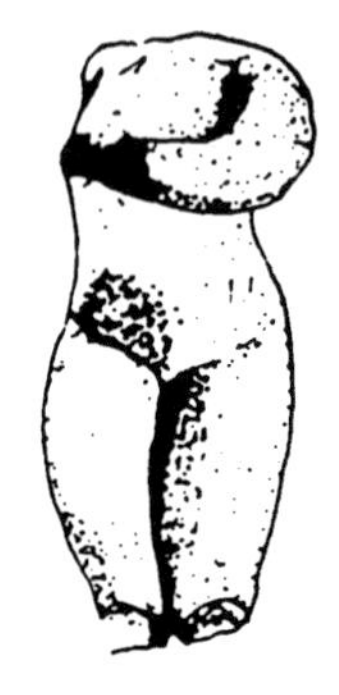

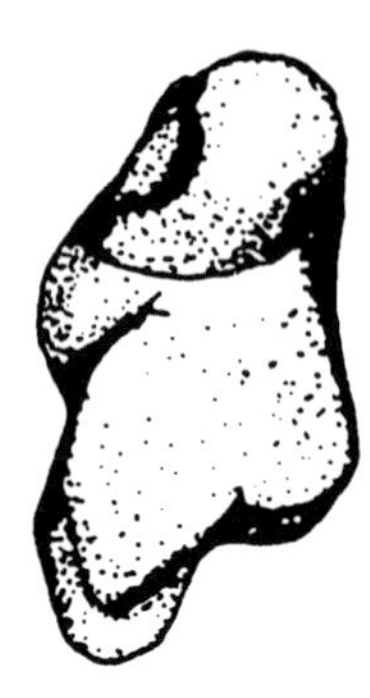

图 8-1　丰饶女神像
（辽宁喀左东山嘴红山文化遗址出土）

和 1982 年辽宁喀左东山嘴和 1983～1985 年辽宁凌源牛河梁两座红山文化遗址出土。年代距今约 5,000 年①。这种女神像在世界各地有不少发现，据统计已有上百例之多。其中尤以前苏联境内发现最多。它们主要流行于旧石器时代，多为小型石雕，作丰乳隆尻的孕妇形象。新石器时代，在西亚地区也出土过类似的陶塑像②。上述发现也是属于新石器时代，但形象偏于写实，对乳房、臀腹的夸张不明显，特别是缺乏高隆的乳房。

(2)男根模拟物。详见下文。

(3)交合图。我国西北和西南山区的岩画常有表现男女交合的形象，也多被解释为生殖崇拜的象征。如新疆呼图壁县康家石门子的岩画（图 8-2）③。在汉代出土物中，我们亦可碰到表现男女交合的图像（图 8-3），学

① 郭大顺、张克举《辽宁省喀左县东山嘴红山文化建筑群址发掘简报》，《文物》1984 年 11 期，1～11 页；辽宁省文物考古研究所《辽宁牛河梁红山文化“女神庙”与积石冢群发掘简报》，《文物》1986 年第 8 期，1～17 页、97～101 页，孙守道、郭大顺《牛河梁红山文化女神头像的发现与研究》，《文物》1986 年 8 期，18～24 页。

② 陈星灿《丰产巫术与祖先崇拜——红山文化出土女性朔像试探》，《华夏考古》1990 年 3 期，92～98 页。

③ 王炳华《新疆天山生殖崇拜岩画》，文物出版社，1990 年。

图 8-2　石门子岩画
（位于新疆呼图壁康家石门子）

者或视为同类现象[1]。但这类图像如何同一般表现男女交合，甚至纯属淫猥戏作的图像相区别是个问题。特别是后者，年代较晚，社会风尚和心理同原始崇拜已有一定距离，称为生殖崇拜恐怕不合适。汉代盛行房中术，社会上下淫风炽盛，问题恐怕应从这个角度去解释。例如近年陕西咸阳汉墓出土的墓砖（图 8-4）[2]，上面刻有男女性器及二根交会之像，便很像现代的“厕所图画”，似乎还是当作淫猥戏作更合适。

① 见宋兆麟《生育神与性巫术研究》，文物出版社，1990 年，149～153 页；《巫与民间信仰》，中国华侨出版社，1990 年，138～143 页。

② 《秦都咸阳汉墓清理简报》，《考古与文物》1986 年 6 期，28～41 页。

图 8-3 野合图
（四川成都出土汉画像砖）

图 8-4 二根图
（陕西咸阳汉墓甲 M10 墓砖）

上述(1)(2)两类遗物似乎都缺乏对称性。因为从考古资料看，女神像流行的时代，并没有相应的男神像；而在性器模拟物中，女阴崇拜也并不突出。有学者认为，严格地讲，后者主要属于男根崇拜。男根崇拜应是生殖崇拜中更发达的形态。一般认为，它主要与求育巫术有关。

在中国的考古发现中，男根模拟物一般是被称为“祖”。这一名称是源自郭沫若1929年写成的《释祖妣》(收入《甲骨文字研究》,科学出版社,1962年)一文。该文考证甲骨文中的“祖”(即“且”,作,指已故男祖先)、“妣”(即“匕”,作,指“祖”的配偶)二字乃“牝牡之初字”,“卜辞牝牡字无定形,牛羊犬豕马鹿均随类赋形,而不尽从牛作”,字皆从⊥和从,“且实牡器之象形,故可省为⊥;匕乃匕柶字之引申,盖以牝器似匕,故以匕为妣若牝也。”并进而推论:

(1)“社”字,初文作土,与“且”亦为一字;

(2)“士女”之“士”,与“且”亦为一字;

(3)与祭祀有关的“示”字,“实⊥之倒县,其旁垂乃毛形也”;

(4)“王”、“皇”二字,皆“且若士字之变”;

(5)“帝”字,“为蒂之初字”,“盖其所崇祀之生殖已由人身或动物性之物而转化为植物”;

〔案:以上是与男性生殖崇拜有关的字。〕

(6)“祭”字,除从示亦有从匕作者;

(7)“宾”字,乃屋下悬匕之像,“近时乡人犹有祀饭瓢神者,当即古俗之孑遗也”(原注:“日本亦有此习,凡社祠多以饭匙晋献,以饰于壁。”);

(8)“母”与“爽”为一字,皆“象人形而特大其二乳也”;

(9)“后辟”之“后”本作“毓”,“象产子之形。”

〔案:以上是与女性生殖崇拜有关的字。〕

认为“祖宗崇祀及一切神道设教之古习”皆可由此而“洞见其本源”。

郭氏的考释可商之处很多。如他以“祖”为男根之像,并推论“土”、“士”、“示”、“王”、“皇”诸字皆由男根派生,至今不能视为定论;“妣”字之释,所谓“牝器象饭匙”之说也十分牵强,字形并不相像;还有(6)(7)两条是误释;(8)现在也有不同看法。但其说是出现于中国近代的“敏感时期”,当时不仅弗洛伊德学说为时髦之谈,而且国外民族学和考古学理论的传入,也使“性”成为热门话题。这使他的文章在古史研究的各学科都有很大影响。

在郭氏此文中,我们可以看到,他对生殖崇拜现象的关心是受西方考古学和民族学研究的影响。例如他说:

盖上古之人本知母而不知父,则无论其父之母与父之父。然此有物焉可知其为人世之初祖者,则牝牡二器是也。故生殖神之崇拜,其事几与人类而俱来。其在西方,新旧石器时代之器物已有发现,足证其事之远古。中国考古之事尚未脱尽玩好之畛域,而缙绅先生亦视此事为不雅驯而讳莫如深,石器可无论,即于典籍有征者亦多未经剔发也。

郭氏当时的古史研究仍是以文字和典籍的考证为主,但他对日后的考古发现已有所预言。如:

此字形(指"奭"字)与欧洲各地所出土之生殖女神像"奶孥"(Nana)颇相类。"奶孥"之像均特大其乳,或以两手护其下,以为生殖崇拜之象征。余意如奭字形之雕像,将来必有发现于中国之一日。

如上所说,郭氏的这一预言现已得到证实。

男根模拟物见于考古发现,较早的例子是董光忠《本校与山西图书馆、美国福利尔艺术陈列馆发掘山西万泉石器时代遗址之经过》(《师大月刊》1卷3期,1933年)一文发表的一件陶制品。当时郭书已出,但作者似未见,称此器"乃一粘土陶质男人生殖器之形",并说:

按瑞典学者柯立仁所著之《中国远古有蕃殖意义之文物》一书上,曾谓中国古代民俗是崇拜男子生殖器;彼由中国有史以来之文物寻出多种证据(须参视该书及瓦渣斜发掘报告书),果柯氏之说成立,则崇祀男人生殖器之风,或已在新石器时代奉行矣。

〔案:"柯立仁"即高本汉(Barnhard Karlgren),见所著"Some Fecundity Symbols in Ancient China",收入 *The Museum of Far Eastern Antiquities*, Bulletin No.2, Stockholm, 1930年,1~54页。他也认为"且"字是男根之像①。该书图版Ⅱ有河南渑池所出圆锥形器三件,商丘所出蒜锤形器一件,作者定为男根

① 高本汉文的发表只比郭文晚一年。高罗佩《中国古代房内考》第一章引用高本汉文,称"该书所发挥的理论只有一部分获得普遍承认"。

模拟物,可疑。〕

中国考古发现中的男根模拟物被称为"祖",现在查考起来,似是始自安志敏《一九五二年秋季郑州二里岗发掘记》(《考古学报》第八册,1954年)。该文提到一"陶祖塑像",作者推测"这个塑像的意义,很可能是象征着殷代的'祖'字,因为甲骨文中的'祖'字多作此形",并注明是根据郭沫若《释祖妣》一文。这以后,男根模拟物不断出土,学者多沿用安氏的定名。他们把地下出土的一切男根模拟物都称为"祖":陶制的叫"陶祖",石制的叫"石祖",铜制的叫"铜祖",瓷制的叫"瓷祖",现在"祖"已成为一个专门的器物学术语。

出土发现的"祖",数量已有不少,很有必要做汇总研究。近来已有学者收集资料做初步讨论[①],但这些材料应做细致鉴别,不能把凡是"挺然翘然"的东西都收进来,有些形似之物应予剔除。

现已发现属于新石器时代晚期和商周时期的男根模拟物多数是陶制,少数是石制[②],如:

(一)仰韶文化晚期。

(1)1931年山西万泉荆村遗址出土(即上董光忠文所发表)。陶制,1件,"该形为在腰部中断之遗物,在破损之端复有横穿之直孔遗痕,想用绳索悬挂之物也",长约6厘米(据图版比例尺推算),属仰韶文化庙底沟类型[③]。

(2)1976～1977年陕西铜川李家沟遗址出土。陶制,1件,"两端均残,表面凹凸不平,中间有一孔,细泥红陶,残长8.2厘米",属遗址三期遗

---

① 见宋兆麟《原始的生育信仰——兼论图腾和石祖崇拜》,《史前研究》1983年创刊号,131～139页;《原始社会的"石祖"崇拜》,《世界宗教研究》1983年1期;《生育神与性巫术研究》,文物出版社,1990年,第二章;《巫与民间信仰》,中国华侨出版社,1990年,119～132页。

② 前引宋兆麟文所引各例,未做年代和区系类型的排比,这里做了整理和核对,并补充了福临堡、新乡和张家坡三例。

③ 董光忠《本校与山西图书馆、美国福利尔艺术陈列馆发掘山西万泉石器时代遗址之经过》,《师大月刊》1卷3期,1933年。案:原始记录和发掘报告现存美国华盛顿赛克勒/弗利尔美术馆的档案室。

存，相当仰韶文化半坡类型的晚期[①]。

(3)1982 年甘肃秦安大地湾遗址九区出土。陶制，1 件，“泥质红陶，残长 3.5 厘米”，属仰韶文化晚期[②]。

(4)1984 年陕西宝鸡市福临堡遗址出土(图 8-5:1)。石制，1 件，扁平，属遗址三期遗存，相当仰韶文化半坡类型的晚期[③]。

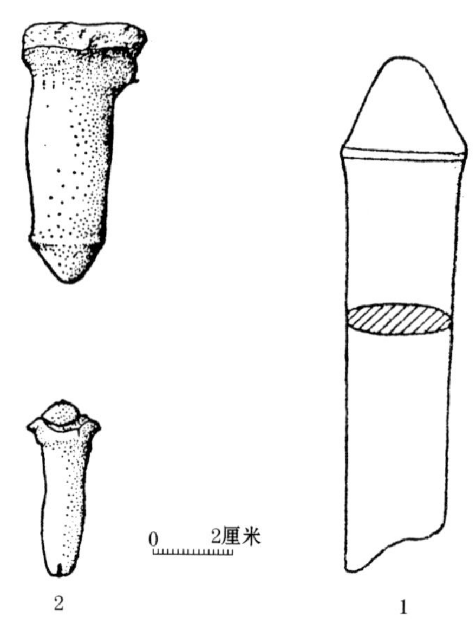

图 8-5 新石器时代的男根模拟物：
1. 石制(陕西宝鸡福临堡仰韶文化遗址出土)
2. 陶制(河南淅川下王岗龙山遗址出土)

---

① 西安半坡博物馆《铜川李家沟新石器时代遗址发掘报告》,《考古与文物》1984 年 1 期。见图版三:9。

② 甘肃省博物馆文物工作队《甘肃秦安大地湾第九区发掘简报》,《文物》1983 年 11 期。见 12 页图二三。

③ 陕西省考古研究所宝鸡工作站等《宝鸡市福临堡 1984 年发掘简报》,《考古与文物》1987 年 6 期。简报未及此物，这里的插图是由发掘者张天恩先生提供。编者按:此石祖系福临堡遗址 1985 年第二次发掘时出土，其实物图见张天恩先生执笔的《陕西省宝鸡市福临保遗址 1985 年发掘简报》,《考古》1992 年第 8 期，689～704 页，图版见 770～772 页。

(二)马家窑文化早期。

1972年甘肃甘谷灰地儿遗址出土。陶制,1件,残,形制不详,属马家窑文化石岭下类型(采集品)①。

(三)龙山文化时期。

(1)1953年河南信阳三里店遗址出土。陶制,件数、形制不详,属河南龙山文化时期②。

(2)50年代河南新乡一仰韶龙山遗址中出土。石制,1件,长10.3、径3.5～4.7厘米,出于该遗址的龙山文化层(采集品)③。

(3)1955年陕西长安客省庄遗址出土。陶制,1件,属客省庄二期(亦称"陕西龙山文化")④。

(4)1958年陕西华县泉护村遗址出土。陶制,件数、形制不详,属仰韶文化庙底沟二期⑤。

(5)1971～1974年河南淅川下王岗遗址出土(图8-5:2)。陶制,3件,一件"泥质灰陶。根部残缺。残长6.9厘米",一件"根部有一穿孔,当为系绳用。残长5.5厘米",一件"棕陶。微歪曲。残长4.6厘米",属于该遗址的龙山文化层⑥。

(四)齐家文化时期。

---

① 张正明等《谈马家窑、半山、马厂类型的分期和相互关系》,《中国考古学会第一次年会论文集》,文物出版社,1980年。58页提到,未发资料。

② 安金槐《河南信阳三里店遗址发掘报告》,《考古学报》1959年1期,1～12页、104～107页。报告未及此物。

③ 傅山泉《新乡市博物馆藏一件石祖》,《考古与文物》1990年3期,见111页图一。

④ 中国科学院考古研究所《沣西发掘报告》,文物出版社,1962年,见图版三四:9、10。

⑤ 黄河水库考古队华县队《陕西华县柳子镇考古发掘简报》,《考古》1959年2期,71～75页、119～122页。简报未及此物,但《新中国的考古收获》(文物出版社,1961年)14页提到。

⑥ 河南省文物研究所、长江流域办公室考古队河南分队《淅川下王岗》,文物出版社,1989年。见263页图二五六:1、2。

1958～1959 年甘肃永靖张家咀遗址出土。件数、形制不详，属齐家文化[①]。

（五）商代。

1952 年河南郑州二里岗遗址出土（图 8-6）。陶制，1 件，“泥质黑陶，表面磨光，上端作尖锥形，中央有圆孔，然后折成凸棱，周壁作中空的圆筒形，下端残缺。残长 10.6、径 3.4、壁厚 0.6 厘米”，属商代二里岗时期[②]。

（六）西周。

1956～1957 年陕西长安张家坡遗址出土。陶制，1 件，“断成两段。用夹砂粗陶捏成”，属西周时期[③]。

以上是北方地区所出。

（七）大溪文化。

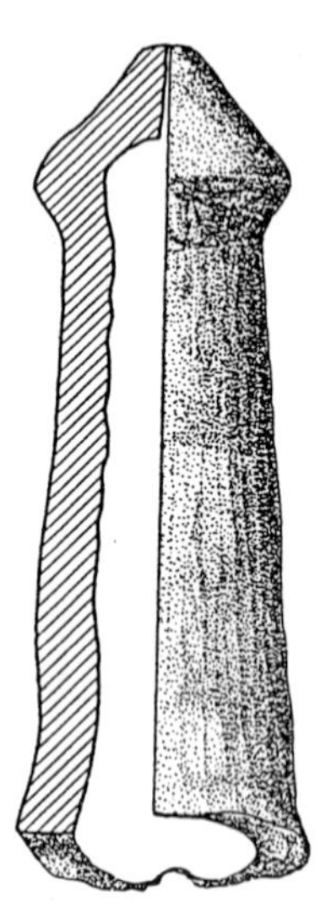

图 8-6　商代的陶男根模拟物
（河南郑州二里岗商代遗址出土）

---

① 谢端琚《甘肃永靖张家咀与姬家川遗址的发掘》，《考古学报》1980 年 2 期，187～220 页；图版见 267～290 页。

② 见安志敏《一九五二年秋季郑州二里岗发掘记》，《考古学报》第 8 册，1954 年。

③ 《沣西发掘报告》112 页（无图）。

1978～1979年湖北枝江关庙山遗址出土。不详[①]。

(八)屈家岭文化。

1955～1957年湖北京山屈家岭遗址出土。陶制,1件,"上下端略残,器表披暗色陶衣,胎色外层灰白,中部灰色,质软孱碎陶末。长7.7、径1.5～2.5厘米",属遗址早期[②]。

(九)早期越文化。

(1)1962～1965年广西邕宁坛楼新石器时代晚期遗址出土。石制,1件,"以砂岩凿磨而成。根部残而不平,器身略圆,一面有一个小平面。残长6.6、径5.1厘米"[③]。

(2)1978年广西钦州独料新石器时代晚期遗址出土。陶制,1件,"手捏制,已残,中空,长4、直径3厘米",年代约在4500年前[④]。

(3)1978年湖南安乡度家岗遗址出土。石制,件数、形制不详[⑤]。

以上是南方地区所出[⑥]。

这些出土物,一般形体较小(多在10厘米以下),似可排除用作供祭之物的可能。它们有些有孔,似是佩用之物,但如何使用难以判断(是用于破身仪式,还是求子巫术或驱避邪恶?)。这些男根模拟物与汉以来的男根模拟物有相似之处,二者之间的联系是个值得探讨的问题。这里我

---

① 《湖北枝江县关庙山新石器时代遗址发掘简报》,《考古》1981年4期。简报未及此物,宋兆麟《原始的生育信仰》(《史前研究》1983年创刊号)云是据发掘者展示实物。

② 《京山屈家岭》,科学出版社,1965年。见图版十三:17。

③ 《广西南部地区的新石器时代晚期文化遗存》,《文物》1978年9期。见19页图八:2,24页图一一:13。

④ 《广西钦州独料新石器时代遗址》,《考古》1982年1期。见19页图八:2,24页图一一:130。

⑤ 周世荣《湖南古代文化初探》(《中国考古学会第一次年会论文集》196～197页)提到。

⑥ 除以上各例,宋兆麟先生还提到:(1)临潼姜寨仰韶文化遗址所出;(2)山东潍坊罗家口大汶口文化遗址所出;(3)黑龙江齐齐哈尔北阴遗址所出。因无材料发表,这里从略。

们希望指出的是，学者把陶制或石制的前一类早期出土物与汉代，甚至晚到宋、明的类似出土物一律称之为“祖”，并把它们全都当做生殖崇拜物，这并不合适。因为我们非但不能证明早期生殖崇拜有如此连贯而漫长的后续发展，而且还有另一方面的事实不容忽略，即汉以来房中术的发达总是伴随着房中工具和房中用药的发展，这些工具恰恰也是以模拟男根为特点。它和前者只是形状相似，性质已起变化，应归入实用房中工具的范畴。

下面是我们注意到的一些属于汉代和宋代的男根模拟物：

（1）1968 年河北满城西汉中山靖王刘胜墓（M1）出土。两件，皆铜制。一件为罄折形双头用具，龟头有棱，折角约为 67 度，出土时附近有白色小石卵两枚，两头相距约 20 厘米（据照片尺寸推算），径约 2.3 厘米（图 8-7）；另一件形制相同，径约 3.4 厘米，可能比前者略大（图像未发表）。又银制品 1 件，中空，根部有圆环，长 16.5 厘米，径不详，出土时已残（图版六-2），现藏河北省博物馆[①]。

（2）1982 年陕西西安三店村西汉墓出土。两件，皆铜制。一件有浅龟棱，中空，根部有双榫，长 15 厘米、径 4.2 厘米；一件形制似同（1）所述银制品，但无龟棱，长 17.5 厘米、径 2.2 厘米，现藏陕西省博物馆[②]。

（3）1987 年陕西西安丝绸公司仓库工地西汉墓（M5）出土。1 件，为铜制。有浅龟棱，中空，根部有呈 65 度角倾斜的外侈之唇，上有三孔（两孔在上，一孔在下），长 13.2、径 2.2 厘米，现藏陕西省考古研究所[③]。

（4）1959 年陕西铜川耀州窑遗址出土。两件，皆瓷制。一件有非常逼真的龟头，龟头有孔通于中空的腔内，茎部有 20 道螺纹，根部侧面有两

① 《满城汉墓发掘报告》，文物出版社，1980 年，上册 100、120 页，下册图版六一：2。

② 朱捷元、李域铮《西安东郊三店村西汉墓》，《考古与文物》1983 年 2 期。见图版七：5。

③ 承陕西省考古研究所张建林先生提供材料。

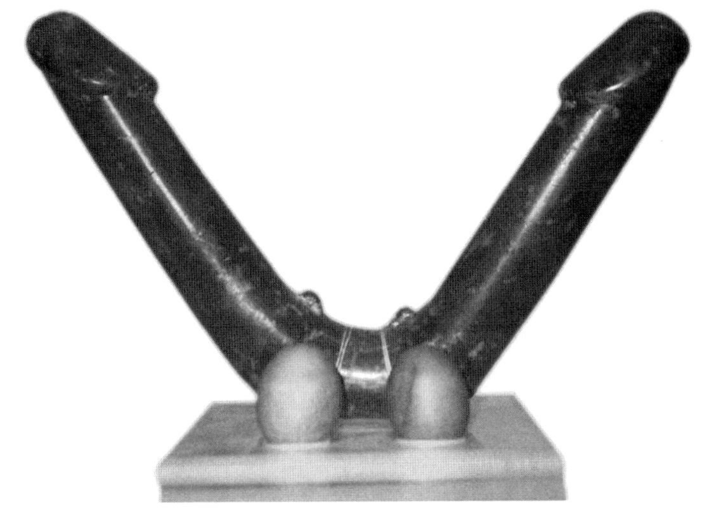

图 8-7　汉代的双头角帽
（满城汉墓 M1 出土）

个穿孔，釉色青白，长 19.2、径 2.5～3.5、壁厚 0.3～0.5 厘米，现藏陕西省考古研究所；另一件残，出土时与前者烧粘，尺寸不详（图像未发表），现藏铜川市博物馆[①]。

（5）1981 年陕西黄陵河北宋墓出土。完整的 1 件，碎片 5 块，皆瓷制品。其中完整的一件形制同（4），釉色不详，长 16.2、径 4.2 厘米[②]。

还有，1991 年 4～5 月，我在河南、陕西访古，曾见过两件与（4）（5）略有不同的瓷制品，一件是中国社会科学院考古研究所洛阳工作站收藏，与（4）（5）近似，但龟棱不明显，只有浅箍一道，螺纹亦浅，釉色也是青白色[③]；另一件是宝鸡市文物工作队收藏，龟棱明显，但无螺纹，胎

① 《陕西铜川耀州窑》，科学出版社，1965 年，25 页。原书未发照片或线图，这里的照片是由张建林先生提供。

② 杨元生《黄陵县发现宋代瓷祖》，《考古与文物》1984 年 3 期。见 92 页图一。

③ 估计也是宋代烧制。

壁较厚,釉色为酱色[①]。又据说北京地区明清太监墓也往往出土类似之物[②],但材料尚未整理发表。

这些年代偏晚的男根模拟物,属于西汉时期的6件,除1件为银制,多系铜制。它们可分4种型式,一种是作双头,可供两个女子同时使用;一种是根部带环,可用手指套在环内操作;一种是根部带唇,似可穿绳,束于腰间;一种是根部带榫,可能下部残断,类似第二种。而属于宋代的5件,主要分两种型式,一种带螺纹,一种不带螺纹,两种往往都在根部两侧穿孔,也是用以系绳,束于腰间,造型要比汉代更为逼真,尺寸也大一些。它们都很明显是实用的房中工具。

对于此类器物的性质,现存房中书记载较少,只有《房内》引《彭祖经》提到象牙男茎,但明清小说讲房中之事,对这类物件的描写却淋漓尽致,是了解其功用的重要参考。

在明清小说中,上述男根模拟物,一般是叫"角帽"或"角先生"(在解放前的上海,仍有此物之售,亦称"角先生")[③]。

按一般情理推断,上述男根模拟物皆属女子自用的工具,但明末小说《浪史奇观》三次讲"角帽",却可说明情况并非都是如此。如:

例一:第十三回讲女主人公文妃让男主人公浪子在正式行房前先试以角帽,"只见那春娇把一件东西递过来道:'相公使的角帽儿',浪子接过来,把自己的柄儿一比差了一大半,道:'用不得。'文妃道:'先把帽儿空试一试,做个探子。'浪子真个拿来推进去,没一盏茶时,只见里头'出'的一

---

① 1988年陕西宝鸡市长岭机器厂北宋墓出土,见《中国文物报》1988年7月22日。文中未及此物。

② 杨静荣《陶器与原始宗教中的生殖崇拜》(《考古与文物》1989年4期)提到:"据冯先铭先生见告……类似的瓷祖在明清时期的太监墓中亦有出土。"杨元生《黄陵县发现宋代瓷祖》说"墓主人生前很可能是宦官或有生理缺陷而丧失生育能力的男子,瓷祖出自墓穴,当为弥补墓主人的生前缺憾而陪葬",似即由这类发现而推论。杨静荣文提到"河南洛阳地区曾出土制作精细的商代玉祖,承德博物馆亦藏有河北地区出土的陶祖等等",皆未发表。

③ 承北京大学中文系沈天佑先生告。

声把那帽儿流星也似一般直喷将出来，去了四五尺路。你道这是怎的？这是妇人兴动，难按淫水涌发，不觉的把帽儿喷出来也。浪子笑道：'兀的不是发碌硬出来了。'文妃道：'休得取笑，快把大卵肏进去。'"

例二：第十六回讲文妃之夫王监生久游而归，初与文妃行房，文妃不满足，叫王监生套上角帽再度行房，"监生便与春娇讨这角帽儿，带了放进去，那妇人又把监生来当做浪子意度，闭着眼道：'亲心肝，亲心肝，许久不见，如今又把大卵弄我的。'手舞足动。那监生抽了三千多抽，便没气力，除去了帽儿，用手送了二三十次泄了"。之后不久，王监生便暴病身亡。

例三：第三十九回讲文妃趁安哥（浪子的另一相好）睡着："便去将一个京中买来的大号角帽儿，两头都是光光的，如龟头一般，约有尺来样长短，中间穿了绒线儿，系在腰里，自家将一半拴在牝内，都盖上去轻轻插进安哥牝内，便叫丫环吹灭了灯烛，尽力抽送……"

小说的描述可以表明，"角帽"既有单头的（如例一、二），也有双头的（如例三），与出土发现类似。其中双头"角帽"是二女共用，但单头"角帽"却并非由女子操作，而是由男子套用，聊以助兴。书中不仅例二是这样，例一也是如此。因为原文讲得很清楚，春娇拿出的乃是"相公使的角帽儿"，只是因为浪子比了一下，发现型号太大，所以文妃才"空试"。书中所述单头"角帽"，是供男子套用，可以解释出土器物何以多作腔体，所谓"角帽"的"帽"字可能即取其套用之义，最初也许是一种含义稍窄的专名，与实体的"角先生"有别（但这里的双头"角帽"却是实体的，似二者也可混用）。也就是说，同样是男根模拟物，至少还可以分为两种或三种。

这类器物也见于明末春画，可与小说对照。如高罗佩《秘戏图考》卷一的图版 17 即绘有这类器物（出《江南销夏》）。

对此类器物的研究，我们还可把眼界放得更宽一点，如古希腊也有类似双头"角帽"的工具，即所谓 double olisbos。印度的《欲经》[①]，其第七部

① *The Kama Sutra of Vatsyayana*, Sir Richard Burton and F. F. Arbuthnot trans., New York: G.P.Putnam's Sons, Inc., 1963 年。

分是讲媚道,也详细讲到各种房中工具。其典型器物是所谓 Apadravya,即“阴茎增大器”。它分很多种,一类是用金银、铜铁、牙角、铅锡做成的圆环,套于阴茎上,数量可以从一两件到很多件。单环叫 Valaya(意为“臂钏”),双环叫 Sanghati(意为“双”),三环或三环以上叫 Chudaka(意为“手镯”)。Chudaka 也可用一根绳子缠绕阴茎来代替。另一类是叫 Kantauka 或 Jalaka,是作上下有口的管状物,可视为前者的整合。其外表一般都故意做得比较粗糙,并饰以乳突,用来增加快感①。它们和上述“角帽”有相似之处,但特点是从环发展而来,并且顶端不封口。宋代出土物,茎部或作螺纹,也可从 Chudaka 获得启发,即凡属套用的男根模拟物,其作用都是起阴茎增大器的作用。

另外,与此有关,我们还可顺便讲一下明清小说和明清笔记中常常提到的其他一些工具,因为这些工具有些可能是属于中国自己的传统,有些则是来源于印度。区别二者,将有助于了解中国自己的传统,对小说史的研究也有帮助。

这些工具主要是:

(1)藤津。见《聊斋志异》的《狐惩淫》篇。也叫“广东人事”(《醒世姻缘传》第六十五回)和“广东膀”(《株林野史》第七回)。作用类似“角帽”。《株林野史》对其用法有具体描述:用时先要用热水浸泡,使其发硬,然后以绳束其根部,并将绳的两端绑在脚跟上,动其双脚,以手助其出入。其特点是作实体和由女子自用。《金瓶梅》没有提到“角先生”或“角帽”,但第七十九回提到一种套在龟头上,叫“景东人事”的淫具,不知是否与此有关。

(2)托子。在《金瓶梅》中是西门庆使用最多的工具。该书所述多是用银制造,也叫“银托子”。学者多不详托子为何物,但细察文义可知,它是一种圆环,套于男茎根部,并系绳束于腰间。单环只叫“托子”,双环则

① Sir Richard Burton and F. F. Arbuthnot trans., *The Kama Sutra of Vatsyayana*,216 页。

叫“双托子”(见该书第七十八回)。前者相当《欲经》的 Valaya,后者相当《欲经》的 Shanghati,从形式上看,和印度的工具相同。这种器物除银制,可能也有用其他材料制造。如高罗佩《中国古代房内考》281 页认为《金瓶梅》中的“悬玉环”(见该书第三十八回)就是这类器物。该书图版 15 还有 1 件象牙制标本(未注收藏),雕有二龙戏珠的图案,据说也是这类器物。〔案:高氏《秘戏图考》图版 13(出《鸳鸯秘谱》)画有一佩用此器的男子,正在行房,是重要佐证。但高氏说这是“悬玉环”却难以肯定,因为单从画面本身,我们无法判断器物的制造材料。〕另外《金瓶梅》第七十九回还提到一种用女子头发和“五色绒”缠成同心结,带两条锦带的托子,称为“锦托儿”。

(3)缅铃。也叫“勉铃”,屡见于明清小说(如《金瓶梅》、《醒世姻缘传》)和明清笔记(如《玉芝堂谈荟》、《万历野获编补遗》、《枣林杂俎》、《檐曝杂记》),是一种内有丸的小金属球(类似保定铁球,但体积很小),往往嵌于男势,用以在女子阴道内起震颤作用。此物传出缅甸,故称“缅铃”,但近有学者考证,“缅铃的真正产地还不是缅甸,而是印度,也就是它从印度传到缅甸和暹逻,又从缅甸和暹逻通过陆路渠道进入云南,或则通过海路渠道进入广东”,并说《欲经》“最后一章介绍许多营养药物和性具,其中便有缅铃”[①]。今按《欲经》第七部分提到印度南方各国有在男茎上动手术,穿孔嵌物之俗,认为非此不能有大乐,其嵌物种类有十多种,如“圆”、“半圆”、“木浆”、“花”、“臂钏”、“苍鹭骨”、“刺象棍”、“八联珠”、“一撮毛”、“十字路口”等,缅铃或即其中之一。

(4)白绫带子。在《金瓶梅》中是用于束托子之物,往往内缝药物或用药煮过,故也叫“药煮白带子”。此物又可单独使用,如《既济真经》说:“若行采战,先用绢带,束固茎根”。它与《欲经》所说用一根绳子缠绕的 Chudaka 有相近之处。

(5)硫磺圈。也是《金瓶梅》中西门庆常用的工具,是一种套在男茎龟头上,带硫磺的圈子。硫磺是起阴道收敛作用的药物,见于《房内》第二十

① 吴晓铃《〈金瓶梅〉“勉铃”释》,《文献》1990 年 4 期,62～63 页。

八章《玉门大》。

(6)其他。如“悬玉环”已见上述。另外,《金瓶梅》还提到“相思套”(见第三十八回),未做描述,也许即男子套用的“角帽”。

上述器物,有不少可能是来自印度或国外,如(3)是源于印度,(2)(4)可能与印度有关,(1)冠以“广东”二字,也可能是舶来品。真正属于中国自己的传统,主要还是前面提到的“角帽”。

“角帽”虽属不登大雅之堂的淫具,但对研究历史还是有一定的重要性。如汉初诸王淫风炽盛,尤以“景十三王”臭名最著,其中就有中山靖王刘胜。史载“胜为人乐酒好内,有子百二十余人。常与赵王彭祖相非曰:‘兄为王,专代吏治事,王者当日听音乐,御声色。’赵王亦曰:‘中山王但奢淫,不佐天子拊循百姓,何以称为藩臣!’”(《汉书·景十三王传》)。谁能想到两千多年后,他的墓又被发现,里面果然就有可以充分反映其为人的各种“秘戏之宝”,墓中不仅出有铜银“角帽”3 件,而且尸体还有专门保护生殖器的玉罩盒(系用玉琮改制,见图 5-4 右下)[①]。又宋元以来市井多有淫器之售,对了解明清小说也是一种必要的知识。特别是有些明清小说还提到用“尿胞皮儿”做的“角先生”(《一片情》第九回)[②],尤其值得注意。因为避孕套的设计恐怕正是从这类东西受到启发。

现在,人们都已目睹,避孕套是本世纪对人类生活起了巨大革命作用的东西。它的发明,在科技史的研究上是个大问题。西方学者多说,现在欧洲人使用的避孕套是由 16 世纪意大利解剖学家法罗波斯(Fallopius,1523~1562 年)发明。据说在 1564 年(即他死后两年)出版的一本书中,他宣称自己发明了一种用亚麻布制成,套在龟头上,用以防止梅毒的小套。这种小套就是现代避孕套的雏形。后来到 18 世纪,人们开始用羊肠或鱼皮代替它,并用以避孕,但使用不广,只限于妓院和少数特殊的商店。只是到 19 世纪,即 1843~1844 年,由于橡胶硫化技术的发明,才使人们

① 见《满城汉墓发掘报告》上册 140 页,下册图版一〇五:1。

② 承美国堪萨斯大学的马克梦先生告。参看他所著“Causality and Containment in Seventeenth Century Chinese Fiction”,*T'oung Pao*,Vol.XV,1988 年,46 页。

有可能制造出性能与今日类似的避孕套，并在1870年前后得到普及，大量生产，廉价出售[1]。另外，据说16世纪上半叶，日本也有类似发明[2]。这两个时间，彼此相当接近，大体在我国明代正德(1506～1521年)、嘉靖(1522～1566年)年间。值得注意的是，这一时间范围正是明代色情小说和春宫版画广泛流行，日本对华贸易兴盛，并从中国进口各种色情制品，以及意大利等国西方传教士开始来华活动和梅毒传入中国的时间[3]。

现在，作为问题，我想提出的是，这些几乎是发生于同一时间范围内的事件，它们之间是否曾有某种联系，避孕套的发明会不会与中国有关？

当然，这一问题还要做进一步研究。

二、古代房中书的用药

古代房中术作为一个体系，在某种程度上可以说，是整个古代方技的一个缩影。换句话也可以说，古人常常是从方技体系的整体来理解房中术，它与方技各门均有交叉。例如我们在第七章讨论的古代性技巧体系，自古人看来，主要就是一种与行气、导引类似的养生方法(故亦名“合气”，并以导引术式名为体位术语)；而其用药和巫诅禁咒，则与第六章讨论的服食、祝由密不可分。特别是所谓“媚道”，其中既有“药”也有“术”，更是常常把二者结合在一起。所以在讨论过以上的内容之后，作为不可缺少的部分，我们还应对古代房中书的用药也试做总结。

古代房中书的用药是包含在许多性质复杂的医方之中。其中既有一般滋阴壮阳的补剂和治疗房事所伤的药物，也有专为增加快感的媚药，甚至包括许多与媚道有关的巫术和其他内容。各类内容往往相通和存在过

① 参看Reay Tannahill, *Sex in History*, Stein & Day, New York, 1981年，321页，395页。

② 参看Robert Crooks and Karla Baur, *Our Sexuality*, San Francisco, The Benjamin/Cummings Publishing Company Inc., 1990年，379页。

③ 参看高罗佩《中国古代房内考》311～312页。

渡层次，不能截然划分。这里除属于祝由术的内容已见第五章讨论，可以不再重复，其他皆附论于此。

（一）马王堆房中书的用药

马王堆房中书讲房中用药，主要是集中在《养生方》和《杂疗方》中。二书所述医方都是兼列补药和媚药，并包括其他内容。由于房中补药与一般补药难以严格区分，这里不妨放在一起介绍。

我们先讲《养生方》。它包括：

（甲）一般补药（内服）。

（1）《〔为〕醴》（1方）：是服用一种用黍、稻酿造的甜酒。

（2）《筭》（3方）："筭"可能即原文所说"策"。是用竹管盛药炊食，药物有茯苓、绝黄和乌喙等物。

（3）《为醪勺（酌）》（1方）：也是服用一种甜酒。

（4）《〔麦〕卵》（5方）：是服用蘖糗（麦粉一类）、鸡卵（或鸟卵），以及菟芦（菟丝子）、菽酱（豆酱）等物。最末一方提到"治阴"，可见与壮阳有关。

（5）《〔轻身益力〕》（残，仅存1方）：用药不详。

（6）《除中益气》（17方）：属益内利中之方。所用药物有兹肉、乌喙、泽泻、蘯、酸枣、松脂、菀、冬葵种、防风、牛肉、萆荚（一作萆薢）、白杭本、马酱、门冬、菌桂、细辛、萩、牡蛎、秦椒、茈（柴胡）、雄鸡、斑蝥、牡蝼首、牡乌□、猪膏（猪油）、牡兔、朮、干姜、白苻、红符、茯苓、马肉等物。

（7）《〔治〕力》（6方）：属益力之方。所用药物有藁本、牛膝、醇酒、槐实、骈石、马肉、乌喙、□舆、门冬、萆薢（即上萆荚）、桔梗、云母、松脂、麦蘥等物。

（8）《〔醪利中〕》（3方）：亦属益内利中之方。所用药物有漆、节（地节）、乌喙、紫葳、浚麹、黍、稻、干姜、焦□、美酒等物。

（9）《〔折角〕》（1方）：属益力之方。所用药物有蜱灰等物。

（10）《〔走〕》（9方）：属疾行善趋之方。所用药物有飞廉、方葵、石苇、桔梗、紫葳、乌喙、白螣蛇、苍梗蛇、枣脂、阴菌、龙葵、防风、伏菟、马膏、肥鸡、瓦茝(瓦苔)、犬等物。

(乙)治疗性功能障碍的药(内服)。

(1)《〔老不起〕》(3方):治疗老年性阳具不举。所用药物有颠棘、秫米、乌喙等物。

(2)《〔不〕起》(1方):治疗阳具不举。是服用一种特制的粥。

(3)《用少》(2方):治疗精液稀少。所用药物有"□□雄二之血"、"牡腊□"等物。

(丙)壮阳之药(内服)。

(1)《治》甲(4方):"治"即《〔麦〕卵》最后一方所说的"治阴",属壮阳之方。所用药物有雄鸡脯、黄蜂骀、醴、美酱、疸糗、蠃中虫(蜗牛肉)等物。其中第一方云"食脯四寸,六十五",最后一方云"欲廿用七最(撮),欲十用三最(撮),酒一桮(杯)",《帛书》注以为前者与《房内》引《玉房指要》"治男子,令健作房室,一夜十余不息方……服之,一夜行七十女"相似,是"多御"之说,后者应相同。

(2)《治》乙(1方):性质同上。所用药物有蠃(蜗牛)、酢截、□犬脯等物。方末云:"食脯一寸胜一人,十寸胜十人",《考注》以为亦"多御"之说。

(丁)男性媚药(既有内服,也有外用)。

(1)《加》(1方):"加"指令阳具增大。所用药物有莱、茼、白松脂等物。

(2)《〔洒〕男》(1方):"洒男"指用药液洗阳具令其增大。所用药物有梓实等物。

(3)《〔便近〕内》(3方):"便近内"是利于行房之义。所用药物有颠棘根、全黑雄鸡、黑骘犬、乌喙、车前、汾菌、稗□、门冬、茯苓等物。

(戊)女性媚药(塞用)。

(1)《勺(约)》(3方):"约"指令阴户收敛。方法是以布裹药塞入阴道。所用药物有蚺蠃(蜗牛)、干姜、桂、要苕、蛇床、蜜、枣脂、桃实、美截等。三方皆有"热"、"痒"之效,特别是第三方,据说一沾皮肤则"养(痒)不可支"。

(2)《〔益甘〕》(4 方):“益甘”是增加快感之义。方法是以小囊盛药塞入阴道。所用药物有茯苓、肥豯(乳猪)、牛腮、干姜、菌桂、醯、牛肚、鹿肚、予木、鸟卵(不能孵化者)。

(己)男女通用的媚药(外用)。

见《〼巾》(8 方):是用媚药涂巾擦拭阴茎、阴户,提高性欲。所用药物有鸡(用蜂螯死者)、邑枣之脂、杨思(一种咬人的虫)、赤蚁、斑蝥、榖汁、椅桐汁、蛇床、蓝本、潘石、蕺、菻荚、牡鼠肾(阴干者)、邑鸟卵、蛂蠃、美酪、天牡(天社虫)、桃可(桃毛)、牡蝼首、□柎等物。

(庚)验淫之药(外用)。

见《戏》(2 方):“戏”指妻妾与外人通奸。其法是以守宫(蜥蜴类)食丹砂后制药,认为用这种药涂女子身可以验淫:若与人通,则所涂之色褪去。

(辛)去阴毛之药(外用)。

见《去毛》(3 方):“去毛”指去“洫毛”,应即阴毛。一方是于产后沐浴,先洗阴部,认为可去阴毛。一方是以白婴蚯蚓、蜘蛛网、苦瓠煎汤,淬铁后外敷。一方是拔除阴毛,敷以称醴(一种酒)。

(壬)治阴茎肿之药(外用)。

见《〔病最〕穜(肿)》(1 方)。是用柳付与臟膏调药,敷于肿处,并裹以布。

(癸)其他。

此书最后三题,《〼》、《□语》是房中书的摘录(前者与汤有关,后者与禹有关),《食引》是讲壮阳导引,内容与张家山汉简《引书》所述“益阴气”相近。

下面再讲一下《杂疗方》。

《杂疗方》是以讲媚药为主,但也包含其他一些内容:

(甲)男性媚药(以外用为主,但也有内服的)。

皆题为《内加》(4 方)。“内加”即《养生方》的“加”,也是令阳具增大之方。一方是服春鸟卵,一方是用桂、姜、椒、蕉荚、榖汁、榆□挎制药丸,塞入尿道口，以举为度。一方是用榖汁浸布擦拭阴茎，以举为度。一方是用犬肝（令蜂螫之）、陵藁、美醯、禹熏等物制药，施于阴茎，以举为度。

（乙）女性媚药（塞用）。

多题为《约》（5方）。“约”同《养生方》的“约”，也是令阴户收敛之方。一方是用蕃石、蕉荚、禹熏制药，盛以小囊，塞入阴道。一方是用桂、干姜、蕃石、蕉荚制药，裹以丝缯，塞入阴道，以“知”（指有兴奋感）为度。一方是用巴菽（巴豆）、蛇床、桂、姜、蕉荚，调以蜜或枣膏，抟制药丸，盛以小囊，塞入阴道，以知为度。一方是用犬骨、蕃石、桂、姜、蕉荚，调以枣膏，塞入阴道，以知为度。一方是用蕃石、桃毛、巴菽，调以枣膏，抟制药丸，塞入阴道。又有《□痒》等方，也是类似性质，往往有“女子乐”、“〔女〕子甚乐”等语。其中提到用羊头、蜜抟制药丸，以及“善粥”、“美醯”等。《帛书》注以为《□痒》是治疡之方，恐非。因为“痒”是表示女性快感的词。

（丙）男女通用的媚药（外用）。

见《内加及约》（1方）。是用空垒、美醯、桃毛等物制药巾擦拭阴茎和阴户，以举为度（原文略去表示“以知为度”的话）。此方之后又有一方云：“欲止之，取黍米泔若流水，以洒之”，是以淘米水或流水洗阴茎，使之疲软，属“内加”之方的解药。

（丁）益内利中之药（内服）。

见《益内利中》（3方）。第一方是服食醇酒和鸡卵，其他两方不详。又《□□□加醴》是以五种药物与薜□根、赣汁等物制醴，服食之。另外本书开头的两个方子，还有《□□□加醴》之后的方子，大概也属此类（文字残缺较甚）。

（戊）埋胞之法。

见《禹臧（藏）貍（埋）包（胞）图法》，应即《胎产书》的图注。

（己）避蜮虫蛇蜂之方。

共有15个方子，或“撮米投之”，或服食禁、兰实、菱芰、□□根、□鱼、鳖等物，或唾祝之，或以黄土、兰叶、蚯蚓屎制药熨伤。

这后两种与房中无关。

另外，《十问》中也有若干与房中服食有关的内容，如《黄帝问于大成》章提到一种练色之方，即“尺汙（蠖）之食方”，所食为“柏实盛良”、“走兽泉英”（兽奶或兽精），以及雀卵、雄鸟肉等，《文执（挚）见齐威王》章提到服食醇酒、毒韭，亦可视为房中补药。

从上所述，我们可以把《养生方》和《杂疗方》所述房中用药分为三类，一类是房中补药（包括治疗性功能障碍和壮阳之药），一类是媚药，一类是治疗房事所伤和验淫、去毛之药。补药是以酒醴、粥、鸟卵（或鸡卵）、蜗牛肉、肉脯，以及茯苓、乌喙、菟丝子、防风、门冬、石苇、颠棘、车前、菌桂、细辛、干姜等草药为主。媚药与补药往往重合，但多半是以外用或塞用为主（包括药巾、药囊、药丸等），其中菌桂、干姜、蕉荚、蕃石、禹熏、巴菽、枣膏等似乎比较突出。

（二）旱滩坡医方简中的“白水侯方”①

旱滩坡医方简包括竹简 78 枚和木牍 14 枚，前者据篇末所题，应称为《治百病方》，后者则是一些杂方，没有标题。其中 84 和 85 号木牍皆正背两面书写，所记都是治疗男性性功能障碍之方，并且皆称“白水侯方”，可录之于下：

（甲）白水侯所奏治男子有七疾方。作：

何谓七疾？一曰阴寒，二曰阴痿（痿），三曰苦衰，四曰精失，五曰精少，六曰橐（睾）下养（痒）湿□□……不卒，名曰七疾。令人阴□小，橐（睾）下养（痒）湿盈之，黄汁出，……远行，小便时难溺，□赤黄，泔白刻，便赤脓，余沥□……苦恿（痛），膝胫寒，手足热，且烦，卧不安床，涓目泣出，□□……白下，常恿（痛）温温（隐隐），下溜（流）旁（膀）急，恃苏□□□□□阴□□□□□□□□□□□有病如此，名为少伤。何已（以）□□□尚□□□……□伏下□□□□□□□□巳汻，切孙于内，伤□□□□□其坐则应中□□□□□见□□□惊骇，饮酒大乐，

① 《武威汉代医简》，文物出版社，1975 年。

久坐不起，有便不□，□□□□，有病如此，终古毋子。治之方，活（括）楼根十分，天雄五分，牛膝四分，续断四分，□□五分，昌（菖）蒲二分，凡六物，皆并冶合和，以方寸匕一，为后饭，偷（愈）久病者，卅日平复，百日毋疾。苦建威耿将军方，良禁，千金不传也。

(乙)治东海白水侯所奏方。作：

治男子有七疾及七伤。何谓七伤？一曰阴寒，二曰阴痿（痿），三曰阴衰，四曰橐（睾）下湿而养（痒），黄汁出，辛恿（痛），五曰小便有余，六曰茎中恿（痛）如林（淋）状，七曰精自出。空居独怒，临事不起，起死玉门中，意常欲得妇人甚者，更而苔轻重，时腹中恿（痛），下弱（溺）旁（膀）光（胱），此病名曰内伤，□桔梗十分，牛膝、续断、方（防）风、远志、杜仲、赤石脂、山朱（茱）臾（萸）、柏实各四分，肉从（苁）容（蓉）、天雄、署（薯）与（蓣）、蛇〔床〕、□□、□□〔各□分〕，凡十五物，皆并冶合〔和〕……"

这两个方子都是治男子七伤，所述病候和处方略有不同，经考证即唐孙思邈《千金翼方》卷十二"周白水侯散"和《千金要方》卷十九"黄帝问五劳七伤于高阳负"及所附"石苇丸"方所本。其所用药，有些未见于马王堆房中书，但却是后世房中用药中的常用药，如肉苁蓉、薯蓣、续断、远志、杜仲、柏实等。

(三)早期房中用药的延续和发展

从上所述，我们似可认为，中国早期的房中用药并没有什么神秘之处。其补药很多都是今天极普通的营养品和滋补品，即使媚药在成分上也没有什么奇特之处，往往只是在擦拭或塞用后有"痒"、"热"一类刺激作用。

那么接下来我们要谈的一个问题是，后世的房中用药与上述房中用药有什么联系，又有什么区别。

这里我们只着重讲一下《房内》的用药。

《房内》所收药方，据上一章所述，主要是隋唐时期流行的医方（当然

这些医方有些也有较早的来源)。它们包括:

(甲)房中补药(见第二十六章《用药石》)。

多属治疗阴萎不起、五劳七伤和健作房室之方。其所用药物主要有:鹿角(或麋角)、附子(乌喙类药物中的一种)、茯苓、肉苁蓉、钟乳、蛇床、远志、续断、薯蓣、鹿茸、菟丝子、枳实、五味子、柏子仁(即柏实)、车前子、山茱萸、地黄、防风、牛膝、杜仲、桂心、甘草、朮、干漆、巴戟天、枸杞、菖蒲、蜂房等物。

另外,此章引《葛氏方》还有"令阴委(痿)弱方",是以水银、鹿茸、巴豆,与麋脂和药,涂茎(亦可单用水银),或灸三阴交穴,是相反的方子。

(乙)男性媚药(见第二十七章《玉茎小》)。

所用药物主要有:柏子仁、白蔹、白朮、蜀椒、细辛、肉苁蓉、海藻等物。

(丙)女性媚药(见第二十八章《玉门大》)。

所用药物主要有:硫黄、远志、蒲华、青木香、山茱萸等物。

(丁)治疗少女房事所伤(见第二十九章《少女痛》)。

所用药物主要有:发灰、青布末、麻油(外用)、乌贼鱼骨(烧成屑)、甘草、芍药、生姜、桂等物。

(戊)治疗成年妇女房事所伤(见第三十章《长妇伤》)。

所用药物主要有:桑根皮、干姜、桂心、枣、生地黄、芍药、香豉、葱、生姜、甘草、黄连、牛膝、伏龙肝等物。

以上药物很多都见于马王堆房中书(如附子、茯苓、蛇床、菟丝子、柏子仁、车前子、防风、桂心、朮、干漆),还有一些是见于旱滩坡医方简的"白水侯方"(如肉苁蓉、远志、续断、薯蓣、山茱萸、杜仲、菖蒲)。其突出特点是,它的房中补药几乎每方必有肉苁蓉(图8-8),而且女性媚药是以硫黄做收敛剂。

《房内》的用药很多仍是后来房中用药的重要内容。如肉苁蓉,后来仍是著名的房中补药;硫黄,据《金瓶梅》所述硫黄圈的使用,也一直沿用于明。但从总体上看,这些药物并没有什么奇特之处,一是少见动物阴茎

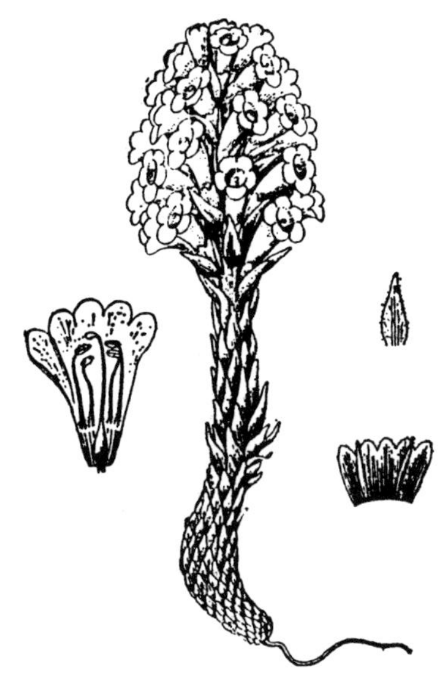

图 8-8　肉苁蓉(*Cistanche salsa*)

类药物("鹿鞭"、"狗鞭"等物,但《胎产书》9 求子方有"狗阴"),二是没有红铅(用少女初潮月经制成的药)、女精(阴道分泌液)、河车(胎盘)、秋石(从小便中提炼)类药物①。这后一类药物在明清时期很流行。当时小说为了渲染色情场面,常常巧立名目,拼命夸大媚药的神奇效力。如《金瓶梅》所说的"颤声娇"(一种粉剂外用药物)②、"胡僧药"(一种既可内服,又可外用的粉红色膏剂)和"封脐膏"(贴于脐上)③,以及某些小说吹嘘的"金枪不倒丸"等等,颇能惑人耳目。古代房中用药多有解药或作用相反的药,明清小说常常提到以凉水或冷茶解春药,这和马王堆房中书也是一致的。印度的《欲经》既有"相爱方",也有"不爱方";既有"长毛方",也有"去毛方"(见第七部分)。可见这种特点还不仅中国为然。

---

① 参看胡孚琛《魏晋神仙道教》,人民出版社,1989 年,263 页。

② 高罗佩《中国古代房内考》166 页把"颤声娇"误解为缅铃一类器物,其实《金瓶梅》原书讲得很清楚,这是一种药粉。

③ 明高濂《遵生八笺》也提到这种药,称为"保真膏"。

中国古代的宫中秘戏常以补药壮阳、媚药助兴，成为小说家的重要话题。如汉武帝服慎䘏胶、唐明皇食助情花，皆其著称者。明末嘉靖、隆庆朝，方士邵元节、陶仲文、盛端明、顾可学辈甚至以献"红铅奇药"而见幸[①]。当时社会上淫风炽盛，据说就是效法宫中秘戏。像西门庆服春药过量终至脱阳而死，也是脱胎于汉武故事。

古人对春药神奇效力的迷信常常带有很多想像成分，古代有识之士多已指出。如：

(1)《医心方·房内》引《彭祖经》的佚文："奸淫所以使人不寿者，未必鬼神所为也。或以粉内阴中，或以象牙为男茎，而用之皆贼年命，早老速死。"

(2)汪价《广自序》："世之愚侩纵情彫伐，以致阳弱不起，乃求助于禽虫之末。蛤蚧偶虫也，采之以为媚药。山獭淫毒之兽，取其势以壮阳道。海狗以一牡管百花，鬻之助房中之术。何其戕真败道，贵兽而贱人也。且方士挟采阴之说，谓御女可得长生，则吾未见蛤蚧成丹，山獭尸解，海狗之白日冲举也。"

(3)李时珍《本草纲目》卷五十二："今有方士邪术，鼓弄愚人，以法取童女初行经水服食，谓之先天红铅，巧立名色，多方配合，谓《参同契》之金华，《悟真篇》之首经，皆此物也。愚人信之，吞咽秽滓，以为秘方，往往发出丹疹，殊可叹恶。"

前人尚有此见，我辈可不悟乎！

【补记】上文所论角帽，各地续有发现，不能尽述。2004 年 4 月～10 月，陕西西安北郊明珠新家园 M54 出土西汉早期铜角帽 4 件和装角帽的骨套 7 件，是发现较多的一例。参看：陕西省考古研究所《西安北郊明珠新家园 M54 发掘简报》，《考古与文物》2004 年 2 期，15～19 页。

---

① 见任继愈主编《中国道教史》，上海人民出版社，1990 年，596 页。

附录一

马王堆房中书释文

（校订本）

养生方

〔老不起〕：□□□□□□□□□臭可□□□□□□□□□□□□□□□□□□□□[1]□□□□□□□□□□和则□乃□□□□□□□下▨[2]。

〔一曰〕：□□以瘨（颠）棘为浆方，〔刌〕瘨（颠）棘长寸□节者三斗，□□□□□□□□之，以藿坚[3]〔稠〕节者爨，大潰（沸），止火，潰（沸）定，复爨之。不欲如此，二斗半□□□□□□，以故瓦器盛[4]，□为刚炊秫米二斗而足之。气孰（熟），□旬□寒□即干□□□□□沃之，居二日而[5]□浆。节（即）已，近内而饮此浆一升。浆□□□□□□□□□□□□□□侍（偫）其汁，节（即）浆[6]□□以沃之，令酸甘□□饮之。·虽□□□□□□□□□□□□□□□□□□□□[7]□□使人即起。浆所▨[8]。

〔一曰〕：□□□□□渍乌▨[9]□□矣。有▨[10]。

〔为〕醴：为醴，取黍米、稻米□□□□□□□□□□□□□□□□□□□□□□□□□□[11]稻醴孰（熟），即海（每）朝厌歠（歠）□□□□□□更▨[12]。

〔不〕起：为不起者，旦为善水鬻（粥）而□□，〔以〕厌为故，□□□□□□□□□□□□□□□□[13]然，而□出之，如此二，且起矣。勿□□有益二日不用□□以□水□之□□□□□□[14]把，用□□，已后再歠（歠）一，已后三□，〔不〕过三歠（歠），珵（挺）后用□□。其歠（歠）毋相次□□□□□□[15]□□歠（歠）。若已施，以寒水浅（溅），毋□□必有（又）歠

(歠)。饮食□□□弃水已必以□□□□□[16]气钩口印(仰)之,比□,稍以鼻出气,□□复气。□老者▨[17]。

加:以五月望取莱、閒,阴干冶之,有(又)冶白松脂之□□□□□□□□□□□□□□□□[18]各半之,善裹以韦,日一饮之。诲(每)饮,三指最(撮)入酒中,□□□□□□□□□□□□□□[19]力善行。虽旦莫(暮)饮之,可殹(也)[20]。

筭:以五月望取萯乡轲者龠,入龠□盈,龠长五□□□□□□□□□□□□□□□□□[21]之,置甗中,傅笮(策)炊,泽上□□而出,重□□□□□□□□□□□□□□□□□□□□□[22]不智(知),即取龠中乐(药)大如黍,▨[23]。

〔一〕曰以五月□备參,毚(绕)黄,即□□□□□□□□□□□□□□□□□□□□□□□□□□[24]多为善臧(藏)▨[25]。

〔一〕曰:治中者,段乌□□□□□□□□□□□□□□□□□□□□□□□□□□□□□[26]□此醢▨[27]。

为醪勺(酌):以美酒三斗渍麦□□□□□□□□□□□□□□□□□□□□成醪饮之。男□□□[28]以称醴煮鋈(薤)▨[29]。

〔治〕:取雄鸡一,产摵,□谷之□□□□□□□□□□,阴干而冶,多少如鸡,[30]□令大如□□□□□□□□□□药,□其汁渍脯三日。食脯四寸,六十五[31]。

〔一〕曰:取黄蜂骀廿,置一桮(杯)醴中,□□日中饮之,一十[32]。

易

〔一〕曰:取黄蜂百,以美酱一桮(杯)渍,一日一夜而出。以汁渍疸粮九分升二。诲(每)食,以酒饮三指最(撮)[33]。

〔一〕曰:平陵吕乐道,嬴(蠃)中虫阴干冶,欲廿用七最(撮),欲十用三最(撮),酒一桮(杯)[34]。

〔麦〕卵:有恒以旦毁鸡卵入酒中,前饮。明饮二,明饮三;有(又)更饮一,明饮二,明饮三,如此〔尽〕[35]卌二卵,令人强益色美[36]。

〔一曰〕:八月取毚纑实阴干,干析取其米,冶,以韦裹。到春,以牡鸟卵汁畚(弁),完(丸)如鼠矢,阴干,□[37]入八完(丸)叔(菽)酱中,以食[38]。

〔一曰〕:□春日鸟卵一,毁投蘖糗中,捖(丸)之如大牛戒,食多之善[39]。

〔一曰〕:▨[40],已□干□者▨[41]。

〔一〕曰:治阴,以将(酱)渍□□□□□□□□□□□□□□□□□□其中[42]。

〔洒〕男:□□□□□□□□□□□□□□□□三斗,渍梓实一斗五日,以洒男,男强[43]。

〔勺〕:曰以五月望取勃蠃,渍□□□□□布□中,阴干,以□□热[44]。

易

〔一曰〕:取干桓(姜)、桂、要茗、蛇床、□□,皆冶之,各等,以蠠(蜜)若枣脂和丸,大如指端,裹[45]以疏布,入中,热细[46]。

〔一〕曰:五月取蚺蠃三斗、桃实二斗,并挠,盛以缶,沃以美瀸(截)三斗,盖涂,狸(埋)灶中,令□□[47]三寸,杜上,令与地平。炊上昼日而火□绝,四日出,闾(滤)弃其滓。以汁染布三尺,阴干[48],辄复染。汁索,善裹布,勿令粗□。用,取大如掌,窜鼻空(孔),小养(痒)而热;以据臂,臂[49]大养(痒)坚热;勿令获(污)面,获(污)面养(痒)不可支殹(也)。·为布多小(少)以此衰之[50]。

〔益甘〕:□伏霝去滓,以汁肥豯,以食女子,令益甘中美。·取牛腮燔冶之。□干桓(姜)、菌桂皆并[51]□,□□囊盛之,以醯渍之,入中[52]。

〔一曰〕:□汁,以牛若鹿肚殽,令女子自罙(探)入其戒▨[53]。

〔一曰〕:削予木,去其上箬亚(恶)者,而卒斩之,以水煮□□气□□□□□□□□□□□□[54]而清,取汁,去其涿(浊)者,复煮其清,令渴(竭),干则□□□□□□□□□□□□□□□[55]□下,如食顷,以水洒,支七八□□□·尝▨[56]。

〔一曰〕:取鸟产不彀者,以一食其四□□□□□□□□□□□□□□□□□□□□[57]□□□□餞而阴干,干即▨[58]。

〔戏〕:□□者,取守〔宫〕,□以□□□甚,已,狸(埋)灶口下,深□□□□□水染其汁,以染女子[59]辟(臂)。女子与男子戏,□即柀(破)

缺;□卧,即去[60]。

取守宫置新廱(瓮)中,而置丹廱瓮)中,令守宫食之。须死,即冶,□画女子臂若身。节(即)与〔男子〕戏,即不明;☑。

〔去毛〕:欲去毛,新乳始沐,即先沐下,乃沐,其洫毛去矣[61]。

〔一曰〕:煎白罂(婴)丘(蚯)引(蚓),殽智(蜘)蛛罔(网)及苦瓠,而醉(淬)载(铁),即以汁傅之[62]。

〔一曰〕:以五月拔,而以称醴傅之[63]。

〔病最〕穜(肿):冶柳付,与志(膱)膏相挐(滓)和,以傅穜(肿)者。已,即裹以布[64]。

〔便近〕内:为便近内方:用瘨(颠)棘根刌之,长寸者二参,善洒之;有(又)取全黑雄鸡,合翼成□□□[65]三鸡之心岀(脑)匈(胸),以水二升洎故铁鬵,并煮之。以藿坚稠节者爨之,令大潰(沸)一,即[66]□□□去其宰(滓),以其清煮黑骘犬卒岁以上者之心肺肝□,以藿坚稠节[67]□□□□□□□□□英□□□□五物□□以□□□□□□以铺食食之,多少[68]次(恣)☑[69]。

一曰:近〔内〕□□□□□□□□□□□□□□□□□□□□□□□□□□□□[70]□乌家(喙)大者四□□□□□□□□□□□□□□□□□□□□□,取车践,产[71]烝(蒸)之,大把二,气□□□□□□□□□□□□□□车戋□□□者,以布橐若盛[72]。为欲用之,即食□之[73]。

〔一曰〕:治中者,以汾囷始汾以出者,取,□令见日,阴干之。须其干,□以稗□五、门冬二[74],伏灵一,即并捣,渍以水,令毚(绕)阉(掩),□而泚取汁,以渍〔汾〕囷,亦〔令毚(绕)〕阉(掩),即[75]出而干之。令尽其干,即冶,参指最(撮),以□半桮(杯)饮之[76]。

☑巾:取鸡毚(绕)能卷者,产搣,尽去毛,遗两翼之末,而系县竿□□□□鸡靡(摩)逢(蜂)[77]房一大者,令蠭螫之;厌,有(又)徙之,令以螫死。死,即捝去其□□□□其肌,善治[78],〔以〕布丽之,已,而以邑枣之脂弁之,而以羛(涂)布巾。即以巾靡(摩)足□□□四五乃复[79],以二巾为卒。□足者少气,此令人多气[80]。

〔一曰〕：治巾，取杨思一升、赤蛾（蚁）一升、蟞䗪廿，以美□半斗并渍之，奄（掩）□□□□其汁，以[81]渍细布一尺。已渍，暘（晹）之，干，复渍。汁尽，即取谷（榖）、椅桐汁□□□□□涂（涂）所渍[82]布，干之，即善臧（藏）之。节（即）用之，操以循（揗）玉筴（策），马因惊矣。·杨思者，□□□□□状如小[83]□□而乾（龁）人[84]。

〔一曰〕：□□蛇床泰半参、藁本二斗半、潘石三指最（撮）一、桂尺者五廷（挺）□□□□□之菩半[85]□□者一拼（葉），以三〔月〕莤瀸（截）□，孰（熟）煮，令沸（沸），而以布巾曼其□□□汁。且为之[86]，□□□□□□□□□□□□之，令肤急毋鈙（垂），有（又）令男子足▨[87]。

〔一曰〕：〔取〕萩荚二，冶之，以水一参沃之，善挑，即渍巾中，卒其时而抆之，□□□干，辄复渍[88]。

〔一曰〕：阴干牡鼠肾，冶，取邑鸟卵溃，并以涂新布巾。卧，以抿（揩）男女[89]。

〔一曰〕：取苐选一斗，二分之，以截渍一分而暴之。冬日置灶上，令极沸（沸），即出苐选，□□□□[90]，余如前，即以渍巾，尽其汁。已，卧而渍巾，以抿（揩）男，令牝亦▨[91]。

〔一曰〕：赢四斗，美洛（酪）四斗，天牡四分升一，桃可大如枣，牡蝼首二七，□□□□□□□□□□[92]半升，并渍洛（酪）中。已，取汁以□□□布□□渍，汁尽而已。□用之，湿□□操玉荚（策）[93]，则马骛矣。·所胃（谓）天牡者，□□□食桃李华（花）者殹（也）。〔桃可〕者，桃实小时毛殹（也）[94]。牡蝼者，颉蠸□□□□□□□□□□□□□者殹（也）。□□者，状如赣皮[95]。

〔一曰〕：燔□柎，张巾其□□□□□□□□□□□有□□□□□，以巾抚牝，马毚（绝）[96]▨[97]。

〔一曰〕：欲轻身者，取人所□□□□□□□□□□□□□□□□□□□□□□□[98]并□，以为后饭，春秋□□□□□□□□□□□□□□□□□□□□□□□□□[99]□□□□□□□之各四斗，与□□□养□□□□□□□□□□□□□□□□□□□[100]▨[101]。

〔除中益气〕:□□兹肉肥□□□膏者,皆阴干,冶,以三指最(撮)一▨[102]。

〔一曰〕:□节者,其乐(药)以乌□、□□、泽舄(泻)、蕿、酸枣□□□□□□□□□□□□□□[103]□等,冶,即以松脂和,以为完(丸),后饭,少多自▨[104]。

〔一曰〕:春秋时取寃,阴干,冶之;取冬葵种,冶,并之参〔指最(撮)〕□□□□□□□□□□□□□□[105]益中[106]。

〔一曰〕:□□、方(防)风、□三等,界当三物,冶,三指最(撮)后饭▨[107]。

〔一曰〕:〔取〕牛肉薄剝(劙)之,即〔取〕革荚寸者,置□□牛肉中,炊沸,休,有(又)炊沸,有(又)休,三而出肉食之[108]。臧(藏)汁及革荚,以复煮肉,三而去之。□□人环益强而不伤人。·食肉多少次(恣)殹(也)[109]。

〔一曰〕:取白杬本,阴干而冶之,以马酱和,□丸,大如指〔端〕,□□□□□□空(孔)中,张且大[110]。

〔一曰〕:满冬、莁、房(防)风,各冶之等,并之▨[111]。

〔一曰〕:取芶桂二,细辛四,萩一,戊(牡)厉(蛎)一,秦栋(椒)二,〔三〕指最(撮)以为后饭,令人强[112]。

〔一曰〕:如(茹),湿靡(磨),盛之,饱食饮酒□□者臭(嗅)之。□□各善冶,皆并,三宿雄鸡血□□□□□□[113],以缯蘘(装)之,因以盖□以韦□雄□坚□□□旬。竹缓节者一节,大径三寸▨[114]。

〔一曰〕:以秋取〔斑〕畺(蝥)、〔牡蝼〕首□□□□□三□□□之,强[115]。

盾

〔一曰〕:取□□□□□□□□□□□□□□□□□□□强[116]。

〔一曰〕:□□汁置籥中,牡鸟□□□□□□□□□□置水中,饮之[117]。

〔一曰〕:以猪膏大如手,令蠭(蜂)□□□□□□□□□□□□□□□□□□淳(醇)曹(糟)四斗,善冶[118]□。节(即)弗欲,洒之[119]。

〔一曰〕:□□□□□等,亦以□□后饭[120]。

〔一曰〕:□□□大牡兔,皮,去肠。取革荚长四寸一把,茉(朮)一把,乌豙(喙)十□□□削皮细析,以大〔牡[121]兔〕肉入药间,尽之,干,勿令见日,百日□裹。以三指最(撮)一为后饭百日,支六七岁,□[122]食之可也,次(恣)所用[123]。

〔一曰〕:取细辛、干桓(姜)、菌桂、乌豙(喙),凡四物,各冶之。细辛四,干桓(姜)、菌、乌豙(喙)各二,并之,三指最(撮)以为后[124]饭,益气,有(又)令人免(面)泽[125]。

〔一曰〕:取白苻、红符、伏霝各二两,桓(姜)十果(颗),桂三尺,皆各冶之,以美醯二斗和之。即取刑马膂肉十[126]□,善脯之,令薄如手三指,即渍之醯中,反复挑之,即屚(漏)之;已屚(漏),阴〔干〕穋(炀)之,□□□[127]□潰(沸),有(又)复渍穋(炀)如前,尽汁而止。穋(炀)之□脩,即以椎薄段之,令泽。复穋(炀)□[128]□□之,令□泽,□□□□□□□□□□□□□□桼(漆)鬃之,干,即善臧(藏)之。朝日昼□[129]夕食食各三寸,皆先饭□□□□□□□□□□□□□□。□□□各冶等,以为后饭[130]。

用少:男子用少而清,□□□□□□□□□□□□□□□□□雄二之血和完(丸),大如酸[131]枣,以为后饭,〔治〕一即▨[132]

□□□□□□□斗□□□□□□□□□□□□□□□□□以□化半斗,牡腊□□[133]□□□□□□□□升▨[134]。

〔治力〕:□□□□□□□□□□□□□□□□□□□□□□□□□□□□□□[135]身若倈(痒)若不倈(痒),以▨[136]

▨:黑发益气,取□□□□□□□□□□□□□□□□□□□□□□□□□[137]行,复盛,以一复行□□□□□□□□□□□□□□□□□□□□□□□□[138]食,火毋绝,卅□□冶,以□□裹,□□□□□□□□□□□□□□□□□□□□□[139]八月为乐(药)[140]。

▨:为醴,用石膏一斤少半,稾本、牛膝□□□□□□□□□□□□□□□□□□□□[141]□□□□二斗,上□其汁,淳□□□□□□□□□□□□□□□□□□□□□□[142]▨[143]

▨:益力,敬除□心匈(胸)中恶气,取槐荚中实,置灶□□□□□□□□□□□□□□[144]五实,倈(痒)甚。□之不倈(痒),益之,令身若倈(痒),若不倴(痒)□□□□□□□□□□□□□□□[145]□谷名有泰室、少室,其中有石,名曰骈石,取小者□□□□□□□□□□□□□□[146]□病益寿[147]。

〼:取刑马脱脯之。段乌豙(喙)一升,以淳酒渍之,□去其宰(滓),□□□□□□□□□□□□□[148]與、虋(虋)冬各□□,萆薢、牛膝各五拼(萊),□荚、桔梗、厚□二尺,乌豙(喙)十果(颗),并冶[149],以淳酒四斗渍之,毋去其宰(滓),以□□尽之,□□□以韦橐裹。食以二〈三〉指最(撮)[150]为后饭。服之六末强,益寿[151]。

〼:冶云母,销松脂等,并以麦鷸捖(丸)之,勿□手,令大如酸枣,□〔之〕吞一垸(丸)。日益一垸(丸),至[152]十日;日后日捐一垸(丸),至十日,日□□□□□□□益损□□□□□□,令人寿不老[153]。

〔醪利中〕:取桼(漆)□之茎,少多等,而□□□□□□□□□□□□□□□其清汁四斗半。□□[154]□之间为之若□□□□□□□□□□□□□□□□□□□以醸之,取熏乌豙(喙)八果(颗)[155],□取桼(漆),节之□□□□□□□□□□□□□□□□□□□醸下,善封其罂(罌)口,令□[156]□□□□□□□□□□□□□□□□□□□□□□□□□□□之孰(熟),而以平□□[157]□□□□□□□□□□□□□□□□□□□□□□□□□□□□[158]。

〔一曰〕:□九斗,先□□□□□□□□□□□□□□□□□□□□□□□□□□□□□□[159]者二升其中十日,冶□□□□□□□□□□□□从器出□□□□□□□□□□□□[160]中,服之百日,令肠中毋(无)病[161]。

〔一曰〕:为醪,细斩桼(漆)、节各一斗,以水五□□□□□浚,以汁煮茈〔威〕□□□□□□□□□□[162],有(又)浚鞫(麴),麦鞫(麴)各一斗,□□□,卒其时,即浚□□□□黍稻□□[163]□各一斗,并□,以鞫(麴)汁脩(滫)之,如恒饭。取〔乌〕豙(喙)三果(颗),干桓(姜)五,焦□□,凡三物,甫□□[164]投之。先置□罂(罌)中,即醸黍其上,□汁均沃之,有(又)以美酒十斗沃之,勿挠,□□[165]□涂之,十一□孰(熟)矣,即发,勿釃,稍□□清汁尽,有(又)以□□酒沃,如此三而□□[166]。以铺食饮一音(杯)。已饮,身體(体)养(痒)者,靡(摩)之。服之百日,令目〔明耳〕葱(聪),末皆强,□□[167]病及偏枯[168]。

〔**治**〕:取羸四斗,以湝(酢)(截)渍二日,去羸,以其汁渍□肉动(撞)者,□犬脯□□,复渍汁,□□[169]。食脯一寸胜一人,十寸胜十人[170]。

〔**折角**〕:燔螟,治。裹其灰以□牛,可以翕□折角。益力[171]。

〔**走**〕:非廉、方葵、石韦、桔梗、茈威各一小束,乌家(喙)三果(颗),□□□□□□□□□大□□[172]□箁五寸,白螣蛇若苍梗蛇长三四寸,若□□□□□□□□□,各蛊(冶),并以□[173]若枣脂完(丸),大如羊矢,五十里一食。阴囷出雒□□□□□□□□□。·七百[174]。

〔一曰〕:乌家(喙)五,龙慨三,石韦、方(防)风、伏兔(菟)各□,阴干,□□□□□□□□□去其掵□□[175]蛊(冶)五物,入酒中一日一夜,浚去其肘(滓),以汁渍饋(滫)饭,如食〔顷〕,□□干,干有(又)复□□[176]干,索汁而成[177]。

〔一曰〕:乌家(喙)二,北南陈阳□骨一,蛊(冶),并以细新白布裹三。·马膏□□□□棲肥鸡□□□[178]□,复鬻(煮)瓦苉长如中指,置□□□□汁,出苉,以囊盛,□□□□日弃貍(埋)□□[179]肘(滓)。节(即)行,渍,捹东行水一棓(杯),置□□□□□□□□□□□□□□□□□二以出□□[180]□见日饮之[181]。

〔一曰〕:□□犬三卒▨[182]乌家(喙)一半,冶之,▨[183]为▨[184]

〔一曰〕:走者,取女□□□□□□□□□□□□□□□□□□□□□□□□□□□□□□□[185]□服一斗,取▨[186]。

〔一曰〕:□□有□□□□□□□□□□□□□□□□□□□□□□□□□□□晦渍,昼干之,尽□□[187]□行百里[188]。

〔一曰〕:行宿,自謼(呼):"大山之阳,天□□□,□□先□,城郭不完,□以金关。"即禹步三,曰以产[189]荆长二寸周昼〈画〉中[190]。

〔一曰〕:东乡(向)謼(呼):"敢告东君明星,□来敢到画所者,席彼裂瓦,何人?"有(又)即周中[191]。

〔一曰〕:走疾欲善先者,取女子未尝男子者〔布〕,县枲,怀之,见旋风以投之。风止,即□□[192]带之[193]。

疾行:取牛车枲暴(翬)带之,欲疾,一约之[194]。

〔一曰〕:行欲毋足痛者,南乡(向)禹步三,曰:“何水不截,何道不枯,气我□□。”末即取突墨□[195]□□□□内(纳)履中[196]。

〼:□□□□天下□□□□□□□□□□□宗,有气则产,无气则死,是□□□□□□[197]。怒而不大者,据(肤)不至〔也;大而不坚者〕,筋不〔至也〕;坚而不热者,气不至也。据(肤)不至〔而用〕[198]则腄(垂),筋不至而用则避,气不至而用则隋(惰),是以圣人必□□之。汤旃(游)于摇(瑶)台,陈□□[199]于南宫,问男女之齐至相当,毋伤于身者若可(何)?合(答)曰:益产者食也,损产〔者色〕[200]也,是以圣人必有法厕(则):一曰麇□,二爰(援)据,三曰蝉傅,四曰蟾者(诸),五曰鱼纂(嘬),六曰青□[201]。一曰云石,二曰拮瓠,三曰濯昏,四伏□,五曰□□。〔·一曰〕高之,二曰下之,三曰左之,四曰右之,〔五曰〕[202]深之,六曰浅之,七曰兔敄(骛)。·一曰疢(吙),二曰瘪(啮)。一曰□□,〔二〕曰震撞(动)。一曰定味,二曰致气,〔三曰劳〕[203]实,四曰侍(时)节[204]。

□语:□见三月吉日在□,禹乃□□入于漩(璇)房,其状变,色甚雄以美,乃若台壮。群河见之,□□[205]□□□□□□□□□□□□□□□河月之□治钽而见□,凡彼莗〈莫〉不溉(既)蒿有英。今人□□[206]□□□□□□□□□□□□□□□□□□□□我须麋(眉)溉(既)化,血气不足,我无所乐,□□[207]□□□□□□□□□□□□□□□□□□□□□□□□欲毋言,王有□色,□□□□[208]□□□□□□□□□□□□□□□□□□□□□□□□□□昏有吾(悟)。南河□□□□[209]女子之□□□□□□□□□□□□□□□□□□□□□□□□□□□□□□□[210]不能已。西河□□□□□□□□□□□□□俞曰:□□□□□□□□□□□□□□□□□[211]□坚病而□而不已,恐过而不吾(悟)。少河□合麋(眉)睫□□□□□□□□□□□□□□□□□□□[212]其□撞而问之,以渴(谒)请故。少河进合(答)曰:女子之□有□□□□□□□□□□□□□□[213]幼疾,暴进暴退,良气不节。禹曰:善戋(哉)言虖。□□□□□□□□□□□□□□□□□□□□[214]我欲合气,男女蕃兹,为之若何?少河曰:凡合气之道,必□□□□□□□□□□□□□[215]必至□思,气不□□。禹曰:善戋(哉)言歞(乎)!今我血气外揖〼曰:君何不鬻

(羹)茅艾，取其湛，以实五赏石膏白□□□□□□□□□□□□□□□□[216]，端夜茨碌，白虽赏，登左下右，亦毋暴成[217]。

食引：〔利〕益气，食饮恒移音(阴)撞(动)之，卧有(又)引之。故曰：饮[218]食之，教谋(诲)之。右引而曲左足[219]。(后附《牝户图》)

老不起	洒男	圣(轻)身益力	醪利中
为醴	·勺	除中益气	治
〔不〕起	益甘	用少	折角
·加	戏	治力	走
筭	去毛	☑	〔疾行〕
虽醪勺(酌)	病最穜(肿)	☑	☑
治	〔便近内〕	☑	〔□语〕
麦卵	☑巾	☑	〔食引〕

杂疗方

1〔·〕□□□□□□□□□□□□□□□□□□□□□□□鸟卵，□以□□□□□[1]。□□□□□□□□□□□□□□□□□□之便[2]。

2〔·〕□□益气：取白松脂、杜虞、□石脂等治，并合三指大最(撮)，再直(置)☑[3]

3·内加及约：取空垒二斗，父吹且(咀)，段之，□□成汁，若美醯二斗渍之。□□□□[4]去其掌。取桃毛二升，入□中挠□。取善〔布〕二尺，渍□中，阴干，□□□□□[5]□□布。即用，用布抿(揗)揗中身及前，举而去之[6]。

4·欲止之，取黍米泔若流水，以洒之[7]。

5·内加：取春鸟卵，卵入桑枝中，烝(蒸)之，□黍中食之。卵壹决(吷)，〔勿〕多食，多〔食〕☑[8]

6·内加:取桂、姜、椒、蕉荚等,皆冶,〔并〕合。以縠汁丸之,以榆□抟之,大〔如〕□□□[9]臧(藏)筒中,勿令歇。即取入中身空(孔)中,举,去之[10]。

7·内加:取縠汁一斗,渍善白布二尺,□□烝(蒸),尽汁,善臧(藏)卯(留)用。用布揾中身,〔举〕,去之[11]。

8·内加:取犬肝,置入蠭(蜂)房,旁令蠭(蜂)□螫之,阅十余房。冶陵椿一升,渍美醯[12]一参中,〔五〕宿,去陵椿。因取禹熏、□□各三指大最(撮)一,与肝并入醯中,再[13]□□□□□以善絜□□□□□□□尽醯,善臧(藏)筒中,勿令歇。用之以[14]缠中身,举,〔去之〕[15]。

9·约:取蕃石、蕉荚、禹熏三物等,□□□一物,皆冶,并合。为,为小囊,入前中,如食间,去之[17]。

10·约:取桂、干姜各一,蕃石二,蕉〔荚〕三,皆冶,合。以丝缯裹之,大如指,入前中,智(知)[18]而出之[19]。

11·约:取巴叔(菽)三,蛇床二,桂、姜各一,蕉荚四,皆冶,并合。以䖮(蜜)若枣膏和,丸之,大[20]如蘱,入前中。及为,为小囊裹,以嗛前,智(知)而出之[21]。

12·〔约〕:取犬骨燔,与蕃石各二,桂、侄(姜)各一,蕉荚三,皆冶,并合。〔以枣膏〕□□□[22]前,智(知)而出之[23]。

13·约:取蕃石、桃毛〔各〕一,巴叔(菽)二,〔三〕物皆冶,合。以枣膏和,丸〔之大〕如蘱,入□□□[24]□如孰(熟)食顷,即□□□□□□□□□庫中[25]。

14·□痒:羊头□□□□□□□□□□暴(曝)干,令凝,以以䖮(蜜)和之,大如□□□[26]□□指端▨[27]

15〔·〕□□□□□□□□□□□□□□□□中,女子乐,欲之[28]。

16〔·〕▨[29]

17〔·〕▨之[30]。

18〔·〕▨皆等,并合,阴▨[31]▨最(撮),入前〔中,女〕子甚乐,欲之[32]。

19〔·〕▨半,皆治,并合,大如□,置善鬻(粥)▨[33]▨[34]

20〔·〕▨美醯□，食，先来□□□□不过三食▨[35]

21〔·〕▨三寸，燔冶□□□□，如□顷▨[36]□□□□而热□□□□□□□□□□□□□□□□□□□□□□□□[37]已，取其□家□□□□□□□□□三日□□□□□□□□□□□□□□[38]。节（即）其污者不〔能〕三指小最（撮）亦可。已试[39]。

22〔·〕禹臧（藏）狸（埋）包（胞）图法：貍（埋）包（胞），避小时、大时所在，以产月，视数多者狸（埋）包（胞）□[40]。字者已，即以流水及井水清者，孰洒𣫠（澣）其包（胞），孰捉，令毋（无）汁，以故瓦甗毋（无）无（芜）者盛，善[41]密盖以瓦瓯，令虫勿能入，狸（埋）清地阳处久见日所。使婴儿良心智，好色，少病[42]。

23〔·〕益内利中：取醇酒半桮（杯），温之勿热。毁鸡卵，注汁酒中，挠，饮之。恒以旦未食时[43]饮之。始饮，饮一卵，明日饮二卵，〔明日〕饮三卵；其明日复饮二卵，明日饮一卵[44]。恒到三卵而〔却，却〕到一卵复〔益〕[45]。

24 ·恒以八月、二月朔日始服，饮□□□□□。〔服〕之二时，使人面不焦，口唇不干，利[46]中益内。

25 ·恒服▨[47]。

26〔·〕□□□加醴：取智□□□□□□□□□□□□□□□□□□□□□[48]□□□□□□□□□□□□□□□□□□□□□□□□□□□□[49]□□□□□□□□□□□□□□□□□□□□孰□小（少）多□□升煮[50]□□下□其上□□□□□□□□□□□以为五升。以五物与薜□根装甗[51]中，取下赣汁□□□□□□□□□□□其味尽而已。即煮其汁，壹费（沸）而[52]成醴。即稍饮之，以□身□□□□□□□□内，兼中多精汁，便身▨[53]

27 ·▨问▨[54]▨中饮□床▨[55]▨曰▨[56]▨[57]

28〔·〕□□来到蜮□□□□□□□□□名曰女罗，委□□□□□□□□[58]□之柧柜□□□□□□□□□□□□羿使子毋□□□□□□□□[59]徒，令蜮毋射[60]。

29〔令〕蚀毋射：即到水，撮米投之[61]。

30 · 一曰：每朝啜禁二三果（颗），及服食之[62]。

31〔·〕一曰：每朝啜阑（兰）实三，及啜陵（菱）牧（芰）[63]。

32〔·〕一曰：服见，若以缗（缀）衣[64]。

33 · 一曰：衣赤缠衣及黑涅衣，屯（纯）以马𩌏，若以□及□补夜（腋）[65]。

34 · 一曰：以田暘豕邋屯（纯）衣。令蚀及虫蛇蛇弗敢射[66]。

35 · 即不幸为蚀虫蛇蠭（蜂）射者，祝，唾之三，以其射者名名之，曰："某，女（汝）弟兄五[67]人，某索智（知）其名，而处水者为鲛，而处土者为蚑，（栖）木者为蠭（蜂）、蠆斯，蜚（飞）[68]而之荆南者为蚀。而晋□未□，壐（尔）效（教）为宗孙。某贼，壐（尔）不使某之病已[69]，且复□□□□□□□□□□□□□□□□[70]。

36〔·〕□□□□□□□□□□□□□□□□□□□□□□□□根一参入中，孰（熟）浚，饮[71]。▨[72]干，干治▨[73]

37〔·〕一曰：取□□□□□□□□□□□□□鱼，夕毋食，旦而食之，以厌为故[74]，毋歠（歠）汁[75]。

38 · 一曰：刑鳖（鳖），饮其血，烝（蒸）其肉而食之[76]。

39 · 一曰：取灶黄土，渍以醯，烝（蒸），以熨〔之〕[77]。

40 · 一曰：取阑（兰）叶，产寿（捣），烝（蒸），熨之[78]。

41 · 一曰：取丘（蚯）引（蚓）之矢，烝（蒸），以熨之[79]。

胎产书

（前附《人字图》和《禹藏图》）

1 · 禹问幼频曰：我欲埴（殖）人产子，何如而有？幼频合（答）曰：月朔已去汁□，三日中从之，有子。有一日[1]南（男），其二日女殹（也）。故人之产殹（也），入于冥冥，出于冥冥，乃始为人。一月名曰留（流）刑，食饮必精，酸羹必[2]〔熟〕，毋食辛星（腥），是谓财贞。二月始膏，毋食辛臊，居处必静，男子勿劳，百节皆病，是胃（谓）[3]始臧（藏）。三月始脂，果隋宵效，当是之时，未有定义（仪），见物而化，是故君公大人，毋使朱（侏）儒[4]，不观木（沐）候（猴），不食茵（葱）姜，不食兔羹；□欲产男，置弧矢，□雄雉，乘牡马，观牡虎；欲产[5]女，佩蚕（簪）耳（珥），呻（绅）朱（珠）子，是谓内象成子。〔四月〕而水受（授）之，乃始成血，其食稻麦，鱓（鳝）鱼□□，〔以〕[6]清血而明目。五月而火受（授）之，乃始成气，晏起□沐，厚衣居堂，朝吸天光，辟（避）寒央（殃），〔其食稻〕[7]麦，其羹牛羊，和以茱臾（萸），毋食□，〔以〕养气。六月而金受（授）之，乃始成筋，劳□□□，〔出〕游〔于野，数〕[8]观走犬马，必食□□殹（也），未□□□，是胃（谓）变奏（腠）□筋，□□□□。七〔月而〕木受（授）〔之，乃始成骨〕[9]，居燥处，毋使〔定止〕，□□□□□□□□□□□□□〔饮食〕辟（避）寒，□□□□□□□□□□[10]美齿。·八月而土受（授）〔之，乃始成肤革〕，□□□□□□□□□，〔是〕胃（谓）密〔腠理。九月而石授之。乃[11]始成〕豪（毫）毛，□□□□□□□□□□□□□□□□□□□□□□□□□□□□□□[12]司（伺）之。十月气陈□□，以为☐[13]

2·凡治字者，以清〔水〕韂（澣）包（胞）☐[14]

3·一曰：必孰（熟）洒韂（澣）包〔胞〕，有（又）以酒韂（澣）□□□□□□□□小□□□□□□□□□□□□□□□□[15]以瓦瓯，毋令虫蛾（蚁）能入，而□□□□□□□□□〔见〕日所，使婴儿毋（无）疕，曼理，寿□[16]。

4·一曰：狸（埋）包（胞）席下，不疕骚（瘙）。内中□□□□以建日饮[17]。

5·字而多男毋（无）女者而欲女，后□□□□包（胞）狸（埋）阴垣下。多女毋（无）男，亦反〈取〉〔胞〕狸（埋）阳垣下。一曰：[18]以甗衣约包（胞），狸（埋）之[19]。

6·怀子者，为享（烹）白牡狗首，令独食之，其子美皙，有（又）易出。欲令子劲者，□时食母马肉[20]。

7〔·〕怀子未出三月者，呻（吞）爵瓮二，其子男殹（也）。一曰：取爵瓮中虫青北（背）者三，产呻（吞）之，必产男，万全[21]。

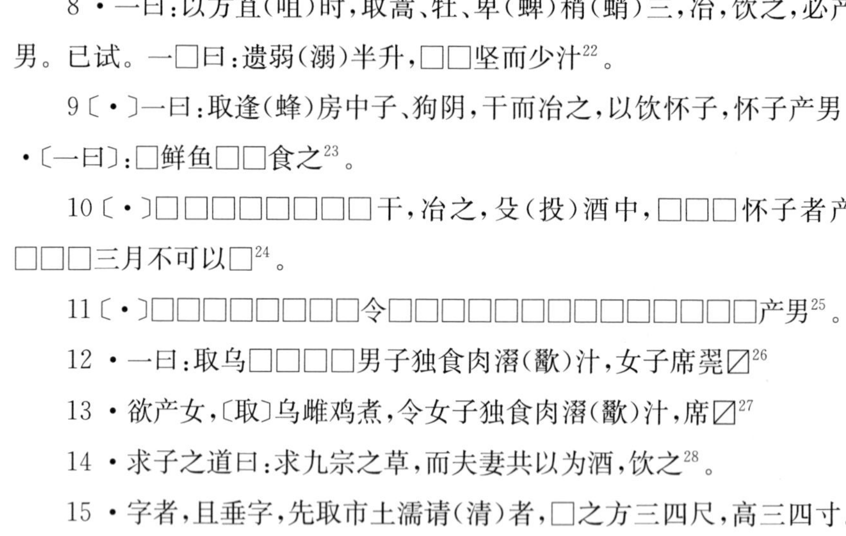

8 ·一曰:以方苴(咀)时,取蒿、牡、卑(蜱)稍(蛸)三,冶,饮之,必产男。已试。一□曰:遗弱(溺)半升,□□坚而少汁[22]。

9〔·〕一曰:取逢(蜂)房中子、狗阴,干而冶之,以饮怀子,怀子产男。·〔一曰〕:□鲜鱼□□食之[23]。

10〔·〕□□□□□□□□干,冶之,殳(投)酒中,□□□怀子者产□□□三月不可以□[24]。

11〔·〕□□□□□□□□令□□□□□□□□□□□□□□产男[25]。

12 ·一曰:取乌□□□□男子独食肉潛(歠)汁,女子席蒐⧄[26]

13 ·欲产女,〔取〕乌雌鸡煮,令女子独食肉潛(歠)汁,席⧄[27]

14 ·求子之道曰:求九宗之草,而夫妻共以为酒,饮之[28]。

15 ·字者,且垂字,先取市土濡请(清)者,□之方三四尺,高三四寸。子既产,置土上,勿庸□,令婴儿[29]□上,其身尽得土,乃浴之,为劲有力[30]。

16 ·字者已,即燔其蓐,置水中,□□婴儿,不疕骚(瘙)。·及取婴儿所已浴者水半桮(杯)饮[31]母,母亦毋(无)余病[32]。

17 ·女子鲜子者产,令它人抱其□,以去□□濯其包(胞),以新布裹之,为三约以敛之,入□[33]中,令其母自操,入谿谷□□□之三,置去,归勿顾;即令它人善狸(埋)之[34]。

十问

1. 黄帝问于天师曰:“万勿(物)何得而行? 草木何得而长? 日月何得而明?”天师曰:“璽(尔)[1]察天之请(情),阴阳为正,万勿(物)失之而不繼(继),得之而赢。食阴模阳,稽于神明。食[2]阴之道,虚而五臧(藏),广而三咎,若弗能出楃。食之贵静而神风,距而两柎[3],参筑而毋遂,神风乃生,五声乃对。翕毋过五,致之口,枚之心,四辅所[4]贵,玄尊乃至。饮毋过五,口必甘昧(味),至之五臧(藏),刑(形)乃极退。薄(搏)而肌肤,及[5]夫发末,毛脉乃遂,阴水乃至,浅坡(彼)阳炥,坚蹇不死,饮食宾體(体),此胃(谓)复[6]奇之方,通于神明。”天师之食神气之道[7]。

2. 黄帝问于大成曰："民何失而翟（颜）色鹿（麄）貍（黧），黑而苍？民何得而奏（腠）理靡曼[8]，鲜白有光？"大成合（答）曰："君欲练色鲜白，则察观尺汙（蠖）。尺汙（蠖）之食方，通于阴阳[9]，食苍则苍，食黄则黄。唯君所食，以变五色。君必食阴以为当（常），助以柏[10]实盛良，饮走兽泉英，可以却老复壮，曼泽有光。椄（接）阴将众，繼（继）以蜚虫，春[11]爵（爵）员骀，兴坡（彼）鸣雄，鸣雄有精，诚能服此，玉筴（策）复生。大（太）上埶遇，廱坡（彼）玉[12]窦，盛乃从之，员骀送之；若不埶遇，置之以䴡。诚能服此，可以起死。"大[13]成之起死食鸟精之道[14]。

3. 黄帝问于曹熬曰："民何失而死？何得而生？"曹〔熬答曰〕："□□□□□[15]而取其精。侍（待）坡（彼）合气，而微动其刑（形）。能动其刑（形），以致五声，乃入其精[16]，虚者可使充盈，壮者可使久荣，老者可使长生。长生之稽，慎用玉闭，玉闭[17]时辟，神明来积。积必见章，玉闭坚精，必使玉泉毋顷（倾），则百疾弗[18]婴，故能长生。椄（接）阴之道，必心塞葆。刑（形）气相葆，故曰：壹至勿星，耳目[19]葱（聪）明；再至勿星，音气高阳（扬）；三至勿星，被（皮）革有光；四至勿星，脊胠[20]不陽（伤）；五至勿星，尻脾（髀）能方；六至勿星，百脉通行；七至勿星，冬（终）身失〈无〉[21]央（殃）；八至勿星，可以寿长；九至勿星，通于神明。"曹熬之椄（接）阴治神气之道[22]。

4〔·〕黄帝问于容成曰："民始蒲淳溜刑，何得而生？溜刑成體（体），何失而死？何曳（世）之[23]人也，有恶有好，有夭有寿？欲闻民气赢屈施（弛）张之故。"容成合（答）曰："君若[24]欲寿，则顺察天地之道。天气月尽月盈，故能长生。地气岁有寒暑[25]，险易相取，故地久而不腐。君必察天地之请（情），而行之以身。有征可智（知），间[26]虽圣人，非其所能，唯道者智（知）之。天地之至精，生于无征，长于无刑（形）[27]，成于无體（体），得者寿长，失者夭死。故善治气槫（抟）精者，以无征为积，精[28]神泉益（溢），翕甘潞（露）以为积，饮榣（瑶）泉灵尊以为经，去恶好俗，神乃溜刑。翕[29]气之道，必致之末，精生而不厥。尚（上）下皆精，塞〈寒〉温安生？息必探（深）而久，新气[30]易守。宿气为老，新气为寿。善治气者，使宿气夜散，新气朝最[31]，以彻九徼（窍），而实六府。食气有禁，春辟（避）浊阳，夏辟（避）汤风，秋辟（避）霜潜（雾），冬[32]辟（避）凌阴，必去四咎，乃探（深）息以为寿。朝息之志，亓（其）出也湑（务）合于天，亓（其）入也[33]楑（揆）坡（彼）闺诵，如臧（藏）于渊，则陈气日尽，而新气日盈，则刑（形）有云光。以精为充[34]，故能久长。昼息之志，虖（呼）吸必微，耳目葱（聪）明，阴阴孳气，中不荟腐，故身[35]无苛（疴）央（殃）。莫（暮）息之志，深息长徐，使耳勿闻，且以安侵（寝）。云云（魂）柏（魄）安刑（形），故能[36]长生。夜半之息也，觉悟（寤）毋变侵（寝）刑（形），探（深）余（徐）去埶（势），六府皆发，以长为极。将欲[37]寿神，必以奏（腠）理息。治气之精，出死入生，驩欣咪毂，以此充刑（形），此胃（谓）柭（抟）[38]精。治气有经，务在积精，精盈必写（泻），精出必补。补写（泻）之时，于卧为之[39]，酒食五味，以志治气。目明耳葱（聪），被（皮）革有光，百脉充盈，阴乃□生[40]，繇使则可以久交，可以远行，故能寿长[41]。

5·尧问于舜曰："天下孰最贵？"舜曰："生最贵。"尧曰："治生奈何？"舜曰[42]："审夫阴阳。"尧曰："人有九缴（窍）十二节，皆设而居，何故而阴与人具（俱）生而[43]先身去？"舜曰："饮食弗以，谋虑弗使，讳其名而匿其醴（体），亓（其）使甚多[44]而无宽礼，故兴〈与〉身俱生而先身死。"尧曰："治之奈何？"舜曰："必爱而[45]喜之，教而谋（诲）之，饮而食之，使其题頯坚强而缓事之，必盬之而勿予，必乐[46]矣而勿写（泻），材将积，气将褚，行年百岁，贤于往者。"舜之椄（接）阴治气之道[47]。

6·王子巧父问彭祖曰："人气何是为精虖（乎）？"彭祖合（答）曰："人气莫如竣（朘）精。竣（朘）气[48]宛（菀）闭，百脉生疾；竣（朘）气不成，不能繁生，故寿尽在竣（朘）。竣（朘）之葆爱，兼予[49]成眩（佐），是故道者发明唾（垂）手循辟（臂），靡（摩）腹从阴从阳。必先吐陈，乃翕[50]竣（朘）气，与竣（朘）通息，与竣（朘）饮食，饮食完竣（朘），如养赤子。赤子骄悍数起，慎勿[51]出入，以脩奏（腠）䐢（理），轱白内成，何病之有？坡（彼）生有央（殃），必亓（其）阴精扇（漏）泄，百脉宛（菀）[52]废，喜怒不时，不明大道，生气去之。俗人芒生，乃持（恃）巫医，行年未半[53]，刑（形）必夭貍（埋），颂事白

〈自〉杀，亦傷（伤）悲戈（哉）。死生安在，彻士制之，实下闭精[54]，气不扁（漏）泄。心制死生，孰为之败？慎守勿失，长生累迣（世）。累迣（世）安[55]乐长寿，长寿生于蓄积。坡（彼）生之多，尚（上）察于天，下播于地，能者必神[56]，故能刑（形）解。明大道者，亓（其）行陵云，上自麇榣，水溜（流）能远，龏（龙）登能高，疾[57]不力倦，□□□□□□□巫成柖□□不死。巫成柖以四时为辅，天地[58]为经，巫成柖与阴阳皆生。阴阳不死，巫成柖兴〈与〉相视，有道之士亦如此[59]。”

7·帝盘庚问于耇老曰：“闻子椄（接）阴以为强，翕天之精，以为寿长，吾将何[60]处而道可行？”耇老合（答）曰：“君必贵夫与身俱而先身老者，弱者使之[61]强，短者使长，贫者使多暴〈粮〉。亓（其）事壹虚壹实，治之有节：一曰垂枝（肢），直[62]脊，桡（挠）尻；二曰疏股，动阴，缩（缩）州，三曰合疌（睫）毋听，翕气以充膃（脑）；四曰含[63]亓（其）五味，饮夫泉英；五曰群精皆上，翕亓（其）大明。至五而止，精神日抬（怡）。”耇老[64]妾（接）阴食神气之道[65]。

8·禹问于师癸曰：“明耳目之智，以治天下，上均湛地，下因江水，至会稽[66]之山，处水十年矣。今四枝（肢）不用，家大纟乚（乱），治之奈何？”师癸合（答）曰：“凡治[67]正（政）之纪，必自身始。血气宜行而不行，此胃（谓）款央（殃），六极之宗也。此气血[68]之续也，筋脉之族（族）也，不可废忘也。于膃也施，于味也移，道（导）之以志，动[69]之以事。非味也，无以充亓（其）中而长其节；非志也，无以智（知）其中虚兴〈与〉实[70]；非事也，无以动亓（其）四支（肢）而移去其疾。故觉侵（寝）而引阴，此胃（谓）练筋；既（既）信（伸）有（又）诎（屈）[71]，此胃（谓）练骨。动用必当，精故泉出。行此道也，何迣（世）不物？”禹于是饮湩[72]以安后姚，家乃复宁。师癸治神气之道[73]。

9·文执（挚）见齐威王，威王问道焉，曰：“寡（寡）人闻子大夫之博于道也，寡（寡）人已[74]宗庙之祠，不叚（暇）其听，欲闻道之要者，二、三言而止。”文执（挚）合（答）曰：“臣[75]为道三百编，而卧最为首。”威王曰：“子泽（绎）之，卧时食何氏（是）有？”文执（挚）合（答）曰：[76]“淳酒毒韭。”威王曰：“子之长韭何邪？”文执（挚）合（答）曰：“后稷（稷）半鞣，草千岁[77]者唯韭，故因而命之。亓(其)受天气也蚤(早),亓(其)受地气也葆,故辟聂(慑)㥄胠(怯)者[78],食之恒张;目不蔡(察)者,食之恒明;耳不闻者,食之恒葱(聪);春三月食[79]之,苛(疴)疾不昌,筋骨益强,此胃(谓)百草之王。"威王曰:"善。子之长酒何邪?"[80]文执(挚)合(答)曰:"酒者,五谷之精气也,亓(其)人(入)中散溜(流),亓(其)人(入)理也彻而周,不胥[81]卧而九(究)理,故以为百药繇(由)。"威王曰:"善。然有不如子言者,夫春䏂写人[82]人以韭者,何其不与酒而恒与卵邪?"文执(挚)合(答)曰:"亦可。夫鸡者,阳兽也[83],发明声葱(聪),信(伸)头羽张者也。复阴三月,与韭俱彻,故道者食之。"威王[84]曰:"善。子之长卧何邪?"文执(挚)合(答)曰:"夫卧,非徒生民之事也。举凫雁[85]、鹄、萧(鹔)相(鹴)、蚖檀(蟺)、鱼蟞(鳖)、耎(蝡)动之徒,胥食而生者也;食者,胥卧而成者[86]也。夫卧,使食靡宵(消),散药以流刑者也。辟(譬)卧于食,如火于金。故一[87]昔(夕)不卧,百日不复。食不化,必如扽鞫(鞠),是生甘心密墨,糀汤劓惑[88],故道者敬卧。"威王曰:"善。寡(寡)人恒善莫(暮)饮而连于夜,苟毋(无)苛(疴)虖(乎)?"文[89]执(挚)合(答)曰:"毋(无)芳(妨)也。辟(譬)如鸣(鸟)兽,蚤(早)卧蚤(早)起,莫(暮)卧莫(暮)起,天者受明,地者受[90]晦,道者九(究)其事而止。夫食气濳(潜)人(入)而黪〈默〉移,夜半而□□□□□[91]气,致之六极。六极坚精,是以内实外平,痤瘘弗处,廱(痈)壹(噎)不生,此道之[92]至也。"威王曰:"善[93]。"

10·王期见,秦昭王问道焉,曰:"寡人闻客食阴以为动强,翕气[94]以为精明。寡(寡)人何处而寿可长?"王期合(答)曰:"必朝日月而翕其精光[95],食松柏,饮走兽泉英,可以却老复庄(壮),曼泽有光。夏三月去火,以[96]日爨享(烹),则神慧而葱(聪)明。椄(接)阴之道,以静为强,平心如水,灵路(露)[97]内臧(藏),款以玉筴(策),心毋秫(怵)愓(荡),五音进合(答),孰短孰长,翕其神[98]稽(雾),饮夫天将(浆),致之五臧(藏),欲其深臧(藏)。蚉息以晨,气刑(形)乃刚,襄[99]□□□,□□近水,精气凌楗(健)久长。神和内得,云(魂)柏(魄)皇□[100],五臧(藏)轱白,玉色重光,寿参日月,为天地英。"昭王曰:"善[101]。"

合阴阳

1·凡将合阴阳之方，握手，出棺（腕）阳，揗村（肘）房，抵夜（腋）旁，上灶[102]纲，抵领乡，揗拯匡，覆周环，下缺盆，过醴津，陵勃海，上常[103]山，入玄门，御交筋，上欱精神，乃能久视而与天地牟（侔）存[104]。交筋者，玄门中交脉也，为得操揗之，使體（体）皆乐养（痒），说（悦）泽（怿）[105]以好。虽欲勿为，作相呴相抱，以次（恣）戏道。戏道：一曰气上面埶（热），徐呴；二[106]曰乳坚鼻汗，徐抱；三曰舌溥（薄）而滑，徐屯；四曰下汐（液）股湿，徐[107]操；五曰嗌干咽唾，徐撼（撼），此胃（谓）五欲之征。征备乃上，上揕而勿[108]内，以致其气。气至，深内而上撅之，以抒其热，因复下反之，毋使其[109]气歇，而女乃大竭。然后热十动，接十节，杂十脩。接刑（形）已没，遂[110]气宗门，乃观八动，听五音，察十已之征[111]。

2·十动：始十，次廿、卅、卌、五〔十〕、六十、七十、八十、九十、百，出入而毋决。一动毋决，耳[112]目葱（聪）明，再而音声〔章〕，三而皮革光，四而脊胁强，五而尻脾（髀）方[113]，六而水道行，七而至坚以强，八而奏（腠）理光，九而通神明，十而[114]为身常，此胃（谓）十动[115]。

3·十节：一曰虎游，二曰蝉柎（附），三曰斥（尺）蠖，四曰囷（麕）桷，五曰蝗磔，六曰爰（猨）[116]据，七曰瞻（詹）诸，八曰兔骛，九曰青（蜻）令（蛉），十曰鱼嘬[117]。

4·十脩：一曰上之，二曰下之，三曰左之，四曰右之，五曰疾之，六曰[118]徐之，七曰希之，八曰数之，九曰浅之，十曰深之[119]。

5·八动：一曰接手，二曰信（伸）村（肘），三曰直踵，四曰侧句（钩），五曰上句（钩）[120]，六曰交股，七曰平甬（踊），〔八曰〕振动。夫接手者，欲腹之傅也；信（伸）[121]村（肘）者，欲上之攠（摩）且距也；直踵者，深不及也；侧句（钩）者，旁[122]欲攠（摩）也；上句（钩）者，欲下攠（摩）也；交股者，夹（刺）大（太）过也；平甬（踊）者，欲[123]浅也；振动者，欲人久持之也[124]。

6〔·〕瘛息者，内急也；檛（喘）息，至美也；累瀎（哀）者，玉荚（策）入而养(痒)[125]乃始也;瘩(吙)者,盐甘甚也;喈者,身振动,欲人之久也[126]。

7·昏者,男之精;将旦者,女之精。责(积)吾精以养女精,前(筋)脉皆动[127],皮肤气血皆作,故能发闭通塞,中府受输而盈[128]。

8·十已之征:一已而清凉出,再已而臭如燔骨,三已而澡(燥),四已[129]而膏,五已而芗,六已而滑,七已而迟,八已而脂,九已而胶[130],十已而缦,缦已复滑,清凉复出,是胃(谓)大卒。大卒之征,鼻汗[131]唇白,手足皆作,尻不傅席,起而去,成死为薄。当此[132]之时,中极气张,精神入臧(藏),乃生神明[133]。

杂禁方

1·又(有)犬善皋(嗥)于亶(坛)与门,涂(涂)井上方五尺。夫[1]妻相恶,涂(涂)户□方五尺。欲微贵人,涂(涂)[2]门左右方五尺。多恶薨(梦),涂(涂)床下方[3]七尺。姑妇善斪(斗),涂(涂)户方五尺。婴儿善泣,涂(涂)塓上方五尺[5]。

2·与人讼,书其名直(置)履中[6]。

3·取两雌隹尾,燔冶,自饮之,微矣[7]。

4·取东西乡(向)犬头,燔冶,饮。

5·夫妻相去[8],取雄隹左蚤(爪)四,小女子左蚤(爪)四,以鍪熬,并[9]冶,傅,人得矣[10]。

6·取其左麇(眉)直(置)酒中,饮之,必得之[11]。

天下至道谈

1·黄神问于左神曰:"阴阳九譤(窍)十二节俱产而独先死,何也?"左神曰:"力事弗使,哀乐[12]弗以,饮食弗右,其居甚阴而不见阳,萃(猝)而暴用,不寺(待)其庄(壮),不刃(忍)两热,是故亟伤。讳其[13]名,匿其醴(体),至多暴事而毋(无)礼,是故与身俱生而独先死[14]。"

2·怒而不大者，肌不至也；大而不坚者，筋不至也；坚而不热者，气不至也。肌不至而用则遺（垂）[15]，气不至而用则避，三者皆至，此胃（谓）三脂（诣）[16]。

3·天下至道谈[17]

如水沫淫，如春秋气，往者弗见，不得其功；来者弗堵（睹），吾乡（飨）其赏。於（呜）虖（呼）误（慎）才（哉），神明之事[18]，在于所闭。审操玉闭，神明将至。凡彼治身，务在积精。精赢（赢）必舍，精夬（缺）必布（补），布（补）舍之时，精[19]夬（缺）为之。为之合坐，阙（巘）尻畀（鼻）口，各当其时，物（忽）往物（忽）来，至精将失，吾奚以止之？虖（虚）实有常，误（慎）用勿忘[20]，勿困勿穷，筋骨浲（隆）强，嶂（踵）以玉泉，食以粉（芬）放（芳），微出微入，侍（待）盈是常，三和气至，坚劲以强[21]。将欲治之，必害其言，嶂（踵）以玉闭，可以壹迁（仙）。壹嶂（动）耳目葱（聪）明，再嶂（动）声音章，三嶂（动）皮革光，四[22]嶂（动）脊骨强，五嶂（动）尻脾（髀）方，六嶂（动）水道行，七嶂（动）致（至）坚以强，八嶂（动）志骄以阳（扬），九嶂（动）顺彼天蓋（英）[23]，十嶂（动）产神明[24]。

4·气有八益，有（又）有七孙（损）。不能用八益，去七孙（损），则行年卌而阴气自半也，五十而起居衰，六十而耳[25]目不葱（聪）明，七十下枯上涚（脱），阴气不用，渫泣留（流）出。令之复壮有道，去七孙（损）以振其病，用八益以[26]貮其气，是故老者复壮，壮〔者〕不衰，君子居处安乐，饮食次（恣）欲，皮奏（腠）曼密，气血充赢，身體（体）[27]轻利。疾使内，不能道，产病出汗槅（喘）息，中烦气乱；弗能治，产内热；饮药约（灼）灸以致其气，服司（饵）以辅[28]其外，强用之，不能道，产痤穜（肿）橐（睾）；气血充赢，九激（窍）不道，上下不用，产痤雎（疽），故善用八益、去七孙（损）[29]，五病者不作[30]。

5·八益：一曰治气，二曰致沫，三曰智（知）时，四曰畜气，五曰和沫，六曰窃气，七曰寺（待）赢，八曰定顷（倾）[31]。

6·七孙（损）：一曰闭，二曰泄，三曰渴（竭），四曰勿，五曰烦，六曰绝，七曰费[32]。

7·治八益：旦起起坐，直脊，开尻，翕州，印〈抑〉下之，曰治气；饮食，垂尻，直脊，翕周(州)，通气焉，曰致沫；先戏两[33]乐，交欲为之，曰智(知)时；为而耎脊，翕周(州)，叩〈抑〉下之，曰蓄气；为而物(勿)亟勿数，出入和治，曰和沫；出卧[34]，令人起之，怒择(释)之，曰积气；几已，内脊，毋𡑗(动)，翕气，印〈抑〉下之，静身须之，曰侍(待)赢；已而洒之，怒而[35]舍之，曰定顷(倾)，此胃(谓)八益[36]。

8·七孙(损)：为之而疾痛，曰内闭；为之出汗，曰外泄；为之不已，曰楬(竭)；秦(臻)欲之而不能，曰帮(弗)；为之椯(喘)息中[37]乱，曰烦；弗欲强之，曰绝；为之秦(臻)疾，曰费，此谓七孙(损)。故善用八益，去七孙(损)，耳目葱(聪)明，身體(体)轻利，阴[38]气益强，延年益寿，居处乐长[39]。

9·人产而所不学者二，一曰息，二曰食。非此二者，无非学与服。故贰生者食也，孙(损)生者色也，是以圣人[40]合男女必有则也。故[41]：

10·一曰虎流，二曰蝉付(附)，思外，三曰尺扜(蠖)，四曰囷(麕)暴，五曰黄(蝗)柘(磔)，息内，六曰爰(猨)居，思外，七曰瞻(詹)诸，八曰兔[42]务(骛)，九曰青(蜻)灵(蛉)，思外，十曰鱼族(嘬)，此谓十埶(势)[43]。

11·一曰致气，二曰定味，三曰治节，四曰劳(劳)实，五曰必时，六曰通才，七曰微𡑗(动)，八曰侍(待)盈，九曰齐生[44]，十曰息刑(形)，此谓十脩[45]。

12·一曰高之，二曰下之，三曰左之，四曰右之，五曰罙(深)之，六曰浅之，七曰疾之，八曰徐之，此谓八道[46]。

13·十脩暨(既)备，十埶(势)豫陈，八道杂，椄(接)刑(形)以昏。汗不及走，遂气血门，翕因(咽)榣(摇)前，通辰(脉)利筋。乃祭(察)[47]八𡑗(动)，观气所存，乃智(知)五言〈音〉，孰后孰先[48]。

14·八𡑗(动)：一曰接手，二曰信(伸)纣(肘)，三曰平甬(踊)，四曰直踵，五曰交股，六曰振铜(动)，七曰厕(侧)枸(钩)，八曰上暴(钩)[49]。

15·五言〈音〉：一曰候(喉)息，二曰椯(喘)息，三曰累滚(哀)，四曰疢(吹)，五曰龂(啮)。审蔡(察)五言〈音〉，以智(知)其心；审祭(察)八[50]𡑗(动)，以智(知)其所乐所通[51]。

16·接手者，欲腹之傅；信（伸）纣（肘）者，欲上之麻（摩）且据（距）也，厕（侧）枸（钩）者，旁欲麻（摩）也；交股者，刺大（太）过也[52]；直踵者，罙（深）不及；上枭（钩）者，下不级（及）心也；平甬（踊）者，欲浅；振铜（动）者，至善也，此谓八观[53]。

17·气上面热，徐昫（呴）；乳坚鼻汗，徐葆（抱）；舌薄而滑，徐傅；下夕（液）股湿，徐操；益（嗌）干因（咽）唾，徐[54]缄（撼），此谓五微〈征〉，此谓五欲，微〈征〉备乃上[55]。

18·怒而不大者，肤不至也；大而不坚者，筋不至也；坚而不热者，气不至也，三至乃入。壹[56]已清滜（凉）出，再已而糗（臭）如靡（磨）骨，三已而𫊯（燥），四已而膏，五已而乡（芗），六已而精如黍粱，七已而㨗（滞），八[57]已而肌（脂），九已而黎（腻），十已而汽（迄），汽（迄）而复滑，朝气乃出[58]。

19·一曰笄光，二曰封纪，三曰涧瓠，四曰鼠妇，五曰谷实，六曰麦齿，七曰婴女，八曰反去，九曰何[59]寓，十曰赤缴，十一曰赤豉九，十二曰磲石，得之而物（勿）择（释），成死有薄，走里（理）毛，置枖（腰）心，唇[60]尽白，汗留（流）至国（膕），已数以百[61]。

20·人人有善者，不失女人，女人有之，善者独能，毋予毋治，毋作毋疑，必徐以久，必微以持，如已不已，女[62]乃大台（怡）。侯（喉）息，下咸土（吐）阴光阳；椯（喘）息，气上相薄，自宫张；累滚（哀）者，尻彼疾而𡏚（动）封[63]纪；疢（吹）者，盐甘甚而养（痒）乃始；龄（啮）者，身振寒，置已而久。是以雄杜（牡）属，为阳，阳者外也[64]；雌（雌）牝属，为阴，阴者内也。凡牡之属靡（摩）表，凡牝之属靡（摩）里，此谓阴阳之数，牝牡之里（理），为之[65]弗得，过在数已。娚乐之要，务在屖（迟）久。句（苟）能迟久，女乃大喜，亲之弟兄，爱之父母。凡能[66]此道者，命曰天士[67]。

附录二

《医心方》卷二八
引古房中书佚文

素女经

1. 黄帝问素女曰："吾气衰而不和，心内不乐，身常恐危，将如之何？"素女曰："凡人之所以衰微者，皆伤于阴阳交接之道尔。夫女之胜男，犹水之灭火。知行之，如釜鼎能和五味以成羹臛。能知阴阳之道，亦成五乐；不知之者，身命将夭，何得欢乐，可不慎哉！"（《至理》）

2. 素女曰："御敌家，当视敌如瓦石，自视如金玉。若其精动，当疾去其乡。御女当如朽索御奔马，如临深坑下有刃，恐堕其中，若能爱精，命亦不穷也。"（《至理》）

3. 黄帝问素女曰："今欲长不交接，为之奈何？"素女曰："不可。天地有开阖，阴阳有施化，人法阴阳随四时。今欲不交接，神气不宣布，阴阳闭隔，何以自补？练气数行，去故纳新，以自助也。玉茎不动，则辟死其舍。所以常行以当导引也。能动而不施者，所谓还精。还精补益，生道乃者（著）。"（《至理》）

4.《素女经》云：黄帝曰："夫阴阳交接节度，为之奈何？"素女曰："交接之道，故有形状：男致不衰，女除百病，心意娱乐，气力强。然不知行者，渐以衰损。欲知其道，在于定气、安心、和志。三气皆至，神明统归，不寒不热，不饥不饱，亭身定体，性必舒迟，浅内徐动，出入欲希（稀），女快意，男盛不衰，以此为节。"（《至理》）

5.《玉房秘诀》云：黄帝曰："夫阴阳之道，交接奈何？"素女曰："交接之道，固有形状：男以致气，女以除病，心意娱乐，气力益壮。不知道者，则侵以衰。欲知其道，在安心和志，精神充（统）归，不寒不暑，不饱不饥，定身正意，性必舒迟，（滑）〔深〕内徐动，出入欲稀，以是为节，慎无敢违。女既懽（欢）憙（喜），男则不衰。”（《和志》）

6. 又云：黄帝曰：“今欲强交接，玉茎不起，面惭意羞，汗如珠子，心情贪欲，强助以手。何以强之，愿闻其道。”素女曰：“帝之所问，众人所有。凡欲接女，固有经纪：必先和气，玉茎乃起。顺其五常，存感九部。女有五色，审所氐（足）扣。采其溢精，取液（丁）〔于〕口。精气还化，填满髓牖（脑）。避七损之禁，行八益之道。无逆五常，身乃可保。正气内充，何疾不去？府藏安宁，光泽润理。每接即起，气力百倍。敌人宾服，何惭之有？”（《和志》）

7.《素女经》云：黄帝曰：“阴阳贵有法乎？”素女曰：“临御女时，先令妇人放手安身，屈两脚。男入其间，衔其口，吮其舌，拊搏其玉茎，击其门户东西两傍。如是食顷，徐徐内入。玉茎肥大者，内寸半；弱小者，入一寸。勿摇动之，徐出更入，除百病。勿令四傍泄出。玉茎入玉门，自然生热且急，妇人身当自动摇，上与男相得，然后深之，男女百病消灭。浅刺琴弦入三寸半，当闭口刺之：一二三四五六七八九。因深之，至昆石傍往来，口当妇人口而吸气。行九九之道讫乃如此。”（《临御》）

8.《玉房秘诀》云：黄帝曰：“何谓五常？”素女曰：“玉茎实有五常之道，深居隐处，执节自守，内怀至德，施行（无行）无已。夫玉茎意欲施与者，仁也；中有空（孔）者，义也；端有节者，礼也；意欲即起，不欲即止者，信也；临事低仰者，智也。是故真人因五常而节之：仁虽欲施予，精苦不固。义守其空（孔）者，明当禁使无得多。实既禁之道矣，又当施与，故礼为之节矣。执诚持之，信既著矣，即当知交接之道。故能从五常，身乃寿也。”（《五常》）

9.《玉房秘诀》云：黄帝曰：“何以知女之快也？”素女曰：“有五征五欲，又有十动，以观其变，而知其故。夫五征之候，一曰面赤，则徐徐合之；二曰乳坚鼻汗，则徐徐内之；三曰嗌干咽唾，则徐徐摇之；四曰阴滑，则徐徐深之；五曰尻传液，则徐徐引之。”（《五征》）

10. 素女曰:"五欲者,以知其应:一曰意欲得之,则并(屏)息并(屏)气;二曰阴欲得之,则鼻口两张;三曰精欲烦者,振掉而抱男;四曰心欲满者,则汗流湿衣裳;五曰其快欲之甚者,身直目眠。"(《五欲》)

11. 素女曰:"十动之效,一曰两手抱人者,欲体相薄阴相当也;二曰伸(云)其两肶者,切磨其上方也;三曰张腹者,欲其浅也;四曰尻动者,快喜也;五曰举两脚拘人者,欲其深也;六曰交其两股者,内痒淫淫也;七曰侧摇者,欲深切左右也;八曰举身迫人,淫乐甚也;九曰身布纵者,支体快也;十曰阴液滑者,精已泄也。见其效,以知女之快也。"(《十动》)

12.《玉房秘诀》云:素女曰:"阴阳有七损八益,一益曰固精,令女侧卧张股,男侧卧其中,行二九数,数卒止,令男固精。又治女子漏血,日再行,十五日愈。二益曰安气,令女正卧高枕,伸张两肶,男跪其股间刺之,行三九数,数毕止,令人气和。又治女门寒,日三行,廿日愈。三益曰利藏,令女人侧卧,屈其两股,男横卧却刺之,行四九数,数毕止,令人气和。又治女门寒,日四行,廿日愈。四益曰强骨,令女人侧卧,屈左膝,伸其右肶,男伏刺之,行五九数,数毕止,令人关节调和。又治女闭血,日五行,十日愈。五益曰调脉,令女侧卧,屈其右膝,申(伸)其左肶,男据地刺之,行六九数,〔数〕毕止,令人脉通利。又治女门辟,日六行,廿日愈。六益曰畜血,男正偃卧,令女戴尻跪其上,极内之,令女行七九数,数毕止,令人力强。又治女子月经不利,日七行,十日愈。七益曰益液,令女人正伏举后,男上往,行八九数,数毕止,令人骨填。八益曰道(导)体,令女正卧,屈其肶,足迫尻下,男以肶胁刺之,以行九九数,数毕止,令人骨实。又治女阴臭,日九行,九日愈。"(《八益》)

13.《玉房秘诀》云:素女曰:"一损谓绝气。绝气者,心意不欲而强用之,则汗泄气少,令心热目冥冥。治之法,令女正卧,男担其两股,深案之,令女自摇,女精出止,男勿得快,日九行,十日愈。二损谓溢精。溢精者,心意贪爱,阴阳未和而用之,精中道溢,又醉而交接,喘息气乱,则伤肺,令人主欬逆上气,消渴喜怒,或悲惨惨,口干身热而难久立。治之法,令女人正卧,屈其两膝侠(夹)男,男浅刺,内玉茎寸半,令女子自摇,女精出止,男勿得快，日九行，十日愈。三损谓杂脉。杂脉者，阴不坚而强用之，中道强写，精气渴（竭），及饱食讫，交接伤脾，令人食不化，阴痿无精。治之法，令女人正卧，以脚钩男子尻，男则据席内之，令女自摇，女精出止，男勿快，日九行，十日愈。四损谓气泄。气泄者，劳倦，汗出未干而交接，令人腹热唇焦。治之法，令男子正申卧，女跨其上向足，女据席浅内〔玉〕茎，令女自摇，精出止，男子勿快，日九行，十日愈。五损谓机关厥伤。机关厥伤者，适新大小便，身体未定而强用之，则伤肝，及卒暴交会，迟疾不理（不理），劳疲筋骨，令人目𥇦𥇦，痈疽并发，众脉槁绝，久生偏枯，阴痿不起。治之法，令男子正卧，女跨其股踞前向，徐徐案内之，勿令女人自摇，女精出〔止〕，男勿快，日九行，十日愈。六损谓百闭。百闭者，淫佚于女，自用不节，数交失度，竭其精气，用力强写，精尽不出，百病并生，消渴目冥冥。治之法，令男正卧，女跨其上，前伏据席，令女内玉茎，自摇，精出止，男勿快，日九行，十日愈。七损谓血竭。血竭者，力作疾行，劳因汗出，因以交合，俱已之时，偃卧推深，没本暴急，剧病因发，连施不止，血枯气竭，令人皮虚肤急，茎痛囊湿，精变为血。治之法，令女正卧，高抗其尻，申（伸）张两股，男跪其间，深刺，令女自摇，精出止，男勿快，日九行之，十日愈。”（《七损》）

14. 又云：黄帝曰：“愿闻动而不施，其效何如？”素女曰：“一动不写，则气力强；再动不写，耳目聪明；三动不写，众病消亡；四动不写，五神咸安；五动不写，血脉充长；六动不写，腰背坚强；七动不写，尻股益力；八动不写，身体生光；九动不写，寿命未（失）〔央〕；十动不写，通于神明。”（《还精》）

15.《玉房秘诀》云：黄帝问素女曰：“道要不欲失精，宜爱液者也。即欲求子，何可得写？”素女曰：“人有强弱，年有老壮，各随其气力，不欲强快，强快即有所损。故男年十五，盛者可一日再施，瘦者可一日一施；年廿，（岁）〔盛〕者日再施，羸者可一日一施；年卅，盛者可一日一施，劣者二日一施；（卅）〔卌〕，盛者三日一施，虚者四日一施；五十，盛者可五日一施，虚者可十日一施；六十，盛者十日一施，虚者廿日一施；七十，盛者可卅日一施，虚者不写。”（《施写》）

16. 又云：素女曰："求子法自有常体，清心远虑，安定其衿袍，垂虚斋戒，以妇人月经后三日，夜半之后，鸡鸣之前嬉戏，令女盛动，乃往从之，适其道理，同其快乐，却身施写（注：下精欲得，去玉门半寸，不尔〈可〉过子宫，《千翼》），勿过远，至麦齿。远则过子门，不入子户。若依道术，有（有）子良而老寿也。"（《求子》）

17. 又云：素女曰："夫人合阴阳，当避禁忌，常乘生气，无不老寿。若夫妇俱老，虽生化有子，皆不寿也。"（《求子》）

18.《大清经》云：黄帝曰："入相女人，云何谓其事?"素女曰："入相女人，天性婉顺，气声濡行，丝发黑，弱肌细骨，不长不短，不大不小，凿孔欲高，阴上无毛，多精液者。年五五以上，卅以还，未（在）〔生〕产者。交接之时，精液流羡，身体动摇，不能自定。汗流四逋，随人举止。男子者虽不行法，得此人由（犹）不为损。"（《好女》）

19. 又云："细骨弱肌，肉淖曼（曼）泽，清白薄肤，指节细没，耳目准高鲜白，不短不辽，厚䏶（肶），凿孔欲高而周密，体满，其上无毛，身滑如绵，阴淖如膏。以此行道，终夜不劳，便利丈夫，生子贵豪。"（《好女》）

20. 又云："凡相贵人尊女之法，欲得滑（内）〔肉〕弱骨，专心和性，发泽如漆，面目悦美，阴上无毛，言语声细，孔穴向前，与之交会，终日不劳。务求此女，可以养性延年矣。"（《好女》）

21.《大清经》云：相女之法，当详察其阴及腋下毛，当令顺而濡泽。而反上逆，臂胫有毛粗不滑泽者，此皆伤男，虽一合而当百也。（《恶女》）

22. 又云：女子阴男形，随月死生。阴雄之类，害男尤剧。赤发䵟面，癯瘦固病，无气，如此之人，无益于男也。（《恶女》）

23.（《洞玄子》）又云：《素女论》曰："五月十六日，天地牝牡日，不可行房。犯之，不出三年必死。何以知之？但取新布一尺，此夕悬东墙上，至明日视之，必有血，切忌之。"（《禁忌》）

玄女经

1.《玄女经》云：黄帝问玄女曰："吾受素女阴阳之术自有法矣，愿复命之，以悉其道。”玄女曰：“天地之间，动须阴阳，阳得阴而化，阴得阳而通。一阴一阳，相须而行。故男感坚强，女动辟张，二气交精，流液相通。男有八节，女有九宫，用之失度，男发痈疽，女害月经，百病生长，寿命销亡。能知其道，乐而且强，寿即增延，色如华英。”(《至理》)

2.《玄女经》云：黄帝曰：“交接之时，女或不悦，其质不动，其液不出，玉茎不强，小而不势，何以尔也？”玄女曰：“阴阳者，相感而应耳。故阳不得阴则不喜，阴不得阳则不起，男欲接而女不乐，女欲接而男不欲，二心不和，精气不感，加以卒上暴下，爱乐未施。男欲求女，女欲求男，情意合同，俱有悦心，故女质振感，男茎盛(男)热，营扣俞鼠，精液流溢，玉茎施(弛)纵，乍缓乍急，玉户开翕，或〔虚或〕实，作而不劳，强敌自佚，吸精引气，灌溉朱室。今陈九事，其法备悉。伸缩俯仰，前(劫)〔却〕屈折，帝审行之，慎莫违失。”(《和志》)

3.《玄女经》云：黄帝曰：“意贪交接而茎不起，可以强用不？”玄女曰：“不可矣。夫欲交接之道，男泾(经)四至，乃可致女九气。”黄帝曰：“何谓四至？”玄女曰：“玉茎不怒，和气不至；怒而不大，肌气不至；大而不坚，骨气不至；坚而不热，神气不至。故怒者精之明，大者精之关，坚者精之户，热者精之门。四气至而节之以道，(开)〔关〕机不妄开，精不泄矣。”(《四至》)

4.《玄女经》云：黄帝曰：“善哉！女之九气，何以知之？”玄女曰：“伺其九气以知之。女人大息而咽唾者，肺气来至；(鸣)〔呜〕而吮男者，心气来至；抱而持人者，脾气来至；阴门滑泽者，肾气来至；慇懃咋人者，骨气来至；足拘人者，筋气来至；抚弄玉茎者，血气来至；持弄男乳者，肉气来至；久与交接，弄其实以感其意，九气皆至。有不至者则容伤，故不至，可行其数以治之。”(注：今检诸本无一气)(《九气》)

5.《玄女经》云：黄帝曰：“所说九法未闻，愿为陈之，以开其意，藏之石室，行其法式。”玄女曰：“九法：第一曰龙翻，令女正偃卧向上，男伏其上，股隐于床，女举其阴以受玉茎，刺其谷实，又攻其上，疏缓动摇，八浅二深，死往生返，(热)〔势〕壮且强，女则烦悦，其乐如倡，致自闭固，百病销亡。

第二曰虎步,令女俯俛,尻仰首伏,男跪其后,抱其腹,乃内玉茎,刺其中极,务令深密,进退相薄,行五八之数,其度自得,女阴(闭)〔开〕张,精液外溢,毕而休息,百病不发,男益盛。第三曰猿搏,令女偃卧,男担起股,膝还过胸,尻背俱举,乃内玉茎,刺其臭鼠,女烦动摇,精液如雨,男深案之,极壮且怒,女快乃止,百病自愈。第四曰蝉附,令女伏卧,直伸其躯,男伏其后,深内玉茎,小举其尻,以扣其赤珠,行六九之数,女烦精流,阴里动急,外为开舒,女快乃止,七伤自除。第五曰龟腾,令女正卧,屈其两膝,男乃推之,其足至乳,深内玉茎刺婴女,深浅以度,令中其实,女则感悦,躯自摇举,精液流溢,乃深极内,女快乃止,行之勿失,精力百倍。第六曰凤翔,令女正卧,自举其脚,男跪其股间,两手(授)〔据〕席,深内玉茎,刺其昆石,坚热内牵,令女动作,行三八之数,尻急相薄,女阴开舒,自吐精液,女快乃(上)〔止〕,百病销。第七曰菟(兔)吮豪,男正反卧,直伸脚,女跨其上,膝在外边,女背头向足,据席俛头,乃内玉茎,刺其琴弦,女快,精液流出如泉,欣喜和乐,动其神形,女快乃止,百病不生。第八曰鱼接(唼)鳞,男正偃卧,女跨其上,两股向前,女徐内之,微入便止,绝授勿深,如儿含乳,使女独摇,务令持久,女快男退,治诸结聚。第九曰鹤交颈,男正箕坐,女跨其股,手抱男颈,内玉茎,刺麦齿,务中其实,男抱女尻,助其摇举,女自感快,精液流溢,女快乃止,七伤自愈。"(《九法》)

彭祖经

1. 素女云:"有采女者,妙得道术,王使采女问彭祖延年益寿之法。"彭祖曰:"爱精养神,服食众药,可得长生,然不知交接之道,虽服药无益也。男女相成,犹天地相生也。天地得交会之道,故无终竟之限;人失交接之道,故有夭折之渐。能避渐伤之事,而得阴阳之术,则不死之道也。"采女再拜曰:"愿闻要教。"彭祖曰:"道甚易知,人不能信而行之耳。今君王御万机,治天下,必不能备为众道也,幸多后宫,宜知交接之法。法之要者,在于多御少女而莫数写精,使人身轻,百病消除也。"(《至理》)

2.《玉房指要》云：彭祖曰："黄帝御千二百女而登仙，俗人以一女而伐命。知与不知，岂不远耶！知其道者，御女苦不多耳，不必皆须有容色妍丽也，但欲得年少未生乳而多肌肉者耳。但能得七八人，便大有益也。"(《至理》)

3.《玉房秘诀》又云：彭祖曰："夫男子欲得大益者，得不知道之女为善。又当御童女，颜色亦当如童女。女但苦不少年耳，若得十四五以上，十八九以下，还甚益佳也。然高不可过卅，虽未卅而已产者，为之不能益也。吾先师相传此道者，得三千岁，兼药者可得仙。"(《养阳》)

4.《玉房指要》云：彭祖曰："交接之道，无复他奇，但当纵(从)容安徐，以和为贵，玩其丹田，求其口实，深按小摇，以致其气。女子感阳，亦有(微)〔征〕候：其耳热如饮醇酒，其乳腰起，握之满手，颈项数动，两脚振扰，淫衍窈窕，乍(迮)男身。如此之时，小缩而浅之，则阳得气，于阴有损。又五藏之液，要在于舌，赤松子所谓玉浆，可以绝谷。当交接时，多含舌液及唾，使人胃中豁然，如服汤药，消渴立愈，逆气便下，皮肤悦泽，姿如处女。道不远求，但俗人不能识耳。"采女曰："不逆人情，而可益寿，不亦乐哉！"(《养阳》)

5.《玉房秘诀》云：采女问曰："交接以写精为乐，今闭而不写，将何以为乐乎？"彭祖答曰："夫精出则身体怠倦，耳苦嘈嘈，目苦欲眠，喉咽干枯，骨节解堕，虽复暂快，终于不乐也。若乃动不写，气力有余，身体能便，耳目聪明，虽自抑静，意爱更重，恒若不足，何以不乐耶？"(《还精》)

6. 又云：采女曰："男之盛衰，何以为候？"彭祖曰："伤(阳)盛得气，则玉茎当热，阳精浓而凝也。其衰有五：一曰精泄而出，则气伤也；二曰精清而少，此肉伤也；三曰精变而臭，此筋伤也；四曰精出不射，此骨伤也；五曰阳衰不起，此体伤也。凡此众伤，皆由不徐交接，而卒暴施写之所致也。治之法，但御而不施，不过百日，气力必致百倍。"(《治伤》)

7. 又云：彭祖曰：求子之法，当蓄养精气，勿数施舍，以妇人月事断绝，洁净三五日而交，有子，则男(听)〔聪〕明才智，老寿高贵；生女清贤配贵人。(《求子》)

8. 又云:彭祖云:“消息之情,不可不(去)〔知〕。又当避大寒大热,大风大雨,日月蚀,地动雷电,此天忌也。醉饱喜怒,忧悲恐惧,此人忌也。山川神祇、(杜)〔社〕(穗)〔稷〕井灶之处,此地忌也。既避三忌,犯此忌者,既致疾病,子必短寿。”(《禁忌》)

9. 又云:彭祖云:“奸淫所以使人不寿者,未必鬼神所为也。或以粉内阴中,或以象牙为男茎,而用之皆贼年命,早老速死。”(《禁忌》)

10.《玉房秘诀》云:采女云:“何以有鬼交之病?”彭祖曰:“由于阴阳不交,情欲深重,即鬼魅假象,与之交通。与之交通之道,其有自胜于人。久交则迷惑,讳而隐之不肯告,以为佳,故至独死而莫之知也。若得此病,治之法,但令女与男交,而男勿写精,昼夜勿息,用困者不过七日必愈。若身体疲劳,不能独御者,但深按勿动,亦善也。不治之,煞(杀)人不过数年也。欲验其事实,以春秋之际,入于深山大泽间,无所云为,但远望极思,唯(含)〔念〕交会阴阳,三日三夜后,则身体翕然寒热,心烦目眩。男见女子,女见男子,但行交接之事,美胜于人,然必病人而难治。怨旷之气为耶(邪)所凌,后世必当有此者。若处女贵人,苦不当交,与男交以治之者,当以石流黄数两烧以熏妇人阴下身体,并服鹿角末方寸匕,即愈矣,当见鬼涕泣而去。一方,服鹿角方寸匕日三,以差(瘥)为度。”(注:今检治鬼交之法,多在于诸方,具(戴)〔载〕《妇人》之篇)(《断鬼交》)

11.《千金方》云:采女曰:“交接之事既闻之矣,敢问服食药物,何者亦得而有效?”彭祖曰:“使人丁强不老,房室不劳损,气力颜色不衰者,莫过麋角也。”

其法:取麋角,刮之为末,十两,辄用八角生附子一枚合之,服方寸匕日三,大良。亦可(熬)〔熬〕麋角,令微黄,单服之,亦令人不老,然迟缓,不及内附子者,服之廿日大觉。亦可内陇西头伏苓,分等捣筛,服方寸匕日三,令人长生,房内不衰。(《用药石》)

子都经

1. 汉驸马都尉巫子都年百三十八(字),孝武巡狩,将见子都于渭水之上，头上有异气，忽忽高丈余许。帝怪而问之东方朔，相对曰："此君有气通理天中，施行阴阳之术。"上屏左右问子都，子都曰："阴阳之事，公（宫）中之秘，臣子所不宜言。又能行之者少，是以不敢告。臣受之陵阳子明年六十五矣，行此术来七十二年。诸求生者当求所生，贪女之容色，极力强施，百脉皆伤，百病并发也。"（《至理》）

2.（《玉房秘诀》）又云：巫子都曰："令人目明之道：临动欲施时，仰头，闭气，大呼，嗔目左右视，缩腹还精气，令入百脉中也。令耳不聋之法：临欲施写，大咽气，合齿，闭气，令耳中萧萧声。复缩腹，（合）〔令〕气流布至坚，至老不聋。调五藏消食疗百病之道：临施张腹，以意内气，缩后，精散而还归百脉也，九浅一深，至琴弦、麦齿之间，正气还，邪气散去。令人腰背不痛之法：当壁申（伸）腰，勿甚低仰，平腰背所却行，常令流。欲补虚养体治病，欲写勿写，还流流中，流中通热。"（《治伤》）

3. 又云：夫阴阳之道，精液为珍，即能爱之，性命可保。凡施写之后，当（所）〔取〕女气以自补。复建九者，内息九也。厌一者，以左手煞阴下，还精复液也。取气者，九浅一深也。以口当敌口，气呼以口吸，微引二无咽之。致气，以意下也至腹，所以助阴为阴力。如此三，反复浅之，九浅一深。九九八十一，阳数满矣。玉茎（竖）〔坚〕出之，弱内之，此为弱入强出。阴阳之和，在于琴弦、麦齿之间。阳困昆石之下，阴困麦齿之间。浅则得气，远则气散：一至谷实，伤肝，见风泪出，溺有余沥；至臭鼠，（腸）〔伤〕肺，欬逆，腰背痛；至昆石，伤脾，腹满腥臭，时时下利，两股疼。百病生于昆石，故伤交接，合时不欲及远也。（《治伤》）

4.（黄）〔武〕帝曰："犯此禁，疗方奈何？"子都曰："当以女复疗之也。其法：令女正偃卧，令两股相去九寸，男往从之，先饮玉浆久久，乃弄鸿泉，乃徐内玉茎，以手节之，则裁至琴弦、麦齿之间。敌人淫跃心烦，常（当）自坚持，勿施写之。度三十息，令坚强，乃徐内之，令至昆石，当极供（洪）大，供（洪）大则出之，正息劣弱，复内之。常令弱入强出，不过十日，坚如铁，热如火，百战不殆也。"（《治伤》）

封君达之书

(《玉房秘诀》)又云:青牛道士曰:数数易女则益多,一夕易十人以上尤佳。常御一女,女精气转弱,不能大益人,亦使女瘦痟也。(《养阳》)

玉房秘诀

1.《玉房秘诀》云:冲和子曰:夫一阴一阳(谓之)〔之谓〕道,构精化生之为用,其理远乎!故帝轩之问素女,彭铿之酬殷王,良有旨哉!(《至理》)

2.《玉房秘诀》云:冲和子曰:养阳之家,不可令女人窃窥此术,非但阳无益,乃至损病,所谓利器假人,则攘袂莫拟也。(《养阳》)

3. 又云:欲行阴阳取气养生之道,不可以一女为之,得(得)三若九若十一,多多益善。采取其精液,上鸿泉还精,肌肤悦泽,身轻目明,气力强盛,能服众敌,老人如廿时,若年少,势力百倍。(《养阳》)

4. 又云:御女欲一动辄易女,易女可长生。若故还御一女者,女阴气转微,为益亦少也。(《养阳》)

5.《玉房秘诀》云:冲和子曰:非徒阳可养也,阴亦宜然。西王母是养阴得道(之)者也,一与男交而男立损病,女颜色光泽,不着脂粉,常食乳酪,而弹五弦,所以和心系意,使(使)无他欲。(《养阴》)

6. 又云:王母无夫,好与童男交,是以不可为世教,何必王母然哉!(《养阴》)

7. 又云:与男交,当安心定意,有如男子之未成,须气至乃小收情志,与之相应,皆勿振摇踊跃,使阴精先竭也。阴精先竭,其处空虚,以受风寒之疾。或闻男子与他人交接,嫉妒烦闷,阴气鼓动,坐起悁恚,精液独出,憔悴暴老皆此也,将宜抑慎之。(《养阴》)

8. 又云:若知养阴之道,使二气和合,则化为男子。若不为〔男〕子,转成津液,流入百脉,以阳养阴,百病消除,颜色悦泽,肌好,延年不老,常

如少童。审得其道,常与男子交,可以绝谷,五日而不知饥也。有病与鬼交者,尚可不食而痟瘦,况与人交乎?(《养阴》)

9. 又云:年廿,常(当)二日一施;卅,三日一施;卌,四日一施;五十,五日一施;年过六十以去,勿复施写。(《施写》)

10.《玉房秘诀》云:冲和子曰:夫极情逞欲,必有损伤之病,斯乃交验之著明者也。既以斯病,亦以斯愈,解酲以酒,足为喻也。(《治伤》)

11. 又云:交接(闭)〔开〕目,相见形体,夜燃火视图书,即病目瞑清盲。治之法,夜闭目而交,愈。交接取敌人着腹上者,从下举腰应之,则苦腰痛,少腹里急,两脚(物)〔拘〕背曲。治之法,覆体正身,徐戏,愈。交接侧(斯)〔卧〕旁向敌,手举敌尻,病胁痛。治之法,正卧,徐戏,愈。交接低头延颈,则病头重项强。治之法,以头置敌人额上,不低之,愈。交接侵饱,谓夜半饭气未消而以戏,即病疮,胸气满,胁下如拔,胸中若裂,不欲饮食,心下结塞,时呕吐青黄,胃气实结,脉若衄,吐血,若胁下坚痛,面生恶疮。治之法,过夜半向晨交,愈。交接侵酒,谓醉而交接,戏用力深极,即病黄疸黑瘅,胁下痛,有气接接动乎下,髀里若囊盛水撤齐(脐)上,引肩膊甚者胸背痛,欬唾血。治之法,勿复乘酒热,向晨交接,戏徐缓体,愈。当溺不溺以交接,则病淋,少腹气急,小便难,茎中疼痛,常欲手撮持,须臾乃欲出。治之法,先小便,还卧自定,半饭久顷,乃徐交接,愈。当大便不大便而交接,即病痔,大便难,至清移日月下脓血,孔旁生创如蜂穴状,清上倾倚,便不时出,疼痛臃肿,卧不得息以道。治之法,用鸡鸣际,先起更衣,还卧自定,徐相戏弄,完(宽)体缓意,令滑泽而退,病愈神良,并愈妇病。交接过度,汗如珠子,屈申(伸)转侧,风生被里,精虚气竭,风邪入体,则病缓弱为跛蹇,手不上头。治之法,爱养精神,服地黄煎。(《治伤》)

12.《玉房秘诀》云:合阴阳有七忌,第一之忌,晦朔弦望,以合阴阳,损气,以是生子,子必刑残,宜深慎之;第二之忌,雷风,天地感动,以合阴阳,血脉踊,以是生子,子必痈肿;第三之忌,新饮酒饱食,谷气未行,以合阴阳,腹中彭享,小便白浊,以是生子,子必颠狂;第四之忌,新小便,精气竭,以合阴阳,经脉得涩,以是生子,〔子〕必妖孽;第五之忌,劳倦重担,志气未安，以合阴阳，筋腰苦痛，以是生子，〔子〕必夭残；第六〔之〕忌，新沐浴，发肤未燥，以合阴阳，令人短气，以是生子，子必不全；第七〔之〕忌，兵坚盛怒，茎脉痛，当（令）〔合〕不合，内伤有病。如此为七伤。（《求子》）

13. 又云：人生痦聋者，是腊（目）〔月〕暮之子。腊暮百鬼聚会，终夜不息，君子斋戒，小人私合阴阳，其子必痦聋。人生伤死者，名曰火子。燃烛未灭而合阴阳，有子必伤，死市人中。人生颠狂，是雷电之子。四月五月，大雨霹雳，君子斋戒，小人私合阴阳，有子必颠狂。人生为虎狼所食者，重服之子。孝子戴麻不食肉，君子羸顿，小人私合阴阳，有子必为虎狼所（合）〔食〕。人生溺死者，父母过，藏胞于铜器中，覆以铜器，埋于阴垣下，入地七尺，名曰童子（里）〔裹〕，溺死水中。（《求子》）

14. 又云：大风之子多病，雷电之子狂颠，大醉之子必痴狂，劳倦之子必夭伤，月经之子兵亡，黄昏之子多变，人定〔之〕子不喑（痦）则聋，日入之子口舌不祥，日中之子颠病，晡时之子自毁伤。（《求子》）

15. 又云：常向晨之际以御阴阳，利身便躯，精光益张，生子富，长命。（《求子》）

16. 又云：男女满百岁，生子亦不寿。八十男可御十五、十八女，则生子不犯禁忌，皆寿老。女子五十得少夫，亦有子。（《求子》）

17. 又云：妇人怀子，未满三月，以戊子取男子冠缨，烧之以取灰，以酒尽服之，生子富贵明达，秘之秘之。（《求子》）

18. 又云：妇人无子，令妇人左手持小豆二七枚，右手扶男子阴头内女阴中，左手内豆着口中，女自男阴同入，闻男阴精下，女仍当咽豆，有效，万全不失一也。（《求子》）

19.《玉房秘诀》云：冲和子曰：婉嫕淑慎，妇人之性美矣。夫能浓纤得宜，修短合度，非徒取悦心目，抑乃尤益寿延年。（《好女》）

20. 又云：欲御女，须取少年未生乳，多肌肉，丝发小眼，眼精（睛）白黑分明者，面体濡滑，言语音声和调而下者，其四支百节之骨，皆欲令没，肉多而骨不大者。其阴及腋下不欲令有毛，有毛当令细滑也。（《好女》）

21.《玉房秘诀》云：若恶女之相，蓬头蹭面，槌项结喉，麦齿雄声，大口高鼻，目精(睛)浑浊，口及颔有高毛似鬓发者。骨节高大，黄发少肉，阴毛大而且强，又多逆生，与之交会，皆贼损人。(《恶女》)

22. 又云：女子肌肤粗，不御。身体癯瘦，不御。常从高就下，不御。男声气高，不御。股胫生毛，不御。嫉妬，不御。阴冷，不御。不快善，不御。食过饱，不御。年过卌，不御。心腹不调，不御。逆毛，不御。身体常冷，不御。骨强坚，不御。卷发结喉，不御。腋偏臭，不御。生淫水，不御。(《恶女》)

23.《玉房秘诀》：冲和子曰：《易》云："天垂象，见吉凶，圣人象之"。《礼》云："雷将发声，生子不成，必有凶灾。"斯圣人作诫，不可不深慎者也。若夫天变见于上，地灾作于下，人居其间，安得不畏而敬之。阴阳之合，尤是敬畏之大忌者也。(《禁忌》)

24. 又云：凡服药虚劣及诸病未平复合阴阳，并损人。(《禁忌》)

25. 又云：月煞不可以合阴阳，[合则]凶。(《禁忌》)

26. 又云：建、破、执、定日及血忌日不可合阴阳，[合则]损人。(《禁忌》)

27.《玉房秘诀》云：治男子阴委(痿)不起，起而不强，就事如无情。此阳气少，肾源微也。方：

用纵容　五味各二分　蛇床子　菟丝子　枳实各四分。

右五物，捣筛，酒服，方寸匕日三。蜀郡府君年七十以上复有子。

又方：雄蛾未连者，干之，三分；细辛、蛇床子三分。捣筛，雀卵和，如梧子。临交接，服一枚。若强不止，以水洗之。(《用药石》)

28.《玉房秘诀》云：欲令男子阴大方：

蜀椒　细辛　肉纵容

凡三味，分等冶，下筛，以内狗(瞻)〔胆〕中，悬所居屋上卅日，以磨阴，长一寸。(《玉茎小》)

29.《玉房秘诀》云：治妇人初交伤痛，积日不歇方：

甘草二分　芍药二分　生姜三分　桂十分

水三升，煮三沸，一服。(《少女痛》)

30.《玉房秘诀》云：女人伤于夫，阴阳过，患阴肿疼痛方：

桑根白皮切半升　干姜一两　桂心一两　枣廿枚

以酒一斗，煮三沸，服一升，勿令汗出当风。亦可用水煮。(《长妇伤》)

玉房指要

1.《玉房指要》云：能一日数十交而不失精者，诸病皆愈，年寿日益。又数数易女则益多，一夕易十人以上尤佳。(《还精》)

2. 又云：若欲御女取益而精大动者，疾仰头张目，左右上下视，缩下部，闭气，精自止，勿妄传人。能一月再施，一岁二十四施精，皆得寿一二百岁，有颜色，无病疹。(《还精》)

3.《玉房指要》云：治男子，欲令健作房室，一夜十余不息方：

蛇床　远志　续断　纵容

右四物分等为散，日三服方寸匕。曹公服之，一夜行七十女。(《用药石》)

4.《玉房指要》云：治男子，令阴长大方：

柏子人五分　白敛四分　白朮七分　桂心三分　附子一分

右五物为散，食后服方寸匕日再，十日、廿日，长大。(《玉茎小》)

5.《玉房指要》云：令女玉门小方：

流黄四分　远志二分

为散，绢囊盛，着玉门中，即急。

又方：流黄三分，蒲华二分。为散，三指撮，着一升汤中洗玉门，廿日，如未嫁之僮。(《玉门大》)

洞玄子

1. 洞玄子曰：夫天生万物，唯人最贵。人之所以上，莫过房欲，法天象地，规阴矩〔阳〕。悟其理者，则养性延龄；慢其真者，则伤神夭寿。至如玄女之法，传之万古，都具陈其梗概，仍未尽其机微。余每览其条，思补其阙，综习旧仪，纂此新经。虽不穷其纯粹，抑得其糟粕，其坐卧舒卷之形，偃伏开张之势，侧背前却之法，出入深浅之规，并会二仪之理，俱合五行之数。其导者则得保寿命，其违者则陷于危亡。既有利于凡人，岂无传于万叶。(《至理》)

2. 洞玄子云：夫天左旋而地右迴，春夏谢而秋冬袭，男唱而女和，上为而下从，此物事之常理也。若男摇而女不应，女动而男不从，非直损于男子，亦乃害于女人。此由阴阳行佷，上下了戾矣。以此合会，彼此不利。故必须男左转而女右迴，男下冲女上接，以此合会，乃谓天平地成矣。凡深浅迟速，捌(拨)捩东西，理非一途，盖有万绪。若缓冲，似鲫鱼之弄钩。若急蹙，如群鸟之遇风。进退牵引，上下随迎。左右往还，出入疏蜜(密)。此乃相持成务，临事制宜，不可胶柱宫商，以取当时之用。(《和志》)

3. 又云：凡初交会之时，男坐女左，女坐男右。乃男箕坐，抱女于怀中。于是勒纤腰，抚玉体，申嬿婉，叙绸缪，同心同意，乍抱乍勒，二形相抟，两口相(嗎)〔呜〕，男含女下唇，女含男上唇，一时相吮，茹其津液。或缓啮其舌，或微龉其唇，或邀遣抱头，或逼命拈耳，抚上拍下，(嗎)〔呜〕东嘔西，千娇既申，百虑竟解。乃令女左手把男玉茎，男以右手抚女玉门，于是男感阴气，则玉茎振动。其状也，哨(峭)然上耸，若孤峰之临迴汉。女感阳气，则丹穴津流。其状也，涓然下逝，若幽泉之吐深谷。此乃阴阳感激使然，非人力之所致也。热(势)至于此，乃可交接。或男不感振，女无婬津，皆缘病发于内，疾形于外矣。(《和志》)

4. 洞玄子云：凡初交接之时，先坐而后卧，女左男右。卧定后，令女正面仰卧，展足舒臂，男伏其上，跪于股内，即以玉茎竖拖于玉门之口，森森然，若偃松之当邃谷洞前。更拖磣勒，(鸣)〔呜〕口嗍舌，或上观玉面，下视金沟，抚拍肚乳之间，摩挲璿台之侧。于是男情既或(惑)，女意当迷，即以阳锋纵横攻击，或下冲玉理，或上筑金沟，击刺于辟雍之旁，憩息于璿台之右(注：已(以)上外游，未内交也)。女当婬津湛于丹穴，即以阳锋投入子宫，快泄其精，津液同流，上灌于神田，下溉于幽谷，使往来拚击，进退揩磨，女必求死求生，乞性乞命。即以帛子干拭之后，乃以玉茎深投丹穴，至于阳台，嵒嵒然，若巨石之拥深谿。乃行九浅一深之法。于是纵柱（拄）横桃（挑），傍牵侧拔，乍缓作急，或深或浅。经廿一息，候气出入，女得快意也，男即疾纵急刺，磣勒高抬，候女动摇，取其缓急，即以阳锋攻其谷实，捉入于子宫，左右研磨，自不烦细细抽拔，女当津液流溢，男即须退，不可死还，必须生返。如死出，大损于男，（持）〔特〕宜慎之。（《临御》）

5. 洞玄子云：考覈交接之势，更不出于卅法，其间有屈伸俯仰，出入浅深，大大是同，小小有异，可谓（哲）〔括〕囊都尽，采摭无遗。余遂象其势而录其名，假其形而建其号。知音君子，穷其志之妙矣。

一、叙绸缪。

二、申缱绻（注：不离散也）。

三、曝鳃鱼。

四、骐驎角（注：已（以）上四势之外，游戏势皆是一等也）。

五、蚕缠绵（注：女仰卧，两手向上抱男（顿）〔颈〕，以两脚交于男背上，男以两手抱女项，跪女股间，即内玉茎）。

六、龙宛转（注：女仰卧，屈两脚，男跪女股内，以左手推女两脚向前，令过于乳，右手把玉茎内玉门中）。

七、鱼比目（注：男女俱卧，女以一脚置男上，面相向，（嗎）〔呜〕口嗍舌，男展两脚，以手担女上脚，进玉茎）。

八、燕同心（注：令女仰卧，展其足，男骑女伏肚上，以两手抱女颈，女两手抱男腰，以玉茎内于丹穴中）。

九、翡翠交（注：令女仰卧，拳足，男胡跪，开着脚，坐女股中，以两手抱女腰，进玉茎于琴纮中）。

十、鸳鸯合（注：令女侧卧，拳两脚，安男股上，男于女背后，骑女下脚之上，竖一膝置女上股，内玉茎）。

十一、空翻（翻）蝶（注：男仰卧，展两足，女坐男上，正面，两脚据床，乃以手助为力，进阳锋于玉门之中）。

十二、背飞凫（注：男仰卧，展两足，女背面，坐于男上，女足据床，低头，抱男玉茎内于丹穴中）。

十三、偃盖松（注：令女交脚向上，男以两手抱女腰，女两手抱男项，内玉茎于玉门中）。

十四、临坛竹（注：男女俱相向立，（嗎）〔呜〕口相抱，（于丹穴）以阳锋深投于丹穴，没至阳台中）。

十五、鸾双舞（注：男女一仰一覆，仰者拳脚，覆者骑上，两阴相向，男箕坐，着玉物攻击上下）。

十六、凤将雏（注：妇人肥大，用一小男共交接，大俊也）。

十七、海鸥鸦（翔）（注：男临床边，擎女脚以令举，男以玉茎入于子宫之中）。

十八、野马跃（注：令女仰卧，男擎女两脚登（右）〔左〕右肩上，深内玉茎于玉门之中）。

十九、骥骋足（注：令女仰卧，男蹲，左手捧女项，右手擎女脚，即以玉茎内入于子宫中）。

廿、马摇蹄（注：令女仰卧，男擎女一脚置于肩上，一脚自攀之，深内玉茎入于丹穴中，大兴哉）。

廿一、白虎腾（注：令（人）〔女〕伏面跪膝，男跪女后，两手抱女腰，内玉茎于子宫中）。

廿二、玄蝉附（注：令女伏卧而展足，男居（踞）股内，屈其足，两手抱女项，从后内玉茎入玉门中）。

廿三、山羊对树（注：男箕坐，令女背面，坐男上，女自低头视内玉茎，男急抱女腰磣勒也）。

廿四、鹍鸡临场（注：男胡蹲床上坐，令一小女当抱玉茎内女玉门，一女于后牵女裙衿，令其足快，大兴哉）。

廿五、丹穴凤游（注：令女仰卧，以两手自举其脚，男跪女后，以两手据床，以内玉茎于丹穴，甚俊）。

廿六、玄溟鹏翥（注：令女仰卧，男取女两脚置左右膊上，以手向下抱女腰，以内玉茎）。

廿七、吟猿抱树(注:男箕坐,女骑男髀(胜)上,以两手抱男,男以一手扶女尻内玉茎,一手据床)。

廿八、猫鼠同穴(注:男仰卧以展足,女伏男上,深内玉茎。又男伏女背上,以将玉茎攻击于玉门中)。

廿九、三春驴(注:女两手两脚俱据床,男立其后,以两手抱女腰,即内玉茎于玉门中,甚大俊也)。

三十、〔三〕秋狗(注:男女相背,以两手两脚俱据床,两尻相拄,男即低头,以一手推玉物内玉门之中)。(《卅法》)

6. 洞玄子云:凡玉茎或左击右击,若猛将之破阵(注:其状一也);或缘上蓦下,若野马之跳涧(注:其状二也);或出或没,若〔凌〕波之群鸥(注:其状三也);或深筑浅桃(挑),若鸦臼之雀啄(注:其状四也);或深冲浅刺,若大石之投海(注:其状五也);或缓耸迟推,若冻蛇之入窟(注:其状六也);或疾狱(纵)急刺,若惊鼠之透穴(注:其状七也);或抬头拘足,若鸧(苍)鹰之揄校(狡)兔(注:其状八也);或抬上顿下,若大帆之遇狂风(注:其状九也)。(《九状》)

7. 洞玄子云:凡交接,或下捺玉茎,往来锯其玉理,其热(势)若割蚌而取明珠(注:其(状)〔势〕一也);或下抬玉理,上冲金沟,其势若割石而寻美玉(注:其势二也);或以阳锋冲筑璿台,其热(势)若铁杵之投药臼(注:其势三也);或以玉茎出入,攻击左右辟雍,其势若五鎚之锻铁(注:其势四也);或以阳锋来往,磨耕神田、幽谷之间,其势若农夫之垦秋壤(注:其势五也);或以玄圃、天庭两相磨搏,其势若两崩岩之相钦(注:其势六也)。(《六势》)

8. 洞玄子云:凡欲泄精之时,必须候女快,与精一时同泄。男须浅拔,游于琴弦、麦齿之间。阳锋深浅,如孩儿含乳。即闭目内想,舌柱(拄)下腭。跼脊引头,张鼻歙肩,闭口吸气,精便自上。节限多少,莫不由人。十分之中,只得泄二三矣。(《旋写》)

9. 洞玄子云:凡欲求子,候女之月经断后则交接之。一日、三日为男,四日、五日为女,五日以后,徒损精力,终无益也。交接泄精之时,候女快来，须与一时同泄。泄必须尽。先令女正面仰卧，端心一意，闭目内想受精气。故老子曰："夜半得子为上寿，夜半前得子为中寿，夜半后得子〔为〕下寿。"(《求子》)

10. 又云：凡女子怀孕之后，须行善事，勿视恶色，勿听恶语，省婬欲，勿咒咀(诅)，勿骂詈，勿惊恐，勿劳倦，勿妄语，勿忧愁，勿食生冷醋滑热食，勿乘车马，勿登高，勿临深，勿下坂，勿急行，勿服饵，勿针灸，皆须端心正念，常听经书。遂令男女如是，聪明智惠(慧)，忠真贞良，所谓教胎者也。(《求子》)

11. 洞玄子云：男年倍女损女，女年倍男损男。(《禁忌》)

12. 又云：交接所向，时日吉利，益损顺时，效此大吉：

春首向东，夏首向南，秋首向西，冬首向北。

阳日益(注：(焦)〔只〕日是)，阴日损(注：双日是)，阳时益(注：子时已(以)后，午前是)，阴时损(注：午时已(以)后，子前是)。

春甲乙，夏丙丁，秋庚辛，冬壬癸。(《禁忌》)

13. 洞玄子云：秃鸡散，治男子五劳七伤，阳痿不起，为事不能。蜀郡太守吕敬，大年七十，服药得生三男，长服之，夫人患，多玉门中疼，不能坐卧，即药弃庭中，雄鸡食之，即起，上雌鸡其背，连日不下，啄其冠，冠秃，世呼为秃鸡散，亦名秃鸡丸。方：

(宗)〔肉〕纵容三分　五味子三分　菟丝子三分　远志三分　蛇床子四分

凡五物，捣筛为散，每日空腹酒下，方寸匕日再三，无敌不可服，六十日可御四十妇。又以白密(蜜)和丸如梧子，服五丸，日再，以知为度(注：今案《千金方》有八味：蛇床子三分，菟丝子二分，纵容三分，远志二分，五味二分，防风二分，巴戟天二分，杜仲一分)。(《用药石》)

14. 又云：鹿角散，治男子五劳七伤，阴痿不起，卒就妇人，临事不成，中道痿死，精自引出，小便余沥，腰背疼冷方：

鹿角　柏子人　菟丝子　蛇床子　车前子　远志　五味子　纵容各四分

右捣筛为散，每食后服五分匕，日三。不知，更加方寸匕。(《用药石》)

15. 洞玄子云：长阴方：

(内)〔肉〕纵容三分　海藻二分

右捣筛为末，以和正月白犬肝汁，涂阴上三度，平旦新汲水洗却，即长三寸，极验。(《玉茎小》)

16. 洞玄子云：疗妇人阴宽冷(令)急小，交接而快方：

石流黄三分　青朮香二分　山茱萸二分　蛇床子二分

右四味，捣筛为末，临交接，内玉门中少许，不得过多，恐最孔合。

又方：取石留黄末三指撮，内一升汤中以洗阴，急如十二三女。(《玉门大》)

附录三

《素女妙论》

序

采补修炼之术假之以素女。夫素者，不染之称也。以不染之质而说染污之言，夫诚其淫也。九转丹方，以龙虎配阴阳，以铅汞拟牝牡，其所指示，非男欢女悦之道也。人身中自有阴阳，有气血即有表里，若能静思默坐而修炼己身之丹药，则牝牡和合，水火既济，心肾交感。此乃三清要旨，金匮秘蕴也。惟求之独悟自得，而审黄白之理，则必攀龙髯于鼎湖，听鸡犬于云中矣。只其素也难写易污，故能谨其素而不失朴，则志学而及邹鲁之门墙，修道则至神仙之净域矣。此书不知何人所著，或云传自茅山道士。其《九势》、《浅深》二篇，悉说吐纳采补之状，不可以猥亵论焉。然非无虚惫劳之益者也。若以之为红粉帐中颠鸾倒凤之秘要，则必有添薪减油之患矣。

丙寅仲冬，摘红楼主人

篇　目

（一）原始篇　　（二）九势篇
（三）浅深篇　　（四）五欲五伤篇
（五）大伦篇　　（六）大小长短篇
（七）养生篇　　（八）四至九到篇

洪都　全天真　校

（一）原始篇

在昔轩辕问素女曰："朕闻上古圣人，寿有千岁，或八百岁，又有二百岁；中古圣人有百二十岁；今时人寿或三十或二十而亡，又五七岁而亡，又二三岁而亡，安逸者少，抱疾者多矣。其故何哉？幸谕开悟，愿勿吝其要。"素女答曰："凡人之生，感父精母血而受胎，合地水火风而成形。盖寿夭之际，其因不一，自二三岁、五七岁至十二三岁而亡者，皆由父母受胎而无禁忌。故生子不寿，或二三十岁而亡者，其人四大本虚，初无坚固之质，不能学养生之术，年及少壮，血气方刚，而迷恋欲情，使精气耗散，疾病多生，而不识治疗之方，是乃自丧其本源，岂得望延年益寿乎？"

帝问曰："太极剖判，阴阳肇分，轻清为天，混浊为地，乾道成男，坤道成女，惟人处乎其中，万物生焉，何者而无阴阳矣哉！天无阴阳，则日月不明；地无阴阳，则万物不生；人无阴阳，则伦道绝矣。阴阳交感，不可一日而无焉也。卿之斯言，朕有未悟，男女交合之要，疾病治疗之方，幸望备道其详，以济人寿。"素女答曰："甚哉甚哉！凡男女交合，乃一阴一阳之道也。是以阴中有阳，阳中有阴，阴阳男女，天地之道也。然失其要，则疾病起矣。又曰：抱阴而负阳，阳极则阴生，阴极则阳萌矣。凡女子阴中自具阴阳，其间刚健柔顺，各有快美之趣。"

帝问曰："夫妇交感之道既已闻之，未达其旨，而夫妇交姤（媾）之时，亲之不得其美情，愿为是说。"素女答曰："凡男女交合之道，及补精采气之法，按摩导引之义，返本还元，深根固蒂，得其长久之情。若非采石阴之法，徒劳交合，不得其畅美，终为杳冥，而不能通美快之意，此因人不能慕其道也。若行此法，实为养生之秘要也。凡男女交合，其女人阴中自有美快之秘，而知其趣者少焉矣。故只多感其情，遂以致两情不乐，虚劳交合，而不美快。且夫女子精液未发，而阴中干濇，若男子勉强行之，玉茎钻刺空亏，只劳神思，而无适用也。或女子欲火已动，男子玉茎不刚坚，精津离形，而意未舒畅，女子心中不快不满，终生憎恶之心。"

(二)九势篇

帝问曰:“男女者,人道大欲,而万物化生之源也。而今忽之者,未得其要之故也乎?”素女答曰:“其言慎微,愚者以为亵,而非诲淫导欲之说,实乃养生之妙术,交姤(媾)之秘诀。其法有九名,具以提之:一曰龙飞势,二曰虎步势,三曰猿搏势,四曰蝉附势,五曰龟腾势,六曰凤翔势,七曰兔吮势,八曰鱼唼势,九曰鹤交势。”

帝问曰:“九势已闻其目,而行之有法哉?”素女答曰:“每一势有一法,只拟其物状而为势,故目云曰九势:

(一)龙飞势。令女人仰卧其体,两足朝天,男子伏其上,据其股,含其舌,女人自举起牝户,而受玉茎,刺入玄牝之门,抽出扣其户,举身动摇,行八深六浅之法,则阴中壮热,阳物刚强,男欢女悦,两情娱快,百疾消除。其法如蛟龙发蛰攀云之状。

(二)虎步势。令女人胡跪低头,男子踞其后,抱其腰而插入玉茎于牝门,行五浅六深之法,抽出百回。玉钳开张,精涎涌出,水火既济,尽丹鼎之妙,烦懑已除,血脉流通,补心益志。其法如虎豹出林啸风之状。

(三)猿搏势。令女人开起两股,坐在男(于)〔子〕两腿上,牝门开张滑滑,插玉槌,数扣阴户,次行九浅五深之法,女子哝哝不休,津液溢流,男子固济,阳匮而不泄,百痾忽除,益气长生不饥,其法如猿狖傅枝取果实之状,最以快捷为妙。

(四)蝉附势。令女人直舒左股,而屈右股,男子踞其后,曳玉如意,叩其赤珠,行七深八浅之法,红毬大张,快活泼泼,极活动之妙,通利关脉,久久利人,其法如金蝉抱树,吸露清吟之状,只含蓄不吐。

(五)龟腾势。令女人仰卧,憺然虚无,如忘其情,男子以两手指托两腿,抬起过乳房,伸出其头,忽入红门,深撞谷实,忽缩忽伸,如龟头伸缩,能除留热,遂五脏邪气,其法如玄龟游腾之状,坚甲自守,曳尾泥中,而全其真。

(六)凤翔势。令女人横身仰卧床上,手自举两股,男子以两手紧抱搂女腰，将金槌插玉门，左右奔突，至阴中壮热，女体软动，行九浅八深之法，则女悦微喘，滑液沸出，能补诸虚，填精髓，轻身，延年不老，其法如丹山瑞凤，(搏)〔抟〕扶摇而翱翔寰中之状。

(七)(兒)〔兔〕吮势。先男子仰卧床上，直伸两股，令女人反骑跨男子股上，手握郎中探房门，直穿琴弦，觉玉条坚硬，而后行浅深之法，则养血行气，除四股酸疼，其法如玉(兒)〔兔〕跳跃之(快)〔状〕，忽蹲忽跳，出没不定，只不失其真，则能捉蟾魄于九霄。

(八)鱼唼势。令二女子一仰一俯，互搂抱以为交接之状，牝户相合自摩擦，则其鱼口自开，犹游鱼唼萍之形，男子箕坐其侧，俟红潮喘发，先以手探两口相合处，将茎安其中间，上下乘便，插入两方交欢，大坚筋骨，倍气力，温中，补五劳七伤，其法如游鱼戏藻之状，只以唼清吐浊为要。

(九)鹤交势。令女人搂男子之颈，以右足负床上，男以右手提女之左股而担肩上，两体紧贴，微抽玉茎，窥其(菱)〔麦〕齿，徐徐撞谷实，摇摆轻漫，行九浅一深之法，花心忽开，芳液浸润，保中守神，消食开胃，疗百病，长生不饥，其法如丹鹤回旋之状，张翎不收，自至妙境。

(三)浅深篇

帝问曰："火候浅深，炼丹之要旨也。然调停不得法，各有所损哉。"素女答曰："浅而不足者，戾意。深而大过者，懊人。又有三十六种、七十二般之法，能合甜情，益快意，然其理深邃。"

帝问曰："男女交姤(媾)之道，妄行浅深之法，则多损伤，而补益者少焉矣。尝闻有采补秘奥，以济人寿，愿示其详。"素女答曰："男子须察女人情态，亦要固守自身之宝物，勿令轻漏泄。先将两手掌摩热，坚把握玉茎，次用浅抽深入之法，耐久战，益美快。不可太急，不可太慢，又勿尽意深入，深则有所损焉。刺之琴弦，攻其(菱)〔麦〕齿，若至其美快之极，女子不觉噤齿，香汗喘吁，目合面热，芳蕊大开，滑液溢流，此快活之极也。又女子阴中有八名，又名八谷：一曰琴弦，其深一寸；二曰(菱)〔麦〕齿，其深二寸；三曰妥谿，其深三寸；四曰玄珠，其深四寸；五曰谷实，其深五寸；六曰愈阙，其深六寸；七曰昆（户）〔石〕，其深七寸；八曰北极，其深八寸。”

帝问曰：“交合所伤，亦生何病?”素女答曰：“交会之要，切忌太深，深则伤于五脏：若至谷实，则伤肝，其病眼昏眵泪，四肢不遂；至愈阙，则伤肺，其病恶心哕逆，痰喘昏晕；至昆（户）〔石〕，则伤脾，面黄腹胀，烦懑冷痢；至北极，则伤肾，腰脚痿软，骨蒸潮热。忽浅忽深则伤心，其人面热虚嗽，梦魇遗精。所以交合不可太深。女子丹穴在脐下三寸，勿令伤之。又不可太速，不可太慢。太速则伤血，太慢则损气，并有损而无益焉矣。”

帝问曰：“火候调度、浅深之要既审领之，损害之理亦不可忽之。尚有禁忌之功者，冀无吝之。”素女答曰：“炼丹避忌，若误犯之，大者天地夺其寿算，鬼神殃其身，三彭窥其隙，抱疾罹厄，其生儿夭促，不慧不肖，或顽劣凶恶，遗害于父母，可不谨哉！夫天地晦冥震动之时，迅雷烈风暴雨之日，及晦朔弦望，大寒酷暑，日月薄蚀，神圣诞辰，庚申甲子，自己本命之辰，三元八节，五月五日，月煞月被（破），披麻红杀，皆不可犯焉。又天地五岳川渎祠坛之近侧，神圣祠宇及诸神鬼象前，井灶霤厕之傍，各有害，多令人夭亡，或生怪形奇状之子也。交姤（媾）之际，亦有避忌。大饥勿犯，大饱勿犯，大醉勿犯，神劳力倦勿犯，忧愁悲恐勿犯，病新瘥勿犯，丧服勿犯，女子经中勿犯。”

（四）五欲五伤篇

帝问曰：“少壮努力，则有衰败之患。欢乐之极，必多哀伤。至人节之以道，故曰御百女寿比天地。而今人不至半百，筋痿肉脱，火盛水枯，终为败物者，何乎?”素女答曰：“凡人有五欲、五伤、十动之候，若得其宜则意满欲足，不得其宜则各有所伤。五欲之候：第一，面上潮红者，其意有所思欲。先刺入玉茎，徐徐摇动，慢慢抽出，多在户外，探其情。第二，鼻孔吐气者，欲火微动。先以玉茎穿阴户，刺其谷实，不可太深，宜俟火候之至。第三，咽喉干嗄者，情动火炽。抽玉茎俟其眼闭舌吐，喘气为声，出入任意，渐至佳境。第四，红毬浸润者，心火大盛。刺之则滑泽外溢，轻及（菱）〔麦〕齿，一左一右，一缓一急，随便如法。第五，金莲擎抱者，火候既足焉。

必以足缠腰上，两手搂肩背，舌吐不缩，宜刺愈阙，其时四肢通快。五伤之候：第一，阴户尚闭未开者，不可刺之，刺之伤肺，肺伤则痰喘声喝。第二，情兴已至，金茎软痿，其兴过而后渐交者伤心，心伤则经水不调。第三，以少阴合老阳，欲火空燃而不得所欲者伤肝，肝伤则心眩目昏。第四，欲足情满，阳兴未休者伤肾，肾伤则带下崩漏。第五，月厄未尽遇逼合者伤脾，脾伤则颜色痿黄。十动之候：一、玉手抱男背，下体自动(援)〔摇〕，吐舌相偎者，令男子动情，兴之候也。二、芳体仰卧，直伸手足而不动，鼻中微发喘急者，欲刺抽之候也。三、伸腕开掌，握睡汉之玉槌而动转者，垂涎之候也。四、言语戏喋，眼来眉去，时发懊侬之声者，春情极到之候也。五、自以两手抱金莲，露张玄牝之门者，情熟意快之候也。六、口含玉如意，如醉如睡，阴中隐痒者，欲浅深奔突之候也。七、长伸金莲，勾挽玉槌，如进如退，低发呻吟者，阴潮涌来之候也。八、忽得所欲，而微微转腰，香汗未彻，时带笑容者，恐阳气发泄，兴情已尽之候也。九、甜情已到，美快渐多，精液发泄，尚抱搂紧紧者，意未满之候也。十、身热汗洽，足缓手慢者，情极愿足之候也。”

(五)大伦篇

帝问曰：“人之大伦，有夫妇而后有子孙，妇德妇貌，不可不撰乎？”素女答曰：“妇德内美也，妇貌外美也。先相其皮，而后相内。若妇人发焦黑，骨大肉粗，肥瘦失度，长短非常，年岁不合者，子孙不育。言语雄壮，举动暴忽，阴内干涩，子宫不暖，及淋露、赤白浊沥、胡臭者，大损阳气。”

帝问曰：“损伤阳气之说已闻之，或以药饵为补导者如何？”素女答曰：“男女交合，非为婬乐也。今时之人，不晓修养，勉强临事，故多损精败气，疾病依生焉。或误饮食服饵，而损性丧命，良可哀哉！”

帝问曰：“夫妇之道，为子孙之计，而今无子者，何乎？”素女答曰：“三妇无子，三男无子。男子精冷滑者，多淫虚惫者，临敌畏缩者，无子也。妇人性淫，见物动情者，子藏虚寒、藏门不开者，夫妇不和、妬忌火壮者，无子也。”帝问曰：“若人无子，取之以何术乎？”素女答曰：“求子之法，按阴合阳合之数，用黄纱黄绫黄绢之属，造衣被帐褥之类，以黄道吉日，取桃枝书年庚，放之卧内。又九月三日，取东引桃枝，书姓名，插之床上，须察妇人月经已止，过三四日，各沐浴炷香，祈天地鬼神，入帐中而为交合。其时子宫未合闭，故有子也。御法：进退如法，洗心涤虑，勿戏调戏弄，勿借春药，勿见春宫册。若犯之，损父母，不利生子。"

帝问曰："阴阳之道名之为交接者，何乎？"素女答曰："阴阳交合，男施女接，故名之为交接也。女人阴中自有明兆焉，先刺琴弦而及(菱)〔麦〕齿，美快之极。放露真宝，阴血包阳精则生男，阳精包阴血则生女，谓之阴阳交接之道矣。"

帝问曰："交接，人伦之原也。而有不相和悦者，何故也乎？"素女答曰："盖因女子不能察丈夫之意，男子亦不晓妇人之性，此不达人伦之道、生育继嗣之理也。各顽劣多淫，各怀不足，互填愤怨，或弃自己妻妾而通外妇，又欺丈夫而野合奸淫，又男子痿软不满欲情，或强阳慓悍无休息，后终生厌恶。"

帝问曰："夫妻亲睦相敬爱者，人伦之常也，而敬爱之情因何乎生焉？"素女答曰："既济者，顺也。未济者，逆也。八庚相合，少壮应时者，顺也。八字不协，老幼不遇者，逆也。才貌两全，意气相合者，顺也。蠢丑相背，狠戾反目者，逆也。但恩爱契合，则生敬恭。敬恭则富贵长命，而子孙蕃育。"

（六）大小长短篇

帝问曰："男子宝物有大小长短硬软之别者，何也？"素女答曰："赋形不同，各如人面，其大小长短硬软之别，共在禀赋。故人短而物雄，人壮而物短，瘦弱而肥硬，胖大而软缩，或有专车者，有抱负者，有肉怒筋胀者，而无害交会之要也。"

帝问曰："郎中有大小长短硬软之不同，而取交接快美之道亦不同乎？"素女答曰："赋形不同，大小长短异形者，外观也。取交接快美者，内情也。先以爱敬系之，以真情按之，何论大小长短哉！"

帝问曰:“硬软亦有别乎?”素女答曰:“长大而萎软,不及短小而坚硬也。坚硬而粗暴,不如软弱而温藉也。能得中庸者,可谓尽美尽善焉矣。”

帝问曰:“方外之士能用药物,短小者令其长大,软弱者令其坚硬,恐遗后患乎? 将有补导之益乎?”素女答曰:“两情相合,气运贯通,则短小者自长大,软弱者自坚硬也。有道之士能之,故御百女而不痿。得修养之术,则以阴助阳,呼吸吐纳,借水救火,固济真宝,终夜不泄。久久行之,则益寿除疾。若用五石壮阳之药,腽肭增火之剂,虚炎独烧,真阳涸渴(竭),其害不少。”

帝问曰:“有修养之术者,亦不禁乎?”素女答曰:“气运巡环,临事而合,应时而止,只量力而施,其余勉强迷惑,则修养之士亦至枯败焉。服药三朝,不如独宿一宵,前哲之诫也。”

(七)养生篇

帝问曰:“养生之道,以何为本?”素女答曰:“养生之道,以气为本。气能运血,血能化精,精能养神,神在则生,神散则死也。气者,神之本也。能炼气者,入火不燋,入水不溺,固守其精而不散,故终夜御女而不泄。若不能保守精神,而狂妄任意者,必失神丧气,名之为夺命之斧。”

帝问曰:“若人专守养生之道,而不行夫妇房帏之礼,则人伦已绝,后继将断。”素女答曰:“凡人年少之时,血气未充足,戒之在色,不可过欲暴泄。年已及壮,精气满溢,固精压欲,则生奇病,故不可不泄,但不可太过,亦不可不及。”

帝问曰:“时泄而遣其兴,能闷其精而养神乎?”素女答曰:“不然也。若常泄而偶不漏,反生疮痈。常秘而偶泄,则患暴虚。各害养生之道。”

帝问曰:“男子精血盈满,神气充足,何以知之乎?”素女答曰:“男子二八天癸至,而血气不足,精神未定,故戒之也。年至二十,血气渐盛,而精聚肠胃,三十日而一泄焉。三十而血气壮盛,而精在两股,五日一泄焉。年四十,精聚腰脊,七日一泄焉。五十而血气将衰,精聚背膂,半月一泄。年至六十四岁,天癸尽,卦数满,血气衰,精液竭矣。六十已上,能保全余气，兴壮者尚可泄。至七十，不可妄思欲动情。”

帝问曰：“有无知无赖之子，自赖强壮，一日三泄或五泄者，何乎？”素女答曰：“暴泄者暴虚，后必痿躄。若泄而不休，自招夭亡。”

帝问曰：“人阳气夜间勃然起立，腾然兴发者何？”素女答曰：“晨昼暮夜，此一日中之四时也。故阳气生子时，于卦为复。至丑时而二阳生下，于卦为临。寅时，三阳已全，于卦为泰。若人半夜暴泄，则阳精枯损，年未五十，必发头晕腑痛，目昏耳塞。又有五伤：其一，男女交会，精泄而少者，为气伤。其二，精出而浡者，为肉伤。其三，泄而疼者，为筋伤。其四，精出而涩者，为骨伤。其五，临门忽痿垂涎者，为血伤。各泄精过度，精液渴(竭)乏所致，何可不谨哉！”

(八)四至九到篇

帝问曰：“男女好(述)〔逑〕，未发言语而知其情，机微慎密，以何术恻(测)之趣之？”素女答曰：“凡男子欲探女子私情，先以言语戏谐挑其意，以手足扭捏趣其情。男子有四至，女子有九到，若四不至九不到而交合者，必有后患。”

帝问曰：“男子四至者若何？”素女答曰：“玉茎不强者，阳气未至也。刚强而不动者，肌气未至也。振摇而不(恕)〔怒〕者，骨气未至也。怒张而不久者，肾气未至也。若一不至而犯之，必有损伤。”

帝问曰：“女人九到者若何？”素女答曰：“倦伸欠息，而睡觉朦胧，肺气未到也。门户不润，屈股不开，心气未到也。目不流视，举止不忻，脾气未到也。手扪玉茎而情意不悦，血气未到也。手软足缓，横卧不动，筋气未到也。抚弄两乳，意向无味，骨气未到也。瞬波微动，莺口不开，肝气未到也。举身向人，桃颊不红，肾气未到也。玉关仅润，口中不渴，液气未到也。九候已到，而后行九浅一深之法，则阴阳调和，情思缠绵，能助阳气，补虚之劳损。”

帝问曰：“何为九浅一深之法？”素女答曰：“浅插九回，深刺一回，每一回以呼吸定息为度，谓之九浅一深之法也。自琴弦至玄珠为浅，自妥谿至谷实为深。凡太浅不美快，太深有所伤。”

帝问曰：“丹鼎调度，火候慎微，水火既济之妙，既详闻之，尚有余蕴，愿尽其理，博施救世之仁，令万世无夭亡之患，亦无虚羸绝嗣之忧。”素女答曰：“天地交泰，阴阳会施，先察其情兴，审辨其气候到不到。极抽出插入、添炭之妙，固济自己阳匮。香吻相偎，吸阴精而补阳气，引鼻气以填脊髓，含津液以养丹田，令泥丸热气透彻，贯通四支，溢益气血，驻颜不老。”

帝问曰：“采补修养，炼内丹第一妙义也。含灵之者，不可不达其理焉。”素女答曰：“然矣。如帝命，此延龄益寿之妙要也。夫天不足西北，故男子阳气有余，阴血不足；地不满东南，故女子阴血充实，阳气不足。能达玄微者，以有余补不足，虽至期颐，不改其乐，快活娱乐，无究极之时，长生久视，寿侔天地，宜录之金石，长传后世，则普济德泽，亦不少也矣。”

帝斋戒沐浴，以其法炼内丹八十一日，寿至一百二十岁，而丹药已成，铸鼎于湖边，神龙迎降，共素女白日升天。

后　记

在本书的后面，有几件事要交代一下：

（一）本书是由单篇论文改写扩充，其毛坯是：

(1)"The Formulaic Structure of Chu Divinatory Bamboo Slips", William G.Boltz trans, *Early China*, No.15(1990), 71～86 页。〔案：这是第四章第三节的最初草稿。〕

(2)《楚帛书与"式图"》，《江汉考古》1991 年 1 期，59～62 页。英文："Discussion of the Chu Silk Manuscript and 'Shi-tu'", Jenny F.So trans, *New Perspectives on Chu Culture during the Eastern Zhou Period*, edited by Thomas Lawton, Princeton University Press, 1991, 178～183 页。〔案：用于第三章第一节。〕

(3)《马王堆帛书"神祇图"应属辟兵图》，《考古》1991 年 10 期，940～942 页。〔案：用于第一章第九节。〕

(4)《"式"与中国古代的宇宙模式》，《中国文化》第 4 期(1991)，1～30 页。〔案：第二章是由此改写。〕

(5)《跋石板村"式图"镜》，《文物天地》1992 年 1 期，31～34 页。〔案：用于第一章第九节。〕

(6)《湖北荆门"兵避太岁"戈》，《文物天地》1992 年 3 期，22～24 页。〔案：用于第一章第九节。〕

(7)《马王堆房中书研究》，《文史》第 35 辑，21～47 页。英文："The Contents and Terminology of the Mawangdui Texts on the Arts of the Bedchamber", *Early China*, No. 17(1992), 145～185 页。〔案：第七章是由此改写。〕

(8)《尸体防腐、冶金和炼丹》，《文物天地》1992 年 4 期，17～20 页。

〔案：用于第五章第一节。〕

(9)《包山楚简研究(占卜类)》,《中国典籍与文化论丛》第1辑(中华书局,1993年),425～448页。〔案：第四章第三节是由此改写。〕

(二)因为此书是由论文改造,写作当初考虑不周,故而留下遗憾。如:

(1)书中引文不够详密,肯定有遗漏。

(2)当页脚注只注作者(但考古报告和文物图录多省略此项)、书刊名、出版社(但除港台和海外,一般不注地点)、出版年、卷期,多无页码。

(3)中文典籍一般均随文括注,只注书名篇名,不注版本卷页。

(4)书后也没有参考书和索引。

(5)本书有不少错字和细节上的问题。

此次再版,我们的修改只限最后一项,其他各项没有做进一步处理,自嘲的说法是"古风依旧"。

(三)本书提到的材料,有些在本书出版前尚未公布,或者刚刚公布而书已付梓来不及讨论,我在旧版《补记一》曾有所提及,这里做一点补充:

(1)本书第一章第二节和第四节提到马王堆帛书《刑德》乙篇和《阴阳五地》甲、乙本。见傅举有、陈松长编《马王堆汉墓文物》,湖南出版社,1992年,132～143,144～145页(前者完整,后者是局部)。该书35页有《避兵图》(题作《社神图》),154～160页有《天文气象杂占》(局部),161页有《五星占》(局部),也是相关材料。又162页有《卦象图》,性质待考,题名不一定合适。〔案：有关讨论,见拙作《中国方术续考》的《读几种出土发现的选择类古书》。〕

(2)本书第一章第三节提到九店楚简《日书》。见湖北省文物考古研究所《江陵九店东周墓》,科学出版社,1995年,506～511页,图版一〇七至一二二。〔案：有关讨论,见拙作《读九店楚简》,《考古学报》1999年2期,141～152页。〕

(3)本书第三章第一节提到商承祚先生收藏的子弹库帛书残片。见《文物》1992年11期彩色插页二和图版四,该期有商志𩡝《论商承祚教授藏长沙子弹库楚国残帛书》(32～33转35页)、饶宗颐《长沙子弹库残帛文字小记》(34～35页)、李学勤《试论长沙子弹库楚帛书残片》(36～39页)三文论之,可参看。又《文物天地》1992年6期有商志𩡝《商承祚教授藏长沙子弹库楚帛书残片》一文(29～30页),《文物》1994年6期84～93页有伊世同、何琳仪《平星考》,《湖南省博物馆文集》第四辑(岳麓书社,1991年)有蔡季襄遗稿《关于楚帛书流入美国经过的有关资料》(21～25页)和楚言《楚帛书残片回归故里》(45～46页),亦可参看。〔案:商氏所藏共十枚,现在仅找出一枚,已捐献湖南省博物馆。这些残片与美国华盛顿弗利尔/赛克勒美术馆所藏子弹库楚帛书残片为同类,将来应做汇总研究。〕

(四)在本书旧版的《补记一》中我曾提到若干来不及增补的重要参考文献,如与马王堆帛书有关的,有马继兴《马王堆古医书考释》(湖南科学技术出版社,1992年)等。这类有关文献还有不少,现在因为有陈松长《马王堆帛书研究目录》(收入《湖南省博物馆文集》第四辑),读者比较容易查到,这里不再重复,只将其他几种移录于下:

(1) Marc Kalinowski,"Les Instruments Astro-calendériques des Han et la Méthode LIU REN",*Bulletin de l'École Francise D'extréme-Orient* LXXII(1993),309～419页。〔案:与本书第二章的讨论有关。〕

(2)成家彻郎《中国古代的占星术和古星盘》,苌岚译,《文博》1989年6期,67～78页。〔案:与本书第三章第一节的讨论有关,此文先我指出双古堆六壬式的十二月与楚帛书十二神相似。〕

(3)王育成《含山玉龟及玉片八角形》,《文物》1992年4期,56～61页。〔案:与本书第二章第二节的讨论有关。〕

(4)李学勤《周易经传溯源》,长春出版社,1992年。〔案:与本书第一章第六、七节和第四章有关,作者把殷墟四盘磨和小屯南地所出带数字卦的甲骨定为周人之物。〕

(五)最近美国学者夏德安(Donald Harper)出版了他研究马王堆医书的新作《中国古医书》(*Early Chinese Medical Literature*: *The Mawangdui Medical Manuscripts*,Kegan Paul International,1998)。这

次校改附录一的马王堆房中书释文，我们参考了该书的校订。

（六）本书书评，我所寓目，有以下三篇：

（1）葛兆光《思想的另一种形式的历史》，《读书》1992 年 9 期，36～43 页。

（2）俞晓群《方术——中国文化的另一条主线》，《博览群书》1993 年 3 期，25～26 页。

（3）金仕起《李零著〈中国方术考〉》，台湾《新史学》第七卷第三期，219～236 页。

其他引述之作也很多，给我很多鼓励。我希望读者能给我以更多的批评，不光说好话。

1999 年 4 月 19 日写于北京蓟门里寓所